大
方
sight

MODERN

现代西方哲学十五讲

WESTERN

张汝伦 著

PHILOSOPHY

中信出版集团 | 北京

图书在版编目（CIP）数据

现代西方哲学十五讲 / 张汝伦著 . -- 北京：中信出版社，2020.2（2025.3 重印）
ISBN 978-7-5217-1331-2

Ⅰ . ①现… Ⅱ . ①张… Ⅲ . ①西方哲学 - 现代哲学 Ⅳ . ① B505

中国版本图书馆 CIP 数据核字（2019）第 284724 号

现代西方哲学十五讲

著　　者：张汝伦
出版发行：中信出版集团股份有限公司
（北京市朝阳区东三环北路27号嘉铭中心　邮编　100020）
承 印 者：河北鹏润印刷有限公司

开　　本：880mm × 1230mm　1/32　　印　　张：16.75　　字　　数：420 千字
版　　次：2020 年 2 月第 1 版　　印　　次：2025 年 3 月第 8 次印刷
书　　号：ISBN 978-7-5217-1331-2
定　　价：58.00 元

序

西方人将哲学视为他们文化的核心，这不是没来由的。在古希腊，“哲学”一词几乎涵盖了当时的所有科学；后来西方科学的许多学科，都是逐渐从中分化出来的。正因为如此，西方人才会一度将哲学视为“科学的科学”或“科学的王后”。这种理解意味着各门科学其实是孕育于哲学。哲学提供了人类各种思想，当然也包括科学思想的基本观念和思维架构。这当然不是什么哲学帝国主义的说法，而是由哲学本身的性质决定的。哲学一般并不探究特殊的经验知识的问题，而是提出和追问关于整体或大全，关于知识的前提，关于根据和意义，关于起源和目的，关于善的问题，我们所有特殊的问题，只有在这些基本问题的基础上才能提出和得到回答。另一方面，人类对于世界和自己的理解，也是建立在这些问题的基础上的。哲学的问题是导向性问题，哲学的观念不仅奠定了各门科学的基础，也决定了世界的精神样态和文化样态。换言之，我们可以在哲学中看到一个时代的精神面貌。

因此，要理解现代西方文化和科学，必须了解西方现代哲学。虽然“现代”这个概念从何时算起不会有一致的意见，但按照现在人们通常的说法，一般把二十世纪算作是“现代”的开始。照理说哲学史是不应该受编年史时间的约束的，而应该是以精神形态出现的时间来划分时代。可是，编年史意义上的二十世纪不但恰好标志着人类历史一个前所未有的时代，也标志着西方精神世界的一个崭新时代。英国人保罗·约翰逊《现代》一书的第一句话就是：“现代世界是从 1919 年 5 月 29 日开始的。”（保罗·约翰逊，《现代——从 1919 年到 2000 年的世界》，上卷）这一天，科学家在西非和巴西拍下的日食照片证实了爱因斯坦相对论的宇宙理论，牛顿的宇宙论成为过去。与此同时，弗洛伊德的精神分析理论开始流行，尽管标志这个理论诞生的《梦的解析》出版于 1900 年。相对论和精神分析理论在一定意义上是西方现代文化的象征，它们象征建立在古典现代性思维基础上的现代性文化和哲学基础，遭到了颠覆性的动摇。

从专业上说，爱因斯坦和弗洛伊德不是哲学家，但他们都是受到哲学家巨大启发，本身具有哲学气质和造诣的思想家。虽然黑格尔把哲学比作密纳发的猫头鹰，认为哲学作为有关世界的思想，要直到现实结束其形成过程并完成其自身后才会出现，但是黑格尔也说过，哲学是把握在思想中的时代。事实上哲学往往是时代的先知，真正的哲学家是特别敏感的人，他们对于时代问题的症候有极强的预见性和洞察力。早在二十世纪人类空前的浩劫和苦难发生之前的一个世纪，哲学家就已经对古典现代性的种种根本性问题有了深入的思考。康德发现，以必然性规律来解释一切，将使得自由的存在变得不可能；而他的先验哲学实际上使得西方哲学，尤其是近代西方哲学追求的确定性只有相对性。谢林看到，理性表面上似乎可以解释一切，实际上却不能解释自己。黑格尔则表明，现代世界的标志是建立在主客二分基础上的一系列二元分裂：人与自然、自我与非我、个人与社会、社会与国家、自然的非社会化和社会的非自然化、自然与人文、教化与政治、精神与物质的二元分裂。

不仅世界是分裂的，人本身也是分裂的：作为主体（意识）和作为客体（身体）的人、作为认识者的人和作为行动者的人。人的能力同样是分裂的：感性与知性、知性与理性、信仰与知识、判断力和想象力、认识与审美、理论与实践、理论理性与实践理性。人的生活还是分裂的，私人生活与公共生活是泾渭分明的两个领域。古代世界观和生活的那种统一的整体性，完全消失了。基于上述认识，他提出了人的异化的理论。

另一方面，从十八世纪末到十九世纪初，就有哲学家对近代以来的理性主义思潮提出了一针见血的批判。哈曼看到了理性的社会和历史的维度，理性的标准不是理性本身，而是在文化中，由文化决定的。哈曼把性能力看作是创造的源泉，认为理性只是它的升华。而雅可比则将理性视为意志的工具，它的对错标准取决于能否达到生活的目标。建立在近代主体主义基础上的理性文化将导致虚无主义。这些二十世纪前的古典哲学家对现代性问题的诊断，不幸被二十世纪的人类历史一一证实。

文化和哲学意义上的二十世纪应该是从十九世纪下半叶开始的，现代西方哲学和广义文化上现代主义思潮，也是从这时开始的。现代西方哲学和现代主义思潮互为表里，既是西方现代危机的产物，又是对这一危机的反思与批判。它们一起塑造了现代西方文化，包括科学文化。虽然西方人有许多人认为世界，尤其是西方世界已经进入了后现代，但后现代更多的是指对现代性的一种批判态度，或者是现代性的一种极端变异，后现代并没有完全摆脱现代性的逻辑，在某些方面倒是加强了现代性的逻辑。现代西方哲学，一言以蔽之，既是现代性的产物，也是对现代性的批判和反思，即使是那些要维护现代性的哲学家的思想，也要在此语境中得到理解。

当今世界仍然处于现代性逻辑的支配下。现代性思维和话语，渗透了人类生活的方方面面，决定了我们对于世界和自己的看法。要了解当今世界是怎么来的，是怎么回事，会朝什么方向发展，不能不了解现代性的思维与逻辑。而要了解现代性的思维与逻辑，不懂现代西方哲学，只能有一些肤浅的观点。现代西方哲学对现代性思维与话语进行了极为深入的研究和思考，在此基础上对之提出了全面深刻的批判，从而推进了西方哲学乃至一般哲学的发展。只有了解和懂得现代西方哲学，我们才能对当今世界有比较深刻的理解和认识。

近代以来，我们对西方文明几乎是一面倒的崇拜和信仰，但我们实际上欣赏的正是现代性话语支配下的近代西方文明。这个文明的确对地球文明作出了无可替代的贡献，但也埋下了有可能毁灭地球文明的极大隐患。这些隐患不幸正在逐步发作，对人类生活产生了极大的威胁。在此情况下，了解现代西方哲学，不仅对于我们重新思考西方文明以及我们对其的态度是非常必要的，而且对于我们反思现代性本身（我们对西方文明的崇拜态度来自于我们对现代性的无条件接受），都是非常有益的。

最近40年来，我们正在越来越融入这个世界。我们对外部世界，包括西方世界，也比过去更为了解。但无可讳言的是，这种了解还相当不够。我们对西方物质世界的了解远甚于对西方精神世界的了解。而我们对西方精神世界之所以缺乏深入了解，一个主要原因就是我们对西方哲学——西方文明的核心的了解还很不够。了解现代西方哲学，对于我们真正理解现代西方文化的方方面面是非常必要的。不理解现代西方哲学，我们对于现代西方文化的认识，只能是表面的、肤浅的，甚至是莫名其妙的。

现代西方哲学一方面是西方哲学发展方向的一个大转折，另一方面也是西方哲学自身逻辑的必然结果。因此，学习现代西方哲学也是我们深入了解西方哲学传统的一个特殊途径。现代西方哲学可以让我们对西方哲学传统的得失与问题有比较深刻的认识，并且会加深我们对于这个伟大哲学传统的理解。最近40年，现代西方哲学似乎成了中国学术界的显学，哲学界中，无论从事哪方面研究，不看点或谈点现代西方哲学的人几乎没有；从事人文科学和社会科学研究的人，也都会看些这方面的书。但坦白地说，即便是专业人士，也往往只是流于赶时髦，实际并没有真正的欣赏、接受和重视。时过境迁，趋势目的达到，立刻置之脑后，忘到九霄云外。萨特在上世纪八十年代在中国读书界是何等声势，于今安在哉？趋势跟风，实为不学。

“时代的艰苦使人们对于日常生活中平凡的琐屑与兴趣予以太大的重视，现实上很高的利益和为了这些利益而作的斗争，曾经大大地占据了精神上一切的能力和力量以及外在的手段，因而使得人们没有自由的心情去理会那较高的内心生活和较纯洁的精神活动，以致许多较优秀的人才都为这种艰苦环境所束缚，并且部分地被牺牲在里面。”（黑格尔，《哲学史讲演录》，第一卷）我常常觉得，黑格尔200年前说的这番话，是我们这个时代的写照。但近数年来，我在课堂内外欣喜地看到，好学深思，一心向学的年轻人已经出现，在整体追求实利的时代，也有人真心喜欢哲学，献身哲学。人类对于精神世界的追求，永远不会消失。因为我们是人。

张汝伦

2019年岁末

目录

第一讲　为什么读现代西方哲学

哲学就是哲学史

按照目前对哲学课程的一般了解,《现代西方哲学》这门课是属于广义的西方哲学史范畴的。[1]德国哲学家常说，哲学就是哲学史。这句话听上去，似乎有点学究气，又有点不太容易让人信服。因为哲学与任何其他的人类精神活动一样，讲究原创性；而“哲学就是哲学史”的口号，似乎是说研究哲学史就是哲学，而根本没有原创活动的地位。如果我们皮相地把哲学理解为一门普通的学科的话，上述对“哲学就是哲学史”的误解就不可避免了。

然而，尽管哲学现在成了大学的或学术界的一个学科，但它与数学、物理或人类学、经济学等学科根本不同。它不是人为地将事物的某一方面区分出来，加以“专业的”研究与思考。哲学从来就是对人类所面临的一些基本问题的深层次的一般思考。就此而言，哲学并不排斥什么，它也不像任何别的学科那样，有与一般人截然无关的“专业问题”。

哲学的许多问题从表面上看极为艰深抽象，其实只不过是对人类所面对的一些基本问题的高度提炼与抽象，像存在的意义问题，真理问题，理性与非理性的问题，本质与现象的问题等等，概莫能外。哲学的问题不是像几何学或分子化学问题那样的“专业问题”，而是有关人类存在的基本问题。因此，哲学在古希腊曾是一切科学的总称，并不是因为当时科学还不发达，学科分际还不可能出现使然，而是因为当时人类还不曾像今天的人类那样，把自己的生存切割甚至限制为一个人为的极其狭小的片面。古希腊的思想家或学问家不会因为将自己研究的某一类问题作为自己的“专业”而画地为牢，将自己的身份认同为这个“专业”。对于古希腊的哲人来说，思想是他们存在的一部分，反之亦然。哲学是一切科学的总称或代表，一方面是因为古希腊人看到，在一切知识中都有哲学的问题；另一方面是因为一切知识问题通过哲学这门“爱智之学”与存在的问题发生关系。哲学归根结底产生于存在的问题。

因此，哲学的问题既是一般的，又是历史的。之所以是一般的，是因为哲学思考的问题虽然包罗万象，且从不拒绝特殊，但它的表述形式和结论总是一般的；并且，它关心的一些问题，如存在的意义问题，真理问题，人的自我理解问题等，都是人类恒常关心的问题，正是对这些问题的思考直接促使了哲学的产生，也使得它永远不可能被其他任何东西取代。诚然，这些问题在不同的时代表现为不同形式的时代问题，但它们仍然有稳定的核心内容和基本架构。在这个意义上说，哲学问题是不会过时的。例如，有和无，一与多的关系，现今人们对它们的思考未必比老子和柏拉图对它们的思考更深刻，老子和柏拉图的一些思想，并不只有历史的意义，而同样具有恒常的意义。

但另一方面，哲学的问题又是历史的。如上所述，哲学的问题实际上是人类生存论的问题。人类的生存就是历史本身，因此，哲学的问题必然是历史的，即虽然它们具有稳定的核心内容和基本框架，却又是随着人类历史不断发展演变的。科学，尤其是自然科学的问题往往有时限性，亚里士多德或托勒密考虑的物理学问题，现在的物理学家基本不会再去考虑；换言之，这些问题已退出了物理学的视阈。但哲学问题决不是这样。哲学问题虽然有其恒常性，却必然要在不同的人类生存的历史语境下深化、发展或变型。哲学史上每一个哲学家对这些问题的思考，都是对这些问题的丰富或改造。哲学史上出现的各种思想，一般而言，都不会轻易消失。正因为如此，后现代哲学家的一些思路在前现代哲学家那里早有论及，并非多么不可思议。一个物理学家可以不学习或研究物理学史，她或他的确没有必要了解亚里士多德对物质运动的看法，但一个哲学家如不知亚里士多德的思想，等于放弃了相当宝贵的一部分思想资源。尽管历史上有些大哲学家，如康德或维特根斯坦，不像黑格尔或海德格尔那样对哲学史耳熟能详，了然于胸，但他们的创见却并不在于完全抛弃了哲学的基本问题，而恰恰在于针对这些问题提出的革命性见解。他们虽然不太熟悉哲学史，但对他们面临的（哲学的）历史问题，却有超乎常人的敏感。离开相关的哲学史语境，他们的哲学革命是无法想象的；而我们对他们思想的理解也一定会大打折扣。

总之，哲学史本身是哲学的一部分。就像人必须在历史中活动一样，人必须在哲学史中从事哲学。哲学史的学习不是普通的学习一门知识，而是在学习从事哲学。哲学史不是在我们（从事哲学的人，不一定是职业哲学家）之外的一堆客观知识，而首先是人类的思维存在。如果哲学是人类生存活动特有的一部分的话，那么他就无法在哲学史外从事哲学，就像一个人不能在陆地上游泳一样。学习和研究哲学史，是哲学活动的基本形式之一。

也许有人会问，对于我们中国人来说，学习西方哲学（史）难道也是我们哲学活动的一部分？这个问题是基于下述考虑：既然人有中西之分，那么当然哲学也有中西之分。也许学习西方哲学对我们确有借鉴意义，但无论如何不能是我们哲学活动本身的一部分。

可是，我们要知道，在中国传统学术形态中，本无哲学这一说。日本近代哲学家西周首先用“哲学”这两个汉字来翻译西文的philosophy一词。中国人在十九世纪末从日本人那里将此译名引入中国。但按照一些西方学者的看法，“哲学”为西方文化所独有，而为其他文化所无。[2]西周本人也特别声明“哲学”一词与东方儒学有别。现代中国人却不管这些，硬是把“哲学”引进了中国。这种引进造成的结果是，我们基本是在西方哲学的问题、概念、话语和分类下从事哲学的，这是一个不可否认也不可回避的基本事实。这当然不是说我们注定要和西方人一样来思考哲学问题，但至少规定了我们从事哲学活动的一些基本出发点和前提。更何况哲学的某些形式可能是西方特有的，但它的基本问题却是普世的，为人类所共有。既然如此，哲学史不是特别的客观知识，而是人类智慧的结晶，那么，学习西方哲学史完全可以和学习中国哲学史一样，成为我们哲学活动的一部分。例如，现代西方哲学家对心理主义的批评固然有其发生语境的特殊性，但区分思维活动与思维内容对于任何文化背景从事哲学的人来说都是同样必要的。再比如，存在的概念虽然起源于西方哲学，但早已成为我们哲学，乃至日常语言的一个基本而不可或缺的词汇。事实上，近代以来发生的中西文化全面而深刻的交流接触，使得一个原教旨或本质主义的中国文化必然只是某些人一厢情愿的虚构，而不可能实际存在或产生。当然，这并不是说，中西文化，或中西哲学，完全无法被区分。而只是说，源自西方文化的许多东西，早已融入我们的文化与生活，成为我们传统的一部分（例如马克思主义）。我们并不因此而不再是中国人，我们产生的东西，也并不因此而不是中国的东西。哲学也同样如此。只要我们不是以学究的态度，将西方哲学作为纯粹客观知识来学，而是作为思想的资源与刺激，那么，学习西方哲学就可以是我们中国人哲学活动的基本方式之一，因为我们存在的特殊性是不会因此而丧失的；相反，却必然要制约我们对西方哲学的理解和接受。

因此，“现代西方哲学”这门课不仅有助于我们了解现代西方哲学，更有助于我们进入哲学的世界。

现代与现代西方哲学

什么是“哲学”？这本身就是一个基本的哲学问题，并且是一个一直只有相似的答案，却没有一致答案的问题。每年世界上都会出一些《哲学导论》《哲学通论》《什么是哲学》之类的书，但对哲学的看法始终没有真正统一。我国学者对此的看法也不统一。按一般教科书上的讲法，哲学是“世界观的学问”。一些学者则根据 philosophy 一词的希腊原意，将它看做是求智慧的学问。也有些学者认为哲学是人类把握世界的一种基本方式。我无意于在此提供一种新的说法。我想说的是，这些说法虽然各有不同，但都是将哲学视为人类主观活动的结果或方式，而未能看到哲学的存在论性质。

黑格尔也许是第一个从存在论角度来看哲学的人。在《法哲学原理》的序言中，黑格尔提出，哲学是把握在思想中的它的时代。[3] 由此，哲学的存在论地位第一次得到了确立。青年黑格尔分子卢格后来在引用黑格尔的这句话时说：“哲学的秘密现在被无情地揭示了。”[4] 哲学首先不是人主观的思维活动、思维形式或其结果，而是在思想中表现出来的时代。在此思想影响下，青年马克思在编辑《莱茵报》时甚至说：“哲学已经成了报纸记者。”[5]

但是，黑格尔这句话常常被当做他认可现状的证据来理解。可是，对于黑格尔来说，哲学当然不是对现实或时代的简单记录，而是对时代的反思；反思就意味着批判。哲学的反思，是批判的反思，哲学所呈现的时代，是经过批判了的时代。换言之，哲学是时代的批判。这样，被许多人理解为保守甚至反动的黑格尔哲学，却是对现代和现代性第一个真正系统深刻的批判。

其实，从苏格拉底和柏拉图开始，哲学就与其时代紧密相关。在形而上学与实践哲学之间，没有一条不可逾越的万丈深渊。形而上学语言叙述的往往是博大深邃的现实关怀。哲学问题只是时代问题曲折抽象的变形，在哲学家艰深晦涩的文字底下，却是对现实深沉的思索与批判。哲学史上的大家，无一不是对时代和人类的问题有深切的了解与关心，他们既是时代的产儿，又揭示了时代的本质。柏拉图、黑格尔是这样，尼采和海德格尔也是这样。即使是皮尔士或维特根斯坦，他们的工作也与纯粹逻辑学家的工作有根本区别。他们的工作是有时代的、生存论的内容，而后者全然没有。他们的工作同样打上了时代的明显烙印。

因此，要了解一种哲学，必须了解它的时代；要了解现代西方哲学，必须了解人类文明史意义上的、而不是编年史意义上的现代。这个现代，就是资本主义时代。它始于文艺复兴，一直延续至今。它的政治标志是合法国家（legal state）；经济标志是市场；社会标志是个人；意识形态标志是理性、科学、进步和自由。在现代，人类凭借科学技术的发展及其广泛应用，凭借市场的杠杆，在地球的一部分地方，产生了空前的富足与繁荣。人类享受到前所未有的舒适与满足。社会秩序井井有条，各种社会组织层出不穷，人权与人的尊严得到了很大程度的伸张与承认。人类似乎依靠自己的理性在不断地向着富裕、自由和幸福迈进。著名英国历史学家霍布斯鲍姆曾这样来描述现代的表面特征：

> 这是信仰经济发展依靠私营企业竞争、从最便宜的市场上采购一切（包括劳动力），并以最高价格出售一切的社会的胜利。建立在这个原则基础之上的经济，自然是要依靠资产阶级来主宰沉浮，

资产阶级的活力、价值和智力，都已提高到与其地位相当的程度，并牢牢保持其优势。依此为基础的经济，据信不仅能创造丰富而且分配适当的物质财富，还能创造日新月异的人类机遇，摆脱迷信偏见，讲究理性，促使科学和艺术发展。总之，创造一个物质和伦理道德不断进步、加速前进的世界。在私有企业任意发展的道路上，那些所剩无几的障碍均将一扫而光。世界机制，或谓尚未摆脱传统和迷信势力的世界机制，或谓不幸的很不是白皮肤（最好原籍是中欧、西欧、北欧的白皮肤）的世界机制，将逐步向国际模式靠拢，即领土明确的“民族国家”，有宪法保证的财产和民权，有个选举产生的议会，和为财产、人权负责的代议政府，以及在条件成熟的地方让普通百姓参政，不过关于这点有个限度：得保证资产阶级的社会秩序，排斥资产阶级被推翻的危险。[6]

然而，这个表面看来十分合理的时代实际上却并不那么合理。狄更斯在《双城记》一开始那段著名的描述是这个时代最好的写照：“那是最昌明的时代，那是最衰微的时代；那是理智开化的岁月，那是浑沌蒙昧的岁月；那是信仰笃诚的年代，那是疑云重重的年代；那是阳光灿烂的季节，那是长夜晦暗的季节；那是欣欣向荣的春天，那是死气沉沉的冬天；我们眼前无所不有，我们眼前一无所有，我们都径直奔向天堂，我们都径直奔向另一条路。”极端相反的东西，在这个时代同时并存。例如，在工具理性日益控制一切的同时，社会的非理性也日益明显。经济的发展并没有导致民主的同步发展，相反，市场的专横已经到了难以控制的地步。人被自己所创造的系统支配，日益沦为无足轻重的齿轮和螺丝钉。幸福只是个人物质欲望的满足，而自由只是这种满足的不受干扰。与此同时，是价值和意义的丧失。虚无主义成了现代文化的标志性特征。正是在现代，西方文化的前提发生了根本动摇，西方文化陷入前所未有的危机。而现代西方哲学，既是这危机的忠实记录，也是这危机的凄厉警号。

国内学者一般都将黑格尔去世看做现代西方哲学的开始。理由主要有二。较早的一种观点是，黑格尔去世之后，西方哲学走向了没落，再也不可能产生积极进步的成果了。从此以后，只有与黑格尔去世同时产生的马克思主义哲学才是惟一进步的哲学。另一种观点是，黑格尔是近代西方哲学，乃至整个传统西方哲学的集大成者。黑格尔以后，西方哲学发生了一个重大转折，标志着西方哲学的发展进入了一个新的阶段，即现代西方哲学的阶段。这种说法有相当的道理。不过还要指出的是，黑格尔是一个承前启后的人物，他不仅终结了一个时代，也开启了一个时代。现代西方哲学对现代性的批判倾向滥觞于黑格尔。黑格尔也是最早试图克服近代哲学的主客体对立困境的西方哲学家。近代西方哲学与现代西方哲学之间不仅存在着断裂，更存在着连续。即使在像尼采与海德格尔这样的哲学家那里，仍然找得到近代西方哲学的资源。而一度声势浩大的实证主义思潮，与其说是现代西方哲学，不如说更接近近代西方哲学的思路。

西方哲学之所以在黑格尔之后发生了一个根本转折，不能仅仅归结为黑格尔已经穷尽了传统西方哲学的一切可能性，西方哲学必须从此走上新路了。哲学史的发展，不是一个机械的线性进化过程，我们完全不能说，现代西方哲学家，无论是谁，就一定比黑格尔或柏拉图高明。哲学史不是以时间先后来制定的排行榜。每一个哲学家都有所见，也有所蔽。现代西方哲学的转折，固然有哲学史发展的内在原因，时代的原因同样重要。

如上所述，西方文明在现代实际上也经历了一个数千年未有之奇变。社会生活与精神世界内外两个方面都发生了根本的危机。危机之深刻，也是史无前例的。狄尔泰感觉欧洲的情况就像一艘航行在浪急风高的海上的船，风暴正在周围咆哮。[7]他觉得大难就要临头，因为从希腊-罗马世界没落以来还未见过人类社会及其基础被如此动摇过。[8]狄尔泰的这种感觉在他那一代的西方哲学家中绝不是孤立的。“危机”一词几乎成了现代西方哲学家的流行词。而反思这危机和解决危机则成了不少现代西方哲学家的工作目的和动力。狄尔泰是这样，胡塞尔也是这样。到了二十世纪，尤其是发生了第一次、第二次世界大战后，西方文明的危机更是暴露无遗，哲学家不可能对此漠然视之，无动于衷。

绝大多数现代西方哲学家都把现代性危机理解为精神危机或文化危机，这种理解在相当程度上制约了他们的工作方向，使得现代西方哲学在很大程度上实际表现为文化批判和理性批判。揭示非理性的因素，突出意义问题，强调人的存在，无不与此有关。即使所谓的“语言学转向”也可以从这种批判的方向上来理解。现代西方哲学家并不要改变社会，而是首先要理解和揭示他们的时代。西方文化空前的危机使他们不能满足于就事论事地批判，而试图在西方文化的前提和基础上找到危机的根源。所以他们的思考更多地集中在批判西方文化与思想的一些基本成见与倾向上。但是，现代的人生存境况也时时迫使他们对之进行反思，揭示它的根本荒谬与内在原因。而所有这一切，无疑应该看作是哲学家对于时代问题的思考与回答。现代西方哲学之所以构成了西方哲学的重大转折，与现代问题的激发有极大的关系。正是现代问题本身，促成了西方哲学的重大转变。

近代西方哲学的困境

但是，哲学与时代的关系，决不是机械的因果关系，哲学的发展，也不能单单归结为外部社会问题的刺激使然。哲学的发展，有其内在逻辑和理路。现代西方哲学的兴起，一方面固然是由于时代问题的逼迫；

另一方面则是近代西方哲学本身的困境所致。

自然科学在近代的飞速发展，对大多数近代哲学家的思想都产生了巨大而深远的影响。对于哲学家来说，自然科学之令人信服与向往，主要还不在于它们产生的实际结果，而在于它们及其结果的可靠性与确定性。康德在《纯粹理性批判》第二版序里说，自然科学及逻辑和数学都已走上科学可靠的阳关大道，惟独哲学还没有走上一条同样可靠的道路，实际上表达了大部分近代西方哲学家的共同感觉。哲学的不可靠，首先表现在它基础的不可靠，其次是它方法的不可靠。这基础与方法的不可靠则必然使它产生的结果也不可靠。

基于这种认识，通过怀疑达到确定可靠的知识，成了近代西方哲学自觉的追求，构成了近代西方哲学的主要特征。这种主要特征在它的两个奠基者培根和笛卡尔那里就已表现得非常突出。这两个人都将自己哲学关注的目光主要放在获得知识的可靠基础和方法上。培根反对经院哲学，是因为它是“不会生育的尼姑”，不能产生任何积极的成果。而要使知识进步，必须要有正确的方法，必须清除自己头脑里的种种成见，以自然经验为基础，以理性为工具。

在追求知识的可靠性方面，笛卡尔比培根更自觉。虽然他受过经院哲学的教育，也受到它的影响，但他和培根一样，认为经院哲学无法提供可靠的知识。在笛卡尔看来，问题在于我们是否能为知识找到一个确定可靠的基础或基点。如果不能的话，我们将陷于无穷的荒谬和怀疑之中而无法自拔。笛卡尔自信他通过“我思故我在”的命题找到了这样一个至关重要的基础或基点，这就是“我”，或主体。从此，“主体”这个概念成了近代西方哲学的轴心，虽然它是经院哲学的发明。

主体这个概念之所以被人们迅速接受，从表面上看，似乎是它的自明性。但笛卡尔的“我思故我在”是一个建立在逻辑推论上的命题，而不是从经验的心理事实推出。也就是说，这个所谓知识的可靠基础或基点的概念，实际是建立在理性而不是感性经验的基础上的，理性，而不是感性，才是它的主导性内容。彻底的经验主义者，如休谟，不但怀疑知识的可靠性，甚至都怀疑自己的同一性，但他的怀疑没有理性是根本办不到的。近代西方哲学的理性主义和经验主义之间并没有隔着一道万里长城，“理性主义的许多口号也都是从英国的土壤上冒出来的。”[9]经验只是知识的来源，理性才是真理的裁判；人是理性的动物，必须受理性的指导；在这些问题上，经验主义与理性主义的立场并无二致。就此而言，称近代西方哲学为“理性的时代”并不为过。主体和理性互为表里，撑起了近代西方哲学的大厦。

但是，当人把自己确立为一个知识出发点的主体时，他就把世界作为在自己之外，即与自己相对的客体设定了。知识的任务便是如何达到这客体，认识这客体。但由于主体和客体根本属于不同的范畴，它们之间没有内在的关联，这样，主体关于客体的知识并不能由于知识起点的可靠而得到保证，起点的可靠不等于结果的可靠。笛卡尔通过上帝来保证主体关于客体的知识，但对于别的哲学家，尤其是经验主义哲学家来说，这种解决办法显然是无法令人信服的。但经验主义哲学家同样面临如何证明知识的可靠性问题。诉诸经验在有些人看来也许要比独断地诉诸上帝更可靠些，实际上经验主义却导致怀疑论和不可知论。经验论者认为一切知识来自经验，但知识不等于感性经验。感性经验原则上讲是或然的，因此，不能盲目相信感性经验。但我们所有的只是感觉印象或心理联想，既不能肯定外物的存在，也不能得到必然的知识。从踌躇满志地追求可靠的知识，到承认可靠的知识不可能，近代西方哲学的内在矛盾在英国经验论那里拉响了第一声警报。

被休谟从“独断论的迷梦”中惊醒的康德，试图通过他的批判哲学将西方哲学从这种困境中解救出来。既然知识离不开理性，那么，解决知识问题必须从理性批判入手。具体而言，所谓理性批判就是要确定理性合法使用的范围与界限，肯定它产生的知识具有客观必然性。为此，他将世界区分为本体世界和现象世界。前者是事物本身或物自体，为我们所不能知，因此，至少在认识论范围内，可以对它存而不论。我们所能认识的只是现象，我们所有的知识只是现象界的知识，现象之外的东西我们只能加以思考，而不能认识。现象的知识虽然离不开外物的作用，但它不是客观的摹本，而是主观的构造，就是说，主体性因素是它得以形成的先决条件。

康德认为，知识就是判断，但不是所有判断都是知识。传统判断分为两种：分析判断和综合判断。分析判断的宾词阐明的只是主词已包括的东西，如一切孕妇都是女性，因此它们不产生知识。综合判断的宾词并不包含在主词中，例如，物体都有重量。综合判断能扩充人类的知识，但缺乏普遍性和必然性，也不能构成知识。问题是能不能有具有普遍必然性的综合判断。如果有，那么知识的可靠性问题就迎刃而解了。康德的回答是肯定的。但普遍必然性的根源不在于经验知觉，而在人的理性（知性），在于人普遍的认识能力。就其不靠经验而言，它是先验的。康德努力证明，先验综合判断是可能的，普遍必然性知识是可能的。

但这种知识只是现象的知识，是我们将先验的形式与范畴用于我们经验材料的结果。现象的秩序或自然依赖于这些理智的形式，而不是像实在论者或经验论者认为的那样，正好相反。这就是所谓人给自然立法，或知性将它的规律给予自然。知识的普遍必然性不是由于事物的客观存在，而是由于人普遍的认识能力（理性）。这样，康德就把近代哲学的内在理路推到了极致。世界的秩序出于理性，主体是认知者，也是立法者，理性给了主体认知的条件和能力，理性本身的普遍性保证了主体认知知识的可靠性。

然而，康德的批判哲学却存在着根本的内在矛盾。这个矛盾就是他的“物自体”概念。一位英国哲学家把康德的“物自体”概念称为“不可能的抽象物”和“一个绝对的自相矛盾”。[10]康德并未放弃事物客观存在的思想。并且，他认为，感觉需要有一个外部原因，而物自体就是这个外部原因。但根据康德自己的规定，“原因”是一个知性的范畴，它只能用于现象界，而不能用于本体，即不能用于物自体。即使我们不把物自体称为“原因”，而只是断言它存在，问题同样存在。因为“存在”也是知性的范畴，也不能用来指物自体。但康德却肯定物自体存在，这显然是自相矛盾。

物自体概念的问题不仅仅在于自相矛盾，还在于本体现象的二分使得主客体的对立和隔绝更加尖锐和突出。康德的二元论只是在现象范围内解决了主客体对立的问题，但真正的本质，绝对的本质，世界本身，还在主体之外。但现象与本体并不是完全没有关系的两个世界，我们不能认识本体，但能思考它，说明这两个世界之间存在着不可抹杀的关系。但康德恰恰不能令人满意地说明这种关系。他晚年虽然努力想沟通这两个世界，却并未取得成功。主体如果只能够认识它心灵的产物的话，那么实际上等于是说世界本身反而成了彼岸世界。

因此，康德以后，费希特、谢林和黑格尔，尤其是黑格尔，都致力于彻底打通现象与本体、主体与客体，将二者最终统一起来。斯宾诺莎“实体就是主体”的思想给了黑格尔极大的启发。黑格尔看到：“一切问题的关键在于：不仅把真实的东西或真理理解和表述为**实体**，而且同样理解和表述为**主体**。”[11]如果是这样的话，那么主客体的对立和知识的可靠性问题，就一劳永逸地解决了。我们不但能有可靠的知识，也能有本质的知识。

斯宾诺莎认为，上帝是惟一的实体，是自身的原因，通过自身而被认识。因而它是自我规定，自我解释的。它当然也就是主体。思维和广延只是它无限属性中的两种。斯宾诺莎的上帝或自然的概念实际上已经隐含了主客体同一的思想。但是，当他说上帝无限的属性，包括思维和广延彼此独立，不能互相影响时，这种同一似乎只是形式的，而不是实质的。

黑格尔则不然。主体和客体的绝对同一，不是谢林同一哲学“黑夜见牛牛皆黑”式的无差别的同一，而是包括了一切差别的有差别的同一。所以，他肯定康德区分现象与本体，但反对他认为两者之间存在着不可逾越的鸿沟，反对他认为本体的知识不可能。对于黑格尔来说，本体的知识不但是可能的，而且知识必然是事物本身的知识。因为事物本身不但是客体，是实体，也是主体。在黑格尔那里，主体已不再是笛卡尔意义上的“我思”，也不再是康德意义上的“先验主体”，而首先是绝对精神。这个绝对精神是表现为历史总体过程的大写的理性，即古希腊逻各斯意义上的存在理性。[12]人当然也是主体，但他的主体地位是相对的。相对于表现为理性过程的历史世界即绝对精神，他又是客体，是绝对精神这个绝对主体实现自己目的的手段或工具。

与康德哲学不同，在黑格尔那里，主体和客体之间并没有一条不可逾越的鸿沟。人既是绝对精神的工具，又是它的体现。精神对人而言是主体，又是他的目标和完成。客观世界或客体本身也不是绝对的客体，劳动将它们变成人自我发展或自我实现的中介。当对象由劳动产生和形成后，它们就成了主体的一部分，主体从它们那里看到自己的需要和欲望。[13]主体和客体统一于自在自为的历史过程，统一于绝对精神。知识从根本上说，不是一个与客体相对的主体对客体的认识，而是绝对精神在历史过程中展开的自我认识。这样，就根本取消了近代西方哲学关于知识如何可能和是否可靠的问题。但这只是就知识本身的存在论性质而言，对某个具体的人来说，则必须克服和超越知性的思维方式，才能把握事物的真理或知识的普遍性。

黑格尔说：“这种知识的普遍性，一方面，既不带有普遍常识所有的那种常见的不确定性和贫乏性，而是形成了的和完满的知识，另一方面，又不是因天才的懒惰和自负而趋于败坏的理性天赋所具有的那种不常见的普遍性，而是已经发展到本来形式的真理，这种真理能够成为一切自觉的理性的财产。”[14]可见，这种知识的普遍性，实际上就是理性的普遍性。虽然黑格尔由于把哲学本身看作存在的活动，而在许多方面对近代西方哲学的困境有所突破，如在主客体关系问题上；但他并没有突破近代西方哲学的理性主义立场；相反，通过将理性与存在同一（思有同一），最大程度地加强了这种立场，因而也就将近代西方哲学的内在矛盾极端化了。

现代西方文化的一个突出特点是社会生活的理性化，而这又是与自然科学对西方社会发展所起的巨大作用分不开的。与此同时，人是“理性动物”的传统想法通过启蒙运动，通过近代哲学，得到了淋漓尽致的发扬。理性既是进步的标杆，也是真理的保证。一切不合理性的东西都是应该否定的不合理的东西。黑格尔的哲学虽然在许多别的方面超越了它的时代，但在这个问题上恰恰是这个时代忠实的代言人。理性在黑格尔的哲学中具有绝对的意义，它既是存在的本质形式，也是绝对精神的根本内容。思有同一，主客同一，实际上只是理性与自身的同一。

当然，黑格尔的理性不是近代流行的工具理性，也不是康德的认识理性或理论理性，而是存在理性，但仍与古希腊的逻各斯概念有所不同，后者更多宇宙论的成分，而前者有明显的近代主体性的因素。普遍性是追求的目标，而个体性与特殊性则是应该加以扬弃的东西。感性的偶然性和非理性因素更是没有什么地位。所以，虽然黑格尔把社会历史过程引入哲学，却最终把它变成了概念的体系，并且是一个封闭的体系。理性在试图排斥和统治一切异己的因素的同时，也作茧自缚，把一个无法化约的真实的世界排斥在自己的彼岸。至此，以理性和主体为核心的近代西方哲学穷尽了它的一切可能性，等着它的批判者来逐步清算了。

但是，近代西方哲学的困境，还不仅在主客体分裂和日益独断的理性，更在于它在形而上学方面的危机。从古希腊开始，形而上学就是西方哲学的主要部分，以至于有时它甚至成了哲学的代名词，被称为“科学的女王”。形而上学关心的是超经验世界和超感性领域，研究事物的第一原则，研究作为整体的存在或实在。它并不等于存在论，但基本涵盖存在论的有关内容。近代西方哲学家虽然主要对认识论感兴趣，但并没有放弃形而上学和存在论的追求。即便是康德，他的批判哲学也不是要完全抛弃形而上学，而是要通过批判，将形而上学建立在科学的基础上。

近代西方哲学家虽然在认识论上有许多创新，但在形而上学方面，基本上还是沿着传统的路子，主要关注根本的存在或实体。他们或是像笛卡尔和斯宾诺莎那样，挪用神学传统的资源，以上帝来解释实体。或是像莱布尼茨那样，发明一个精神的形式或实体。或是像唯物主义者那样，以物质来解释形而上学问题。或像休谟和康德那样，认为最终的实体没有意义或不可知。黑格尔在这个问题上并没有超越他的同侪，他煞费苦心地用“绝对精神”这个概念来作为他的形而上学的答案时，他也把传统形而上学带入了绝境。这当然不是由于黑格尔无能，而是由于传统形而上学产生的语境已不复存在。

近代自然科学在逐渐控制人类的外部生存环境的同时，也逐渐控制了人的思想。它变成了一种新的世界观和意识形态。人们渐渐相信，这个世界只有以物质的相互作用和机械的因果关系来解释才是可信的、合理的。终极实在的问题不是一个形而上学的问题，而应该是一个科学的问题。哲学在这个问题上不应该有发言权。黑格尔那种公然藐视常识、庞大的、无所不包的体系让一般的人们觉得，哲学应该寿终正寝了。哲学对世界的形而上学解释，似乎完全可以由科学的解释来取代。因此，形而上学的危机，必然意味着哲学本身的合法性危机。

近代西方哲学本身已无力应对这个危机，因为这危机并不能完全归咎于外在原因，而有它自身的原因。它对近代科学及其思维方式不仅毫无批判（黑格尔等少数人除外），反而倚为效法的典型，使它根本无法抵御近代科学逻辑的诘问和质疑。这就造成了黑格尔死后哲学居然在肤浅的科学主义和实证主义的攻击下几乎溃不成军，丧失了延续了几千年的骄傲和自信，差点沦为科学的附庸。现代西方哲学一诞生，就注定了它必须走一条新路，否则哲学将毫无希望。但这并不意味着现代西方哲学是凌驾于近代西方哲学之上的更高的发展阶段。哲学史不是一部线性进化史，后来的并不一定超过先前的。比方说，恐怕没有人会认为德里达比康德高明，或罗蒂高过柏拉图。我们当然可以说现代西方哲学超越了近代西方哲学，但这“超越”的意思决不应该是“胜过”，而是“扬弃”。

现代西方哲学诞生的思想背景

要了解现代西方哲学，必须了解它产生的思想背景。它不但是对时代问题的思考，对哲学危机的反思，也是对当时一般的思想文化倾向的回答。

如上所述，近代西方哲学一方面对认识论问题予以极大的关注，以至有人认为近代西方哲学可以用“认识论转向”来概括；另一方面，它又秉承形而上学的传统，追求超验的终极实体，对现实人生，尤其是个人生命的关注越来越少。实践哲学也只是停留在形式的、先验的层面，基本不落实到个人。这样，哲学就失去了它自古以来指导生活的功能。这也是导致西方哲学在黑格尔死后大不景气的一个主要原因。

德国哲学家狄尔泰曾这样描写十九世纪下半叶西方的哲学形势：

> 哲学精神指导生活的功能从宏大的形而上学体系转移到实证研究的工作。从十九世纪中叶以来，各种因素导致体系哲学对科学、文学、宗教生活和政治的影响离奇下降。1848年以来为人民自由的斗争，德国和意大利民族国家的巩固，经济的快速发展和相应的阶级力量的转变，最后还有国际政治——所有这一切都引起抽象思辨兴趣的消退。[15]

从狄尔泰的这段描述中可以看到，黑格尔死后，人们的兴趣迅速从思辨转向实际，有外在的社会历史原因。黑格尔左派发起的“人类学转向”在很大程度上就是由于外在的社会政治形势使然。费尔巴哈、鲍威尔、卢格、马克思、斯蒂纳都要人们从精神的思辨回到他们真实的世界和实在的自然。他们关心的不再是思想先天的前提条件，而是生活的实际条件。近代哲学抽象的主体在他们那里变成了有血有肉的具体人。最后，在马克思那里，哲学成了改变现实的手段。

但这只是事物的一个方面。另一个方面是，在科学日益强大的影响下，思辨知识、直观知识、想象的知识和信仰的知识都失去了合法性。许多人就像培根当年看待经院哲学那样看待哲学。一个叫利别希的化学家甚至称哲学是科学的主要敌人，是“世纪的祸根”。而生命则被理解为一种力学的特殊形式，可以根据物质和能量的规律来解释。不仅科学家，哲学家也加入了这样的鼓噪。就像胆囊产生胆汁一样，大脑产生思想。并且，似乎思想也可以用量的关系来描述。自然主义和机械唯物论成为一般人世界观的基础。庸俗唯物论的著作一版再版，形成了一种反哲学的“哲学热”。而达尔文的进化论和庸俗唯物论联手，形成一种包罗万象的自然主义。达尔文主义在十九世纪六七十年代的影响超过了黑格尔主义在十九世纪二三十年代的影响，自然进化的观念对十九世纪后期思想的支配可以与古典力学在十七世纪的影响相比。

如果说庸俗唯物论和自然主义是一种世界观的话，那么，经验主义和实证主义主要是一种知识论的观点。这种观点的主要思想是以自然科学和模式为范本来改造一切知识和知识活动，包括实验的方法和证实的原则。实证主义要以物理规律来解释人类心智和人的存在，必然导致实际取消哲学。经验主义是英国的特产。经验主义向来不喜欢抽象思辨和演绎推理，要求将一切真理、原则和证明都建立在经验事实的基础上。知识必须以普通经验和常识为根据。穆尔甚至试图从观察和归纳的一般化中得出一切逻辑和科学的命题。但是，十九世纪的经验主义者与古典经验主义者（休谟）不同，他们并不接受和同意他的怀疑论。穆尔认为经验足以保证一切判断的确定性。感性经验包括一切可能的关系规律，其中最主要的是因果规律。在实证主义者和经验主义者看来，因果关系是宇宙间最基本的关系，无论是天体运动、市场交换还是政治决定、海洋潮汐，都可以用它来说明和解释。实证主义的新康德主义者李普曼甚至认为，一切规范和根据都可以化为严格的原因，理性的科学没有自由的地位。[16]有人甚至鼓吹“诗学的自然科学基础”。而杜林等人则认为思维的规律与物理实在的规律是完全同一的，要求建立真正的“实在哲学”。一切都应可还原为事实，除了事实之外，都是不足道的。在泰纳和波尔希关于艺术和伦理学的著作中，“美”“善”和“正义”的字样都没有出现过。[17]

总之，科学实在论和物理主义成了这个时代的主旋律，“功能”“价值”“自我”“心灵”这些以往被人尊崇的概念，现在几乎成了“幻相”的代名词。人们只相信事实，但对于什么是事实却没有细细思量。人们将某一时期的科学想法变成不言而喻的真理，实际却把它变成了一种新的教条。有人曾这样来描述当时的思想状况：

到了1860年或大约那时左右，启蒙运动根据一架简单机器的比拟感知世界，并以不同的方程式和万有引力定律描述其过程的思想在大众心里，在非科学和半科学领域探索的理论家中间，获得了正统的地位。机械模型解释一切现象——社会的和物理的——的胜利，是在天文学和几何学领域证实牛顿的分析原则，在化学中发现原子力学的结果。科学中反牛顿主义的最后一个避难所是生物学，但达尔文主义的胜利不久就攻陷了那个堡垒，使得人们只用客观的、科学的术语来描述有生命的事物。事实上，到十九世纪第3个25年时，一般相信，用物理化学过程满意地说明整个生命只是时间问题。[18]

但是，就在人们将近代科学的某些观念当做绝对真理坚信不疑时，科学自身却悄悄地发生了巨大的革命。首先是在心理学领域。实证主义和经验主义都认为知识问题不关哲学什么事，交给心理学就行了，它可以科学地、经验地解决这个问题。然而，弗洛伊德的出现，不仅使实证主义的这个信念打上了问号，而且也改变了心理学本身的形象。虽然弗洛伊德是否建立了一门精确科学或他的工作是否是科学，至今仍有怀疑和争论，但他划时代的影响却是一个不争的事实。弗洛伊德对于人类思想的贡献在于，他第一个指出了无意识，特别是性冲动在人类生活中的重大作用，粉碎了近代以来，尤其是启蒙运动以来流行西方的理性的世界图景。在他之前，德国哲学家叔本华和爱德华·冯·哈特曼都已发现了无意识的存在。但是弗洛伊德指出了它对于人类生活的基础性地位，它不仅制约存在，也制约意识。不管人们会怎样评价弗洛伊德的工作，弗洛伊德以后，人类已经无法回避无意识这个人类存在的基本事实，世界的图像再也不可能是从前那样了。在此意义上，将他与马克思和达尔文并列为十九世纪三大巨人丝毫也不过分。

几乎与此同时，在被实证主义者和经验主义者奉为圭臬的物理和化学领域，也发生意义深远的革命。而这革命的结果，也使得启蒙以来的那种世界图景不再可能，并使得人们再一次有理由怀疑常识。在此之前，人们以为，实在是由物质的物体组成的，物体的基本成分是像微粒一样的叫做原子的小圆球；它们在客观存在的时空中运动，服从“科学规律”，如万有引力定律和能量守恒定律。然而，现在科学家却告诉我们，物质是由看不见的、也许纯粹是假设的叫做“电子”的单位组成，原子并不服从牛顿的定律。更让普通人觉得不可思议的是，时间与空间是相对的，相对于某个任意的标准，整个宇宙并没有客观的标准。而牛顿的万有引力定律也不精确。宇宙并不像一架机器，宇宙中也没有任何容纳可以轻易称为“物质”的东西。后来罗素甚至说“物质”早已成了描述它不存在的地方发生的事的俗套话。[19]

另一方面，作为物质的微粒，电子并不像人们所以为的那样活动，它们根本就不像日常世界中普通事物那样活动。爱因斯坦、海森堡和布罗格里发现了电子具有波粒二象性。由于我们只能用电子观察电子，即不能直接观察电子，所以只能推断它们的性质。这就提醒人们，科学也有人类认识无法超越的界限。人和科学都不是万能的。同样，亚原子微粒的变化也只能在或然性的界限内预测。这样，近代物理学所声称的确定性和确切性就是不可能的目标。海森堡的“测不准定理”实际上宣告了确定性的虚妄。詹姆斯·基恩斯爵士在他的《物理学与哲学》一书中曾以6个命题来总结量子理论的结果：（1）自然的统一性消失了；（2）外部世界的确切知识不可能；（3）自然的过程不能充分表现在时空架构中；（4）主体与客体的明确区分不再可能；（5）因果性失去了其意义；（6）如果有一个基本的因果律，它在现象世界之外，为我们达不到。[20]

这样一来，近代科学与近代哲学的基本理论预设，以及它们追求的认识论目标——确切可靠的知识，都被颠覆了。近代西方哲学实际上是以近代科学，尤其是近代数学物理学为其理论模范的。如果这个模范证明有很大的盲点和局限，那么近代哲学就被根本动摇了。从理论上讲，它再也无法继续下去了。至于实证主义和经验主义奉为真理最后上诉法院的感性经验，实际并不具有人们赋予它的认知特权地位。现代科学的发展使越来越多的科学家都承认科学的有限性。科学的有限性实际上是人本身的有限性。现代西方哲学从各个不同的角度，在各个不同层面证明了这一点。

现代西方哲学与现代自然科学当然有着错综复杂的互动关系。但有一点是可以肯定的，现代西方哲学一般不再像近代西方哲学那样，以科学为自己效法的榜样，也不再将自然科学的理论模式作为自己出发点，而是能自觉与科学保持批判的距离。但它们得出的结论，往往与现代科学的理论后果有异曲同工之妙。

现代西方哲学的一般状况

现代西方哲学从诞生到现在已有一个半世纪的历史，其间产生了五花八门的思想流派，产生了众多重要的思想家。拿整个西方哲学史来看，现代西方哲学也许是除了古希腊哲学之外，最为丰富多彩的。它不像中世纪哲学和近代哲学那样，问题比较集中，哲学语言也比较统一，比较容易理出一个头绪和脉络。现代西方哲学不仅流派众多，而且往往各说各的，使用不同的话语，彼此之间谈不上有什么对话，甚至也不屑对话。例如，对于逻辑经验主义来说，海德格尔哲学是典型的没有意义的形而上学；而在海德格尔看来，逻辑经验主义是否是哲学还很难说。现代西方哲学的一大特点就是哲学语言的创新，不说尼采、海德格尔或后现代主义者，就是分析哲学家的语言中也有不少全新的概念，自成一套语言系统，这就使得各派哲学之间的对话非常困难。更有甚者，是现代西方哲学关注的问题呈现出前所未有的多样性。不同哲学家之间讨论的问题往往风马牛不相及。更不用说现代西方哲学还有尼采、柏格森这样天马行空、自成一家，很难归类的人。这就使得现代西方哲学教材的编写首先面临如何写，或写些什么的问题。

无疑，我们应该将现代西方哲学理解为西方哲学史的一部分。照理说，一部好的哲学史应该写出哲学史发展的内在脉络。由于现代西方哲学的上述特殊情况，加上它一直延伸到当代，所以要写出它发展的内在脉络，殊非易事。我国现代西方哲学的教材大都是按照流派来写。这种做法的好处是我们总算有了一个归类的办法，在林林总总的现代西方哲学中可以理出一个头绪。但按流派写有很大的问题。首先，正如有的学者已经指出的："并不是每一个哲学家，每一种哲学理论观点都可以归属于一个流派。流派只是倾向，不能概括一个哲学家的全部观点，甚至不能概括他的主要观点。"[21]另外，流派是个靠不住的标志，它往往给人一种错误的暗示。例如，一些现代西方哲学教材把海德格尔算作存在主义，不但违背了他本人的一再声明，也的确对正确把握他的思想产生了一定的误导。再比如，德国的生命哲学与柏格森哲学有很大的不同，可以说根本不是一个流派，但将他们都归在"生命哲学"的名下，实际上是将有很大差别的东西混在了一起。即使是那些争议比较少的流派，如分析哲学和现象学，内部也呈现极为多样的状态，海德格尔与胡塞尔，或卡尔纳普与维特根斯坦，他们之间都有极其重大的原则分歧，将他们归为一个流派，往往会使我们无法真正掌握这些大哲学家的独特性；而独特性在哲学史上永远应该是首要考虑的原则。一个哲学家能在哲学史上占有一席之地，应该是由于他对哲学的独特贡献，而不是因为他是哪一派的成员。按流派写最大的缺点是无法写出哲学史发展的内在线索。按流派写其实只是机械地外在归类的方法，而不是按问题发展线索的内在把握。

现代西方哲学尽管丰富多样，但还是有一些基本问题和思路，是可以理出一点线索的。在现代西方哲学初创期，即在十九、二十世纪之交和二十世纪初，有一非常值得注意的现象，就是现代西方哲学的奠基者有着明显的相互影响和积极互动的关系。狄尔泰的一些思想几乎影响了后来从实证主义到现象学非常不同的几乎现代西方哲学的所有主要流派；他和胡塞尔的相互影响；詹姆斯与柏格森、狄尔泰和胡塞尔的关系；弗雷格既是分析哲学的始祖又极大地影响了胡塞尔，这些事实不仅不是偶然的，而且具有重要的哲学史的意义。它们告诉人们，现代西方哲学尽管流派众多，但并非没有一些共同关心的基本问题，尽管它们处理这些问题的方式给人的感觉是似乎毫不相干的。并且，这些基本问题的发展线索应该是有迹可寻的。抓住了这些问题，就抓住了现代西方哲学发展的内在线索。当然，这并不是一件容易的事，但在过去20年研究现代西方哲学的基础上，我们应该朝这个方向努力。

从现代西方哲学的表面分布形态看，似乎可以把它分为欧陆哲学和英美哲学两大块。欧陆哲学流派比较多，而英美哲学似乎是分析哲学的一统天下。人们也因此将现代西方哲学分为所谓“人本主义”和“科学主义”两大思潮。这种分法也是有问题的。它的问题不仅在于“不管是分析哲学还是现象学运动的起源、内涵和影响，都不局限于地域”[22]，还在于它不太科学。英美哲学家并不都是分析哲学家；欧陆哲学家中，也有分析哲学的代表性人物。而且，由于上述大而化之的分类，像怀特海、柯林伍德这样的哲学家一直没有得到足够的重视。英美哲学不是铁板一块；欧陆哲学也不是只有一种风格。“人本主义”和“科学主义”本身就是含义模糊的概念，用来笼统地指所谓两大思潮，不仅不准确，也不符合实际情况。

比起自然科学，人文科学首先应该是求异，而不是求同。笼统是哲学史的大忌。说人本主义哲学家都是以人为本，等于什么也没说，用逻辑行话讲，实际是一个同义反复的分析命题。哲学史应该告诉人们的是思想鲜活生动的发展过程，而不是合并同类项式的笼统归纳。因此，哲学史不管流派与思潮，而从具体的哲学家着手，未必没有道理。当然，这就有应该写什么人的问题。

哲学史应该写哪些人，不应该是一个十分复杂的问题。问任何一个有健全常识的人，他都会说，写那些重要的人。哲学史上最重要的当然是那些做出划时代贡献的哲学家。重要的思想，重要的命题，重要的范畴，是由他们提出来的。不结合他们思想发展的背景来讨论重要的命题和范畴，往往会缺乏思想的纵深感，不得要领。哲学史上的重要人物，尤其那些大哲学家，往往是一个时代的哲学问题的中枢。他们继往开来，总结以前的问题，提出新的问题，甚至通过那些新的问题形成哲学发展新的方向。这样的哲学家，每一个人在某种意义上都是一个时代哲学精神的缩影。抓住他们，就抓住了哲学史发展的关节点，可以左右逢源，进退自如。既可以上溯哲学史的有关传统，中可以旁及同时代的其他人，下可以探求他们影响的后来者。在此意义上，甚至可以说，一个重要哲学家，就是一部微缩的哲学史。

当然，作为一部通识读本，本书甚至对于重要的现代西方哲学家，也不可能都讲到，而讲到的哲学家，也只能择其要者，作一叙述介绍，而不可能有比较深入的论述和研究。尽管如此，本书不打算将所写的现代西方哲学作为客观的知识介绍给读者，而是本着哲学就是哲学史的原则，力图通过对这些哲学家的论述，揭示现代西方哲学的一般走向。有着 160 年历史的现代西方哲学不是毫无头绪的一团乱麻，它还是有其发展轨迹可寻，尽管它并不是一个同质性的过程，分析哲学的发展轨迹或许未必能与别的哲学的发展轨迹接榫或平行，但它涉及的一些哲学的基本问题是有其历史的。

现代西方哲学既然属于哲学史的范畴，自然有发展阶段的问题。国内一些教材对现代西方哲学发展阶段的区分，无论是三个阶段还是四个阶段，基本上是按照编年史意义上的时间来划分，而没有根据它的内容形态来区分。根据现代西方哲学的内容形态，可以将 160 年的现代西方哲学的发展大致分为三个阶段。

第一个阶段是开辟阶段。这个阶段从黑格尔去世到二十世纪二十年代。这个阶段的特点是对传统的猛烈批判和系统清算，以及新的问题领域、新的方法的提出，最终形成新的哲学方向。无论是英美哲学，还是欧陆哲学，都是这样。这个时代西方哲学家的理论成果，为到目前为止的西方哲学定了基调和方向。即便是后现代的哲学家，也仍然是以这个时期西方哲学的成果为其理论前提。现代西方哲学的大师级人物，从尼采到海德格尔，从胡塞尔到维特根斯坦，都在这个时期崭露头角，建立了他们自己的理论大厦。无论是从哲学史的意义来看，还是从理论成就的意义来看，这一阶段的哲学家显然都是最重要、最有贡献的，我们这部书会把大部分篇幅留给他们。

第二个阶段是发展壮大阶段。这个阶段从二十世纪二十年代到二十世纪六十年代。在这个阶段，第一阶段提出的问题和方法被广泛接受，并被发扬光大；那些创立者开辟的新路成了哲学的主流，出现了一些在前人工作的基础上，做出创造性发展的人，如梅洛-庞蒂，列维纳、奥斯丁、奎因等，他们都各有建树，使得现代西方哲学最终形成了自己的传统。

第三个阶段是分化与变异的阶段，从二十世纪七十年代至今。这个阶段西方哲学的特点是加强了与人文科学和社会科学的互动关系；同时，哲学家更多地关注一些比较特殊的问题，而不是总体性的问题。因此，这个阶段没有大家，只有一些否定性很强、立场比较极端的哲学家，如一些后现代的哲学家，他们使哲学越来越远离传统的样子，在形态上发生了明显的变化。另外，实践哲学的倾向在加强也是这个阶段西方哲学的特点。这三个阶段的代表人物本书都会选一些来论述，只是当然要根据他们的重要性而有详略的不同。

若干方法论原则的说明

现代西方哲学是一个复杂的异质过程，它其中包含着许多彼此冲突的立场、观点和问题。从来就没有一个本质的、同质的现代西方哲学。当我们以本质主义的含义去使用“现代西方哲学”这个指称时，我们可能正好违背了我们津津乐道的现代西方哲学精神。本书一方面认为现代西方哲学有一些共同的问题，一些哲学家和流派之间有相近的立场，但没有一个本质上同质的与传统西方哲学截然有别的现代西方哲学。这门课叫现代西方哲学，但在学习现代西方哲学时，必须记住它内在地是非常不同的。它的差异比它的相同更为重要。因此，即使我们在看到某些哲学家的相似时，仍不要忘了他们的不同。

哲学史首先要客观，作者当然可以有，也可以表达自己的观点，但必须是在客观叙述了哲学史的基本事实之后。然而，客观永远只是相对的，因为在叙述什么，如何叙述的考虑上，已经，而且也一定有作者主观的考虑在了。本书的作者并不否认这一点。有限的篇幅使作者不得不对自己的叙述材料有所取舍。取舍不能是任意的，得有一个原则标准。我的取舍标准是问题的重要性，从时代问题和哲学理论问题两个角度来衡量。换言之，与人类的基本问题和哲学的基本问题相关的，就是重要的，就要优先考虑。哲学的生命不在哲学的技术性，而在于哲学的人间性。

哲学就是哲学史，反之亦然。因此，即使是一部大学通识课的教材，也应该在叙述有关哲学家的思想和命题时，注意它们的内在理路和该哲学家对它们的分析论证。应该让学生不仅了解哲学史的事实，也通过对哲学史的学习逐渐学会哲学。另外，哲学史在论述有关对象时，应该始终将其放在哲学史发展的语境中来考察，将他与有关的哲学家进行比较，这样才能真正把握有关对象的思想。历史比较的方法应该是哲学史的基本方法。

哲学史不应该是展览会上的标签，只告诉别人这是什么，那是什么。好的哲学史应该不仅知其然，而且知其所以然。这就要求交代叙述对象的理论出发点，和他面临的有待解决的历史问题。只有这样，读者才能找到进入一个哲学史思想的合适进路。

批判是哲学的本色。尽管这是一部哲学史的教科书，但它也应该具有哲学的品质，即它应该是批判的。哲学史的作者应该对叙述对象有理解之同情，但这不等于说作者完全不应该有自己的批评意见。相反，哲学史的作者应该向读者提供他的批评性看法，给读者一个不同的观察问题的视角，这对于从事哲学活动的人尤其重要。

现在，让我们走进那些思想家的精神世界。

注释

［1］之所以说是广义的西方哲学史，是因为在国内许多大学哲学系，“西方哲学史”是指从古希腊到德国古典哲学的西方哲学，这之后就属于所谓的“现代西方哲学”范围了。据此，我将那种将“西方哲学史”与“现代西方哲学”相区分的理解称为“狭义的西方哲学史”。我所谓的“广义的西方哲学史”指从古至今的西方哲学。

［2］H.G. Gadamer，“Begriffsgeschte als Philosophie”，in *Kleine Schriften*，ed. Ⅲ，Tübingen，1972，s.237；Edward Conze，*Der Buddhismus*，Stuttgart，1971，s.13.

［3］〔德〕黑格尔：《法哲学原理》，范扬、张企泰译，商务印书馆，1982 年，第 12 页。

［4］Arnold Ruge，*Sämtliche Werke*，Mannheim，1847，4：p.250.

［5］Rüdiger Bubner，*Essays in Hermeneutics and Critical Theory*，New York：Columbia University Press，1988，p.37.

［6］〔英〕霍布斯鲍姆：《资本的年代》，张晓华等译，江苏人民出版社，1999 年，第 1–2 页。

［7］Dilthey，*Gesammelte Schriften*，Stuttgart & Göttingen，1958，10：p.14.

［8］Dilthey，*Gesammelte Schriften*，Stuttgart & Göttingen，1958，6：p.246.

［9］〔德〕斯宾格勒：《西方的没落》（下册），齐世荣等译，商务印书馆，1995 年，第 639 页。

［10］〔英〕W.T. 斯退士：《黑格尔哲学》，鲍训吾译，河北人民出版社，1986 年，第 39 页。

［11］〔德〕黑格尔：《精神现象学》（上卷），贺麟、王玖兴译，商务印书馆，1979 年，第 10 页。

［12］Herbert Marcuse，*Reason and Revolution*，Boston：Beacon Press，1960，p.8.

［13］Ibid.，p.77.

［14］〔德〕黑格尔：《精神现象学》（上卷），贺麟、王玖兴译，商务印书馆，1979 年，第 48 页。

［15］Dilthey，*Grudriss der allgemeinen Geschichte der Philosophie*. 6th ed. Rev. and enlgd. by Hans-Georg Gadamer，Frankfurt，1949，p.231.

［16］Cassirer，*Problem of Knowledge*，New Heaven，1950，p.10.

［17］Michael Ermarth，*Wilhelm Dilthey*：*The Critique of Historical Reason*，Chicago & London：The University of Chicago Press，1978，pp.72，73.

［18］Willson Coates and Hayden White，*The Ordeal of Liberal Humanism*：*An Intellectual History of Western Europe*，New York，1970，pp.112–113.

［19］Roland N. Stromberg，*An Intellectual History of Modern Europe*，Englewood Cliffs，New Jersey，1975，p.388.

［20］Ibid.，pp.388–389.

［21］赵敦华：《现代西方哲学新编》，北京大学出版社，2001 年，第 4 页。

［22］同上，第 3 页。

第二讲　对理性的反叛：叔本华与祁克果

叔本华

黑格尔死后，西方哲学家从各个方向向黑格尔哲学发起了攻击和反叛。声势最大的当属庸俗唯物论和实证主义。但这两股思潮本身在哲学上却并没有真正的建树，只不过是一时的思想时髦，不能给后来留下多少积极的东西。但也有一些哲学家真正看到了旧哲学的一些弊病，提出了一些与以往哲学精神迥异的思想，拓开了哲学发展的新领域，使之走向新的方向，奠定了现代西方哲学的基础。叔本华就是这样一个哲学家。

叔本华其人及其著作

叔本华（Arthur Schopenhauer，1788—1860）1788 年 2 月 22 日出生在但泽一个富商家庭。叔本华的父亲是个世界主义者，到处旅行。他母亲是个小有名气的小说家，歌德、施莱格尔和格林兄弟是她沙龙的常客。叔本华虽然与母亲关系一直不好，却继承了母亲的文学才华。他的散文随笔与培根、蒙田鼎足而立，是近代以来最好的哲学随笔之一。叔本华跟着父母从小就到过不少地方，在法国住过两年，在英国上过寄宿学校。早年的这些经历使他后来也成了一个世界主义者，会好几门语言，喜欢旅行。叔本华的父亲想让他子承父业，也当一个商人。但在他父亲死后，叔本华很快就厌倦了经商生涯，弃商向学，进入大学学习。一开始在哥达，后又转到魏玛。

21 岁时，叔本华继承了一大笔遗产，开始在哥廷根大学学医。但他此时对哲学发生了兴趣，遂转学到柏林。此时费希特和施莱尔马赫是柏林大学的教授，但他们的讲课使他很失望。1813 年，他以《充足理由律的四重根》在耶拿大学获博士学位。1818 年，他出版了他的代表作《作为意志和表象的世界》，虽然当时并没有引起人们的多大注意，但它无疑是哲学史上的一部经典。

凭着这部著作叔本华在柏林大学获得一个哲学讲席。其时黑格尔正如日中天，可叔本华偏要将他的课安排在黑格尔讲课的同一时间。此举固然勇气可嘉，却并不成功。黑格尔的课依然人头攒动，而他的课却门可罗雀，最终被迫取消。不知是否是这个原因，叔本华从此远离大学，靠丰厚的家产，定居在法兰克福，优游岁月，终日思考写作，或看戏读书，对学院哲学和大学教授保持了终身的厌恶。

虽然叔本华的哲学与康德哲学关系极大，但与德国古典哲学相比，他的哲学的确有明显的不同。它再也没有古典哲学家那种晦涩与艰深，文字清晰流畅，优美但不肤浅。更重要的是，它将传统的形而上学问题与人生的意义问题直接挂钩，使得哲学从哲学家的高头讲章中解放出来，恢复了它的原始活力。突破学院哲学的烦琐八股，在内容与形式上都不与学院哲学为伍，成了后来许多现代西方哲学家自觉的努力，而叔本华自己在这方面只是走了最初的一步，他的著作仍可看出学院哲学的痕迹。

正因为叔本华在很多方面都是开风气之先的人物，他对于后来的哲学史和思想史都产生了很大的影响，尼采、维特根斯坦、弗洛伊德等人都把他视为自己的思想先驱。像维特根斯坦的“家族相似”概念，尼采的“权力意志”和“永恒轮回”的概念，弗洛伊德的“里比多”概念，都是从叔本华的思想中发展出来的。可是，直到今天，叔本华也没有得到与他的哲学成就相称的评价。叔本华的悲观主义哲学一定不为许多人所喜，而他新旧混杂的哲学思想和风格也往往使人不容易看清他的创新之处。但这些可能还不是全部原因。叔本华的个人行为与他学说的反差也会影响人们对他哲学的公正评判。

“假若我们可以根据叔本华的生活来判断，可知他的论调也不是真诚的。他素常在上等菜馆里吃得很好；他有过多次色情而不热情的琐屑的恋爱事件；他格外爱争吵，而且异常贪婪。有一回一个上了年纪的女裁缝在他的房间门外边对朋友讲话，惹得他动火，把她扔下楼去，给她造成终身伤残。她赢得了法院判决，判决勒令叔本华在她生存期间必须每季付给她一定的钱数（十五塔拉）。二十年以后她终于死了，当时他在账本上记下：‘Obit anus，abit onus’（“老妇死，重负释”）。除了对动物的仁慈外，在他一生中很难找到任何美德的痕迹，而他对动物的仁慈已经做到反对为科学而作活体解剖的程度。在其他各方面，他完全是自私的。很难相信，一个深信禁欲主义和知命忍从是美德的人，会从来也不曾打算在实践中体现自己的信念。”[1]

罗素描述的叔本华的这些行为，不可能不影响一般人对他学说的看法。然而，哲学思想毕竟不是哲学家自身的写照，只有将哲学家的思想放在哲学史的语境中，我们才能对一种思想有恰如其分的判断，对叔本华的思想当然也不能例外。

意志与现象

在《作为意志和表象的世界》第1版的序言中，叔本华明确告诉读者，他的哲学是从康德的成就出发的。康德将世界一分为二，分为本体与现象，我们的认识能力仅及于现象世界，本体为我们的认识能力所不及。叔本华的哲学就是以此为出发点。他也认为世界有本体与现象之分。但与康德不同的是，他并不认为本体不可知，至少我们知道，本体就是意志，现象界的万事万物，只是意志的不同表现。但是，人的主观认识形式与现象界的种种规律不能用于本体，即不能用于意志，在这一点上又是承袭了康德批判哲学的思想。

叔本华也认为，现象界或者说表象世界并不是一团乱麻，表象不是在完全孤立的状态中向我们呈现。相反，所有的表象都是以一种有序的方式和其他表象联系在一起。知识或科学是对这些有序关系的认识，而不是表象的任意集合。他相信沃尔夫说的“无事物无其为何存在的理由”，这些关系后面一定有充足理由，我们对象知识的原理一定是充足理由的原理。他的博士论文《充足理由律的四重根》就要说明这个道理，并分析事物及其关系的类型。

在叔本华看来，“世界是我的表象”[2]，但这并不是说，世界是由我创造的，也不是否认物质世界的客观存在，而只是说它对我们呈现，或被我们表象，是我们关于它的一切论断的前提，世界就是它对我们表象的那个样子。换言之，它对我们永远只是我们表象它的那个样子。世界上的事物之所以有不同的类型，是因为我们人有不同的表象方式，所谓的“充足理由律的四重根”，指的就是4种不同的表象能力或方式。第1种表象方式是直观经验的表象方式，它构成物理世界的对象，支配它们的充足理由律是“生成的充足理由律”。第2种表象方式是抽象概念的表象方式，它构成判断，支配它们的充足理由律是“认识的充足理由律”。第3种表象方式是对时间和空间的先天直观，它构成数学的对象，支配它们的充足理由律是“存在的充足理由律”。最后一种表象方式是行动，它的对象就是意志主体，支配它的充足理由律是“行动的充足理由律”，或“动机律”。

充足理由律表明，现象世界是必然性领域。这一点康德就已指出。不同的是，在叔本华这里，必然性有不同的类型。并且，叔本华认为，动物也有现象世界，因为动物也有知性，所以它们也有感觉的先天形式：时间和空间，有知性的范畴；但它们没有理性。理性是人类独有的。但人类有理性并不说明人比动物优越，相反，恰恰说明人在某些方面不如动物。动物固然没有理性，但是大自然给了它们足够的满足自己需要的手段，如虎牙象鼻，鹰眼蟹螯。人在某些自然天赋或本能方面不如动物，但需要却远比动物复杂，加上大脑随着有机体的发展而发展，理性就此产生了。

因此，理性的功能首先是生物学的功能，它是大自然发明来满足人类需要的工具。尽管如此，理性的功能是抽象的，理性的惟一功能就是构成概念的功能。概念也是表象，却是抽象的表象。概念可以使我们比较容易地处理、概括和整理知识的原始材料，便于人类交流知识和保存知识。但是，与直观表象相比，概念在某种意义上是贫乏的，因为它省略了许多同类对象间的不同。“直观永远是概念可近不可即的极限。”[3]然而，人类不能没有概念。动物只生活在现在，而人却同时还生活在未来和过去。动物只满足当前的需要，而人却能未雨绸缪，为未来做准备。这一切都离不开抽象概念。但不管怎么说，抽象概念也好，理性知识也好，都只是满足身体需要的工具。叔本华这种实用主义的知识论，乃现代西方哲学认识论上的实用主义之滥觞。

更值得注意的是叔本华对于理性的观点。西方哲学从古代开始，就存在着一个强大的理性主义传统，这个传统到了近代得到了进一步的加强。近代西方哲学从表面上看，理性主义和经验主义分庭抗礼，实际上二者之间并没有隔着一道万里长城，经验主义只是理性主义的一个变种，“大陆理性主义完全来自洛克”[4]这个论断虽说过了点，但也不是完全没有根据。人是理性的动物，必须受理性指导，经验是知识的起源，理性才是真理的裁判，在这些问题上，经验主义与理性主义并无不同。德国古典哲学更是把这种理性主义的传统发挥到极致，理性既是存在的本质，也是真理的保证。

但是，叔本华却开了现代西方哲学非理性主义的先河。在叔本华眼里，理性远没有近代哲学家，如他所推崇的康德，所给予的那么崇高的地位。人类固然少不了理性，是理性使人类高于动物，但理性并不是万能的。理性的确使我们有所得，但也使我们有所失，理性往往使我们失去知觉的敏感，理性的概念常常与具体事物脱节。即使在生活实践中，理性也并不能很好地指导我们的行为：

> 在生活上，一个迂夫子尽管满腹格言、规范，几乎总是有所短而现为不聪明、索然寡味、没有用处。在艺术上，概念本没有什么生产性，迂夫子也只能生出没有生命的，僵硬的，装扮起来的死婴。甚至在伦理方面，行为如何高尚，如何正义的打算也不能到处按抽象规范行事；因为在许多场合，不同情况间存在着差别微妙这一属性，使直接来自（整个）人格的择善固执成为必要；而这又是由于在应用单纯的抽象规范时，一部分规范因只能一半适合而产生错误的后果，一部分又同当事人不可忽视的个性格格不入而无法贯彻始终以致半途而废。[5]

叔本华这里说的“迂夫子”，是指不能在具体中认识事物的人们。“抽象之所以抽象，就在于抽掉了细致的规定，而在实际上，要紧的正是这些东西。"[6]这就意味着，对于叔本华来说，理性及其抽象不是最重要的，重要的是生命的具体。抑制理性的无上地位和霸权不是要反理性，而是要恢复鲜活的生命。这是现代西方哲学非理性主义的基本思路。

当然，对于悲观主义的叔本华来说，他可能并不认为他要恢复鲜活的生命，因为生命，也就是他作为宇宙本体的意志，根本不需要恢复，它本来就比理性更为根本，它是理性的主人，理性只是它的仆人。理性的一切作为，都是在为它服务。

康德将本体世界置于知识之外，将它仅仅作为一个未知的X加以设定，而叔本华将这个X规定为"意志"，它就是康德讲的"物自体"，即独立于我们的知觉而存在的东西，实际存在的东西。"作为意志，它就决不是表象，而是在种类上不同于表象的。它是一切表象，一切客体和现象，可见性，客体性之所以出。它是个别（事物）的，同样也是整体（大全）的最内在的东西，内核。它显现于每一盲目地起作用的自然力之中。它也显现于人类经过考虑的行动之中。"[7]这就是说，意志就像黑格尔的"绝对精神"，既表现在自然世界中，也表现在人类的实践活动中；宇宙万物都是它的表现。所不同的是，意志不是精神，意志是非精神的原始的生命力。

然而，叔本华凭什么得出这个作为物自体的意志？或者说，他是如何断定这个意志的？答案是通过将人的本质扩大和外推。人不但是认识表象世界的主体，不但有意识，他也有身体。人的身体本身就是与其他的表象一样，是世界的一个表象。但不同的是，身体这个表象受某种内在的机制控制。这个内在的机制，就是欲望，就是意志。叔本华的意志与康德和费希特的意志概念有所不同，它有强烈的欲望意味。意志总是趋向某个目标，总是寻求得到满足，性欲就是这种意志的一个典型表现。意志使我们对表象世界发生兴趣，使我们与表象世界联系在一起。人通过自己的身体，可以清楚地发现意志的存在，是意志在支配我们的行动。

但是，我们怎么能得出，支配我们身体的意志，与支配别人身体的意志，甚至支配动物和自然界的意志，实际上是同一个意志？对于这个问题，叔本华从来没有给出令人满意的回答。他采取的是简单的类推法，即人这个小宇宙是大宇宙的缩影。“每人自己就是这全世界，就是小宇宙，并看到这世界的两方面都完整无遗地皆备于我。而每人这样认作自己固有的本质的东西，这东西也就囊括了整个世界的，大宇宙的本质。”[8]可见，叔本华的意志概念实际上与黑格尔的绝对精神概念一样，是典型的人类中心论的产物，即将人类的某种功能强加给存在。在此意义上，我们甚至可以说叔本华的意志哲学是一种准主体主义。

将世界分为本体和现象，必然会有两者的关系问题。康德尽管将本体归为不可知的领域，仍然不能消除这个问题。叔本华不但肯定物自体是意志，而且也从不否认它是可知的。但意志作为本体，它不是表象，它如何为我们所知？叔本华借用柏拉图的理型论来解决这个问题。

我们知道，柏拉图的理型论也是建立在理型世界和现象世界二元分裂的基础上的，现实事物是现象，理型是本质，现实事物分有理型，是理型的摹本，但永远不是理型。现在叔本华将理型拿来作为表象与意志的中介。理型是永恒不变的形式，每一个特殊的理型，就是意志客体化的一个确定的级别，是个别事物的原型。理型不属于表象世界，因而，它们是在时空之外。但它们还不是意志，因为意志是一，而理型是多，但它们密切相关。一方面，“任何时间和空间的个别事物都不是别的什么，而只是被理由律（作为个体的认识形式）化为多数，从而在其纯粹的客体性上被弄模糊了的理型。”[9]另一方面，“意志乃是理型的自在本身，理型把意志客体化了，这种客体化是完美的。意志也是个别事物以及认识这个别事物的个体的自在本身，这些物与人也把意志客体了，但这种客体化是不完美的。”[10]这就是说，我们只能通过意志的客体化认识意志。意志即客体化在个别事物中，又客体化在理型中，但只有在理型中它才得到完美的表现，因而，要认识意志只能通过理型，而不能通过个别事物。理型既是意志的完美表现，又是个别事物的原型和永恒形式，所以它能沟通意志和个别事物，即表象。

理型是个金字塔型的等级系统，由低到高代表意志不同级别的客体化。级别的高低由客体化的程度而定。最低的级别是普遍的自然力，如引力和斥力。最高级别的意志客体化则是人，因为人比任何其他事物都更具个体性，甚至可以在某种程度上用一个特殊的理型来描述每一个人。人处于理型金字塔顶端的另一个理由是，只有人既能认识意志，也能认识表象，能发现意志与表象的最终同一。至此，叔本华理型理论的人类中心论的痕迹已非常明显了。

但问题还不在这里。当叔本华指出理性的抽象抽掉了细致的规定，而要紧的恰恰是“细致的规定”，即具体特殊的东西时，他实际上是对黑格尔哲学过于强调普遍性的一个正确纠正。然而，在表象和意志之间叠床架屋式地加进理型，实际上又回到了西方哲学普遍、形式高于特殊、具体的传统，现实东西（即叔本华的表象）的认识意义就大打折扣了。现象意志二元论必然使叔本华陷于本质主义而不能自拔，他对理型种种无法让人满意的论述恰恰向我们表明了这一点。

叔本华的悲观主义

根据叔本华的理论，各个等级的理型是相互依赖的，较高等级的表现以较低等级的表现为前提。例如，人依赖动物；动物又依赖其他动物和植物；植物需要土壤、水、太阳等。尽管如此，不同理型的现象本质上处于彼此战争的状态。例如，我们人为了维持自己的生命要杀戮动物，消耗各种植物；动物也是如此；植物为了维持自己的生存也要消耗大自然的许多东西。有机体之间的这种斗争其实是内在于意志本性的一种更基本的斗争的表现。意志有和谐的一面，表现为自然现象相互适应，但它也有自我不和的一面。

意志从根本上讲是盲目的，是没有理由与根据的，理由与根据只适用于现象，不适用于意志。意志是一种盲目的冲动，一种无穷的努力或永恒的生成，它实际上是一种原始的生命力，意志实际上是生命意志。它表现为动物的自我保存和繁殖后代的本能，也表现为人为满足自己生存需要的种种活动。然而，意志既然是一个无尽的追求，那么它永远也没有满足的时候。所以叔本华又把意志称为“饥饿意志”。

作为意志的外在表现的大自然，它的内在本质就是不断地追求挣扎。“欲求和挣扎是人的全部本质。”[11]在现实生活中，人追求幸福和满足，但却得不到。所谓的幸福与享受只是欲望的暂时停止，欲望[12]其实是一种痛苦的形式，人从来就是痛苦的。幸福是愿望得到了满足，但愿望一旦得到满足，就不再是愿望，就会产生可怕的空虚和无聊，人的存在和生存本身就会成为他不可忍受的重负。“所以人生是在痛苦和无聊之间像钟摆一样的来回摆动着；事实上痛苦和无聊两者也就是人生的两种最后成分。”[13]虽然人想尽一切办法逃避空虚和无聊，消除痛苦，却无法成功，因为痛苦和空虚、无聊不是人生偶尔的现象，而是人生的本质。

正因为如此，叔本华认为，幸福都只是消极的，而不是积极的。幸福无非是从痛苦或缺陷中获得解放，但解放以后必然又生新的痛苦。大多数人的生活就这样被痛苦和空虚包围。叔本华这样来描述人们的生活：

> 任何个别人的生活，如果是整个的一般的看去，并且只注重一些最重要的轮廓，那当然是一个悲剧；但是细察个别情况则又有喜剧的性质。这是因为一日之间不停的别扭淘气，一周之间的

> 愿望和忧惧，每小时的岔子，借助于经常准备着戏弄人的偶然巧合，就都是一些喜剧镜头。可是那些从未实现的愿望，虚掷了的挣扎，为命运毫不容情地践踏了的希望，整个一辈子那些倒楣的错误，加上愈益增高的痛苦和最后的死亡，就经常演出了悲剧。这样，命运好像是在我们一生的痛苦之上还要加以嘲笑似的；我们的生命已必然含有悲剧的一切创痛，可是我们同时还不能以悲剧人物的尊严自许，而不得不在生活的广泛细节中不可避免地成为一些委琐的喜剧角色。[14]

既然如此，“人生在整个根性上便已不可能有真正的幸福，人生本质上就是一个形态繁多的痛苦，是一个一贯不幸的状态；……”[15]乐观主义是没脑子，没思想的人才会说的空话；要不就是对人类无名痛苦的恶毒讽刺。

这样彻底的、无可救药的悲观主义，为近代以来西方哲学家中所仅见。人们往往把叔本华的悲观主义归结为受印度哲学，尤其是佛教哲学的影响。这当然并不错。但不仅仅如此。叔本华的悲观主义中有着不可忽视的时代内容。当叔本华将欲望作为人的本质的时候，他不仅颠覆了几千年来西方主流传统对人的理解，更揭示了一个现代的基本事实：“欲望成了物自体、瞬间的抽象事件、反对早先的社会制度的工具。在早期社会里，欲望过于狭隘和特殊，过于紧密地与局部的或传统的义务联系在一起，以致无法以此方式被具体化。……在新的社会制度里，欲望以普遍的占有性的个人主义形式出现，它是公开的秩序，是统治性的意识形态和占主导地位的社会实践；这更是因为欲望在社会制度中为人们所意识到的无限性，在此社会制度中，积累的惟一目的是为了进行新的积累。由于目的论的创伤性瓦解，欲望开始独立于特殊的目的，或至少与之不相称；一旦欲望……不再是有目的的，欲望便会可怕地开始强迫自己成为物自体，成为毫无目的或理性的、模糊的、不可测度的、自我推进的力量，……”[16]叔本华的悲观主义，无疑也是建立在对现代（资本主义）生活本质的悲剧性的洞察基础上的。

既然痛苦是由生命意志所产生，那么根绝痛苦的办法似乎也只有弃绝生命意志一途。讲到弃绝生命意志，人们首先会想到自杀。但叔本华认为自杀是对意志的屈服，而不是否定。自杀者妄图以一次意志活动（自杀）来消灭自己的身体，以为这样就是消灭了意志，殊不知身体只是意志的现象，意志在这里正是以取消自己的现象来肯定自己。所以自杀不能取消意志。“得救的惟一途径就是意志无阻碍地显现出来，以便它在这显现出来的现象中能够认识它自己的本质。惟有借助于这认识，意志才能取消它自己；同时也能随之而结束和它的现象不可分的痛苦。”[17]

这要求人们认清物自体的本质，认识到利己主义和自我要求都是意志的表现，通过禁欲主义和苦行来取消利己主义和自我要求，也就是取消意志。具体的做法则与一些苦行主义宗教要求信徒的并无二致：强制自己不去做自己很想做的事，反而去做自己不想做的事。不反对别人对他做不义的事，欣然接受任何损失、任何羞辱、任何侮慢，把这些当做考验自己不再肯定意志的机会。以苦行来降服和灭绝意志。欣然接受死亡。

叔本华和历史上那些禁欲主义宗教家一样，相信这可以克服生命意志，最终消除痛苦。然而，如果生命意志不仅仅是人的意志，更是宇宙本质的话，那么任何个人对它的克服都只有个体的意义，而没有全体的意义。从整体上说，生命的痛苦丝毫也没有消除，生命的意志丝毫也没有被取消。但叔本华认为，只要我们达到了物我两忘、四大皆空的境界，就算意志否定了自己。

叔本华的美学思想

叔本华也知道，一般人不大可能做到形如槁木、心同死灰，完全否定意志。但至少可以通过审美经验暂时摆脱人生的痛苦。

我们已经看到，按照叔本华的思想，人生痛苦源于利己主义和自我欲求，要摆脱人生的痛苦，无私无我是必要条件。康德在他的《判断力批判》中已经指出，人们在审美时是非功利的，即与审美对象没有欲望要求的关系。叔本华秉承了康德的这一思路。他指出，在日常生活中，我们的身体与周围事物处在种种功利的关系中，它们不是满足欲求的手段，就是妨碍满足欲求的障碍。而在审美时，个人不再是欲求的主体，而是一个纯粹无意志的认识主体。因为在审美时，我们被审美对象深深吸引，它将我们暂时从意志的奴役下解放出来，成了“不带意志的，超乎时间的，在一切相对关系之外的认识之主体”[18]。也就是说，审美主体这时超越了受充足理由律支配的关系世界，即现象界，而进入了一个自由王国。

叔本华指出：“在认识甩掉了为意志服务的枷锁时，在注意力不再集中于欲求的动机，而是离开事物对意志的关系而把握事物时，所以也即是不关利害，没有主观性，纯粹客观地观察事物，只就它们是赤裸裸的表象而不是就它们是动机来看而完全委心于它们时；那么，在欲求的那第一条道路上永远寻求又永远不可得的安宁就会在转眼之间自动地光临而我们也就得到十足的怡悦了。”[19]这就是说，审美静观使我们暂时摆脱我们欲求的控制，而达到一种没有痛苦的境界。这是审美的人生功能。

审美还有认识功能。按照叔本华的思想，理型不属于表象，它们在时空关系之外，不能用认识表象世界的方式来认识，而只能通过审美来认识。这是因为，在审美时，主体与客体都超出了时空的充足理由律的形式，作为对象原型的理型因而对一个超时空的认知主体呈现，而不会受到表象事物的干扰。

除了人生功能和认识功能外，审美经验当然还有审美功能，即对美的把握。在审美时，对象进入我们的纯粹主观，就像主体此时失去了他的个体性一样，客体也暂时失去了它在日常经验中的种种关系，而以比较纯粹的方式成为理型的代表。把握存在于这些理型中的美很容易使我们产生审美的快感。

康德在讨论审美经验的时候，一直坚持优美与崇高的不同，欣赏优美和欣赏崇高的精神活动是不一样的。但叔本华并不这么看。他认为欣赏优美和欣赏崇高都是为了沉思现象的理型。它们的不同仅在于优美的对象比较平和，很适合静观。而崇高（或壮美）的对象对审美主体往往有一种威胁性的关系，如风暴的海面对于一个岸上的观察者而言。这时，审美主体得努力排除一切顾虑，才能欣赏崇高的对象及其表现的理型。

审美总是与艺术有关。艺术是关于理型和物自体的认识方式，是天才的任务。“艺术复制着由纯粹观审而掌握的永恒理型，复制着世界一切现象中本质的和常住的东西。”[20]这事非天才莫办。但一般人也有些天才的才性，如想象力，所以也能欣赏艺术。但一般人不大会在纯粹直观中流连忘返；而天才就要流连于对生活本身的观察，要努力掌握事物的理型。天才通过自己创造的艺术将他们所把握的理型传达给人们。“我们所以能够从艺术品比直接从自然和现实更容易看到理型，那是由于艺术家只认识理型而不再认识现实，他在自己的作品中也仅仅只复制了理型，把理型从现实中剥出来，排除了一切起干扰作用的偶然性。艺术家让我们通过他的眼睛来看世界。”[21]审美直观不是要掌握理性抽象无法掌握的具体和特殊，而是要掌握在表象世界中无法掌握的事物的永恒形式和本质，这使得叔本华的美学思想与他非常讨厌的黑格尔的美学有某种奇怪的相似。

黑格尔在他的《美学》中根据各门艺术表达手段的精神性，即表达精神的程度来给它们区分等级；叔本华则根据各门艺术让我们把握理型的程度来给它们分等级。像黑格尔一样，叔本华将建筑放在最低的层次，因为它直观的那些理型属于意志客体化的最低级别，这些最低级别的客体性就是重力、内聚力、固体性和硬性，以及光。“建筑艺术在审美方面惟一的题材实际上就是重力和固体性之间的斗争，以各种方式使这一斗争完善地、明晰地显露出来就是建筑艺术的课题。”[22]水利工程是建筑的姐妹艺术，与建筑不同的是，在水利工程中，重力的理型是与液体性，即形状的不定性、流动性、透明性为伍的。由于建筑艺术让我们直观到的理型属于意志客体化的最低级别，所以它展示在我们面前的东西的意义也相对微小。

园艺和风景画要比建筑和水利工程高一个层次，因为它们展示的理型属于更高级别的意志客体化，“这些理型的意义丰富得多，表现力也强得多。”[23]但动物画和动物雕塑又要高一个级别。“在这些作品上，美感的客观方面和主观方面相比就已占有断然的上风了。”[24]就是说，审美观赏以把握理型为主，而不是以主观观赏为主了。历史画和人体雕塑则更上一个层次。在这里，“人的理型完全表出于直观看得到的形式中。……我们立刻就为一种说不出的快感所控制，使我们超然于我们自己，超然于一切使我们痛苦的事物之上；所以这种情况的可能就仅仅在于意志可加以最明晰、最纯洁的认识的可能性也（能）最轻易地，最迅速地把我们移入纯粹的认识状态；在这状态中，只要纯粹的美感还在，我们的人格，我们的欲求及其经常的痛苦就都消失了”[25]。

文字艺术比造型艺术要更高，因为这时，“一切级别上的理型都可以由文艺表出，文艺按那待传达的理型有什么样的要求，时而以描写的方法，时而以叙述的方法，时而又直接以戏剧表演来处理”[26]。悲剧是文字艺术的最高峰，它以表现人生的可怕为目的，但最后却使人们对这个世界的本质有了完整的认识。“这个作为意志的清静剂而起作用的认识带来了清心寡欲，并且还不仅带来了生命的放弃，直至带来了整个生命意志的放弃。”[27]

与黑格尔不同，在叔本华那里，悲剧还不是艺术金字塔的顶端，艺术的最高峰是音乐，所有别的艺术都是让人们感知理型，而音乐直接复制意志。音乐“跳过了理型，也完全是不依赖现象世界的，简直是无视现象世界；在某种意义上说即令这世界全不存在，音乐却还存在；……音乐乃是全部**意志**的**直接**客体化和写照。”[28]音乐纯粹地、抽象地表现人类情感最本质的东西，它使世界的每一场景立即具有提高了的意义。“对世界上一切形而下的来说，音乐表现着那形而上的；对一切现象来说，音乐表现着自在之物。故此，人们既可以把这世界叫做形体化了的音乐，也可以叫做形体化了的意志。”[29]叔本华似乎将音乐与意志相提并论了；由于这相提并论，倒使人们看到了他的意志概念的旧形而上学痕迹。

我们看到，与黑格尔的美学一样，叔本华的美学尽管对各种艺术有许多精辟的见解，对艺术本身也有独到的分析，但最终还是从属于他的思想体系的，因而在分析论述时不免有穿凿附会的地方，如以各门艺术对应各不同级别的理型和意志客体化。从叔本华的美学思想中我们也可以看到，虽然他在许多地方体现了一种新的哲学精神，但旧形而上学对他仍有明显的影响，这可能是任何先驱人物都无法避免的。

祁克果

我们看到，尽管叔本华对黑格尔的哲学很不以为然，但至少他的美学还有明显的黑格尔哲学的遗风。黑格尔的影响是如此巨大，甚至那些在他死后起来批判他的人，也往往带有明显的黑格尔哲学的烙印。青年黑格尔派就不用说了，丹麦哲学家祁克果也是如此。这个与黑格尔哲学似乎不共戴天的人，其实不仅保留了许多黑格尔的语言，也保留了某些黑格尔的思维方式。他对黑格尔的批判，是典型的精神弑父的行动。通过这样一个精神弑父行动，祁克果打开了新的哲学视阈，奠定了他在现代哲学史上的地位。有人甚至说，“如果没有祁克果的开拓和倡导，存在主义的存在是不可想象的”[30]。祁克果的生平与他的思想有很大的关系，要了解他的哲学，先要知道他的生平。

祁克果其人及其著作

祁克果（Søren Aabye Kierkegaard，也译作克尔凯廓尔，1813—1855）出生在丹麦首都哥本哈根的一个笃信基督教的富商家庭，从小受到他父亲的很大影响。他父亲原本是日德兰半岛上的一个农奴，做羊毛生意发了财之后，成为哥本哈根的头面人物，城里知识界的精英经常在他家聚会。老祁克果虽然没受过教育，却有过人的天赋，能和这些学者争论问题，好像就是他们中的一员。他对自己的儿子也有很高的要求，给他讲故事以启发他的想象力，经常和他交谈与辩论。祁克果对他父亲极为崇拜，但也因为如此，他父亲也在他心中留下了永久的阴影。

老祁克果是个虔诚的信徒，儿时在日德兰放羊时因孤独和饥寒交迫诅咒过上帝，后来终身担心天谴。父亲惶惶不可终日的恐惧心态使祁克果的生活从小就蒙上了阴影。还有证据说他曾经看见过他父亲与人通奸。这对一个对父亲无限崇拜的人来说，不啻天塌了一样。他曾在1836年春天试图自杀，未果后反而一改常态，变成一个登徒子，过了一段花天酒地的生活。但这并没有改变他内心悲观恐惧的状态。祁克果后来在生活中宁可自讨苦吃，也不愿过“中产阶级的幸福生活”，与早年的这种阴暗经历很有关系。

祁克果早年的人生道路一帆风顺，他进大学学习神学，准备将来当一个牧师。1840 年 7 月，他以最优的成绩通过学位考试，当上了牧师，并布了第一次道。也就在这一年他和一个丹麦政府官员的女儿订了婚。别人梦寐以求的东西：财产、事业、爱情祁克果都有了，似乎幸福人生对他来说根本不是什么问题。然而，他却对这些弃之如敝屣。先是他不满教士和教授们对基督教的肤浅解释，也不愿服从教会规定的教条，更加憎恨教会的虚伪和浅薄，对此痛加抨击。虽然他为此付出沉重的代价，但始终没有向教会妥协，临终时还拒绝从一个牧师那里接受圣礼。

祁克果放弃自己的宗教生涯还不算，他在与未婚妻订婚一年后出人意料地解除了婚约。做出这个似乎不近人情的决定对祁克果来说并不是轻松的，他也为此而痛苦。但是在他，这是服从自己内心的呼唤，他相信自己是一代人里两三个杰出的人之一，承担着一个使命，要在可怕的激情中发现对别人有好处的东西。在上帝和未婚妻之间，他只能选择上帝。然而，对于哥本哈根保守的中产阶级社会来说，这是无法接受，也不能容忍的。一时间流言四起，祁克果成了为社会所不容的人。

当时哥本哈根有张发行量很大的黄色小报《海盗》，专门以刊登丹麦名人的谣言和丑闻为能事。祁克果撰文痛斥《海盗》低下的格调，结果招来加倍的报复。媒体把他变成了世人皆欲杀的“第一流的恶棍”[31]。然而，教会、社会和媒体并没能将祁克果整垮，他依然我行我素，过他特立独行的生活。

祁克果解除婚约后，就去了柏林。此时黑格尔已死，谢林重登杏坛，讲课往往以黑格尔为批判的标的。祁克果对谢林的演讲非常欣赏，他后来对黑格尔的批判不能说完全没有谢林的影响，但起决定作用的肯定不是谢林，而是他自己。德国古典哲学的体系哲学已无法使他满足，他要的是能和生命直接相关的哲学。

从柏林回国后，祁克果过着在一般人看来是游手好闲的生活，没有职业，靠遗产过日子。他把遗产大都用来出版他写的东西，不久就告罄了。到他 42 岁死的时候，他实际上已经一文不名了。长期紧张的脑力劳动和精神压抑使他过早离开了人世，却留下了许多有趣而难读的著作。

祁克果的主要著作有他的学位论文《论讽刺观念》(1841)、《非此即彼》(1842)、《恐惧与战栗》(1843)、《畏的概念》(1844)、《人生道路的各阶段》(1845)、《〈哲学片断〉一书最后的非科学性的附言》(1864)、《致命的疾病》(1849)等。祁克果的书之所以难读，一个主要的原因是他喜欢用不同的笔名来发表作品，而且往往用一个笔名发表的著作批评用另一个笔名发表的著作里的思想。他这么做的理由是要避免构筑一个像黑格尔的体系那样庞大单一的体系；同时也是为了给读者提供各种观点，让读者自己来选择，而不是作者直接去影响读者。但这么做却给人们把握他的思想平添了不少困难。

对黑格尔的批判

虽然祁克果和他同时代的许多人一样，受到黑格尔的很大影响，但是，他的气质以及对生命的敏感使他无法接受黑格尔风格的哲学。对于黑格尔来说，哲学归根结底是要认识宇宙的真理；而祁克果则相反，他要寻找的是自己生命的真理。他早年在日记中写道：

> 我真正缺少的东西就是要在我内心弄清楚**我要做什么事情**，而不是我要知道什么事情（在做每一个行动之前须对之有所了解这一点不在此例）。问题在于了解自己，认清上帝真正希望我做什么；问题在于找到一个**对我来说**是确实的真理，找到一个**我能够为它而生为它而死的观念**。[32]

可见对于祁克果来说，哲学首先是个人生命的追求，真理必须与个人生命有关才有意义。但黑格尔的哲学却不是从个人生命出发，而是从绝对精神出发。黑格尔的哲学体系是一个以绝对精神自我发展和自我认识为目的的、囊括一切的封闭体系。绝对精神的发展表现为历史的运动，在这运动中，人类只是绝对精神实现自己计划的工具。即使像拿破仑这样叱咤风云的人物，也不过是“理性狡计”的代理人而已，个人在黑格尔的体系中毫无地位。在祁克果看来，黑格尔哲学强调抽象的整体而忽视了个人的存在，只是停留在纯粹的思想中，而没有涉及具体的人生。黑格尔哲学重视反思和理性而缺乏热情，但祁克果认为“我们时代所缺乏的不是反省力而是热情。”总之，黑格尔哲学并不能给人以怎样生活的智慧，因而它对于人生是完全无用的。

黑格尔哲学特有的表达方式是把一切事物纳入他观念的逻辑体系中，是概念自身的矛盾推动逻辑体系的发展。在祁克果看来，黑格尔把个人生存的具体性变成了概念的抽象性。但任何概念的体系都只是可能性而不是现实性，可能性能否实现不在于概念，而在于个人。个人做什么并不有赖于他理解什么，而取决于他要什么。意志先于理性，这是祁克果与叔本华一致的地方。这种一致，也提醒我们现代哲学意识的一种明显转向。

但在祁克果这里，意志优先意味着个体性优先。他对黑格尔哲学的根本不满在于，他认为黑格尔哲学在历史世界的普遍性中抹平了个人的生存，让人消散在浩瀚的历史进程中。黑格尔的真理是一般存在的真理，而不是个人生存的真理。由于黑格尔忽略了个人，他讲的演进的生成只是一种幻觉。

由于祁克果特殊的个人经历，人们容易以为他强调个体性是出于他个人的遭遇，出于他自己所遭受的种种压抑。其实，正如勒维特深刻指出的，他的“个体性”完全不是个人，而是对世界的当代条件的一个普遍反应。[33]黑格尔哲学对人的忽视，是整个时代对人忽视的反映。祁克果发现，他那个时代，即现代的特点是以反思来代替行动，个人加入各种各样的社会组织，希望以此来影响历史的精神。人们只关心偶然的、历史的问题，而不关心本质的、内在的问题，即自由和道德。尤其在黑格尔那里，个人的生存被形而上学的思辨代替。祁克果说，每一个时代都有它自己特别的不道德，他的时代的不道德并不在于追求快乐和享受，而在于无视个人。人们担心，如果他成为一个个别生存的人的话，他会不留痕迹地消失，没有人会注意他。因此，人们将自己混同于时代、世纪、人群或公众。只有这样，他才敢去做些什么。个人变成大众，大众在一定条件下会变成暴民，这在以后的历史中得到了多次证实。

在祁克果看来，黑格尔把人类存在理解为按照概念的理解发展的模式来进行不仅在理论上是错误的，在实践上等于取消了人自由选择的可能；这种选择才是人之为人的标志。这种选择一定不是逻辑的活动，而只能是生命的活动。按照黑格尔的哲学，绝对精神发展到最后可以有一个全知的观点，但在祁克果看来，这只是幻想。因为人是有限的，永远也不可能达到全知的观点。

祁克果对黑格尔哲学的批判除了哲学关注点不同之外，他们对哲学的理解也有很大的不同。在祁克果看来，哲学主要关心个人和他的生活方式，而不是概念和概念化的知识。概念的逻辑推演决不能把握个人种种非常普遍的东西——他的感情、特殊的思想、激情和气质等。哲学不是要回答“我们怎样认识”或“能认识什么”的问题，而是要回答“我应该做什么”的问题。哲学的真理是主观的真理，是对我而言的真理，是我能为之生为之死的真理。哲学的真理之所以是主观的，是因为它不像“地球围绕着太阳转”这种判断——是描述一个事实或一种情况，而是构成了一种个人的行为。真理不是学究在书房中面壁苦思的结果，而是个人对自己的生活道路进行热情探索的产物。当然，祁克果并不否认有客观的、非个人的真理，例如数学的真理。但哲学的真理必须是含有个人承诺的真理。这种真理并没有像数学真理那样的逻辑必然性，相反，它是客观不确定的，所以它是一种冒险。这种主观的真理不是决定对错的标准，而是决定我们行为的方向。据此，它也是信仰。这样，祁克果就在传统的真理概念（客观真理）之外又提出了一类真理——信仰的真理。它无关知识，而关系到我们的生命行为。

我们可以看到，祁克果对黑格尔哲学的批判不是理论对理论的批判，而是从生命实践出发的批判。这种批判不是要在理论上纠正什么错误，而是要以此开始新的哲学。这种哲学必须以个人为出发点，这不是因为个人在现代开始觉醒了，而恰恰是个人在现代陷于消失的危机和绝望中。只有重申人的生存，个人才不致淹没在种种形式的集合或联合中，或消失在无机的历史进程中。比起后来的存在主义哲学家，祁克果的哲学好像更有资格称为个人的生存哲学。

祁克果的生存哲学

早在祁克果之前，谢林就针对黑格尔哲学，区分了理念与生存。这给了祁克果很大的启发。在他看来，黑格尔哲学讲“客观精神”的部分是一种存在论的神秘化，它使得人们不去面对与他们有关的实在、他们有意识的生存。生存不是理念，而是人的个体生命。因此，祁克果将这个概念专门用来指人，而不能用在非人的事物上。生存不等于物质生命的存在，而是个人真正的自我。祁克果用了一个比喻来说明这一点。一个人坐在马车里，手里虽挽着缰绳，但他睡着了，并没有驾驭马，马是沿着它习惯的路走。另一个人则积极地驾驭马。在某种意义上，这两个人都可以叫车夫；但在另一种意义上，只有第二个人才是在驾车。在生活中不能选择自己的人生道路而随大流的人，他们可以说存在着，但并不生存着。

生存本质上是一种自觉的追求，追求作为自己命运的自我。这个自我不是一个特殊的有生命的存在物，也不是唯心主义哲学讲的那个主体性的我，或一般突出的个体性，而是一种可能性，一种不能一劳永逸达到的目标，一个永远的任务，因此是一个持续的生成状态。这种生存的概念实际上隐含着人的本质在于其可能性的思想，这就为哲学的自由概念奠定了一个新的基础。

这种生存概念的另一重要的意义是恢复了实践哲学的优先性。黑格尔哲学中那个将一切纳入抽象概念辩证法的全知的主体其实不是生存的人，生活中的旁观者实际上并不生存着，因为他们缺乏对自己生命的承诺。生存的个人是一个敢做敢当的行动者，而不是对一切都漠然置之的旁观者。祁克果的这种生存概念，成了后来存在主义哲学的主要思想资源之一。

近代西方哲学的传统是将自我认作是理所当然的东西，什么都可怀疑，但自我不能怀疑，否则，怀疑就失去了主体。祁克果的立场与之大相径庭，他不是把自我作为一个知识的前提，而是作为一个实践必须终身去完成的任务；也就是说，自我不是一个实体，而是一个可能。然而，对于一般的人来说，都会把自己物质生命的存在视为自我的铁证，而不会觉得自我竟是一个有待完成的任务。要意识到自我是一个任务，必须经历一种精神状态，这就是畏。

畏是一种复杂的精神状态。畏不等于怕，怕总有一个怕的对象，例如怕死、怕病、怕鬼等。畏则不同，畏没有一个明确的对象。祁克果自己对畏的定义是：“畏是对所怕之物的欲求，是一种有好感的反感。”[34]这个定义是典型的黑格尔式的。肤浅的人会觉得它简直不通，但正是这种悖论式的定义显示了祁克果思想的深刻。所谓有好感的反感，实际上就是又想要又不敢要的矛盾心理。如一个孩子看见一条蛇，既想逗弄它，又怕被它咬，就是这种心理。孩子并没有关于蛇的足够知识，蛇对他来说是一个神秘但又可怕的东西。他既想趋近它，又想远离它。显然，畏这种精神状态凸现了孩子所处的选择状态，他可以去逗引蛇，也可以转身走开。这种选择状态，也就是自由的原始状态。所以祁克果把畏叫做“自由的可能性”。

祁克果用《圣经》中“创世纪”里亚当堕落的故事来说明这一点。上帝告诉亚当在任何情况下都不要去吃知识树上的果子，如果吃了的话他就有罪了，将万劫不复，将要死去。但知识只能通过不服从禁令才可获得。原来亚当并不知晓罪恶和死亡，上帝的禁令一下子唤醒了他自由的可能性。现在他既可以选择不吃知识树上的果子，继续留在伊甸园里过无忧无虑的生活；也可选择不顾上帝的禁令去吃知识树上的果子，而不管后果如何。当蛇告诉亚当知识树上的果子可吃时，亚当就处在畏中，既被吸引又害怕，所谓有好感的反感是也。

祁克果认为，人是身体和灵魂、有限和无限、必然和可能的综合。人固然为他当下给定的条件所限，但并不是毫无作为、听凭必然性的摆布。凭着他的想象力，人可以超出有限进入无限，在必然之外还有可能。这就是自由的根据。人可以通过自己的选择从一种生存状态跃入另一种生存状态。生存就体现在这种主动的选择和跳跃上。只有作了这样的选择和跳跃的人，才真正生存着，而不仅仅是存在着。然而，要离开熟悉的环境——即便它再怎么不好，向一个未知领域冒险，毕竟不是一件轻松的事。歧路茫茫，畏油然而生。畏不但表明了自由的可能性，还使我们产生了自我意识。因为在这时是个人自己在作决定。

与尼采一样，祁克果对于现代社会的大众化情况十分不满，他认为，现代社会重视的不是个人的意见，而是大众的意见，即所谓舆论。人们也根据大众传媒来形成自己的意见，结果是完全放弃了对于自己生命的责任。个人消失在大众之中，没有主见、没有个性、不能主动采取行动，也不能掌握自己的命运。相反，却以自己是某个群体的成员为荣。生存就意味着知道做一个人是什么意思，就是自觉地担当自己生命的责任。离开社会大众的意见，面对一个未卜的前途，不免生畏，但这是自由恢复的表征。

祁克果发现，生活当中真正的问题不是一般的“人应该做这或那”，而是“我，这个在眼前特定的情况下的特定的人应该做这还是那”，即是具体的单个的实践问题。人们必须选择，非此即彼，而不是像黑格尔那样，听任概念的逻辑的必然性。生存不是与外在的养家糊口有关，而是通过个人生命的选择体现自我的个体性。

祁克果关于生存和畏的思想对后来的存在主义哲学家有很大的影响，但与他们不同的是，他虽然甚至在自己的墓志铭上写着“那个个人”，但他的个人概念与存在主义哲学家，如萨特的个人概念有很大的不同。个人或自我不是孤立的，而是一种关系，是与自己的关系，也是与一个建立自我的他者的关系，这个他者就是上帝。个人的选择虽然没有标准，但与上帝单独相对似乎是终极目标。祁克果哲学中的这种宗教因素，是不能忽视的。

但对祁克果来说，信仰纯属个人的事，成为一个基督徒不在于加入教会，而在于内心的体验。现代基督教会已经与一般的社会组织没有什么两样，肯定的是世俗的价值，而不是上帝的真理。个人与上帝的关系是一种直接的我—你关系，而不用通过教会的中介。人只有通过自己对人生道路的果断选择，才能最终与上帝面对面。成为自我，就是成为上帝面前的一个个人。

人生道路阶段论

祁克果认为，人在通往上帝的道路上要经历三个阶段。这三个阶段之间并没有逻辑递进的关系。它们是三种不同的生活形态，也是灵魂发展的三个理想阶段。这三个阶段是（1）感性阶段，（2）道德阶段（3）宗教阶段。

感性阶段指的是将追求感官享乐作为自己的生活目标。处于这个阶段的人，为肉欲和本能冲动所支配，想方设法追求官能的满足。他们花天酒地，纵情声色，醉生梦死，毫无节制。祁克果自己在年轻时也有过这样的生活。这个人生阶段的典型形象是唐·璜。唐·璜追求一个又一个女性，每一次都是始乱终弃，但他以此为乐。在他眼里，根本没有道德和任何约束，所以他不知道什么叫责任。为了避免欲望满足后的无聊，他不断追求一个又一个新的欲望，不断改变寻求快乐的方式。从表面上看，感性的人似乎是非常自由的，他们为所欲为，不知什么叫约束，实际上他们却被内在的空虚和无聊吞噬。感官的享乐总是不长久的，到手的东西不久就会厌烦，就要去寻找新的刺激来代替。但本质上并无多大区别，新的刺激不能给他长久的满足。他被自己的欲望驱动着寻欢作乐，为外界的事物和自己的本能所支配，完全丧失了对于自己生命的独特感受。他会有苦恼，却不明白苦恼的根源；他无聊，却不懂得人生真正的意义。当然，很多感性的人也不会朝这方面想，他们只要“今朝有酒今朝醉”就行了。但祁克果作为一个过来人，他知道这种生活是多么肤浅，热衷于这种生活的人不可能对人生有深刻的感受。最后，总有一些比较敏感的人会渐渐发现，他们这种追求物欲满足的生活其实无聊至极，四顾茫茫，几乎找不到拯救的出路。这时，无名之畏渐生，这些人终于看到，如果不想随便打发自己的生命，他们就会面临这一个重大的人生道路的选择。这种选择其实是一种飞跃，通过这一飞跃，人们进入另一个生活阶段。

人生的第二个阶段是道德阶段。道德阶段的人，即有道德的人，对于人生的意义有清楚的认识。他们看到，试图通过感官享乐来追求幸福不啻于缘木求鱼。幸福的根源在我们的内心，而不在外部世界。幸福在于我们能为自己的原则去生去死，完全献身于我们认为是正义的事业。苏格拉底就是道德生活阶段的典型形象。

道德阶段产生悲剧英雄，苏格拉底的形象，就是一个悲剧英雄的形象。感性生活不等于恶，而是无所谓善恶。而道德生活则相反，它有明确的原则；并且，它要求人们为了这些普遍的原则放弃自己。用祁克果的话来说："悲剧英雄为了表达普遍而放弃自己。"[35]苏格拉底就是这样，他为了坚持他认为是正义的那些普遍原则，甘愿去死。感性的人没有章法，无可无不可；而有道德的人则认为生命的意义在于善良、正义、节制和仁爱等美德。如果他的行为不能体现这些美德的话，那么他的人生就毫无价值可言。这些美德并不是外在的强加，或先验的规定，像康德的绝对命令那样，而是出于人们的自我选择。"这种选择不是在善和恶之间作选择，而是一种更为根本的选择，即采取一套新的价值——善与恶的价值。"[36]可见这种道德的选择有点像尼采的价值重估，它不是被动地接受外在的价值标准，而是要选择一条新的人生道路，做出某种生命的承诺。这样，有道德的人在生活中按照自己的道德原则来行事就是题中应有之义了。

然而，"道德的生活涉及到具体的人，并且涉及到他们当中的所有每一个人本身"[37]。人的行为并不能时时处处都符合一般的道德要求。一旦有道德的人意识到他未能满足他承诺的道德义务时，他会有一种有罪感。解决这种有罪感，道德无能为力，牵涉到对上帝的信仰。这时，人又面临一个重大的选择，即是选择还是拒绝对上帝的关系或对上帝的信仰。如果选择了信仰上帝，那么就进入了人生的第三个阶段——宗教阶段。

宗教阶段是人与上帝直面相对的阶段。如果说，在感性阶段人为物欲所支配，在道德阶段人为理性所支配的话，那么在宗教阶段人就是为信仰所支配。在这个阶段，人发现自己在趋近上帝时才真正实现了自己。但宗教阶段决不是一个轻松的阶段，它甚至要求人做出比道德阶段更大的牺牲。这个阶段的典型形象是亚伯拉罕。据《圣经·创世纪》说，上帝为了考验亚伯拉罕对他的信仰，叫他带着他所钟爱的独生子以撒到山上去，把以撒献为燔祭。亚伯拉罕尽管痛苦万分，尽管杀死亲子为人伦所不容，亚伯拉罕却无条件服从，带了他的儿子以撒上山。就在亚伯拉罕举刀欲砍以撒时，上帝将一只公羊送到树丛中去，救了以撒的命。祁克果用这个故事说明，在宗教阶段，起作用的不是普遍的道德理性，而是绝对的上帝意志，它不像道德律那样，它没有普遍性。亚伯拉罕不是出于理性，而是出于对上帝的信仰来行事。也靠这种超理性的宗教信仰，人们才能达到与上帝面对面的阶段，才能成为上帝面前的个人。

祁克果的人生三阶段论使人想起黑格尔正反合三段式的辩证法，其实完全不是一回事。人生三阶段是三种生活样态，三种人生的可能性，决非每个人都会经历这三个阶段；相反，只有少数人才能达到第三个阶段。三个阶段之间没有逻辑的关系，它们不是一个思维的正反合的关系，它们之间转换的动力是意志的行动，而不是理性的逻辑。这个意志的行动，就是人的选择。

但选择没有什么标准，在人生的重大问题上，理性往往是无能为力的。理性往往并不能告诉我们生命的意义问题，生命的许多重大举措也不是经理性论证后才做出的，所以祁说，选择归根结底是非理性的。但这不是说选择像动物行为一样，是一种本能的冲动使然。人之所以在人生的转折点上能做出非此即彼的选择，还是有一定的标准，只是这种标准出于我们自身生命的承诺，所以它不可能是普遍的。如果是这样的话，那么一种价值相对主义或价值无政府主义就似乎是不可避免的了。感性生活与道德生活或宗教生活应该并无孰高孰低的区分，但祁克果在论述人生的这三个阶段时，显然是有倾向性的，他显然认为宗教阶段要高于另两个阶段。祁克果并不认为人生选择是完全任意、无关紧要的。恰恰相反，他认为最终选择的价值对人生是至关重要的，每个人都必须对他的选择负责。

祁克果始终坚持不能像黑格尔等体系哲学家那样，用客观研究方法来掌握只能主观进入和掌握的东西，主观的真理不是理性可以理解的，无法用客观的方式表达出来。但如果这样的话，理论是否可能？因为任何理论都需要用普遍的语言将它表达出来，包括祁克果自己的理论，它必然具有某种普遍意义；人们也必然要，也只能用客观的理性的方式来理解它和分析它。在任何理论领域，理性与非理性之间不可能绝然隔绝。当祁克果在阐述他的人生三阶段理论时，他实际上并不是把它作为自己个人的想法，而是把它作为普遍的理论阐述的。祁克果人生三阶段理论的内在矛盾是他不明这一点所致，或如某个美国学者说的，“用理性去混淆理性”[38]所致。但祁克果从来也没有反对理性，相反，他自己在论证的时候主要还是用理性的手段来说服他的读者。在这个意义上，我们可以说祁克果的非理性主义只是相对的。

祁克果的哲学在理论上有不少困难，格局也不是很大，他关心的始终是将个人生存放在哲学关注的首位。在有血有肉的个人生存面前，理性与逻辑的缺陷与不足昭然若揭。但祁克果在这里给我们揭示的不仅仅是一个理论问题，一个过去哲学家没有加以重视的问题，而更是现代社会实际暴露出来的问题。在日益理性化的现代社会中，个人的地位的确越来越不受注意和重视，人们习惯把自己消融在群体之中，误以为物欲的追逐与享受就是个体性的体现；而实际上却几乎无处去找自己的个性。传媒复制了一切人的口味、嗜好，甚至喜怒哀乐，顽强坚持自己个性的人不是被认为不合时宜就是被目为疯子。哲学家理性体系中没有个人的地位恰恰是个人在理性化的社会中没有地位的哲学写照。现代意识形态往往使人误以为现代是历史上个性最得到伸张的时代，祁克果的哲学却使我们不能不想一想这种想法是否只是一个天真的幻想。祁克果的哲学让我们感到的不是真理的满足，而是对真理的不安，这种不安也许可以使我们摆脱那些往往不太容易摆脱的成见，直面我们自己生命的问题，这也许就是祁克果哲学的价值所在。

注释

[1] 〔英〕罗素:《西方哲学史》(下卷),何兆武、李约瑟译,商务印书馆,1976 年,第 309–310 页。
[2] 〔德〕叔本华:《作为意志和表象的世界》,石冲白译,商务印书馆,1982 年,第 25 页。
[3] 同上,第 98 页。
[4] 〔德〕斯宾格勒:《西方的没落》(下册),齐世荣等译,商务印书馆,1995 年,第 503 页。
[5] 〔德〕叔本华:《作为意志和表象的世界》,石冲白译,商务印书馆,1982 年,第 102–103 页。
[6] 同上,第 103 页。
[7] 同上,第 165 页。
[8] 同上,第 233 页。
[9] 同上,第 251 页,译文有改动。
[10] 同上,第 252 页,译文有改动。
[11] 同上,第 427 页。
[12] 同上。
[13] 同上。
[14] 同上,第 441–442 页。
[15] 同上,第 443 页。
[16] 〔英〕特里・伊格尔顿:《美学意识形态》,王杰等译,广西师范大学出版社,1997 年,第 148–149 页。
[17] 〔德〕叔本华:《作为意志和表象的世界》,石冲白译,商务印书馆,1982 年,第 549 页。
[18] 同上,第 278 页。
[19] 同上,第 274 页。
[20] 同上,第 258 页。
[21] 同上,第 272 页,译文有改动。
[22] 同上,第 298 页。
[23] 同上,第 304 页,译文有改动。
[24] 同上。
[25] 同上,第 306–307 页。
[26] 同上,第 338 页,译文有改动。
[27] 同上,第 351 页。
[28] 同上,第 356–357 页,译文有改动。
[29] 同上,第 364 页
[30] 〔美〕L.J. 宾克莱:《理想的冲突》,马元德等译,商务印书馆,1983 年,第 163 页。
[31] 参看同上书,第 165 页。
[32] 〔美〕L.J. 宾克莱:《理想的冲突》,马元德等译,商务印书馆,1983 年,第 166 页。
[33] Karl Löwith,*From Hegel to Nietzsche*,New York,1964,p.118.
[34] Kierkegaard,*The Concept of Dread*,Princeton,1957,p.38.
[35] Kierkegaard,*Fear and Trembling*,London,1939,p.109.
[36] 〔美〕L.J. 宾克莱:《理想的冲突》,马元德等译,商务印书馆,1983 年,第 169 页。
[37] Kierkegaard,*Concluding Unscientific Postscript*,Princeton,1944,p.284.
[38] 〔美〕L.J. 宾克莱:《理想的冲突》,马元德等译,商务印书馆,1983 年,第 183 页。

第三讲　权力意志与超人：尼采

尼采（Friedrich Nietzsche，1844—1900）是西方哲学史上最重要的哲学家之一，也是遭受误解最多、最深的哲学家之一。长期以来，他一直有着“法西斯主义思想先驱”的恶谥，在许多人眼里，他简直就是魔鬼的化身。他的许多言论，常让人感到“是可忍，孰不可忍”。而在有些学院哲学家看来，尼采根本就不是一个哲学家，充其量只能算个文学家。他的著作几乎没有一部是以传统的哲学论著的方式来写的，却充满了比喻、寓言、格言警句和反讽。他那如火山岩浆般喷涌的文字给人莫名的震撼，却又使人困惑。

的确，尼采是最不好懂的西方哲学家之一。他没有体系，不用传统的哲学语言。为了突破语言的俗套，表达他新奇的思想，他大量使用各种极具冲击力和穿透力的隐喻，而人们却往往根据这些隐喻的字面意思来指责或诋毁他。他信奉所谓的视角主义（Perspektivismus），拒绝绝对真理，主张只有视角的不同，没有一个惟一的基点。因此，往往在同一论文里所陈述的彼此矛盾的观点都是他在一定程度上赞成的，这就使得习惯传统思维的人很难把握他的思想。当然，他的思想之所以难以把握，还不仅是因为他的哲学风格超凡脱俗，更在于他的思想的确超前。他曾自负地说，他的思想是说给二百年以后的耳朵听的。话虽说得让人听了不舒服，但也并不怎么离谱。尼采的确是一个罕见的天才，对西方文明的病症和现代的问题极为敏感。在一般人陶醉在近代文明的成就里无限乐观时，他却对西方文明的危机有了全面而深刻的洞察。人们至今还难说已真正完全把握了他的思想，正说明他思想之激进与透彻。

实际上，尼采是西方思想的彻底革命者。正因为如此，他摈弃了传统的哲学语言和哲学方式，以一种崭新的风格出现在西方哲学史上。这当然是因为他觉得非此不足以真正表达他要表达的思想。他是一个地地道道的另类。但正是这样一个另类，在很多重要的方面奠定了现代西方哲学的基础，极大地影响了后来许多重要的西方哲学家。海德格尔、雅斯贝尔斯、芬克、加缪、德里达、德勒兹这些著名哲学家都写过关于尼采的著作，足以证明他对于西方哲学的重要意义。不仅如此，他罕见的语言天赋也使他在德语文学史上占有一席之地。

尼采对于近代中国的思想文化界也有很大的影响，但奇怪的是，中国的文学家比哲学家更加热心。尼采的作品早有译本，论述尼采的文字也不少。尼采对中国的影响，近年来也成了一些学者研究的课题。

尼采其人

尼采是一个从自己生命出发，并将自己的生命化为哲学的哲学家。罗森茨维格甚至说他是“哲学家中第一个真正的人”。因此，有西方学者说：“阅读他的著作，不可避免地一再碰到作者极端个人的、私有的、只有根据当时的情况才能理解的思想。因此，了解尼采的生活状况，是理解他变化着的学说的一把重要的钥匙。”[1]我们对尼采的了解应该从他的生活开始。

尼采出生在德国东部一个新教牧师的家庭。他自称祖先是波兰贵族，但并没有证据证实。尼采自幼丧父，这对他一生有很大的影响。父亲死后，家里只有尼采一人是男性。在虔诚与阴柔的家庭气氛中长大的尼采少年时就与众不同，他很少与同龄人一起玩，而是以写作来消磨时光。他有极高的语言和音乐天赋，10 岁时就能作曲写诗。14 岁时以优异成绩从当地的学校毕业后，他被学校推荐到有名的普福塔学校学习。施莱格尔兄弟和费希特是这所学校最有名的校友。1864 年，尼采再次以优异的成绩（宗教、德语、拉丁语出众；希腊语优秀；法语、历史、地理、自然科学中等；数学较弱）从这所学校毕业，进入波恩大学学习，次年转到莱比锡大学学古典语文学，深得业师里奇尔的赏识。一个偶然的机会，尼采发现了叔本华的哲学，一下子就被吸引了。可以说，是叔本华把尼采引进了哲学的大门。在此之前，尼采对当时流行的学院哲学并不感兴趣，叔本华哲学使他看到了另一种哲学，即直接面对生活的哲学的可能性。

由于他在语文学方面的天赋和业师里奇尔对他的赏识，尼采大学还未毕业就因里奇尔的推荐而被巴塞尔大学聘为副教授，一年后转为教授。1872 年，尼采发表了他的第一部重要著作《悲剧的诞生》。书出版后，受到了尼采的朋友，音乐家瓦格纳、历史学家布克哈特等的肯定，却不为尼采语文学界的同行所容，尼采几乎因此被排挤出学术界。此后，尼采的健康状况也每况愈下，不得不于 1879 年向校方提出辞呈。从此以后，尼采在他妹妹的陪同下，在瑞士、意大利等地漫游、疗养。这段时间是尼采创作的高峰期，他的主要著作大都在这时写成，同时他也开始出现神经分裂的征兆。1889 年 1 月 3 日，尼采在都灵看到一个马夫在虐待他的马，便跑过去抱住马脖子昏了过去，从此尼采就和疯人院结下了不解之缘，尽管也几进几出，但始终没有真正康复。尼采死于 1900 年，从此以后，他和他的思想，就成了哲学史上一个永久的传奇。

尼采晚年由他妹妹伊丽萨白照顾。虽然伊丽萨白对她的哥哥很崇拜，但在思想倾向上兄妹俩根本不是一路人。伊丽萨白是一个沙文主义者、种族主义者和反犹主义者；而尼采不仅对这些十分厌恶，还曾写文章批评德国人和德国文化中的这些倾向。尼采死后，伊丽萨白成了尼采手稿的保管人和编纂者。她根据她的需要篡改了尼采的手稿，编成《权力意志》一书。人们对尼采的很多误解和指责，正是由于这部书。虽然这部书的影响很大，但是它的可靠性颇成问题。所以比较权威的意大利学者考利和蒙提纳里编的尼采文集就不包括这部著作。

尼采一生思想经过数度发展。一般把尼采思想发展分为三个阶段，第一阶段从1869年至1876年，主要著作有《悲剧的诞生》和由4篇论文组成的《不合时宜的观察》(1873—1876)；第二个阶段从1876年至1882年，主要作品有《人的，太人的》(1878—1880)、《朝霞》(1881)、《快乐的科学》(1882)；第三阶段从1883年至1889年，主要作品有《查拉图斯特拉如是说》(1883—1885)和《超越善恶》(1886)。这种划分没有太多的道理，因为尼采的思想发展不是呈线性状态，而是呈拓扑结构状态。不同的阶段就是他思想不同的面相，最好不以时间来划分，而以问题域来划分。我们的叙述，即依据这个原则。

尼采的早期思想

《悲剧的诞生》是尼采哲学的起点，虽然不少人是根据书名来想当然地以为这是一部关于戏剧和艺术的著作，但作者却在前言中明白地告诉读者，这部著作是在讨论“严肃的德国问题”。而“严肃的德国问题”实际是严肃的生命问题，是如何面对生命和如何理解生命的问题，是如何生活的问题。引导尼采走向这个问题的，无疑是叔本华。

尼采在莱比锡大学读书时就读了叔本华的《作为意志和表象的世界》一书。虽然叔本华的哲学给了他很大的刺激，他也给予叔本华极高的评价，但从一开始他与叔本华就有一定的距离。他同意叔本华的思想，认为人生是“极痛苦、充满着矛盾对立的生物永远在变化和更新的幻梦。”只有艺术可以使人逃避人生的苦难，忘却我们的不幸和痛苦。但叔本华认为，艺术只能给我们暂时的忘却和幸福，而人生从根本上说是无价值的，是应该抛弃的。悲剧的意义就在于教导我们认识到生命的毫无价值，使我们得到弃绝意志的智慧。

尼采虽然接受了叔本华悲观主义的前提，却得出了完全相反的结论。尼采认为，希腊人是一个极其敏感的民族，极能感受人生根本的痛苦。但他们没有像佛教徒那样否定生命的意志，因为艺术救了他们。作为希腊艺术最高成就的悲剧，它的快感产生于这样的想法：尽管现象界在不断变动，但生命归根结底是美的，具有不可摧毁的力量。尼采认为，人身上那种原始的欲望和冲动，他称之为“动物力”，为艺术的出现提供了原始的动力。人总希望放纵自己的原始本能，满足自己的欲望。当人们学会把它们用于艺术活动时，它们就不断得到了美化。艺术是它们的变形。艺术表现它们，进一步刺激它们，但也提高它们，改变它们的方向。在艺术中，这些“动物力”只是受到压抑，并没有被削弱和根除。在它们的艺术表达方式中，它们人类化了，精神化了，因此能为提高人生的价值服务。尼采的这个思想，对后来的弗洛伊德关于艺术创造的思想有很大的影响，他是弗洛伊德最推崇的思想家之一。

艺术既要有丰沛的生命冲动，又要有精致优雅的形式。尼采用酒神狄奥尼索斯和日神阿波罗来分别象征艺术的这两种要素，也是人性中两种原始的本能或倾向。酒神代表人性中激情冲动的那一面，而日神则象征着人性理智静观的另一面。它们在悲剧中得到了统一。悲剧揭示人真实的生存，让人直面生命本身。“诗的境界并非像诗人头脑中想象出的空中楼阁那样存在于世界之外，恰好相反，它想要成为真理的不加掩饰的表现，因而必须抛弃文明人虚假现实的矫饰。”[2] 所以悲剧的主角在最早总是代表原始生命及其苦难的酒神。

可是，尼采认为，希腊悲剧就断送在与埃斯库罗斯和索福克勒斯并称为“三大悲剧诗人”的欧里庇得斯手里。欧里庇得斯用日神来代替酒神作为悲剧的主角，使悲剧失去了最初具有的狂放的生命力，冷静的理性支配了悲剧。“埃斯库罗斯和索福克勒斯的悲剧运用最巧妙的艺术手段，在头几场里就把剧情的全部必要线索，好像在无意中交到观众手上。这是显示了大手笔的笔触，仿佛遮蔽了**必然的**形式，而使之作为偶然的东西流露出来。但是，欧里庇得斯仍然相信，他发现在头几场里，观众格外焦虑地要寻求剧情前史的端倪，以致忽略了诗的美和正文的激情，所以，他在正文前安排了开场白，并且借一个可以信赖的人物之口说出它来。常常是一位神灵出场，他好像必须向观众担保剧中的情节，消除对神话的真实性的种种怀疑。这正像笛卡尔只有诉诸神的诚实无欺，才能证明经验世界的真实性一样。”[3] 在埃斯库罗斯和索福克勒斯那里，悲剧就是生命本身的宣泄；而在欧里庇得斯那里，悲剧变成了理性的客观认识过程。清醒的哲人代替了醉醺醺的诗人，悲剧衰落了。

但这决不只是悲剧的命运，也是西方文化的命运。欧里庇得斯所做的只不过是在悲剧中实现苏格拉底的原则。苏格拉底不能接受生命的丰富多样性，在他看来，生命是简单的：“知识即美德；罪恶仅仅源于无知；有德者即幸福者。”理性和知识成了生活的惟一主宰和目的。这样，作为原始生命艺术流露的悲剧就注定要灭亡了。悲剧的灭亡标志着人类文明转向了一个新的方向。从此，求知欲不可思议地泛滥于整个有教养阶层，科学被当做一切大智大能的真正使命汹涌高涨，从此不可逆转；由于求知欲的泛滥，一张普遍的思想之网笼罩全球，甚至奢望参透整个太阳系的规律。因此，苏格拉底是世界历史的转折点。[4]

这个转折点的特点就是知识高于一切，包括生命。“从苏格拉底开始，概念、判断和推理的逻辑程序就被尊崇为在其他一切能力之上的最高级的活动和最堪赞叹的天赋。甚至最崇高的道德行为，同情、牺牲、英雄主义的冲动，以及被日神的希腊人称作‘睿智’的那种难能可贵的灵魂的宁静，在苏格拉底及其志同道合的现代后继者们看来，都可由知识辩证法推导出来。”[5]唯理智主义支配了此后的西方文化。到了近代，对科学的崇拜进一步加强了这种唯理智主义。但就在同时代人都对科学寄予无限信任和希望时，尼采却敏锐地预感到：“科学受它的强烈妄想的鼓舞，毫不停留地奔赴它的界限，它的隐藏在逻辑本质中的乐观主义在这界限上触礁崩溃了。”[6]科学的界限不是别的，就是生命本身。生命本身是无法用逻辑去把握的，因为它是永恒的生成，是不确定者。

尼采决不是要反对科学和理性，而是反对它们的僭越和霸权。当它们要统治本不属于它们的领域时，当它们要越出它们的界限时，生命就会受到损害，就像古希腊悲剧的命运所昭示我们的。《悲剧的诞生》奠定了尼采哲学的基础，他后来的许多思想，都可以从中找到其萌芽，除了权力意志的思想。

权力意志

毫无疑问，权力意志（*Der Wille zur Macht*）属尼采最重要、最核心的思想，也是最容易引起别人误解的思想。因为 Macht（权力）这个概念马上就会使人产生负面的联想。正因为如此，我国学者一般都不愿将 der Wille zur Macht 译为“权力意志”，而译为“强力意志”，甚至“冲撞意志”等，以避免误解。但既然 der Wille zur Macht 是尼采的核心概念，自然不能光从字面意义上来考虑它的译法，更要根据它在尼采哲学中的特殊意义来决定如何翻译为好。

在尼采哲学中，Der Wille zur Macht 是一个存在论或本体论的概念，是尼采对宇宙间一切事物和宇宙本身的根本原因和动力的一个一般解释，也是看和描述宇宙的一般方式，而不是像康德的物自体或叔本华的意志概念那样，是关于可见世界后面一个实在的形而上学学说。尼采在《超越善恶》一书中说，逻辑的方法要求我们去探求一个解释宇宙万物的总原则，一种基本的因果活动形式，我们可以用它来统一可见的现象，der Wille zur Macht 就是这个原则。生命本身就是 der Wille zur Macht，推而广之，世界也是这个 der Wille zur Macht。Der Wille zur Macht 并不是一个超验的实在，而是一个经验的假设，它存在于它的种种表现中。因此，要知道它究竟是什么意思，让我们看看它在人类认知中的表现。

尼采和赫拉克利特一样，认为真实的世界是流动和生成，而不是存在。因为存在这个概念就意味着将流动和生成定格在一个固定的状态，这是人对实在的强加，是一种权力或权力意志的表现。科学就是人为了支配自然而把自然变成概念。知识是一个解释的过程，但这个过程是以生命的需要为基础，表达了要把握否则是不可认识的流动的生成的意志。因此，尼采认为，知识是 Macht（权力）的工具，它和权力一起增长。认知的欲望，就是认知意志，取决于 der Wille zur Macht。这是一种要掌握某个实在领域，让它为人服务的存在冲动。认知的目标不是知识，不是为掌握根本没有的绝对真理而认识，而是要掌控。实在是生成，流变不息。我们将自己的认知格式加于流动的生成，使它变成固定的存在，便于我们掌控，使之为我们的利益服务。这就是我们认知或知识的实质，它是 der Wille zur Macht 的一种典型表达。[7]

再比如，在有机界，有机体是一个错综复杂的追求增加权力的系统集合，它本身就是 der Wille zur Macht 的表现，它寻找障碍去克服。在心理学领域，同样可以用 der Wille zur Macht 来解释。快乐是增加权力的感觉，痛苦则是从 der Wille zur Macht 的障碍中产生的。

从 der Wille zur Macht 的种种表现来看，它无疑是指一种要想征服、掌控、克服、支配的原始冲动和欲望。对此，海德格尔有精辟的分析。海德格尔指出，尼采的意志就是命令，命令是主人，它要支配一切行动。命令是人发给自己的，自己服从自己，也就是自己克服自己。之所以能够发出命令、服从命令和克服自己，是因为有权力。尼采自己也说过，der Wille zur Macht 是要做主人的意志。做主人，就是有权力，而不是一般的力或强力。有力者或有强力者未必是主人，只有有权力者才是主人。只有有权力，而不是强力，才能为自己设定条件，即价值。[8]因此，der Wille zur Macht 只有译为“权力意志”，才能将这一术语所蕴含的征服、掌控、克服和支配的意蕴表达出来。尼采的确对政治权力十分反感，他讲的权力也根本不是政治权力或强权，却是它们的原因。没有这样的权力意志，近代可怕的政治权力与强权也是不可设想的，正如没有它，近代的科学技术也是不可设想的一样。

与叔本华一样，尼采的知识观是实用主义的知识观，这种知识观必然导致否定绝对真理。但尼采并不到此为止，他更进一步肯定谎言的价值，模糊真理与谎言、真理与错误的区别。而这一切都建立在他的实用主义知识论上，也建立在他赫拉克利特式的实在观上。以此来看，他的有些思想就不是那么不可思议了。比如，他说真理就是某种如果离开它某种生物便不能活的错误，初听起来，任何头脑正常的人都不会同意。但如果我们同意他的理论前提：实在是生成的流变，而不是固定的存在，那就意味着任何对它的判断（必然是某种固定）都不可能是正确的，都必然是错误。然而，这却是人类生存所必需的错误。我们明明知道概念、名称或语言不等于事物，但我们不能不用它们，否则我们就没办法生活。逻辑规律也是这样，我们之所以相信它们，不是因为它们有什么超验的、绝对的真理性，而是不信它们不行。比如，如果我们不信同一律，我们就找不到我们要找的任何东西，不能做我们要做的任何事。

尼采认为，真理与错误都只是我们的虚构，在这一点上它们没什么不同；所不同的只是，错误是那些不如别的虚构有用，甚至有害的虚构。我们之所以对真理的虚构性质没有警惕，是因为那些已经证明对人类有用和已获得没问题的真理地位的虚构扎根在我们的语言中。语言使我们误以为我们说世界的方式就是实在世界的反映。但语言及其表达不过是人的虚构，它们的正当性不在客观的根据，而在于它们的实用性。

尼采权力意志的认识论固然不能说是完全的胡说八道，也的确是揭示了真理问题的现实生活根源，但它的权力意志的前提却同样是有问题的。由于权力意志也不是什么超验的实在，而是经验的假设，那么，当然它也只是一种虚构，必须以它的有用性来证明自己。尼采可能会说，它的有用性就在于它提供了一种解释模式。然而，人们仍然可以问，为什么是这种解释模式而不是别的解释模式，它的优越性在哪里？这就必然要诉诸有用性以外的其他原则。并且，有用性似乎不可能是终极原则了。当然，尼采可能会说，他根本就不承认有什么终极原则，就像不可能有绝对真理一样。但是，终极原则不等于绝对真理，此其一。如果有用性不是区分真理与否的最终原则，那么尼采知识论的立场就要大打折扣，此其二。

尼采认为，权力意志是我们遇到的最终事实，是存在最为内在的本质，是世界的实质。但是，这样的说法似乎又是将它当成了先验的本质，而不是经验的假设。总之，权力意志可能是尼采哲学的阿基里斯之踵（Achillies' heel），是他所反对的西方形而上学传统在他哲学中的残余。

人和超人

德国著名哲学家雅斯贝尔斯说：“随时随地都在驱动着他的，既是他对现今的人的不满足，也是他对真正的人、可能的人的渴求与期望。”[9] 西方文化的困境、现代性的困境，对尼采来说，首先是通过人无法成为自己的苦闷感受到的。他在青年时代之所以对叔本华推崇备至，是因为叔本华可以引导年轻人走上自我实现之路。叔本华能迅速认识到学生特有的力量，将它们调动起来，实现自己的目标。

在尼采看来，西方的理性主义，或者说唯理智主义的传统使人们日益丧失自己原始的生命力；而基督教传统则使人失去了自己的自我。人变得一模一样，唯唯诺诺，已经不知道怎样获得自己了。尤其是当时流行的历史主义，以历史过程和历史力量来解释人的价值，使得人在一切集体的力量面前只会低头哈腰。尼采对一般的大众早已失去信心。他的精神贵族的立场是毫不掩饰的。他认为柏拉图与一般人的区别比黑猩猩和一般人的区别要大。多数人本质上都是动物，基本上与黑猩猩没什么两样。区别只在于人能超越自己的动物本性，不再是动物，而成为一个真正的人。虽然人人都有人的这种潜能，却很少有人能实现。只有哲学家、艺术家和圣人才能上升到这一点。地狱就是人的自然状态。只有通过超人的努力人才能离开动物王国，进入天堂。

既然芸芸众生都处于动物王国，世界历史就决不是像历史主义者认为的那样是一个进步的故事，而只是无穷的和徒劳的零的增加。它不但不能使我们相信未来，反而使我们看到我们在堕落后陷于绝望。个性、价值、尊严不是天赋的，而是我们作为人的一项任务：自己去努力完善自己以成为自己。这就意味着普遍、绝对的道德律是不能接受的。尼采提出重估一切价值，不仅是要挑战西方现存的价值观念，也是要为人的自我实现开拓空间。在尼采看来，现存的道德价值是使人无法真正成为自己的最大障碍。

尼采发现，任何道德的功能都是为了约束和制服人的激情。道德一开始使用强迫手段来使个人行为符合社会的利益，但强迫渐渐养成了一种习惯，形成社会的声音，这就是我们称之为良心的东西。可见道德也是从权力意志中产生。道德有两种原初类型：主人道德和奴隶道德。

主人道德又叫贵族道德，它的特点是积极进取，独立特行。崇尚强大，鄙视柔弱。追求创新，拒绝平庸。“善”等于“高尚”，“恶”等于“卑鄙”。奴隶道德又叫畜群的道德。它的特点是同情、仁慈和谦卑被看成美德，而强者和独立不羁的人则被看成危险人物。它是弱者和无力者的道德。按照奴隶道德的标准，主人道德的好人就是恶人。这里所讲的“主人”和“奴隶”，也是一种隐喻，并无社会学的意义。“贵族”和“奴隶”在这里不是指现实的社会阶级，而是指两种不同类型的人：独立特行的人和随波逐流的人。

主人道德和奴隶道德实际上是韦伯所谓的“理想类型”，在现实生活中它们是混在一起的，往往在同一个人身上会同时有这两种道德的因素。道德不仅仅是约束人的行为规范，还是我们观察世界和自己的方式。因此，主人道德和奴隶道德实际上是两种不同的存在方式。在《道德谱系学》一书中，尼采追溯了这两种道德产生的根源。较高类型的人，即所谓主人，从他丰富的生命和力量中创造他自己的价值，而软弱无力的人因害怕强者，总试图将畜群的价值说成是绝对的，来驯服强者。奴隶在道德上的反抗始于怨恨创造和产生价值。他们当然不会公开承认对强者的怨恨，而是用迂回间接的办法来做。

其实，较高类型的人并不想把自己的价值强加给弱者，两种道德可以共存，只要奴隶不把他们的道德强加于人就行了。但奴隶不会愿意这么做，他拼命要使他自己的价值普遍化。基督教道德实际上就是这么一回事，它成功了。尼采从不否认基督教有价值，认为它至少可以使人变得高尚。但他同时也看到它表达了奴隶对主人的怨恨。尼采反对民主和社会主义运动，因为他认为它们也是出于怨恨，是从基督教派生出来的。

尼采拒绝一个普遍、统一、绝对的道德体系，因为它是仇恨的产物，代表了低级堕落的生活；而贵族道德代表了生命向上的运动。尼采并不反对通常的道德规范，他肯定它们的价值。超越善恶当然不是不讲道德，而是要人超越他目前的状况，向更高的方向发展。这个更高的方向，就是超人。

尼采认为《查拉图斯特拉如是说》是他最重要的成果。在这部书一开头，查拉图斯特拉从他隐居的山上下来，刚遇到人们就说他要教人们“超人的道理”。超人也是一个容易引起误解的概念。“超人”一般指具有超凡能力的人，但尼采的超人概念却根本不是这样。“超人”是人们对德文 Übermensch 的翻译，但 Übermensch 并没有“无所不能”的意思。照字面上来看，它的意思是“人之上”。照尼采的说法，Übermensch 是平庸和停滞的反命题。尼采用这个词来指他心目中人的理想目标。在尼采看来，人类已变得太平庸了，是应该克服的东西。只有克服自己的人，才能成为超人。人是一座桥梁，是动物与超人之间的一根绳索。这给人的感觉似乎是人只是从动物到超人进化过程的一个必须超越的阶段。其实不然。尼采对当时流行的进化论（演化论）不以为然。他认为人类的目标不在历史的终点，而在他的最高典型中。超人并不是人类必然要达到的一个阶段或目标。相反，它是一个几乎难以达到的目标。除非人们能将自己的激情变为美德，使冲动升华，重新评估一切价值，从自身丰富的生命力中创造出新的价值，否则不会有超人。

但实际上尼采认为超人还不存在。虽然他有时也将歌德、拿破仑或恺撒作为体现了他的超人理想的人，但这只是就某些方面说的。比如说，说拿破仑是超人，是就他造就了自己而言，而不是因为他的赫赫武功。从总体上讲，连查拉图斯特拉也不是超人，只有歌德比较接近超人的目标。但这不等于说超人根本不是人，而是说，超人实际上是更高的理想类型的人，或人的理想。他半是天才，半是圣人，却不是卡莱尔推崇的英雄。卡莱尔的英雄具有使社会不陷入无政府状态的功能，但尼采的超人没有这种工具价值。他本身就有价值，因为他体现了有惟一终极价值的存在状态。但它很可能不是一种现实状态，而是理想状态，就像儒家的“圣人”概念那样。超人是对人自身的要求，人要克服自己。

尼采的超人概念不是一个个体性概念，而是一个类概念。人要克服自己，固然是要转变气质，控制激情，但也更要能为自己重新立法，为自己铸造新的价值。但在这么做之前，他必须重估一切价值，因为他的现状很大程度上与现存的价值有关。

重估一切价值

重估一切价值，实际上就是对西方文化的基础进行彻底的反思。价值概念产生于十八世纪英国古典政治经济学，德国哲学家在十九世纪把它引入哲学，成为一个被广泛应用的哲学概念，一般指道德规范或理念。但在尼采那里，价值概念有其特殊的含义。海德格尔指出：“价值一词对尼采至关重要。只要看一看他赋予权力意志这一思想路径的子标题：‘重估一切价值’，立刻就可以十分清楚地看到这一点。价值对尼采意味着生命的条件，……”[10]这就是说，与传统哲学不同，在尼采那里，价值首先不是与道德或美学有关，而是与生命有关的一个概念。因此，价值的状况，就是生命的状况。重估一切价值，就是重估我们生命的条件。因此，尼采重估一切价值的范围十分广泛，它几乎包括了西方文化的方方面面。但最主要是在三个方面，即道德、宗教和科学。

在《道德的谱系》的前言中，尼采告诉我们，他自幼便对善恶的起源感兴趣，13岁时就写了一篇这方面的文章。尼采认为，道德的根源，不应该在先验的领域里去寻找，而应该在人自身寻找，既然它只是与生命有关。从人的生存现状看，现存的道德价值就必须批判，“就必须对这些**价值的价值提出疑问**”[11]。这也就是要重估它们的价值。如何重估？看“迄今为止它们是阻碍还是促进了人的发展？它们是否是生活困惑、贫困、退化的标志？或者与之相反，它们自身就显现了生活的充实、力量和意志，或者显现了生活的勇气、信心和未来？”[12]

在对西方的道德体系进行一番追根溯源的谱系学研究后，尼采发现，西方道德违背了自然，毁灭了生活，取消了存在的伟大特征，阉割了人性。它使我们错失了自然，偏离自然，就好像是我们在引导自然一样。而道德哲学“在对道德的所有阐述中没有一点真理，所有概念的因素……都是虚构的，所有心理的因素……都是虚假的，所有被人们搬进这一谎言王国的逻辑形式都是诡辩。道德式哲学家们所宣扬的，都完全没有一丁点儿纯洁性”[13]。“我们的道德感同我们的恶毒与自私一样，是建立在谎言与想象的基础上的。”[14]所谓的善恶好坏，都起源于非道德，本身并无什么绝对性，却伪装成绝对的样子，实际是对生命的束缚。并不是某些道德价值有问题，而是道德本身就有问题，它束缚生命，压制生命，剥夺了人的自由。因此，尼采提出“消灭道德，以便解放生命”。这是“对两千年来违背自然、损害人性的现象进行的一次行刺。”[15]

但是，尼采反对的其实不是道德本身。因为正像他自己意识到的，对道德的质疑和批判，只能是道德发展的最终结果，是出于更高的道德，而不是出于非道德。非道德不会去进行批判。尼采反对道德的绝对普遍性，但他肯定道德个别的历史的普遍性。他并不主张取消一切道德，而只是要反对扼杀生命的道德。具体而言，就是西方的犹太—基督教道德。这种道德起源于弱者对强者的怨恨。他们处处不如强者，于是就发明了这种道德，即奴隶的道德来束缚强者的手脚。这种道德要求怜悯、同情，主张禁欲主义，宣扬谦卑的美德，使人变成俯首贴耳的庸众。毁灭这种道德，就是要赢得强有力的、高贵庄严的人，即自我创造、自我立法的人。

由于基督教会对那种奴隶道德的产生要负主要责任，尼采对基督教进行了猛烈抨击。他说，他谴责基督教会，是因为他们把一切价值变成无价值的。基督教不但不能促进人类的生活，反而对人类社会起一种腐蚀的作用。基督教是一种颓废的宗教，他们的价值判断完全压制了人的本能。尼采曾这样来批判基督教：

> 基督教编造了人的理想，即对人提出的要求，就是关于人的问题的肯定与否定。基督教留下了一套荒诞不经的寓言、拼凑的概念和神学，同我们毫不相干；它们说不定还要更加荒诞不经，可我们倒不一定介意。但是，我们要同那种理想斗争，因为它要以其病态的美貌和女性的诱惑，以其隐蔽诽谤者的巧言令色来说服一切厌倦怯懦和贪图虚荣的灵魂——最强者也有疏忽的时候——仿佛一切在这种状态下显得最有用和最合意的东西（如信任、无顾虑、无要求、忍耐、博爱、忠于上帝、忘我等等）也就是最合意的东西了；仿佛灵魂，这个渺小而无稽的怪胎，道德的平庸动物和羊群般的人，不仅优越于更强壮、更恶毒、更如饥似渴、更放肆、更奢侈因而更历经坎坷的人，而且仿佛正是他们才把理想、目的、标准、最高的合意性给予了一般人似的。过去，树立这种理想乃是人受到的最不祥的诱惑。因为，这种理想威胁人健壮的特殊地位和幸运状态，权力意志和要求全人类上升的意志就是在这种状态下前进的。没落，它要用理想的价值彻底审核高等人的增长，因为高等人自愿忍受危机四伏的生活，以便适应更高的要求和任务（用经济学的话来说：企业家的支出同失败的机率成正比）。我们要战胜基督教的以下各点：它摧毁强者；它挫折强者的锐气；它利用了强者的失利和懈怠，也就是把强者引以为自豪的安全感一变而为动荡和良心危机；它善于毒化高贵的本能，直至本能之力和权力意志败阵，掉头反对自身为止——直至强者由于滥用自我鄙视和自我虐待而灭亡。[16]

尼采对科学的批判是他重估一切价值的主要部分。尼采对“科学”的理解是相当古典的，“科学”的范围包括全部人类的知识体系。因此，他对科学的批判也就是对整个人类知识的批判，或者说，对以往知识观的批判。西方传统的知识观建立在“人是理性的动物”的基础上，是极端理性主义的。人追求知识，纯粹是出于知识本身的目的，是非功利的，即所谓的“为知识而知识”。知识是对于客观世界的把握和反映，是理性运作的结果，知识是理性的活动。尼采对这种理性主义的知识观提出了严重的挑战。

从苏格拉底开始，灵魂与身体二分就是西方思想的一个特征，并且，灵魂总是高于身体，灵魂是根本，身体是附庸；灵魂是主宰，身体是工具。尼采将这个案彻底翻了过来。在《查拉图斯特拉如是说》中，查拉图斯特拉说，灵魂与身体是不可分的，灵魂并不高于身体；相反，灵魂是身体的工具。尼采也许是哲学史上第一个赋予身体以基础意义的哲学家。身体是本能与冲动的集合，是力的集合。它不仅是美德的起源，也是一切知识和真理的起源，思想只不过是内驱力的一种功能。我们追求知识，是因为我们有征服欲，知识是权力的工具。知识并不是客观世界的摹本，而是一个解释的过程。但传统的科学却以为它们的解释就是事物本来的样子，将自己的虚构硬加在现实上面。这实际上是理性的知识在限制生命，把知识当做生命的仲裁者。这样，知识与生命的真实关系反而受到阻挠。在苏格拉底以降的西方知识传统中，“获取知识的本能总是受到约束，它被迫放弃人们习以为常的生命根基，并使自己坠入不确定的深渊。”[17]

尼采要求将感性的身体代替理性的主体，从生命和权力意志的角度重新理解知识。这就意味着知识从一种理性活动变为生命活动。它是生命力的表达。尼采的这种理解，固然揭示了西方传统知识观忽视知识的人类学基础的问题，但他将知识问题变为求生存的问题，变为功利和实用的问题，实际上是要破除传统的理性主义的科学教条，非此无法将知识问题与生存问题挂起钩来。

既然为知识而知识只是一个虚构的神话，那就意味着科学本身不是目的，科学也有它的界限。首先，科学是对事实的认识，而不是对存在的认识。其次，重要的是探索真理，而不是占有真理。第三，科学上的明确性并不是真正的可靠性。第四，科学无法为生活设立目标。第五，科学无法回答其自身的意义问题。[18]尽管这样，科学在现代却本末倒置地取代了宗教的地位，成为一种新的信仰。尼采敏锐地感到盲目崇拜科学的危险，他警告人们，当心俄狄浦斯的命运："解开了自然之谜的人，必定是杀父娶母、瓦解了神圣的自然秩序的人。是的，神话看来向我们透露出，智慧是个违背自然的残酷现象，那靠自己的知识将自然推入深渊的人，自己也要体会自然瓦解的过程。"[19]今天地球上日益加深的生态危机，使我们觉得尼采的这个警告未必是危言耸听。

尼采重估一切价值实际上是对西方文明的基础进行根本性批判，进行诊断。这种诊断本身就是重新评估。但他的目的并不纯粹是否定的，他是想通过重估一切价值来恢复被基督教重新评估过的古代的价值。或者说，他要把被苏格拉底和基督教颠倒了的价值再重新颠倒过来。但他无意于为别人创造价值，他把这个任务留给每一个不想随波逐流的人。但问题既然不是个别人的问题，而是整个西方文明的问题，那么，个别人为自己立法能改变那些流行的价值对整个文化的统治吗？正是在这里，暴露了尼采思想本身的空洞性。他的思想"实际上是无根无基的，因而它是与事无补的。"[20]

但尼采也许不那么悲观，因为永恒轮回的宇宙运动保证了一切好的和坏的都会一再出现。

永恒轮回

对于习惯了线性时间观的人来说，尼采的永恒轮回学说也许是他最不容易为人理解和接受的思想。其实，在古代，中国人、印度人和希腊人都是将时间理解为一个循环。直到基督教产生后，由于基督教的世界有始有终的教义，才出现了线性时间观。而近代牛顿的绝对时间观又给线性时间观打上了科学的烙印，以致于它几乎成了人类统一的时间观。

受赫拉克利特等早期希腊哲学家的影响，尼采提出了永恒轮回的思想。永恒轮回的思想从表面上看一点也不复杂，无非是说过去和现在所发生的一切在未来会无限重复出现。尼采还为永恒轮回作了“科学”的论证：时间是无限的，因为如果有限的话，就会有它的起因的问题；而组成世界的权力意志的力量单位是有限的，因而它们的搭配也是有限的，这就意味着它们构成的种种状态在无限的时间里会重复出现或回归。但这个论证并不是尼采的发明，很可能是从海涅那儿来的。[21] 尼采认为，如果一切理论都是假设的话，那么永恒轮回是一切可能假设中最科学的。

由于尼采过分强调他的这个思想的科学根据[22]，造成人们对他这个并不肤浅的思想的肤浅理解，即以为永恒轮回无非说的是一切事物和状态都会无数次重复。但这种理解不仅误解了尼采的永恒轮回的深刻内容，也没有触及问题的实质。首先，它不是物理学上可证明的宇宙论，而是尼采的形而上学，尼采想通过它来拯救存在。虽然如赫拉克利特所说，万物皆流，世界乃是生成，没有什么最终状态，但宇宙空间是有限的，权力意志的力量是有限的，因此，不断的生成是不可能的，因为没有支持它的无限力量。如果没有终极状态，剩下的只有永恒轮回了。循环往复就它川流不息而言是生成，就它亘古如斯而言是存在。永恒轮回是生成变成了存在，是生成与存在的综合，而在尼采看来，这是世界的本然，而不是人为的强加。

并且，永恒轮回的循环往复不是机械性的循环往复，它关系的是存在的普遍形式，而不是其中的个别事物。由于它实际上是一个形而上学的学说，所以它“既不可用有机物，又不可用机械物；既不可用合法则性，又不可用作为几何形式的循环圈子来认识”[23]。一句话，永恒轮回不是任何特殊事物的循环往复，而是超越性的循环往复。但这不是在生命彼岸的循环往复，而是生命本身的循环往复。伟人与渺小的人都在永恒轮回，这不免使人有一种虚无感。但虚无主义并不都是消极的，也有积极的虚无主义。积极的虚无主义是力量的表现，而消极的虚无主义是虚弱的象征。积极的虚无主义不怕破除幻相，对于积极的虚无主义来说，破除幻相是创造的准备。

永恒轮回除了综合生成和存在外，还有积极的生命意义。既然一切都会再次出现，无论伟大还是渺小，高尚还是卑鄙，那么每个人都要问问自己：“你还想再一次并且无数次这样吗？”康德的伦理学命题是：“要如此行动，使你的准则成为普遍的律令。”而尼采的相应原理是：“如此地生活，以致你不得不希望，再次获得生活。”[24]也就是说，应该使你的行为可以在未来重复无数次，即成为某种典范。尼采的这条绝对命令并没有具体的规定，他实际上是要求我们抓住每一个瞬间，以至于我们总想再度体验这个瞬间。

正如雅斯贝尔斯所说：“永恒轮回的思想带来了对生活的至高肯定态度，如果这一思想并未泯灭，对尼采来说，它具有解放人、救赎人的特点。”[25]永恒轮回是克服虚无主义的最终保证，哪怕是瞬间的辉煌也足以战胜普遍的平庸。生命的意义在质不在量，零的相加还是零；而人类历史可能在每一刻达到顶点，每一刻都能成为永恒：“我认为一切都具有多而又多的价值，以至于它们不会如此地短暂易逝：我在为所有事物寻求永恒……令我慰心的是，曾有的一切都是永恒的——大海又将它们冲来。”[26]

但如果所有的事物都是永恒，那么《查拉图斯特拉如是说》描写的那种狮子般反对一切价值岂非徒然？一切都在永恒轮回中得到保留和重现，那又怎能最终克服虚无主义？也许永恒轮回不是克服了虚无主义，而是最终肯定了虚无主义，尽管尼采自己可能并不这么认为。尼采自己的哲学当然也不是完全否定的，他在猛烈的批判和摧毁中至少要肯定生命的基本价值，而这却是现代文明常常遗忘的。在许多人眼里，这个拿着小刀解剖他的时代的流行价值的人简直是洪水猛兽，但只要他所批判的一切仍然构成时代的主流价值，这个自称“炸药”的思想家就会是一个挥之不去的梦魇。

注释

［1］〔德〕伊沃·弗伦策尔：《尼采传》，张载扬译，商务印书馆，1988年，第1–2页。
［2］〔德〕尼采：《悲剧的诞生》，周国平译，三联书店，1986年，第30页。
［3］同上，第53页。
［4］同上，第64页。
［5］同上，第65页。
［6］同上，第65页。
［7］Frederich S.Copelston，S.J.，*A History of Philosophy*，New York，1974，vol. 7，p.408.
［8］Heidegger，*Holzweg*，Frankfurt am Main，1980，pp.229–232.
［9］〔德〕雅斯贝尔斯：《尼采其人其说》，鲁路译，社会科学文献出版社，2001年，131页。
［10］Heidegger，*Nieztsche*，San Francisco，1987，vol. Ⅲ，p.15.
［11］〔德〕尼采：《论道德的谱系》，谢地坤译，漓江出版社，2000年，第6页。
［12］同上，第3页。
［13］〔德〕雅斯贝尔斯：《尼采其人其说》，鲁路译，社会科学文献出版社，2001年，第152页。
［14］同上，第155页。
［15］同上，第158页。
［16］〔德〕尼采：《权力意志》，张念东、凌素心译，商务印书馆，1993年，第436页。
［17］〔德〕尼采：《希腊悲剧时代的哲学》，转引自德勒兹：《尼采与哲学》，周颖、刘玉宇译，社会科学文献出版社，2001年，第148页。
［18］〔德〕雅斯贝尔斯：《尼采其人其说》，鲁路译，社会科学文献出版社，2001年，第187–188页。
［19］同上，第239页。
［20］同上，第392页。
［21］Walter Kaufmann，*Nietzsche*，Princeton，1978，pp.317–318.
［22］西美尔已经用数学论证驳倒了尼采的这种论证，参看同上书，p.327.
［23］〔德〕雅斯贝尔斯：《尼采其人其说》，鲁路译，社会科学文献出版社，2001年，第380页。
［24］同上，第383页。
［25］同上，第385页。
［26］同上，第386页。

第四讲　生命与宇宙的创造：柏格森

柏格森（Henri Bergson，1858—1941）是最具原创性的现代法国哲学家之一，他在世时，俨然是现代法国哲学的代表，名声如日中天，甚至远播西方以外的世界，上个世纪一二十年代我们中国人就曾被他的哲学吸引，西方世界的柏格森热也在中国发生过。然而，与黑格尔的命运相仿，柏格森死后，几乎一度被人遗忘，不仅是热衷时尚的法国人，其他各国的哲学研究者，包括我们中国人，都只将他作为一个文化遗迹来看待。

然而，在存在主义、结构主义、后结构主义各领风骚十来年的哲学时尚嬗变过程中，人们突然发现，那个差点被人遗忘的柏格森其实并未过时，随着时间的推移，柏格森思想的原创意义越来越为人们所重视，他作为现代最重要的法国哲学家的地位，正为越来越多的人接受和肯定。而他之所以有这样的地位，当然是因为他的思想所揭示的正是人类面临的一些根本问题。

柏格森是波兰犹太人的后裔，出生在巴黎。他的家庭在他出生不久以后曾迁居伦敦，因而柏格森从小接受英国的教育。柏格森 9 岁时随父母迁回巴黎。上中学时，他被数学与人文学科深深吸引。尽管因解决了一个数学难题而获奖，他最终还是选择了文学。为此，他的数学老师曾要他的父母劝阻他。中学毕业后柏格森进入著名的高等师范学院学习，1881 年以优异的成绩毕业。毕业后一直在外省和巴黎的许多中学任教。1896 年，他的主要著作《物质与记忆》发表之后，美国哲学家詹姆斯将它比做贝克莱的《人类知识原理》和康德的《纯粹理性批判》，说“它引起了一场哥白尼式的革命，而且它将为哲学的发现开辟新的场所”[1]。1897 年，柏格森被自己的母校聘为讲师，后来升任教授。1900 年，他被法兰西学院聘为教授，他在那里的讲课吸引了众多的听众，其中不仅有学术界的人，甚至也有时尚界的人，他的演讲本身成了巴黎的一种时尚。柏格森的影响也由此扩展，超出了哲学界和学术界，而进入文学、艺术、宗教等各个方面。1901 年，柏格森被选入法兰西道德和政治科学院。1914 年，他被选为法国科学院终身院士，并当选法兰西道德和政治科学院主席。第一次世界大战后，柏格森致力于促进国际间的相互了解，曾担任国联的思想合作委员会的主席。1927 年，柏格森因他的《创造进化论》一书获诺贝尔文学奖。晚年的柏格森目睹了人类历史上最黑暗的一幕：纳粹迫害犹太人，他自己也间接成了这种罪行的牺牲品。但是，在他于 1937 年写的“遗嘱”中，他说他的反思曾把他越来越引向天主教，但是，由于看到反犹主义在世界汹涌席卷，他不愿改宗，而“一直愿意留在那些明天将受到迫害的人们中间”。由于在排队等候纳粹当局对犹太人的登记时受寒，柏格森肺炎发作，终告不治，于 1941 年 1 月 3 日逝世。巴黎人民在巴黎圣母院为他举行的追思弥撒既表达了人们对他的敬意，也表达了他们对纳粹的抗议。

柏格森的主要著作有他的博士论文《论意识的直接材料》(即《时间与自由意志》，1889)、《物质与记忆》(1896)、《笑》(1900)、《形而上学导论》(1903)、《创造进化论》(1907)、《道德和宗教的两种起源》(1932)。

柏格森哲学的出发点

与康德一样,柏格森哲学的基本出发点和动力是要改造形而上学,或者说建立新的形而上学。虽然"形而上学"(metaphysics)一词产生于希腊时代,但早在中世纪,它就已经像"哲学"一词那样,成了最高科学的名称。到了近代,它被正式引进哲学之后,几乎成了哲学的代名词。形而上学的危机,就是哲学的危机;而改造形而上学,就是要改造哲学;要建立新的形而上学,就是要建立新的哲学,康德是这样,柏格森也是这样。

生活在世纪之交的柏格森,虽然不像德国哲学家那样对西方文明持严重的悲观态度,但这个文明的内在问题还是深切地触动了他。他在就任法兰西道德和政治科学院主席的演说中就指出,过去一个世纪,西方的物质文明取得了很大的进展,但精神方面并没有同时跟上,我们今天面临的许多问题,大部分产生于这种灵肉比例失调。按照他的看法,科学处理的是物的问题,而精神的问题属于形而上学的管辖范围。精神不能跟上物质的发展,证明形而上学出了问题。

柏格森生活的时代,是实证主义流行的时代。在他的本国,有孔德的实证主义,而在英国,则有穆勒和斯宾塞的实证主义。柏格森自己最初也对斯宾塞的哲学很有好感。但是,斯宾塞关于时间问题的思想却使他最终放弃了机械论而转向他自己的思想道路。在柏格森看来,旧形而上学的根本问题,是它不能正确地把握生命,这是因为旧形而上学往往纯粹用理智的手段来处理生命的问题,这就使它无法把握生命的本质。为了说明这一点,柏格森从生命的本质现象——时间——着手。

一直到现在，一般人的时间观念实际上是建立在牛顿物理学绝对时空的基础上的。所谓绝对时空，就是把时间和空间看作是无待于事物的宇宙框架，是万物创造的场所。按照绝对时空的观念，时间是均匀流逝的东西，因而可以加以客观地度量和抽象，例如我们可以将一天分为24小时，也可以把1分钟分为60秒。这里，每一个度量单位都是同质的，没有什么区别。但柏格森认为，这不是真正的时间，即不是生命的时间，而是科学的时间，即可度量的和抽象的时间。真正的时间是“绵延”，它是生命本身异质性的延伸，而不是可以度量的、由同质同量的单位组成的科学的时间。“绵延”就像一段音乐，我们总是在总体上感受它，而不是将它区分为一个个组成它的音符。我们当然可以通过理智来区分那组成它的一个个音符，但这时音乐实际不存在了。就像尼采说的，世界（生命）实际上是永恒的生成，但为了处理具体的事物，我们必须把生成变成存在，即用我们的理智将生成的某一部分暂时定格固定。尽管这么做是扭曲了生成，但是对于我们的生存却是必要的。科学的时间也是这样，它实际上是真正的时间的抽象化和空间化，虽然它歪曲了真正的时间，但对于我们的生存而言却是必要的。

近代哲学家大都认为，物体的特性是广延，也就是说，我们总是认为物体在空间中占有一个位置。这个空间是一个空洞的、同质的宇宙框架。我们以为时间是一条由一个个同质的、前后相继的瞬间或现在累积而成的线，也就是说，实际上我们日常和在科学中是用空间来理解时间，或者说将时间空间化。这使得我们可以度量时间，计算时间，虽然这一切对于我们的功利目的来说是必要的，但无法使我们体会真正的时间。然而，在柏格森之前，几乎无人怀疑过这种时间概念。即使是康德，也不过是将时间看作内感觉的形式，而不是生命本身的形式。而在柏格森看来，我们恰恰应该从生命本身来理解时间或绵延。

生命是宇宙的一个基本事实，它不仅指个人的生命或有机体的生命，更指宇宙内在的生命力。这个生命是永恒的生成，它永不中断，不可分割，因而叫它绵延十分恰当。当我们试图用语言或符号来表达生命时，我们实际上是在将它从变动不居的东西，变为静止的东西，将它空间化。计量时间就是将时间空间化。生命或绵延是一个不断变化的、异质的整体，但这种相异不是外在的，而是内部的。由于生命在时时刻刻变化，并且这种变化始终是异质的，所以它是不可预测的。传统哲学的“规律”或“必然性”的概念无法用于生命或绵延。这也意味着宇宙的每一瞬间都是创造，人的自由在存在论上得到了保证。

在传统哲学中，联想主义心理学是对自由的莫大威胁。而联想主义心理学之所以如此，与传统的空间化的时间观有根本的关系。联想主义心理学主要是用因果关系来说明人的行为。很显然，因果关系是建立在空间化的时间概念上的。只有将两个不同的事件理解成处于一前一后的不同位置上，因果关系才有可能。而如果因果关系能正当地用来解释人的意识状态，那就意味着人的意识实际上是被决定和可决定的，自由就无从谈起了。而根据柏格森的时间观，任何时间的瞬间都是独特的，生命之流中的任何事件，包括意识，都是从整体，从我们的整个人格中产生的，不受任何特殊的先决条件的支配，是无法预测的，是真正自由的。

也有人批评柏格森，说他对心理学决定论的否定并没有什么站得住脚的理由。虽然的确不能用物理领域里的严密性和必然性来规定和分析意识状况，但意识和任何事物一样，总有它的原因和动机。只要有原因，就不可能是自由的，除非它是自因。关键在于，要区别机械的因果性和创造的因果性，因果性意义上的决定论和可预言性并不是一回事。[2] 说因果性意义上的决定论和可预言性不是一回事，这的确不错，但并不能由此得出有原因就没自由的结论。意识的原因不但可能是多重的，而且也常常是随机的、不可重复的。因此，以空间化的时间为基础的因果性在此根本不起作用，所谓创造的因果性只能是一个空洞的名词。如果柏格森的时间概念是正确的话，那么他对心理学决定论的否定基本上就是正确的。

然而，柏格森提出他的时间学说，并不仅仅是为了坚持自由的可能，反对决定论，更主要的是通过对传统时间观念的分析批评，将批评的矛头指向传统形而上学。传统形而上学用空间来理解时间，而不能看到真正的时间，说明它的确有问题。传统形而上学的根本问题，就在于用理智来理解生命。但理智并不是生命的惟一形式，除了理智之外，本能在生命的进化过程中也占有重要的地位。柏格森的创造进化论，就是要向人们表明这一点。

柏格森出生在达尔文的《物种起源》发表的那一年，1859年。与当时的许多人一样，柏格森深受一般进化论思想的影响，他也主张宇宙进化，却不是在机械论的意义上。他对当时流行的达尔文主义并不赞成，他认为生存价值并不是进化的惟一因素，进化也没有终极。生命的进化不是一条线性的轨迹，而是像炮弹爆炸一样，爆炸后飞出许多碎片，向四周飞散；每一碎片又再爆炸，形成无数碎片四散开去，以至无穷。生命进化的原动力是生命的冲动，它的运动分为向上和向下两个方向，向上的喷发产生有生命的事物；向下的坠落则产生无生命的事物；这两种倾向的交汇点则构成生物有机体。柏格森的这种对宇宙进化的描述使人想起了某些前苏格拉底的哲学家，对于现代人来说，这种描述不大会有什么吸引力。

但使我们感兴趣的不是柏格森这种古代哲学式的对宇宙进化的描述，而是他通过这种描述所揭露的传统形而上学的缺陷。在对待宇宙进化的问题上，传统形而上学不是采取机械论的立场，就是采取目的论的立场。按照机械论的立场，只要我们知道了宇宙的内在法则，原则上可以一下子认识所有的事物。而目的论认为事物都是朝着一个目标前进，结果也和机械论一样。而柏格森认为生命进化既不是机械的，也不是有目的的，而是一个不断的自由创造的过程。生命的创造是不可预见的，也是复杂的、异质性的。

柏格森虽然不同意“自然选择，适者生存”的说法，但他承认生命进化必须克服种种外界的阻力，首先是物质世界的种种阻力。要克服物质世界的种种阻力，既要靠本能，也要靠理智。在对付外界环境方面，理智似乎比本能更管用，本能只能做出当下的反应，而理智不但能制造和使用工具，而且还能利用它的形式化能力产生科学，对人类生命的进化起了巨大的推动作用。但是，“理智一旦超越自然的统治，就以无生命的固体为主要对象”[3]。这其实就是说，理智是我们将永恒的生存定格为存在的工具，经过理智的定格处理，生成的宇宙就变成了由固定事物组成的物质世界，广延当然就成了物体的基本特性。也就是说，空间占据了我们的视野，而真正的时间——生命在被空间化以后，退出了我们的意识。

人们这么做不是没有回报的，我们可以根据我们的功利目的来安排和操控那些固定的物体。但这也是生命的生存所必需的。自然科学就是这种理智活动的结晶。我们看到，在对待理性和知识的问题上，柏格森与叔本华、尼采，以及美国的实用主义哲学家如出一辙，都是与传统理性主义的知识观相反，坚决主张实用主义的理性观和知识观。在同一时代，这些不同传统和文化背景的哲学家在这个问题上得出相同的结论，是一个很值得注意的现象。但柏格森从人类功利目的的角度解释理性与科学，目的却不在知识论，而在形而上学。

柏格森认为，传统形而上学的根本特点就是只用理性的方法来对待客观世界，即上面所讲的用空间、静态的观点来看待事物，而看不到世界实际是一个永不停息的生成过程。形而上学的这种思维方式与自然科学有很大的关系。无论是几何学还是物理学，都是把运动理解为物体在空间中的位移，而实际上“运动是一种心理上的综合，是一种心理的、因而不占空间的过程”[4]。就如古希腊哲学家芝诺的阿基里斯（Achilles）与乌龟赛跑的例子所表明的，理智一旦试图透彻分析运动，就会碰到悖论或矛盾。然而，从柏拉图和亚里士多德开始，形而上学不是去弥补科学思想的不足，其对世界的态度反而与科学如出一辙，即都是用理智的方法来对待世界。近代哲学家同样如此，在近代科学的影响下，他们同样把运动和时间空间化，将具体的时间形式化和概念化。康德试图建立“科学的形而上学”，却不能把握生命本身，消除身心对立。传统形而上学不但不能把握生命的本质，反而产生了诸如“为什么有某物存在而不是无”这样的伪问题。

我们在这一讲的一开头就说过，康德也对形而上学不满，但他不满，不是因为形而上学不能认识生命的本质，而是因为形而上学未能澄清知识的基础。因此，对于康德来说，建立“科学的形而上学”，就是通过批判来确定理性知识的基础。而柏格森正相反，他不满传统的形而上学，要建立新的形而上学，是要超越理性的范围，将形而上学建立在直觉而不是理性的基础上。西方哲学在形而上学思想上的这种明显转变，值得我们重视。

直觉的意义

柏格森认为，传统形而上学的根本错误是方法的错误，即用理智，而不是直觉来认识生命的本质。因此，新的形而上学必须建立在直觉的基础上。直觉概念在柏格森哲学中具有举足轻重的意义。

直觉概念并不是柏格森的发明。早在古希腊，柏拉图便用它来指对理型的精神直观。在近代，笛卡尔、洛克以降，不断有哲学家使用这个概念，意思虽不尽相同，但大抵与作为概念思维和推理能力的理性相对，指人对事物和事态的本质、对总体关系结构的直观把握的能力。但是，在柏格森那里，直觉首先不是一种认识能力，不是神秘的内在审视，“直觉更多的是一种方法，是认识的一个过程，也就是从发展过程中理解所有存在的东西。柏格森把发展过程理解为是形成过程，就是在艺术创作中出现的过程。在这个意义上，直觉是发展中的认识”[5]。可见直觉在柏格森那里有发生学的意义，非此不足以把握永恒流变的生命。

但直觉不是什么神秘的先验能力，而是本能的产物。与传统理性主义哲学家不同，柏格森像叔本华和尼采一样，并不认为本能是低级的东西。相反，他始终认为本能与理性同样重要，本能并不是生命发展阶段上低于理性的一个阶段。他说：“自亚里士多德以来，一个致命的错误就是把植物生命、本能生命和理性生命看作同一倾向相继发展的三个阶段。这一错误已经大大腐蚀了绝大多数的自然哲学。其实，它们是同一种生命的三个不同的发展方向。”[6]理智与本能既对立又互补，都是生命不可或缺的要素。“本能是在生命形态的基础上铸成的。如果说理智是用机械的方式对待一切事物，那么本能则是用有机的方式对待事物。假如沉眠于本能中的意识觉醒了，假如本能能够激起认识，而不是被怠懈为行动，假如我们能够向本能提问，而本能又能够回答我们的问题，那么本能便能够向我们揭示出生命最深层的秘密。”[7]

这种能向我们揭示生命最深层的秘密的本能就是直觉。而直觉之所以能够向我们揭示生命最深层的秘密，是因为它能够把我们引向生命的深处。与理智不同，本能没有功利的使用，它不受生活功利要求的影响和约束，不会被引向生命以外的东西，而是随生命的进化而进化。自觉当下的、非概念的特性与生命的本性也十分契合。而理智在对待活生生的生命时，却总是将它作为一个外在的知识问题，用符号或语言来把握（规范）；而不是深入生命的内部，与生命俱化，当然也就不可能揭示生命的秘密。因此，如果形而上学以揭示和把握生命的本质为目标的话，它就应该以直觉作为自己的方法论原则。

与叔本华、尼采和祁克果一样，柏格森强调直觉的独特功能，并不意味着他独尊直觉，反对或排斥理性。相反，他认为对于生命来说，二者同样重要，只不过各有各的功能，各有各的方向。比起以前的理性主义者来说，那些被称为非理性主义者的人，其实更具有包容性。他们只是要指出理智，或怀特海所谓"一只眼的理性"的局限性。当然，直觉作为形而上学的方法，它的范围也是有限的，它不能代替辩证推理和逻辑。在科学领域，仍然是理智的天下。但凭借自身非理智的能力，人类将看到被理性主义信仰遮蔽的许多东西。

但是，柏格森的直觉概念本身并不太容易把握。柏格森自己说不能要求他给直觉下一个几何学式的定义，也就是说，它的意思不能通过分析得到。但有一点可以肯定，柏格森讲的直觉并不是一刹那间灵光闪现式的洞见，而是一种在绵延中思维的方式，一种渐进的活动，它的范围就像生命一样可以无限拓宽和加深。实际上，柏格森的直觉概念与传统的直觉概念有很大的不同。它不是一个认识论的概念，而是一个存在论的概念。它是一种方法，但不是狭义的技术意义上的方法，而是像释义学在海德格尔那里那样，是一种存在论的方法，它与绵延有着非常密切的内在关系，绵延是直觉的前提。当代法国著名哲学家德勒兹精辟地概括了柏格森的直觉概念的特性："直觉是柏格森主义的方法。直觉既不是情感、灵感、也不是无序的共感，而是一种充分发展的方法，是哲学上最充分发展的方法之一，它有自己严格的法则，构成了柏格森所说的哲学上的'精确性'。"[8] 这种精确性是质的精确性，即方法与问题性质的真正契合。在柏格森这里，直觉由一种心理能力被改造成了一种哲学方法，这的确是哲学史上的一个创造。柏格森由此大大丰富了直觉概念的内涵，也使他的生命哲学有了独特的方法论支持。

物质与记忆

如果传统形而上学在方法上根本错了，那么当然，它不仅在生命的问题上，而且在别的问题上也都不会正确。在柏格森看来，传统形而上学在关于知觉和外部世界，及身心关系问题上，也都错了。通常人们总是认为，客体是客体，主体是主体，客体（物体）作用于主体的身体，具体说，作用于人的神经系统，产生了一定的反应，即身体（大脑）的运动，由此改变对象。人们把外部事物，即客体叫做物质，而把大脑的运动叫做意识。运动使二者发生关系。然而，柏格森发现这里有一个问题，就是作用于我们神经系统的客体总是具体的事物，而不是抽象的物质概念。“物质”只是理智发明的抽象概念，而不是具体的事物。如果我们诉诸我们的当下感觉或直觉，并且从我们的头脑中排除掉形而上学的概念与理论的话，那么我们就会发现，在我们面前只有影像。柏格森说：“我把世界称之为影像的集合。”[9]这就是说，对于柏格森来说，世界就是影像的世界。

在众多的影像中，惟有我们的身体与众不同，我们无法凭知觉认识它，而只能通过情感从内部认识它。并且，它能作选择，能储存它所发现的东西。尽管如此，身体在其为影像这一点上，与别的事物并无二致。

“影像”这个概念是一个非常容易引起误解的概念。首先，它本身就容易引起主观方面的联想。其次，传统哲学也往往将它解释为物体通过我们的感官和神经系统作用于我们的产物。因此，影像只是存在于我们的头脑或心灵里的东西，而不可能是外部世界的一部分。柏格森在这个问题上恰恰反其道而行之。他认为宇宙万物都是影像，除此之外，再无任何精神或物质的实体。影像有意识的一面，但也不单纯是意识的构造，而是有其独立的存在，它们并不是心灵产生的。影像体现了身心的统一和物质与精神的统一。通过“影像”概念，柏格森一方面拒绝了传统认为事物或世界是由物质微粒，或第一性质，或客观实体组成的实在论，又拒绝了认为事物纯属心灵产物的传统唯心论观点。很显然，他是想用“影像”概念来超越近代以来心物对立的传统世界观。

与传统哲学家不同，柏格森不是从认识论的角度讨论影像，而是从生命进化和人的活动，即实践的角度来讨论它的。与他的同时代人杜威一样，对于柏格森来说，意识活动首先是人的生命活动，它产生于人对外部刺激的生存本能反应。如果说，在低级的生命阶段，低等生命形式的本能反应还是机械的话，那么在高级的生命形式——人的那里，这种生存本能的反应就是有选择的，是一种反思的活动，而不是照相式的对事物的“表象”。知觉究其源始不是指向知识，而是为了行动（实践）。

也因为知觉是生命的活动，而生命是过去、现在与未来的绵延，所以知觉必然有其历史的积淀，这就是记忆，“没有任何知觉不是充满了记忆”[10]。知觉是生命长期进化的结果，它必然以记忆的形式出现。当然，柏格森并不排除有不掺杂任何记忆的“纯粹知觉”，但多数情况下我们的知觉总是与记忆交织在一起，换言之，我们的记忆总体现在某些知觉中。记忆使生命的经验得以储存下来，成为生命不断增加的内容。因此，记忆并不是一种心理过程，而首先是生命自我保存的一种能力。

就像时间可分为两种一样，记忆也有两种。一种是“机械的记忆”；一种是“纯粹的记忆”。机械的记忆其实是一种像散步一样的身体习惯，一有适当的刺激，就会自动地开始运作。我们记单词或背一个数学公式就是机械记忆的典型例子。它并不内含历史的维度，即它并不是过去生命经验的积累，不是生命中的一个事件，而只是一种半自然的天性或倾向。被记忆的东西也不是我们生命经验的一部分，而始终是外在于生命的东西。因此，它实际上是我们可以随意操控的事。柏格森认为这种记忆只是一种表象，“而且仅仅是表象；它被包含在心灵的直觉中，这种直觉可以被我们随意延长或缩短；我可以随心所欲地为它指定任何绵延；没有任何东西能够阻止我在瞬间从整体上，从一个画面上把握它”[11]。

“纯粹的记忆”则截然不同，它实际上是在时间中发生的我们日常生活一切事件的记录。“它记载依时间而出现的日常生活事件；它不忽略任何细节；它保留了每个事实、每个姿态、地点和时间。不论它是否有功用或者有实效，都凭借自身性质的纯粹必然性，把过去储存起来。依据这种记忆，可以形成智力的，甚至理智的、经验性的知觉认识；我们每次都躲进这种认识中，在探索一种特殊形象时，我们在这种认识中，重新登上过去的斜坡。”[12]我们的历史经验以记忆影像的形式储存在心灵的下意识区，在每一个特定的时间记忆只能调出一些影像给意识；如果我们所有的记忆在一个时候一涌而上，那么我们就什么都做不成，记忆也就失去了它们最重要的实践功能。大脑的功能就是不让所有记忆影像一下子都进入意识，而只让那些与当前的需要和活动有关的记忆在意识中出现。也就是说，大脑的功能就是在不同的时候选择不同的记忆。

从柏格森对上述两种记忆的规定来看，很显然，“纯粹的记忆”是一种生命自发的活动，而“机械的记忆”则是人为的机械重复。这两种记忆的根本区别在于：“自发的记忆从一开始就是完美的，时间不能毫发无损地为它补充任何东西；……”[13]而重复记忆却只是用理智的机械手段来试图定格生命的某一片断，但当它这么做时，它实际上已经游离了生命的本体，即绵延。但记忆根本上是绵延的主观体现，是存在于现在和未来的过去，它保证了时间本质的延续性。按照柏格森的看法，生命是一个永恒的流变，任何想将它定格下来加以划分的企图都是不正当的。与知觉不同的是，自发的记忆或纯粹的记忆是一种无功利、无选择的照单全收式的保存；与绵延一致，它也没有内在的界限，它是生命自我保存和延续能力的体现，所以柏格森一再强调记忆不是大脑的功能。

实际上，柏格森所谓的记忆，就是我们的原始历史经验。它自然不是我们的心理行为或大脑功能，而是我们的存在方式。虽然这听上去像是海德格尔的语言，但也确是柏格森记忆理论的真实内涵。柏格森说它不是大脑的功能，那就意味着它只能是前意识或无意识的东西，是以主观形式出现的绵延的历史存在本身。记忆实际上使在传统哲学中认为是事物的规定或关系形式的时间成为存在本身，当然，这个存在应该理解为生成更为合适。柏格森不像德国哲学家那样喜欢谈历史，他对传统时间概念的批评也使他不能在传统的意义上谈过去，即一个可以与我们明确隔绝的过去。对他而言，就像对海德格尔而言一样，过去只能是存在—绵延的一部分。他的记忆理论，保证了他可以在存在论的意义上确立过去的基础地位。

柏格森的哲学，从一个方面看是非常形而上的，但又有非常明显的形而下的实用主义的一面。这两个方面其实并不矛盾，而是一个硬币之两面。他的记忆理论也体现了他哲学的这个特点。记忆本身尽管是非功利的，但知觉的功利作用恰恰与它有莫大的关系。其实，记忆与知觉只是在理论上可以将它们截然分开，在实际生活中它们往往是混合在一起的。如上所述，知觉多数是要对某个情况做出趋利避害的反应。换言之，知觉不太会是为知觉而知觉，或为知识而知觉，而往往是为采取某个行动而知觉。这样，知觉就必然要调动记忆影像来理解和解读被知觉的对象，从而确定它的实践意义。记忆的本源是非功利的，但它的使用却不能不是功利的，柏格森哲学的实用主义性格，于此可见一斑。

但是，柏格森的记忆学说不仅只有实践哲学的意义，也有鲜明的理论意义。和柏格森的“影像”概念一样，柏格森的记忆理论也是为了克服传统哲学中物质与精神的二元对立。一方面，记忆是一种绝对不依赖于物质的能力；但另一方面，它又是一个最实在的活动。它的现实状态总是要表现为身体实在的行动。正是这种实践行动的需要使潜在的记忆通过知觉变为行动的意义。所以柏格森说记忆是“精神和物质的交叉”，即是说，记忆是精神与物质的融合点。

柏格森哲学的实践特性

柏格森哲学中有一个十分值得注意，却往往被他的研究者忽略的特性，就是它的实用主义倾向或实践特性。柏格森讲的生命进化不仅是一个形而上学的过程，也是一个生物学的自然过程。虽然他并不完全赞同流行的进化论的许多观点，但进化论对他的思想仍有很大的影响。这首先表现在他对人的看法上。对于柏格森来说，人生在世，首先是要适应自己的环境，使得生命得以发展和延续。人首先是行动的主体，而不是认识的主体，人的理智能力是在适应和对付严酷的生存环境中产生发展起来的。从这一基本认识出发，柏格森对人的理解基本上是实践哲学的。

传统西方哲学对人的理解是建立在人是理性的动物这一基点上的；而理性又首先被理解为认识能力，即理论理性。这样，人是思维的主体就是题中应有之义。而柏格森却认为，人首先是一个社会动物，人与人之间在社会中的交往活动需要使用理智。人又是制造工具和使用工具的动物，这需要人具有概念化和形式化的能力。人还是有语言的动物。语言促进了理智的发展，理智的发展反过来又极大地影响了语言。因此，理智（理性）无论从其起源还是从其功能上看，都是实践的，而不是思辨的。[14]尽管这种实践的倾向造成理智将它处理的东西空间化和静止化，使得生命流变不息的本性被遮蔽，但这对于我们的生存还是必要的。

无论如何，生命的过程都是一个实践的过程，无论是理智的活动还是本能的活动，都首先是生存的活动。认识活动不但包含在实践的过程中，它无论在起源上还是在目的上都有明显的实践特征。柏格森一再强调意识不是大脑的活动也不依赖于大脑的活动，为的就是要突出意识或心灵的实践本性。在传统哲学中基本上处于次要地位的身体，在柏格森看来却是实践活动的中心。“我们的身体并不单单指这具肉体，而是指进入身体生命过程中的一切要素。”[15]这就避免了将人纯粹作为生物的人看待，而把一切实践的因素纳入了身体。身体立足在意识的极端状态中，身心在生命活动中原本就是统一的。

柏格森也许无意于提倡一种实践哲学，但他的哲学却很难说不是实践哲学的。我们看到，在传统哲学中占有主要地位的认识问题，在他那里只有非常次要的地位，而且被规定为本质上的实践的。生命活动基本上是一种生存活动、实践活动。如果这样的话，那么柏格森的生命概念也决不是一个传统意义上的形而上学概念，而是已经有了新的形而上学含义。柏格森的生命概念固然有其宇宙论的意义，但最后还是落实在人的生命实践创造上。那种生生不息的宇宙生命力，归根结底是生命的创造力。柏格森说：“……面对创造的伟大事业——这一事业是一切的根源并在我们眼前完成——我们感觉到自己也是这一事业的参与者，是作为我们自己的创造者。”[16]由此可见，柏格森的哲学实际上是一种存在论意义上的实践哲学，甚至可说是作为一种实践，而不是理论的实践哲学。因为“与纯理论的理想不同，生命哲学的出发点是思考和行动组成分割的统一体。甚至可以说，由于生命哲学要求思考进入生活，因而就没有必要是一种理论上的立场。那些不需要这种理论立场的人真正领会了生命哲学，因为它已经完全属于他的生命。”[17]

柏格森哲学的这种实践哲学品格，决不是孤立的。在他之前、同时和之后的许多现代西方哲学家那里，都可以发现这种品格。这说明现代西方哲学的实践哲学转向是现代西方哲学不同于传统西方哲学的一个明显特点。传统哲学问题在实践哲学中得到解决或消解标志着新的哲学问题将占据哲学的舞台。

道德和宗教

《道德和宗教的两个起源》是柏格森的最后一部主要著作。如书名所显示的，柏格森在这里要讨论的是道德和宗教的问题。在处理这两个问题上，柏格森深受社会学，尤其是他的同胞涂尔干的社会学思想的影响。因此，他不是像传统哲学家那样，从纯粹理论的角度来处理道德和宗教的问题，而是从人类的社会生活出发来处理这两个问题。

因此，与康德不同，柏格森认为道德的起源都不在理性，而在下理性和超理性。道德的明显特征是人的义务感。人之所以会服从道德法则，就是因为人有义务感。但人为什么会有义务感？在康德看来，是因为人有理性。但在柏格森看来，是因为人是社会的动物。柏格森把社会分为封闭社会和开放社会两种。从原始部落到今天的文明社会、现代国家，都是封闭社会。封闭社会的特征是：“社会成员抱团扎堆，对其他人漠然置之，防范着攻击或者进犯，警惕着疆界，事实上，处于永无休止的斗争中。人类社会从自然之手诞生时，就是这个样子。”[18]封闭社会的形成，不是出于什么高尚的理想，而是出于人类自我保存的生存本能，所以它是封闭的、排他的。而一旦形成之后，它与别的出于同样原因形成的群体，必然处于残酷的生存竞争中。为了不至于在生存竞争中落败，它必须不断地巩固自己，保持自己的凝聚力。而要做到这点，必须对它的每个成员有所规定和强制，所谓道德，就是这种规定与强制。在社会的强大压力下，个人不得不服从。一开始是被迫，但久而久之就习惯成自然，有了所谓的义务感。所以义务感不是什么神秘的东西，说穿了它只是社会压力感而已。当然，人也不是完全被迫的，“我们每个人既属于他自己又属于社会”[19]，人有他社会的一面，所以他一般会服从社会的压力。但不管怎么说，义务的起源显然是下理性的，它实际上是保持社会凝聚力和社会秩序的手段。

但是，也因为封闭社会道德起源的这种强制性，它必然有压迫和禁锢的一面。人们在满足了生存需要的同时，却往往违背了个人的意愿与良心。而在为了自己社会的名义下，道德效力往往只及于自己社会的成员，而对“非我族类”则可以无所不用其极。封闭社会的道德实际也是封闭的，是静态和专制的。

但道德不仅仅只有封闭的道德。事实上有些人的生命所体现的价值和标准要高于他们所属社会的道德规范，如苏格拉底和甘地这样的人，他们的道德理想主义显然是无法用封闭社会的压力来解释的。柏格森清楚地看到这一点。为此他提出，在封闭社会的封闭道德之外，还有一种道德，这种道德不是专属某一个封闭社会，而是属于全人类的理想社会。这种道德不是通过施加社会压力让人遵守，而是发挥那些道德理想主义者的感召力。柏格森将这种道德称为开放的和动态的道德，“开放”指它本质上是普遍的，追求全人类的联合；“动态”是指它努力要改变社会，而不是照旧保存它。[20]开放的道德是出于对人类普遍的爱，这种爱归根结底是生命的冲动，可见，开放的道德是起源于超理性的东西。如果说封闭的道德起作用是由于社会的压力，那么开放的道德起作用则是由于那些摆脱了自己社会制度与秩序的狭隘束缚的圣人和道德理想主义者的伟大感召力，他们并非要推翻一个社会，而是要改造一个社会。社会由于他们才得以向创造力不断开放，在道德与宗教方面不断前进。

不过，正像在实际生活中记忆和知觉是混合在一起的一样，封闭的道德与开放的道德在现实社会中也是共存和混合在一起的。柏格森认为，理性在它们之间起了沟通的作用，它一方面把普遍性引进封闭的道德，使它不致过于狭隘；另一方面又把义务引进开放的道德，使它可以制度化。开放的道德只有得到理性的认可才会在社会中生效；而封闭的道德则要从开放的道德那里不断得到生命的源头活水。因此，实际上道德包括了“一个由**不受个人感情影响的**社会要求命令的**秩序**体系，和由代表了人性中最美好的东西的**人们**向我们每一个人所作的一组**呼吁**。”[21]

柏格森认为，人类社会不能没有道德，也不能没有宗教。对于人类这个“惟一拥有理性的生物，然而，也是惟一把它的生存维系于非理性的生物”[22]来说，宗教的重要性不言而喻。与道德可分为静态的道德和动态的道德一样，宗教也可以分成静态的宗教和动态的宗教。静态的宗教与静态的道德一样，出于人类自我保存的本能，起源于下理性的东西，即神话和巫术。“宗教就是自然在运用理智的过程中为对抗可能压抑人和破坏社会的因素而作的防御性反应。”[23]在原始社会，宗教与道德和习俗的功能大致相仿，人们创造出种种神祇来维持社会秩序，保证社会道德习俗和制度得到遵守。但与道德不同的是，宗教还有对个人心理的作用。人不可避免要面对死亡，为了对付凡人必死的观念，人类发明了灵魂不死和死后生命延续的观念，作为一种心理防御的手段。对于无法控制的环境，人们必须设想有能够控制大自然的超人力量会帮助和支持他们。凡此种种，都是静态的宗教产生的理由。总之，静态宗教是“自然对行使理智可能给人带来压抑、使社会瓦解的东西的防御性反应。”[24]

动态的宗教与静态的宗教起源不同，动态的宗教起源于神秘主义。神秘主义在柏格森这里有特定的意思，柏格森说：“上帝是爱，他是爱的对象：这就是神秘主义的全部贡献。”[25]可见，神秘主义是上帝之爱，是人类对上帝的爱，也是人类对生命的爱。只有少数神秘主义者才能体验和体现这种无功利的爱。如果多数人都能像这些神秘主义者那样，依神秘主义而生活，那么人类就不会再有战争和痛苦，社会就会走向开放。与道德理想主义者一样，神秘主义者不是要出世，而是要入世，要改造世界。就像柏格森的许多概念一样，“神秘主义”是个容易引起误解的概念，它不是非理性，“神秘主义并不是无理性，而是理性的补充，是理性中未经探测过的发明的一部分，它是人类超越其个体化本质，使它同存在的本质或生命创造力联系起来的手段的一部分”[26]。凭借这种神秘主义，人类就可以走向开放的社会。

在有些学院哲学家看来，柏格森作为一个哲学家来说也许是不够格的，因为总的来说，他的学说并不是非常清晰的，往往是用诗歌散文般的语言来代理严密的逻辑论证，而即使在有论证的地方，论证也很不充分。而他对于理智的态度，更被理解成他反理性主义的证据。但柏格森的确不是想将哲学作为一种技术来处理的哲学家，他更不想用“一只眼的理性”来妨碍他对人类苦难的感受。越到晚年，他的这种感受越强烈，因此，那种对于上帝和全人类的爱的神秘主义，在他眼里是人类得救的惟一希望。他“谴责把伦理和宗教价值变成单纯的习惯和空洞的姿态，用来作为掩盖在所谓的理性和有秩序的社会里对于受痛苦和贫困的人们漠不关心的借口”[27]。对于人类命运的高度敏感使他要我们放弃失血的形而上学教条，回到活生生的纯粹生命经验，这就是为什么他仍活在我们的时代。

注释

［1］〔美〕约瑟夫·祁雅理:《二十世纪法国思潮》，吴永泉等译，商务印书馆，1987 年，第 18 页。
［2］同上，第 24 页。
［3］Bergson，*Creative Evolution,* London，1913，p.162.
［4］〔法〕柏格森:《时间与自由意志》，吴士栋译，商务印书馆，1997 年，第 74–75 页。
［5］〔德〕费迪南·费尔曼:《生命哲学》，李健鸣译，华夏出版社，2001 年，第 64–65 页。
［6］Bergson，*Creative Evolution*，London，1913，p.142.
［7］Ibid.，p.174.
［8］Gilles Deleuze，*Bergsonism*，New York，1991，p.13.
［9］Bergson，*Matter and Memory*，London and New York，1929，p.3.
［10］Ibid.，p.24.
［11］Ibid.，p.91.
［12］Ibid.，p.92.
［13］Ibid.，p.95.
［14］Cf.T. A.Goudge，"Henri Bergson"，in *The Encyclopedia of Philosophy*，New York and London，1967，vol.1，p.290.
［15］尚新建:《重新发现直觉主义》，北京大学出版社，2000 年，第 161 页。
［16］转引自〔德〕费迪南·费尔曼:《生命哲学》，第 62 页。
［17］同上，第 62 页。
［18］Bergson，*The Two Sources of Morality and Religion*，New York，1935，p.255.
［19］Ibid.，p.6.
［20］Frederick Copleston, S.J., *A History of Philosophy*, Garden City, New York, 1985, vol. Ⅸ, p.207.
［21］Bergson，*The Two Sources of Morality and Religion*，New York，1935，p.68.
［22］Ibid.，p.92.
［23］〔美〕约瑟夫·祁雅理:《二十世纪法国思潮》，吴永宗等译，商务印书馆，1987 年，第 43 页。
［24］Bergson，*The Two Sources of Morality and Religion*，New York，1935，p.175.
［25］Ibid.，p.216.
［26］〔美〕约瑟夫·祁雅理:《二十世纪法国思潮》，吴永宗等译，商务印书馆，1987 年，第 44 页。
［27］同上，第 48 页。

第五讲　生命与历史：狄尔泰

狄尔泰（Wilhelm Dilthey，1833—1911）是一个长期被人忽视的哲学巨人，是西方哲学史上承前启后，继往开来的大师级人物。在一定的意义上，我们可以说他的思想是现代西方哲学的奠基石之一。狄尔泰生活的年代，属于西方哲学大转折的发轫期，他通过对过去的阐释性总结，通过对当代思想与知识的广泛吸收和批判，开启了哲学发展新的方向。通过扬弃实证主义和历史主义，他的生命哲学第一次将生存问题作为存在论问题加以提出。他的释义学思想，开了海德格尔的基础存在论和伽达默尔的哲学释义学的先路。他的哲学与胡塞尔的思想有直接的关系，与韦伯的思想则有间接的关联。受他影响的著名哲学家还包括：雅斯贝尔斯、卡西勒、谢勒、西美尔、曼海姆、卢卡奇、布尔特曼、勒维特、特罗尔奇和奥特加。狄尔泰哲学与尼采哲学一样，是现代西方哲学的伟大起点。

狄尔泰与其时代

狄尔泰 1833 年 11 月 19 日出生于莱茵河边一个叫 Biebrich 的小城。

似乎是老天有意的安排，让他来接在这先后去世的德国古典哲学大师黑格尔（1831）、歌德（1832）、施莱尔马赫（1834）和威廉·冯·洪堡（1835）的班，开辟德国思想的另一个时代。狄尔泰也的确没有只想做伟大前人的追随者，而是相信，新的时代需要新的思想和理解。狄尔泰的父亲和祖父都是为宫廷服务的加尔文教派的牧师。他的母亲是一个有名的指挥家的女儿，她使狄尔泰从小就热爱音乐，并能演奏音乐。对音乐一生的热爱也影响了他的哲学的方方面面。狄尔泰视听音乐为“一种宗教行为”。

狄尔泰在威斯巴登上中学时就已经在啃康德的书了。他曾回忆说，是他父亲藏书中康德的《逻辑学》一书使他真正开了窍。在中学里，他非常喜欢古典文学和古代语言。1852 年，他以全班第一的成绩从中学毕业。按照父亲的愿望，他进入著名的海德堡大学学神学，而他自己当初却是想学法学。在海德堡读了两个学期后，狄尔泰转学到柏林大学。1856 年，也就是他到柏林两年以后，他通过了神学和古典语文学的国家考试，然后暂停学习神学，在柏林的中学里教了两年书。1860 年，狄尔泰对施莱尔马赫释义学的历史与批判的研究被施莱尔马赫学会授予双倍奖金。这时他已决心终身从事学术工作，学习的重点也转到哲学、古典语文学和历史。1864 年，狄尔泰以《施莱尔马赫的伦理学原理》的博士论文获博士学位；同年，又以《道德意识试析》获教授资格。在柏林大学当了两年私人讲师后，狄尔泰先后去了巴塞尔（1867—1868）、基尔（1868—1871）和布雷斯劳（1971—1882）等地大学教书。1883 年，狄尔泰去柏林接替洛采留下的教授职位，这也是黑格尔担任过的职位。狄尔泰无愧于他伟大的前任，他并不是一个十分张扬的教师，但很受学生欢迎，他的课总是在有 600 个座位的大厅里上。1886 年，狄尔泰成为普鲁士科学院院士。狄尔泰于 1907 年退休，退休后全力想完成他的著作计划，但最终还是没有完成。

从狄尔泰的生平看，他似乎与大多数德国教授没有什么两样，出生、上学、教书、死亡就足以勾勒他们人生的轨迹了。但狄尔泰却不是那种皓首穷经，一辈子躲在象牙塔里，不食人间烟火的书呆子。相反，他是一个有着很强实践倾向和实践关怀的思想家，他思想的根本动力不是纯学术的追求，而是一种对于人类命运的关切和使命感。他说："我们正在经历的科学与欧洲文化的巨大危机如此深刻和完全地占据了我的精神，渴望对此有所助益消灭了一切无关的个人野心。"[1]在逝世前几年，他迫切地说起要给在这个世纪（二十世纪）巨大危机中的个人与社会的生活安全和力量。[2]狄尔泰固然是一个博大精深的大学问家，但更是一个思考人类命运的伟大的实践哲学家。他不属于学院，而属于人类。

狄尔泰从年轻时代起就对西方文明的危机有敏锐的洞察和体认，这种危机感随着时间的推移与日俱增。在多数西方人歌舞升平的时候，他却认为大灾难正在以可怕的速度到来。他感到自己的时代是一个混乱和不确定的时代，思想与行动的最终前提都成了问题，人类社会及其基础都在动摇。这个危机就是现代性危机，它是从法国大革命开始的。"法国大革命开始了一个新的时代。科学改变了生活；世界性规模的工业；机器；工作是社会秩序的惟一基础；反对社会寄生虫的战争，别人已经为他们的闲暇付出了代价；一种新的对于人类掌控的骄傲的感情，这种掌控征服了自然，并许诺要消灭激情在社会中的盲目作用：这些就是一个世界时代的基本特征，它的黑暗和可怕的轮廓正在我们面前出现。"[3]

危机的基本症状是知识和生命的根本脱节。理论与实践日益加剧的分离产生了多少无思想的生命和无生命的思想。伦理学、美学、法学和教育学，这些与人类的理想与目标有关的理论领域成了大学的学科，却与普通人的内心越来越远。科学越发展，生命的意义和目的越空洞，这种荒谬的结果就是“空虚的痛苦”。

基于上述对危机的认识，狄尔泰从一开始就对无思想、无生命、纯思辨的学院学术不感兴趣。他的理论著作虽然也是用学术语言写成，却有明显的实践意向。狄尔泰相信人生在世不只是存在，而是要行动。他甚至说：“哲学思想只有有效应才有权存在。”[4]所以，他想为之在理论上奠定基础的科学是“行动的人和实践世界的科学”[5]。在他看来，一切理论都是实践的理论。“一切真正哲学的成果和目标是最广义的教育学，人的教化。”[6]

狄尔泰不仅追求实践的理论，而且也从事实践的活动。在这一点上，他秉承了莱辛、斯劳塞和施莱尔马赫的传统，认为不能思辨地孤立地追求独善其身的理想。他试图把学术和科学的精神带进人们的日常生活。为此，从十九世纪五十年代开始，狄尔泰在流行的报刊杂志上发表了数以百计的文章、评论和短评。他这些文字包括的范围极其广泛，从光学的最新发展到日本小说。他不但评论已有定评的思想和文学界的伟人，也评论当世的人物，如孔德、达尔文、马克思、恩格斯、费尔巴哈、密尔、洛采、朗格、文德尔班、冯特、泰纳，等等。

在政治上，狄尔泰属于左翼自由知识分子，他们拒绝用自由来交换统一，用精神来交换权力。但是，如同许多德国自由主义者，狄尔泰对完全的民主也心存疑虑，因为担心多数人的暴政。所以他主张渐进主义和改良。他在巴塞尔大学的就职演讲中说，他的时代的任务不是建构一个遥远的理想，而是控制社会进程和人的当下世界。狄尔泰对国家的权力始终不肯稍借。在他晚年，他反对德国皇帝威廉二世要建立国家资助的研究机构的计划。

虽然狄尔泰反对与生命脱节的学问，并力行自己实践哲学的主张，但这并不意味他主张无学问的思想，或他不太注重学问。正相反，狄尔泰可能是最后一位真正的百科全书式的思想巨人、学术大师。他在哲学、思想史、文学研究、史学、艺术、教育学、伦理学和法学领域的成就有口皆碑。他在人类学、心理学、生理学、社会学这些所谓实证科学的领域也是行家里手。他对当时自然科学的了解也非常人所及。他在巴塞尔大学的同事，瑞士著名文化史家布克哈特对他有如下的评价："每次与他的谈话都立即表明，他活力四射。他并不只是理智地讲话——人们感到他关于世界、历史、文学和艺术的思想从一个灿烂的中心向外散发。他给人一种将能完成他进行的任何事的印象。"[7]而见过狄尔泰的美国哲学家詹姆斯则说，学问对狄尔泰这种人就像呼吸那么自然。[8]奥地利诗人霍夫曼斯塔尔在他颂扬狄尔泰的文章中说他是"浮士德博士的同类"[9]。这的确是对狄尔泰的一个最贴切的描述。

狄尔泰勤奋至极，一直到死，他都保持每天工作 14 小时的习惯，故而著作等身，其中有些并未完成，但这些未完成的著作，未必不是像舒伯特的《未完成交响曲》一样，可以看作是完整的作品。《狄尔泰全集》将编为 32 卷，现已出 20 卷。狄尔泰著作质量之高，涉猎面之广，在整个哲学史上都是不多见的。其中最主要的有：《精神科学导论》(1883)、《施莱尔马赫传》(第一卷，1870)、《体验与诗》(1905)、《哲学的本质》(1907)、《青年黑格尔传》(1905)、《精神科学中历史世界的构建》(1907)、《精神世界：生命哲学导论》(1883)、《描述和分析心理学的观念》(1894)、《世界观的类型及其在形而上学体系中的构建》(1911)等。

生命哲学和精神科学

如上所述，在狄尔泰看来，时代的危机在于知识与生命脱节，以至于构成西方文明的价值与意义系统失去了基础。而价值和意义系统失去基础，追根溯源，很大程度上是培养和阐发这个系统的精神科学(Geisteswis-senschaften)[10]本身失去了基础，与它们的根本日益疏离，变成了无关痛痒的一个个学科，人们试图通过概念的操作来给它们奠定基础。然而，在狄尔泰看来，精神科学的基础无关概念，而关系到生命。精神科学的基础是生命，它们与生命、生命经验处于一个持久的内在总体关系和互相作用中。[11]但是，精神科学现在却脱离了它们的基础，成了无根之物。为此，狄尔泰要效法康德，通过纯粹理性批判为自然科学知识奠定基础，设想通过历史理性批判来为精神科学奠定基础。

如果精神科学的基础是生命的话，那么无疑，历史理性批判的最终目标也就是生命或生命哲学。因此，虽然狄尔泰一生涉猎面极广，前后思想也有不同的侧重与变化，但称他的哲学为“生命哲学”还是恰当的；但这又是非常容易引起误解，而且也确实引起了误解的一个指称。因为生命哲学是狄尔泰那个时代的流行，尼采、西美尔、柏格森、克拉格斯和斯宾格勒都被人称为“生命哲学家”，狄尔泰自然更不用说了。

生命概念和生命哲学在狄尔泰的时代流行，决不是偶然的。黑格尔死后，传统形而上学迅速走向末路，有着种种深刻的原因。但最主要的有两条。一条是实证主义和科学主义以工具理性产生的物质效益为根据，成了流行的哲学意识形态。对于注重实效的现代人来说，相对于可以验证和产生实际效果的自然科学来说，黑格尔式的思辨哲学只能是信口雌黄的玄学。二是黑格尔哲学的泛理性主义，使得具体生命的真实内容被排除在绝对精神的逻辑之外。哲学忽略了生命。它不能不为此付出代价。但是，对与生命脱节的旧形而上学的不满，自然会产生出各种各样的生命哲学。“生命”代替了“存在”“上帝”“自然”或“我”，成了哲学的中心概念。[12]

“生命”概念不是狄尔泰的发明。但是，狄尔泰的“生命”概念有着非常独特的含义，这使得他的生命哲学与同时代的其他生命哲学迥然有异。首先，与同时代的许多哲学家提的“生命”概念不同，狄尔泰的生命概念没有生物学上的含义。其次，它也不是一个宇宙论的概念。生命是原初的和基本的人文实在，就此而言，它是一个彻头彻尾经验的实在，而不是一个先验的观念。生命之外没有实在，我们所思、所感、所想象的一切，最终都根植于我们的生存——我们的生命经验。就其原始性和包容性来说，“生命”相当于旧形而上学的“存在”概念，康德的物自体概念，歌德的元现象（Urphänomen）概念，或黑格尔的具体的一般的概念。但我们不能把它看作是形而上学或存在论的基础。[13]

生命是我们每个人都经历的东西，我们不是凭推理，而是直接经验它。“生命是一个基本事实，它必须形成哲学的起点。我们从内部认识它。他是我们无法走到其后面的东西。生命不能被带到理性的法庭前。”[14]但狄尔泰讲的“生命”不是指我们个人的生命，虽然我们个人的生命是它的一部分；也不是指人类的类生命或所有有机体的生命；生命是一种整体关系（Zusammenhang），“生命本身是自我和世界的关系”[15]。它不是物质，但包含物质（外部世界），它在自然界有其不可克服的基础；它不是意识，却将意识作为自己的一个基本特征。当生命在经验中被人们经历时，就表现出自我意识的特征。生命是“掌握自己的存在”[16]。

狄尔泰的生命概念最特别的地方就是它不是生物现象，而是历史或传记的事实。在这一点上，狄尔泰既不同于歌德的生物学主义，也不同于从尼采到柏格森的活力论。狄尔泰一再重申“生命”这个概念就限于人类世界，不能用于其他有机物。[17]因为生命实际上就是人类社会文化的历史过程。

在狄尔泰看来，生命不是一个静止的实体，而是时间性的过程。为了强调生命的时间性特征，狄尔泰有时用 Lebendigkei（生命性）来代替 Leben（生命）。他明确表示，历史性（Geschichtlichkeit）和时间性（Zeitlichkeit）是生命的基本范畴。[18]后来海德格尔关于此在的历史性和时间性的思想，显然是由此而来。但海德格尔受狄尔泰影响显然不止这一处。在1887年一篇论歌德的文章中，狄尔泰讲到“向死的生命”（Leben zum Tode）制约着我们对生存的感受。[19]死亡的威胁使我们更敏锐地意识到我们与生命和世界的联系，它通过迫使我们自我反思，赋予生命以意义。海德格尔在《存在与时间》里对死亡的有关论述与此十分相近。实际上，正如一位德国学者所说：“近来一切理解人的历史性的努力都在狄尔泰那里找到它们决定性的开始。”[20]

生命最后在狄尔泰那里落实为历史。狄尔泰说：“生命是丰满的，多样的，是个人经验的种种相互关系。在它基本的质料上，生命与历史是一回事。在历史的每一点上都有生命。历史由在最不同的关系中一切种类的生命组成。历史只是从整个人类的角度把握的生命，它构成了一种整体关系。”[21]

现在我们看到，“生命”概念在狄尔泰那里至少有以下三个内容：（1）生命不是指个人个别的存在，而是指生命联结人的共同性。生命不是生物现象，而是人文现象，生命的时间是人文的世界。（2）生命不是孤立的主体性，而是包括自我与世界的共同关系的整体性。（3）生命不是无形流动的什么东西，而是在历史过程中展开自身的各种生命关系的整体。[22]生命就是历史，它具体表现为人类社会文化的各个方面：哲学、文学、宗教、政治制度、神话、价值系统等等。生命既是精神科学的基础，也是精神科学的对象。反过来说，精神科学是我们认识和把握生命的途径。

狄尔泰对精神科学有过许多定义，如“社会—历史实在的科学”“道德—政治科学”“人、社会和国家的科学”“实践世界的科学”和“行动的人的科学”。所有这些定义尽管表面不同，实际上却是一个意思，即精神科学就是实践（亚里士多德意义上的）的科学。狄尔泰其实对“精神科学”这个术语是不满意的，因为他觉得它唯心主义味道太明显，并且没有将人的精神生命与心理—物理生命区分开来。但是，使用这个术语，至少可以指出一种与自然科学不同的知识。

在狄尔泰看来，精神科学与自然科学的不同并不在于它们的对象，更不是说有两种不同的存在。精神科学与自然科学的不同是我们心灵对事物的态度不同，或者对经验的立场不同。它们的不同产生于我们经验世界的不同方式。这两种经验方式分别是“内在的经历”（Erlebnis）和外在的感觉经验（Erfahrung）。精神科学的经验方式是前者，自然科学的经验方式是后者。但是，这两种经验方式决不是等价的。经历要比感觉经验更原始，更根本。经历是存在论意义上的经验，而感觉经验只是认识论意义上的经验。经历是我们与世界的原初关系，是对事物当下直接的经历，包括它们具体的特征、意义、价值、关系和模式。但我们还未能加以区分，经历是原始的生命过程，“是一种质的存在”[23]。因此，狄尔泰的 Erlebnis 不是一种主观的经验或感受，而是生命自身的体验，是存在的行为和活动。在经历中，主客、物我都还未区分，都还浑然一体。经历是原始经验，不是直观意识。经历是具体世界的经验，而不是一个封闭的主体性的经验。经历作为我们意识生命的基础，决不只是与一个与外部客观世界对立的私人的主观自我有关，而是与它们共同持久的相互作用有关。[24] 这种对事物的原初体验和把握，构成了精神科学的经验基础。

这里需要指出的是，狄尔泰经常用“外在”来指自然界，用“内在”来指社会世界。但是，在他那里，“外在”与“内在”的含义不同于唯心主义。“外在”指的是自然对于我们而言是一个异己的存在。“内在”并不是指内心或精神，而是指我们的生命所在，我们的世界。“自然是异于我们的。它只是一种外在性，不是一种内在的实在。社会是我们的世界。我们用我们整个存在的全部力量同情地体验社会力量的相互作用，因为我们在我们之中有构成社会系统的种种条件和力量。”[25]

与自然世界不同，人文世界不是用概念建构起来的世界，而是我们原始体验的世界。我们不是通过推理和假设来认识这个实在的，而是通过我们的经历。“精神科学有优于自然认识的地方，它们的对象不是在外部感觉中给予的纯粹现象，作为某个真实的东西的纯粹现象反映，而是当下实在本身。此外，这个实在是在从内部经历的一个整体关系中被给予的。”[26]它不是一个与我们相对的客体或对象，而是我们也身在其中的关系和意义的整体。这个世界，其实就是生命本身。而作为生命的科学的精神科学，它们与生命的关系当然也完全不同于自然科学与自然对象的关系。它们与生命的实践有一种实践的旨趣和关系。[27]“精神科学首先以及主要在这些方面帮助我们：我们得在世界上做什么——我们要使我们自己成为什么，以及决定我们能在世界上从事什么，也决定世界对我们有什么影响。”[28]因此，从根本上说，精神科学的目标不只是理论，更是实践。

知识论与描述心理学

狄尔泰的哲学曾长期被人误解，一个主要的原因就是人们对他的“历史理性批判”望文生义，以为他只是要完成康德未做的事，通过理性批判为精神科学奠定基础，使得精神科学也有正当的知识地位。这种印象，的确也可以在狄尔泰的文本中找到许多支持的证据。但事实并非如此。狄尔泰要为精神科学奠定基础是不假，但这决不是对康德认识论的补充；相反，他是要提供一种不同于康德的新的认识论，这种新的认识论并不局限于精神科学，也包括自然科学，这是我们特别应该注意的。

狄尔泰要进行历史理性批判，不是因为康德的批判未及精神科学，而是因为在他看来，传统认识论根本就不能给精神科学，乃至一般知识奠定基础。因为这种认识论并不是从生命的观点出发，而是从一个“旁观者的观点”出发。所谓“生命的观点”，就是从事物原始直接为我们所经历的观点出发。它不是把事物看作是抽去了一切对我们的具体意义、我们对它们的兴趣、价值和其他特征，只是一个抽象的、中立的物，而是我们生命实践的一部分。而“旁观者观点”刚好相反，事物对它只是一个抽象的概念物。如水在“生命的观点”看来，水象征生命；智者乐水；水能载舟，亦能覆舟等等，总之，“生命的观点”是知、情、意合在一起来看世界，在这种观点下，事物总与我们的生命相关。而对于“旁观者观点”来说，水是一种物质，水是 H_2O，如此而已，与我们生命毫不相关，旁观者只用知来看事物。显然，传统认识论不适于“生命的观点”，它应该被改造为对生命的哲学和历史的自我反思（Selbstbesinnung）。

狄尔泰认为，康德提出了一切时代哲学的基本问题，就是“有效知识是如何可能的？”但康德却没有正确地处理这个问题。康德的错误在于认为知识的正当性或有效性在于先验的规定，而与经验无关。但在狄尔泰看来，我们的知识不是先验形式演绎的结果，而是经验的产物。人的经验是一个历史的过程，因此，知识总是发展的，绝对的确定性只是一个一厢情愿的妄想。康德以为，先验形式的先天性保证了我们知识的普遍性和永久性，却完全忘了知识的历史性。与康德相反，狄尔泰认为，形式与秩序就在我们经验的实质内容中，而不在先验的领域，要有一个正确的知识论，就必须“在经验上超越康德”[29]。经验不是孤立的知觉，它是知觉基础上的知识，因为经验总是包括判断，包括事实知识的扩展。

传统认识论是旁观者的认识论，它总是认为认识可以从一个完全没有偏见的中立的立场开始。传统认识论又是理性主义的认识论，它认为我们总能给我们知识以理性的说明和根据。但狄尔泰却和美国实用主义者一样，认为知识始于信念，所有知识都含有无法用纯粹理性或逻辑理由来证明的东西。在日常生活中我们其实也不需要认识论的理性论证向我们保证我们有实在的知识，实践自会辨别什么是知识，我们应该满足于经受了时间考验的实践的证明。实践证明的合理性在于知识一开始就具有的实践取向。

在实际生活中，我们始终与世界处于复杂的生活关系中，这些关系是一个关系整体，它们先于理论反思。我们一开始只是体验世界，体验生命，知情意不分，内外不分。只是到了我们与世界的关系出了问题时，我们才会“客观地”打量这个世界，把它当做我们之外的对象，同时也把我们当成“我们”。我们和世界种种复杂的原始的生命关系隐退了，只剩下单一的打量关系。尽可能把事物看得简单、普遍、一律，这样，我们就能最有把握确定它。对于传统知识论来说，这就是它所要研究的知识方式。

但是，在狄尔泰看来，传统认识论过于狭隘，知识不只是理论知识，我们对世界有多少种关系，就对它有多少种观。因此，知识论必须扩大，不仅应该包括自然知识，还应该包括各种人类的经验和知识。认识的真正主体不是康德的“先验自我”或别的什么逻辑主体，而是具体的人类学意义上的人。意识的真正条件不是康德讲的先天性，而是生命的历史过程与发展。历史理性批判将表明，理性不仅不能超越历史，它本身就是历史的。[30]

最后，传统认识论纯粹是以理论认识为对象，以理论知识为目的。但狄尔泰的历史理性批判所意味的那种知识论，却是实践哲学的知识论，它研究的不仅仅是理论认识的条件，更是实践行为的条件。它的最终目标不是理论知识，而是实践智慧。

对于狄尔泰来说，知识论的首要任务是要找到一个能为精神科学奠定基础的基础科学，这门科学，他认为是心理学。心理学是心灵的科学，它研究人类精神生活的整体结构和关系，能将各精神科学组织成一个有机的系统。“就像单个精神科学的发展是与心理学的建立联系在一起的，不理解精神生命的心理整体关系，这些科学联结成一个整体也是无法办到的。除非能在精神科学和它们基础所在的精神整体关系间建立某种关系，精神科学只是一种聚集，一堆乌合，而不是真正的系统。”[31]但心理学不是元科学，也不是像莱布尼茨所认为的一般科学，黑格尔的历史哲学或孔德的社会学那样的关于整体的科学，而只是要将精神生命的种种过程和结果，组合成一个整体结构或关系，以此给精神科学奠定基础。

德国古典哲学家除了施莱尔马赫外，大都对心理学持怀疑的态度。他们认为心理学是自然科学，对精神不起作用，更不用说给精神科学奠定基础了。例如，康德就把心理学看作是“知性的生理学”，根本不能掌握理性的先验基础。黑格尔认为心理学充其量只能给生理学和小说提供材料，而不能给真正的历史和哲学提供材料。但是，到了狄尔泰的时代，心理学成了一门显学，不但作为自然科学炙手可热，而且对哲学影响也非常大。心理主义就是心理学对哲学影响的产物。但是，狄尔泰对当时流行的心理学十分不满。在他看来，流行形式的心理学根本不关心我们的精神内容，“到目前为止心理学已经详细阐述了心理过程的形式和规律，但首先决定我们生存意义的内容却被排除在考虑之外。”[32]因此，狄尔泰说这种心理学是“没有灵魂的心理学”[33]。实际上，“当代心理学是一种膨胀了的感性与联想的学说。精神生命的基本理论落在了心理学的范围之外。心理学成了惟一一门心理过程形式的学说；因此，它只掌握我们在精神生命中实际经验到的东西的一部分。”[34]

为此，狄尔泰要和他的同时代人布伦塔诺和斯图姆普夫一样，要提出一种不同于上述那种作为自然科学的心理学的心理学，他把它叫做描述和分析心理学。如前所述，狄尔泰认为，知识不能是抽象原则演绎的结果，而是经验的产物。因此，本身作为经验科学的心理学，是认识论的基本前提。狄尔泰指出："认识论的基础包含在活生生的意识和对它的心理整体结构的描述中。认识论并不需要一门完全完整的心理学，但充分实施的心理学才是构成认识论基础的东西的完全的科学形式。认识论是运动中，当然，是朝向一个特殊目标运动中的心理学。认识论的基础在于一种自我反思，它包括精神生命完整的、不支离破碎的内容。普遍有效性、真理和实在，它们的意义首先和主要由这个基本内容决定。"[35]心理学之重要，由此可见一斑。

在狄尔泰看来，心理学不能像当时流行的心理学那样，只是偶然地，或者机械因果地把孤立的、原子式的表象和感觉连在一起。心理现象联系的基础是我们体验的内容和意义的结构整体，即心理结构。这种心理结构完全不同于任何自然的因果过程，不能用联想主义的因果解释方法、实验的方法，而只能用描述的方法来对待。所谓描述的方法，就是没有任何关于心灵本质的假设，无论是形而上学的还是物理主义的。所以描述的方法又叫"纯粹经验的"方法。它只"告诉它发现的东西"[36]。当然，描述的方法并不排斥解释的方法，而是必须和解释方法结合在一起。

流行的心理学的另一个缺点是它方法论上的个人主义，它只是个人心理学，而不是社会和文化的心理学。然而，对于狄尔泰来说，人的存在是社会文化和历史的存在，作为精神科学基础的心理学，必须考虑历史生命的内容。他受到当时德国出现的"人民心理学"（Völkerpsychologie）的启发，觉得心理学应该将自己的研究范围扩大到非个人的心理关系、事件和创造上。但他不同意人民心理学学派将心理学理解为只是研究精神生命的形式。他主张的心理学是社会和文化的心理学，关心的是历史生命的真实内容和像忠诚、工作、爱、维护等特殊的社会关系。

传统心理学无论从内容还是方法上说，都属自然科学。狄尔泰通过对他的描述心理学特殊的方法与内容的规定，实际上把心理学变成了人文科学，或人文科学的基础。“因为事实与规范是不可分地联结在一起的，二者的联结渗透到所有精神科学。”[37]只有描述心理学才能掌握人文世界中事实与价值的紧密结合，只有它才能将所有精神科学整合成一个关系整体，也只有它才能为精神科学奠定基础。

释义学转向

但是，心理学的基础地位在狄尔泰那里并不牢固，他渐渐发现心理学还不足以成为精神科学的基础，还有更原始的基础存在，因此，他后来放弃了将心理学作为精神科学基础的立场，而转向释义学。他认为释义学的基本活动——理解，才是精神科学的基本方法，释义学，才是一切精神的基础。

狄尔泰从心理学到释义学的思想发展，固然与同时代人（如心理学家埃宾豪斯、新康德主义巴登学派和胡塞尔）对他的批评和影响分不开，但主要还是他自身思想的原因。从一开始他对心理学的态度就是有所保留的，早在1860年他在一篇关于释义学的文章中就讲到“心理学化”（Psychologisieren）使精神活动变得支离破碎，结果造成精神生命的消散和一种错误的历史观。[38]他也早已看到：“心理学只知道心理过程……（不知道）什么对心灵是有价值的。”[39]因此，“文化无论如何不能心理学地解释，既不能以康德的方式，也不能以经验主义者的方式，而只能以真正历史的概念来解释。”[40]正是这些考虑，使狄尔泰在心理学能否是基础科学的问题上心存疑虑：“我们为历史和实践生活期待的科学基础只能在一个人类学里提供，它的基础比我们目前的心理学要宽得多。”[41]

狄尔泰从一开始就把人看作历史的造物，但以人的心理过程为对象的心理学却无法解释人的历史本质，心理学本身最终应该从属于一种历史的方法。在《描述和分析的心理学观念》发表前5年，狄尔泰已经看出心理学的局限和心理学的内部矛盾。[42]但他还试图建立一个历史地奠定了基础的心理学，可并未成功。事实上，狄尔泰心目中的那种描述心理学，正如他的朋友与同事埃宾豪斯所批评的，只是一个稻草人。[43]新康德主义巴登学派对心理学的批评和胡塞尔对心理主义的批判，都使狄尔泰看到，心理学实不足以成为他心目中的基础科学。

心理学的不足除了心理学方法的局限，心理学不能充分对待心理关系，无法说明意义和价值的关系等困难外，还有心理学的经验并不能像通常想象的那样，直接为我们所知。这一点是狄尔泰自己的发现。他在著名的《释义学的兴起》中就已经指出，内在经验中的精神实在是很难客观加以把握的。我们不能通过内省直观直接把握心灵，而只能通过它的种种表达形式。另一方面，我们的内省不可避免是有偏向的。心理学的这种矛盾只能通过释义学来解决。释义学不是通过内省，而是通过对精神表达式的解释来把握精神实在。这就意味着心理学无法解决的问题，只能由释义学来解决。狄尔泰看到："在心理学里认为是缺点的东西不足以解释人类精神最深刻的表现。一种真正的内容心理学得等待心理学描述与分析和历史分析的结合。"[44]

狄尔泰从心理学转向释义学，不仅与心理学自身的困难有关，也与他对心理学对象的独特理解有关。虽然狄尔泰喜欢用"精神""心灵""精神生命""自我意识""自我反思"这样使人马上与主体主义哲学和唯心主义联想起来的传统术语，导致人们对他哲学的长期误解；但正是在对精神事物的理解和规定上，他超越了传统的哲学。尤其在他的后期思想中，个人的心理经验通过中介化，被改造成文化的、历史的、主体间的经验；当下直接的经历则被赋予一般的意义和价值的含义。

为了阐明他在经验问题上的思想，狄尔泰还提出了“生命经验”(Lebenserfahrung)的概念。如果说“经历”是直接的和非反思的经验的话，那么“生命经验”就是反思的，而且是表达出来的经验，体现了对一般生命的洞见。这些洞见不仅参照他人的经验，而且参照过去人类的经验，也就是历史经验来得到澄清、检验和评估。[45]生命经验与个人体验不是毫无关系的两个范畴。生命经验是中介了的经验，个人经验通过公共形式，如语言，表达出来，就成为普遍的经验，这普遍的经验就是生命经验。比方说，将个人的经历(Erlebnis)诉诸文字，成为文本，这文本所表现的就是生命经验，个别的个人经验由此上升为普遍的生命经验，因为文本含有的意义、价值总是一般的，公共的。生命经验是我们探究生命的价值、事物的价值的那个过程的整体结构。它总是要在语言中表达出来。[46]它虽然不是直接的，却是客观的。它是以语言的形式和历史的内容对体验概念的去主体性的改写。狄尔泰很可能是要用生命经验这个概念来消除人们对体验概念的主观的和心理学的误解。但这只有在释义学的条件下才真正可能。

狄尔泰也正是这样做的。在他看来，“体验首先是通过理解导致超越个人经验的狭隘范围而进入整体和普遍的领域这个事实才成为生命经验的。”[47]和胡塞尔一样，狄尔泰特认为经验中本来就包含着解释的因素，这种因素不是派生的，而是源发的。经验表达的过程也就是一个理解与解释的过程。“这个过程比求助于心理学更本源、更自然。”[48]通过这种过程，个人经验(经历)上升为普遍的生命经验；理解生命经验，也就是理解生命本身。因此，精神科学的基础，只能是释义学。

释义学是一门古老的学问，起源于古希腊，最初的内容是解释古代的典籍与作品，如荷马和其他诗人的作品。到了中世纪，解释的范围有所扩大，包括《圣经》经文、各种法典和史籍。解释的方法一为语言语法的疏通，典故的讲解和文本的考证；一为义理的阐发。总之，有点像我们传统的训诂学。文艺复兴和宗教改革运动大大促进了释义学的发展，但并未改变它只是一种解释技术和方法的学问的基本事实。

德国哲学家和神学家施莱尔马赫（Friedrich Daniel Enst Schleiermacher，1768—1834）将释义学引进了哲学，使它成为一种普遍的方法论。施莱尔马赫的释义学思想对狄尔泰有很大的影响。狄尔泰称赞施莱尔马赫超越了传统的解释体系，几乎就把释义学变成了一种一般的理论，这是一个真正的突破，所以他把施莱尔马赫叫做“释义学的康德”。但是，他觉得施莱尔马赫的释义学受柏拉图理型论影响太大，不是真正历史的理论。在施莱尔马赫的释义学里，“人类文化历史生成的呈现变成静止和无时间的形式。生成被看作是观念下的永恒。”[49]施莱尔马赫释义学没有摆脱传统唯心主义，它注重的是永恒的观念与形式，而不是生生不已的生命（存在）。

现在狄尔泰要在施莱尔马赫释义学的基础上，突破唯心主义的桎梏，将释义学改造成精神科学的基本方法和基础，让它面对人类的历史存在，让它不仅是精神科学的方法论，而且也是一般历史存在的理论。可以说，是狄尔泰，而不是后来的海德格尔或伽达默尔，使释义学真正成了哲学的基本方法和理论。是狄尔泰，为哲学释义学奠定了基础。

狄尔泰的释义学，以经历—表达式—理解的三角关系整体为基本理论构架，而以人的历史存在（生命）为真正对象。他明确提出：“像人所生活的那样去理解生命，这就是今天人的目标。”[50]理解生命，具体而言，就是理解它的种种表达式。根据狄尔泰的生命哲学，生命是一个历史的存在，它既是一个人文关系的总体，又是一个自身展开的历史过程。在这个历史过程中，它必然要表现为种种外在的形式，大到如语言、宗教、哲学、文学、音乐、艺术、社会政治制度、科学理论，等等；小到人的手势、表情、文本、工具，等等。以理解生命为最终目标的释义学，必然要以这些东西为理解的对象。这样，释义学就从单纯的文本解释理论变成了历史存在的解释理论。

这种解释理论，它的起点是经历，它的对象是表达式，它的方法是理解。经历、表达式和理解三者间没有谁更基本的问题。但没有表达式，我们就无法达到生命，表达式是我们到达生命必经的“弯路”。对于理解生命，我们不能用主观内省或直觉的方法，相反，应该用对客观生命表达式阐释的方法。在这个问题上，黑格尔对狄尔泰的影响是明显的。黑格尔认为，精神只有通过它的对象化，即表现为外在社会文化现象和自然现象，才到达自我认识。而狄尔泰也认为，我们只有通过客观精神的对象化，也就是上述那些生命表达式，才能理解生命。他把这些表达式分为三类：（1）科学和理论判断；（2）实践行为；（3）经历的表达式。虽然都是生命的表达式，但经历的表达式与前两类表达式完全不同。它所包含的内在生命的关系整体非任何内省所能感知，因为它的出处意识决不能被看清。我们的生命经验在这第三类表达式中得到了最充分的表达。

艺术作品是第三类生命表达式的典型，它具有独特的揭示生命的功能。与康德以来的许多德国思想家一样，狄尔泰不是从为艺术而艺术的审美主义立场去看艺术的。在他看来，艺术不单是符合美的标准的一些安排得赏心悦目的形式，而是不断引诱我们去看。[51]艺术的内容来自生命，它表达生命，它是生命的再现，艺术用非常生动直观的方式将生命的意义展现在我们的面前。相比之下，“没有科学的头脑能够穷尽，没有科学的进展能够达到艺术家关于生命的内容所说的东西。”[52]艺术，尤其是诗，最接近生命，最真实、最全面，同时也最具体地再现了生命的结构整体和意义。艺术是理解的工具。[53]所以他重申席勒的主张，艺术的最终判断标准是真理而不是美。[54]后来海德格尔与伽达默尔关于艺术的思想与此一脉相承。

狄尔泰常常因为他的生命表达式的思想而被人诟病，因为他经常把生命又叫做“客观精神”，这就使得人们认为他和黑格尔一样，最终不脱唯心主义的窠臼。但狄尔泰的“精神”并没有主观个人心理状态的意识，也不是绝对精神或先验精神。他沿袭洪堡和黑格尔的路子，从不区分主观的精神过程和客观的内容。理解不是把一个表达式还原或回溯到表达者的主观经验，不是将其再主观化。此外，生命表达式表达的主要不是个人的感情，而是生命本身。所以，对狄尔泰来说，释义学根本不可能以把握作者的原意为目的，解释者肯定比作者更好地理解作者。

但这并没有解决狄尔泰的“客观精神”的问题。如果他的“客观精神”与黑格尔的“客观精神”基本一致的话，那么他当然也就无法逃脱黑格尔的命运。让我们来看看狄尔泰自己是怎么说的：“我用客观精神这个观念理解的是个人间的共同性在感性世界中对象化自己的各种形式。在客观精神中过去不断向我们呈现。它的领域从生活样式、交往形式伸展到社会设定的种种目标的关系整体，伸展到道德、法律、国家、宗教、艺术、科学和哲学。”[55]

很显然，狄尔泰的“客观精神”根本不是意识活动或意识状态意义上的精神，也就是传统与物质相对立意义上的精神，他的“客观精神”指的是我们的存在方式，社会活动方式、文化形式和精神活动的形式与内容。因此，他坚持不能把他的“客观精神”简单地等同于文化，它更多的是我们实践的生活价值、升华了的冲动和一些技术安排。它的基础是我们的历史存在，而不是先验规范。无疑，“客观精神”这个术语是从黑格尔那里来的，但在黑格尔那里，客观精神还需上升和回归到绝对精神。可是，狄尔泰把在黑格尔那里属于绝对精神的艺术、宗教和哲学都归在客观精神的名下，说明他不需要，或者说他摒弃黑格尔的绝对精神。对于他来说，历史就是历史，根本没有什么“理性的诡计”

之类。他说："这里没有什么神秘的东西；人们不必去察看一个起作用的天命，更不用说一个历史趋向的目标。"[56]所以对他来说历史没有终点，历史知识永远是临时的和相对的。可见，狄尔泰的客观精神与黑格尔的客观精神有明显的区别。他的客观精神与其说是精神，不如说是关系整体。其实，狄尔泰早已自觉地超越了近代哲学主客二分、心物二分的传统，因此是不能用传统意义的精神去理解他的客观精神概念的。倘若非要以那样成问题的二分（现代西方哲学从各个方面充分证明了这一点）为基础去理解，当然可以说他最终仍是唯心主义，但这种建立在误解基础上的批评是不会有价值的。

但是，另一方面，我们也必须看到，尽管如此，"客观精神"本身是传统哲学的概念，它的传统意义积淀不会因为狄尔泰的重新规定而完全消失；再者，狄尔泰之所以要借用这个概念，说明它里面仍有他想要的东西。或者说，传统仍在对他施加一定的影响。所以他才会说"精神将自身对象化在表达式，这种对象化外在于它，但是它自己的创造"[57]这样充满传统唯心主义色彩的话。狄尔泰的这种暧昧导致的误解，也使我们明白为什么尼采、海德格尔这些人要提出那些在常人看来不可思议的概念。他们实在是不得已啊！

对于任何近代释义学理论来说，理解理论总是一个关键的内容，因为只有通过理解对象的意义才能被把握，才能被阐发出来。一般认为，在狄尔泰的释义学里，理解是不同于自然科学的解说方法的精神科学的特有方法。狄尔泰的确说过："我们解说自然，我们理解精神。"[58]但是，理解与解说的不同不仅仅在于它们的对象。解说是纯粹知性的操作。但狄尔泰从来就不认为理解是理解主体的一个主观的精神操作，而是认为理解是生命的自然的、实践的态度，是我们生命行为的基本前提。理解的对象不是与我们生命没有直接关系的东西，而就是我们内在的精神生命。理解固然是精神科学的方法，但它从根本上说是我们历史存在的基本特征，它永远是一个过程，而不是可以一劳永逸完成的行动。“一切理解总是相对的，决不能完全完成。”[59]这是因为历史不会结束。

狄尔泰遵循洪堡和施莱尔马赫的思路，也把理解分为基础理解和高级理解。所谓基础理解就是我们在日常生活中，出于生活利益的理解。比如对一个交通标志或一种情况的理解。这种理解几乎就是我们日常生命活动的一部分，因为日用而不知，不会引起我们的注意。高级理解以基础理解为基础，但比它要复杂得多。它属于精神科学的领域。在日常生活实践中，人人都会理解，也人人都在理解，无需理解理论。这说明，理解不是私密性的东西，而是与我们的生存有关的公共的东西。如果我们对一事物的理解与公共的理解不同，那么我们的理解就基本无效。

但理解不是自然科学那样“客观的认识”，也不是像自然科学那样纯理论的知识。理解固然是要去认识精神生命，但理解种种生命表达式的意义，终究还是为了生活，理解追求的是实践的智慧。甚至可以说，因为我们要生活，我们才需要理解。“我们将什么确定为我们未来的目标将影响我们对过去意义的决定。”[60]后来海德格尔在《存在与时间》中从未来引出过去，正是出于同一思路。此外，理解生命的意义并不是发现一个客观的事实，而是在重新确定意义。理解不是在生命之外来理解生命的表达，而就是生命过程的一部分。

但狄尔泰从来没有认为理解是一种神秘的内在直觉一样的东西，虽然他认为理解中的确有神秘的东西。在精神科学中，理解离不开抽象、概念化和表象。但理解完全不是用概念进行的逻辑操作。它是前反思的精神活动，是生命理解自己的活动，它要动用一切精神力量：“我们通过纯理智过程来解说，但我们通过全部心灵力量的共同作用来理解。”[61]理解不是理论活动，也不是理智的静观，我们通过理解是要把握活生生的人类经验。因此，精神科学的研究归根结底不是单纯的学术研究，它的根本目的，是要沟通知识与生命，理论与实践。

在狄尔泰之前，施莱尔马赫等人就已经发现理解总有循环的性质，也就是要理解部分，就要理解整体；要理解整体，就要理解部分，这就是所谓的“释义学循环”。狄尔泰从他的历史性思想出发，并不认为释义学循环是坏的循环；相反，他认为这是一个生产性过程。狄尔泰从两个方面来理解释义学循环。一是理论运作与其预设的循环。例如：“建立在观察基础上的描述要求构建概念；概念及其定义预设了一种对现象的分类；如果这种分类要成为一个有序的整体，如果概念要表达它们反映的事物的本质——那么它们预设了一种整体的知识。这里有一个循环。”[62]但是，实际的经验研究又会修正我们的预设和前提，并且成为新的预设的基础。解释同样如此，解释总有些预设，但任何解释的预设都是临时的，必将在解释过程中改变；而与此同时，解释的结果成为新的预设。

另外，生命本身是一个关系整体，而它的种种表达式则可看作是它的“部分”。我们要理解生命本身，必须理解它的这些表达式；要理解这些表达式，就要对生命有所理解。由于生命是一个历史过程，所以理解无始无终。理解不能不是个循环。但这不是原地打转的循环，而是不断丰富的循环。意义在历史中随着理解境遇的变换而不断地生长。这就是释义学循环生产性之所在。

世界观学说

世界观学说是狄尔泰晚年提出的理论，它似乎是他的历史性思想的一个必然结果。如前所述，对于狄尔泰来说，生命是一个不断对象化自己的历史过程。而人作为一个历史存在者，只能在历史过程中理解历史、历史生命。然而，面对纷繁多变的历史和世界，人又需要有一个理解世界的稳定的框架，来把握生命的多样性和多变性。世界观就是由于这种需要而形成的。换言之，面对复杂多变、丰富多彩的生命，我们必须有一个总体性的意义定位系统，可以使我们对世界的理解得以在一个总体结构中确定下来。世界观就是这样的一个意义的定位系统和总体结构。它是对我们全部经验的总体性解释。世界观当然不是纯粹理论、科学或哲学，而是经验、反思和解释的结合。它包含我们无意识的态度和种种深层预设，这些态度和意识支配我们的经验取向和理解。

世界观不是知识和理论，而是我们基本的信念系统。它不是产生于我们对事实的把握和认识，而是我们认识和把握事实的前提。它不是任何个人意识的构造，而是历史的产物。时代的风气、文化氛围，以及传统与民族性等，加上个人在世界上的种种关系，合力产生了世界观。但世界观的产生不能完全归于外在环境使然。世界观归根结底是由于我们对生命的自我反思，形成一种生命心态（Lebensstimmung），当一种生命心态为整个社会所共有时，世界观就开始形成了。世界观有着明显的价值取向，它不仅告诉我们是什么，更告诉我们应该怎么样。它要给我们的生命一个一般的意义。因此，世界观就是我们中国人讲的安身立命之物。它表达了对生命之谜的一种解答，但不是惟一的解答。人类种种不同的世界观，就是对生命之谜种种不同的解答，它们都只解开了这个谜的一部分，但谁都不是最终解答。

早在上大学时，狄尔泰就鉴于历史上种种不同的哲学，希望有一种“哲学的哲学”来对哲学本身进行研究，现在，世界观的重要性也使他提出一种“世界观的科学”的设想，它将结合现象学、释义学和思想史来对世界观进行研究，研究它们形成的规律，掌握它们的结构与条件，对它们的得失做出评判。如果说，世界观是人对实在的整体性解释的话，那么世界观的科学就是解释的解释。它解释的不是个别的心灵，而是历史、文化和社会中共同态度的一般结构整体。它还要区分世界观的类型，它是世界观的形态学。

狄尔泰区分了三种哲学世界观的类型：

第一种是自然主义。自然主义认定感性知觉中的物理世界是惟一真实的世界。它所要理解与认识的是物理实在的规律性，精神现象在它看来只是派生与从属的现象。精神只是外部事物被动的感受者和记录者，自发的精神、自由意志都不存在，或都可以归结为物理或生理现象。价值与目的是人为的虚构，根本没有一点实在性。自然主义作为形而上学表现为唯物主义，作为伦理学表现为享乐主义，作为认识论表现为感觉主义，在艺术中表现为现实主义。狄尔泰认为当时流行的实证主义就是最新牌号的自然主义。但世界观不是封闭和静止的体系，它自身内在的辩证法（这是狄尔泰的讲法，实际是内部的矛盾和紧张）迫使它不断修正自己的前提。自然主义也不例外。自然主义内部的紧张是：事物对意识显现，但不能从显现的事物中派生出意识来；精神受自然制约，但它又能控制自然。这就迫使自然主义世界观向其他世界观转化。[63]

第二种世界观类型是主观唯心主义，也叫自由唯心主义。它是古代雅典人的创造，基督教又对它加以保存和改造，成了基督教的官方哲学。对主观唯心主义来说，精神高于自然实在，类型高于现实，应然高于本然。精神是主动的力量，它能将自己的形式加于自然。精神是一种创造性的力量，物理因果性对它无效。这就是为什么基督教能提出上帝从无中创造世界。在宗教中这种世界观表现为人格有神论；在艺术中它表现为史诗和戏剧形式；在哲学中它表现为先验主义和意志主义。主观唯心主义世界观是内在地不稳定的世界观，因为它以作为“自我”或“主体”的精神相始终，就只能给社会文化世界提供一个脆弱的基础。它的预设必然经不起经验的检验。因此，它被迫要迁就经验传达的实在，否则就只有走向费希特式的主观唯我论。[64]

第三种世界观类型是客观唯心主义。客观唯心主义将精神与自然视为一个有机整体。这种世界观构成了传统形而上学的大部分。客观唯心主义将主体或自我视为与宇宙统一成一个发展的整体。特殊东西只是这个囊括一切的整体的各种功能，部分只有对整体而言才有意义。在宗教上这种世界观表现为泛神论和万有在神论，神人距离消失了。这种世界观内在的紧张存在于它渴望认知的整体和它能把握的特殊之间。它最后往往只好承认大全只是一个象征或设定，而不是完全把握的实在。[65]

虽然给出了三个世界观类型，但狄尔泰一再声明，这种类型划分是临时的，只是为了帮助我们研究，为了让我们历史地看得更深一些。[66]世界观的学说就像一切方法一样，本身只是帮助我们去看，而不是目的。然而，他的世界观类型论还是对后来的许多哲学家发生了影响，他们纷纷用这个理论来作为克服“原子论经验主义”的工具，这其中就有雅斯贝尔斯和斯宾格勒。他的世界观的科学也开了后来知识社会学和意识形态理论的先河。

但是，狄尔泰的世界观学说也被一些人指责为相对主义。狄尔泰也承认，历史意识的确使我们看到了哲学体系和世界观的无政府状态。思想史和世界观理论似乎只是揭示了一片巨大的废墟。任何伟大的思想体系都成了时间的牺牲品。每一种世界观，每一种思想体系，都相对于历史而合理，但没有一个拥有绝对真理。世界观总是说自己是普遍的，可批判的历史意识却让我们无法相信这一点，时间似乎可以使一切真理褪色乃至消失。狄尔泰说，这种矛盾是“当前哲学最深刻的、默默承受的痛苦”[67]。绝对真理的要求和历史意识之间的紧张构成了最基本的“历史的反讽”[68]。

但是，狄尔泰并不认为历史意识只有消极的意义。他在后期著作中肯定，历史意识能够解决它自己造成的问题。虽然人的精神及其创造是有条件的和相对的，但这种有条件性也是这些东西可知和真理的源泉，因为真理正是由于这些条件，而不是没有这些条件。[69]也就是说，真理是具体事物的关系，任何具体事物总是有条件的，没有条件，就没有规定；没有规定，就没有真理。知识和科学必须在历史中发展，肯定它们的过程性，不等于怀疑主义。狄尔泰认为，恰恰是历史意识本身可以使社会中人的能力超出时间和地点的局限。例如，在历史研究中，通过历史比较的方法，研究者可以超越他自己的世界观。思想的有条件性不等于真理的怀疑和取消。因此，狄尔泰决不是一个相对主义者。他从不认为自己属于他列出的三种世界观类型的任何一种；相反，他对三种类型都持批评态度。如果他是相对主义者，他就没有理由这么做。

但人们批评狄尔泰是相对主义，不仅仅是因为他的世界观理论，更是因为他的历史性思想。以研究历史主义著称的德国哲学家特洛尔奇就把狄尔泰算作是历史主义哲学家。胡塞尔更是因为历史主义对狄尔泰提出了严厉的批评。历史主义在他们那里就是相对主义的代名词，因为历史主义以历史合理性来解释一切，拒绝承认任何思想与理论超历史的真理性。但狄尔泰并不是一个这种意义上的历史主义者，就像他不是一个相对主义者一样。相反，他坚决拒绝那种将一切归结为历史的做法。他认为，社会文化世界只有在历史中才能得到理解，但这并不等于否定一般理论的作用。他在《哲学的本质》最后就说，哲学史交给系统的哲学工作三个问题，这就是给单个科学提供基础、使之有效和有序，和一个不断需要对存在、根据、价值和目的以及它们在世界观中的联系进行终极反思的任务。[70]可见狄尔泰并不认为历史研究就是一切。此外，历史对于狄尔泰来说并不是只有变易，没有保持。批判的历史意识恰恰是要超越相对主义和历史主义。但这决不是承认有什么“绝对科学”或“绝对真理”，当然更不等于胡塞尔的本质主义。

其实，狄尔泰就像他讲的歌德：“对于他来说，一切都是问题；所有解决都包含一个新的问题——没有任何东西能让他停下。”[71]这个不停探索的现代浮士德，就这样为现代西方哲学开辟了新的道路。

注释

[1] *Der junge Dilthey : Ein Lebensbild in Briefen und Tagebüchern*, 1852—1870, hg. von Clara Misch, Stuttgart, 1960, s.viii.
[2] Dilthey, *Gesammelte Schriften*, Bd.5, Stuttgart, 1957, s.356.
[3] Dilthey, *Gesammelte Schriften*, Bd.6, Stuttgart, 1958, s.239.
[4] *Der junge Dilthey : Ein Lebensbild in Briefen und Tagebüchern*, 1852—1870. s.6.
[5] Dilthey, *Gesammelte Schriften*, Bd.18, Stuttgart, 1977, s.225.
[6] Dilthey, *Gesammelte Schriften*, Bd.9, Stuttgart, 1960, s.7.
[7] Quoted from Michael Ermarth, *Wilhelm Dilthey : The Critique of Historical Reason*, Chicago, 1978, p.32.
[8] Willam James, *The Letter of William James*, 2 vols, Boston, 1920, 1 : p.110.
[9] Cf. Michael Ermarth, *Wilhelm Dilthey:The Critique of Historical Reason*, Chicago, 1978, p.36.
[10] Geisteswissenschaften 的范围包括我们现在通常讲的人文科学和社会科学，因此，不能将它译为“人文科学”。照字面意义翻译虽也会引起唯心主义的误解，但不难纠正。
[11] Dilthey, *Der Aufbau der geschichtlichen Welt in den Geisteswissenschaften*, Frankfurt am Main, 1970, s.164.
[12] Vgl. Herbert Schnädelbach, *Philosophie in Deutschland 1833—1933*, Frankfurt am Main, 1983, s.172.
[13] Cf. Michael Ermarth, *Wilhelm Dilthey:The Critique of Historical Reason*, Chicago, 1978, p.109.
[14] Dilthey, *Gesammelte Schriften*, Bd.7, Stuttgart, 1977, s.359.
[15] Ibid., Bd.18, s.137.
[16] Ibid., s.166.
[17] Ibid., Bd.6, s.314 ; Bd.7, s.121, 229.
[18] *Briefwechsel zwischen Wilhelm Dilthey und dem Grafen Paul Yorck von Wartenburg*, 1877—1897, hg. von Sigrid von der Schulenburg, Halle, 1923, s.91 ; Dilthey, *Gesammelte Schriften*, Bd.6, s.314.
[19] Dilthey, *Das Erlebnis und die Dichtung*, Göttingen, 1965, s.162.
[20] Otto F.Bollnow, *Die Lebensphilosophie*, Berlin, 1958, s.6.
[21] Dilthey, *Gesammelte Schriften*, Bd.7, Stuttgart, 1956, s.256.
[22] Vgl. Otto F.Bollnow, *Dilthey*, Stuttgart, 1955, s.43-44.
[23] Dilthey, *Der Aulbau der geschichtlichen Welt in den Geisteswissenschaften*, s.285.
[24] Cf. Michael Ermarth, *Wilhelm Dilthey : The Critique of Historical Reason*, pp.126-127.
[25] Dilthey, Gesammelte Schriften, Bd.1, Stuttgart, 1959, s.36-37.
[26] Ibid., Bd.5, s.317-318.
[27] Ibid., Bd.7, s.316.
[28] Ibid., s.276.
[29] Ibid., Bd.5, s.156.
[30] Cf. Michael Ermarth, *Wilhelm Dilthey : The Critique of Historical Reason*, pp.156-158.
[31] Dilthey, *Gesammelte Schriften*, Bd.5, s.148.
[32] Ibid., Bd.5, s.lxxvii.
[33] Ibid., s.159.
[34] Ibid., Stuttgart, 1960, s.183.
[35] Ibid., Bd.5, s.151-152.
[36] Ibid., s.221.

［37］ Ibid., s.267.
［38］ Ibid., Bd.14/2, Stuttgart, 1966, s.705.
［39］ Ibid., Bd.6, s.29–30.
［40］ Ibid., Bd.5, s.lxxv.
［41］ Ibid., Bd.5, s.432–33.
［42］ Ibid., Bd.10, Stuttgart, 1958, s.46.
［43］ Cf. Michael Ermarth, *Wilhelm Dilthey*: *The Critique of Historical Reason*, 184–186.
［44］ Dilthey, *Gesammelte Schriften*, Bd.8, Stuttgart, 1960, s.15.
［45］ Cf. Michael Ermarth, *Wilhelm Dilthey*: *The Critique of Historical Reason*, p.226.
［46］ Dilthey, *Gesammelte Schriften*, Bd.5, s.lxii, 374.
［47］ Ibid., Bd.7, s.143.
［48］ Dilthey, *Gesammelte Schriften*, Bd.6, s.317.
［49］ Dilthey, *Gesammelte Schriften*, Bd.14/2, s.692.
［50］ Dilthey, *Gesammelte Schriften*, Bd.8, s.78.
［51］ Vgl. Dilthey, *Gesammelte Schriften*, Bd.5, s.279.
［52］ Ibid., s.274.
［53］ Ibid.
［54］ Vgl. Dilthey, *Gesammelte Schriften*, Bd.6, s.243, 185.
［55］ Dilthey, *Gesammelte Schriften*, Bd.7, s.208.
［56］ Ibid., s.341.
［57］ Dilthey, *Gesammelte Schriften*, Bd.7, s.329.
［58］ Dilthey, *Gesammelte Schriften*, Bd.5, s.144.
［59］ Dilthey, *Gesammelte Schriften*, Bd.5, s.330.
［60］ Dilthey, *Gesammelte Schriften*, Bd.7, s.233.
［61］ Dilthey, *Gesammelte Schriften*, Bd.5, s.172.
［62］ Dilthey, *Gesammelte Schriften*, Bd.11, Stuttgart, 1960, s.258.
［63］ Vgl. Dilthey, *Gesammmelte Schriften*, Bd.8, s.100–107.
［64］ Ibid., s.107–112.
［65］ Ibid., s.112–118.
［66］ Dilthey, *Gesammelte Schriften*, Bd.7, s.86.
［67］ Dilthey, *Gesammelte Schriften*, Bd.5, s.364.
［68］ Dilthey, *Gesammelte Schriften*, Bd.6, s.60.
［69］ Cf. Michael Ermarth, *Wilhelm Dilthey*: *The Critique of Historical Reason*, p.337.
［70］ Dilthey, *Gesammelte Schriften*, Bd.5, s.416.
［71］ Dilthey, *Gesammelte Schriften*, Bd.16, Stuttgart, 1972, s.217.

第六讲　经验与真理：三个实用主义哲学家

皮尔士、詹姆斯和杜威是迄今为止最有原创性的三个美国哲学家，人们一般称他们的哲学为“实用主义”。“实用主义”是 pragmatism 的汉译，这个译名非常容易引起误解。Pragmatism 来自古希腊文 prāgmatikós 一词，原意为“做事”“实践”等。康德将它引进哲学，指做事产生的“实效”。皮尔士发明 pragmatism 一词，取的主要就是“实效”的意思，所以 pragmatism 实际上应译为“实效主义”才是。但既然“实用主义”这个译名已经约定俗成，我们也就继续用下去了。

实用主义在十九世纪末到二十世纪三十年代曾是美国哲学的主流，在沉寂了近半个世纪后，从二十世纪七十年代开始又慢慢复兴，虽然声势大不如前，但影响却超出了美国本土，连一向以哲学自傲的德国哲学家都受到了很大的影响。可以肯定，实用主义哲学家的工作不会随着时间消失，他们为哲学发展做出的贡献，将在哲学史上占有重要的一页。

皮尔士

皮尔士（Charles Sanders Peirce，1839—1914）是实用主义的创始人，也是最有原创性和最有影响的美国哲学家之一（他曾毫不谦虚地这样自称），他不但是实用主义的开山人，也是分析哲学和符号学的先驱，又是一个创造性的逻辑学家，这一切都保证了他在哲学史上的重要地位。皮尔士在世时郁郁不得志，但身后影响却越来越大，当属最有影响的现代西方哲学家之列。

皮尔士出生在美国马萨诸塞州的剑桥，即哈佛大学所在地，父亲是该大学的数学和天文学教授，也是当时美国最杰出的数学家。皮尔士是一个早慧的人，从小就对各种难题有强烈兴趣，13 岁时就熟悉了瓦勒主教写的《逻辑基础》。他父亲也很注意培养儿子的科学兴趣，不仅通过和他玩纸牌游戏来一起解决难题，而且让他在孩提时代就建立自己的化学实验室。老皮尔士的培养方法始终是启发式的，“他宁愿让我自己引导自己得出规则，而绝不允许旁人告诉我这个规则的前提，因此他只是向我说明对数表的使用方法，告诉我在两种情况下对数之和等于其积，但拒绝解释其所以然，也不引导我解释这个现象。当我终于用一种比通常更为一般的方法给予解释时，他说，我必须自己去弄清楚。”[1]

皮尔士 1859 年从哈佛大学毕业，1862 年获文学硕士学位，次年以最优异的成绩获化学理学学士学位。皮尔士的天才是多方面的，他不仅在哲学领域做出了杰出的贡献，而且还是地道的数学家和机械师，他的著作涉及埃及学、心理研究、计量经济学、政治经济学、宗教、犯罪心理学和科学史。但这样一个优秀的人物，却始终无法在学术界谋得一个固定的职位，他曾在霍普金斯大学教了 4 年书，但很快被解雇，原因可能是他“完全缺乏教书的神经”（詹姆斯语）。他父亲是美国海岸测量站的主管，在那里给了他一份工作，但后来也被解雇。皮尔士的命途多蹇固然和他落落寡合的性格有关，也与有些人对他的疏远和敌视有关。虽然皮尔士并没有因为遭遇坎坷而停止他的学术工作，但终其一生他还是学术圈外人，死时一贫如洗。然而，他留下的大量文稿，却成了“后一代思想家的金矿”（詹姆斯语）。他的母校哈佛大学曾一再拒绝他的求职，却在他死后以精致的版本来出版他的文集。

可错论与信念

皮尔士的哲学工作不仅覆盖了哲学的众多领域，而且也跨越好几个发展阶段。但是，他哲学的起点，是他称为“可错论”的东西。他自己说：“事实上，我的一切哲学思想，在我看来，始终都在发展着，它们产生于一种有所悔悟的可错论，并结合着一种对知识的实在性的高度信心以及想查明究竟的强烈愿望。”[2]现代以前的西方哲学家，尤其是近代西方哲学家，都将追求绝对确定可靠的知识作为他们认识论的既定目标。然而，在皮尔士看来，一切人类知识都是不确定的，可错的。科学假设有程度不同的或然性，因而是可以修正的。知识的真假与否，端赖经验的证实。当然，有些命题是无法用经验来证实的，如数学命题，但大部分知识还是可以用经验来证实的。与后来的逻辑实证主义者不同，他们讲的知识只限于物理知识，而皮尔士的知识概念则要宽得多，任何能产生直接效果和潜在效果的事物都可以成为知识的对象。因此，他就不排斥逻辑实证主义者坚决拒斥的形而上学。

皮尔士认为，被经验驳倒了的命题一定为假，但被经验证实却不一定为真，而只是提供了我们暂时接受它的依据，因为它可能为新的经验驳倒。因此，绝对和终极真理是不可能的，它只是我们人类探究的理想目标，只能接近，不能达到。但我们必须肯定真理的存在，否则就不会有人去从事理论的探究。

从表面上看，皮尔士的可错论有明显的怀疑论的色彩，虽然它肯定真理的存在，却在原则上不排斥任何命题错误的可能性。实际上，皮尔士根本不是一个怀疑主义者，相反，他对笛卡尔的怀疑论很不以为然，认为那是一种哲学思维的错误方法。因为我们不可能无缘无故地怀疑，我们从一开始就拥有大量休谟称之为“自然信念”的东西，它们是我们一切实践活动的基础，我们只能从这些成见出发开始我们的研究。只有当我们的信念与经验发生冲突时，我们才会怀疑这些信念。当然，这并不是说我们不应该批判地检验这些自然信念，但如没有正当的理由，我们实际上是无法怀疑这些信念的。我们即使有理由怀疑这些信念，仍然要以另外一些信念为前提。

信念不但是我们怀疑的前提，也是克服怀疑以后的结果。由于终极真理事实上是不可能的，任何命题原则上都可能错，我们所有的从根本上讲也只有信念，而不是传统意义上的客观实在的真理。皮尔士甚至认为离开信念去谈真理是没有意义的。

> 如果你所说的“真理”和“谬误”等词的意义是可以根据怀疑和信念及经验过程来定义的（例如，“真理是无限地趋向于绝对确定性的信念最终相信的东西”，这就是用信念对真理下的定义），那末，在这种情况下，你仅仅是在谈论怀疑和信念。但如果你说的“真理”和“谬误”是指无论如何不能用怀疑和信念加以定义的东西，那么你是在谈论你完全不知道其存在的东西，“奥康姆的剃刀”便可以把它剃得精光。如果你不是说你想认识“真理”，而仅是说你想获得一种不为动摇的信念状态，那么你的问题就极易解决。[3]

这就是说，在皮尔士看来，真理实际上内在于我们的信念，它是越来越为人们一致同意的信念。

虽然信念都有消除怀疑，使我们精神得到平静的实际功效；虽然理论活动和真理离不开信念，但并不是所有信念都是等价的，人类确定信念的方法更是有高下之分。皮尔士把人类确定信念的方法大致分为四种。第一种叫“固执的方法”。采取这种确定方法的人固执地坚持他无论怎样得来的信念，不断重复，根本不去考虑别的不同的信念，更不愿意批判地考察自己的信念，为的是自己心安。但这种方法在实际生活中很成问题，因为人要在社会中生活，一旦发现别人的信念与自己的不一样，并且也同样有道理，就会动摇自己的信心。第二种方法叫做“权威的方法”。顾名思义，就是由一个权威当局用各种灌输与惩罚相结合的方法强加的信念，接受者慑于当局的淫威，不敢不接受。但一旦权威的力量受到削弱，或接受者无论如何也不接受强加的信念，那么这样建立起来的信念就会崩溃。第三种方法叫做“先验的方法”。这种方法要比前两种合理，因为人们是因为信念“合乎理性”而接受它们。但是对于某个人来说是合乎理性或自明的，对于其他人、别的共同体或文化来说，就不一定如此。也就是说，这种方法建立的信念还不是普遍合理的。最后一种方法叫“科学的方法”，也叫“研究的方法”。

皮尔士这样描述“科学的方法”与其他方法的不同：

> 研究的方法与这些方法完全不同，它产生的最终结论的性质，总是在一开始就被规定了的，它与人们在一开始具有什么信念无关。假如两个人独立地研究某个问题，那么这个研究过程，只要推进得足够远，就可以达到某种不再被进一步的研究所动摇的一致的见解。[4]

这就是说，科学的方法所确立的信念是探究或研究的结果，而不是像其他三种方法那样一下子给予的。探究就是使我们摆脱怀疑，建立一种稳固的信念。信念决不能一劳永逸地建立起来，它要不断经受怀疑的考验，通过探究消除怀疑，达到新的信念。信念、怀疑、探究、信念，这样一个过程永远不会结束。并且，探究是探究者共同体的代代相传的事业。科学真理就是科学家共同体在无穷的未来最后达到的共识。这当然是一个理想目标，但必须承认这个目标，否则没有必要研究。当代德国哲学家哈贝马斯在论述他的交往理论和商谈伦理学时就吸取了皮尔士这个共同体成员通过无穷探究与对话最后达成共识的理论。

实用主义的基本原则

皮尔士是实用主义的创始人，他为实用主义奠定了基本的原则。皮尔士实用主义的基本原则可用他自己的一句话来概括，就是“为了正确理解我们的概念，我们必须看它们的结果。”[5]反过来，“设想一下，我们概念的对象会有什么样的可以想象的有实际意义的效果。这样，我们关于这些效果的全部概念也就是我们关于对象的全部概念。”[6]在皮尔士看来，概念也好，句子、命题或假设也好，它们的意义只是在它们所能产生的实际结果或效果。如果它们不能产生实际结果或效果，那么它们就没有意义。

因此，皮尔士提出，为了弄清概念或命题的意义，我们必须贯彻所谓的“翻译原则”，就是在作一个简单的单称陈述时，我们应该把它翻译成“假如—那么”的陈述，即假设性陈述，如“某物是重的”这个陈述应该翻译为“假如没有相反的力，它将跌落下来。”但这个实用主义的基本原则并不是旁观者的原则，它也是操作主义的，在“假如”的条件句中，要提到实验者的行动。如在考察“钻石是硬的”的意义时，皮尔士把它翻译为“如果你要划它，你会发现它不会被许多别的实体划破。”[7]它又是实验主义的，“那么”的句子说的是在一定的实验条件下，实验者会经验或观察到的事情。

虽然皮尔士喜欢用自然科学的实验例子，以致有人认为他是一位实验室类型的科学家，[8]但他不像后来的实证主义者，他对经验的态度是很宽容的。他并不认为经验只是感性经验；相反，在他看来有两种经验，即理想的经验和感性经验，所谓理想的经验包括在图表和想象中实验的经验，如数学和演绎探究中的图表实验或思想实验。它们是对"想象中的一个意象做实验，观察结果，发现各部分未被注意和隐藏着的关系。"[9]所以逻辑和数学的假设也可以符合他的实用主义标准，因为它们有另外一种经验。甚至形而上学的假设也是如此，它们会在日常经验中产生各种结果。

显然，皮尔士的实用主义原则是以思想与行动的关系为坐标的，意义的标准不再是对象客观存在与否，而是思想能否产生实际结果以及什么样的实际结果。这实际上扩大了真理的范围，也改变了传统认识论的静观模式，使得认识与行动直接挂起钩来。皮尔士自己并不关心实践的问题，但他的实用主义原则却不能没有实践的含义。

形而上学理论

如上所述，皮尔士虽然坚持实验和经验证实的原则，但他并不反对形而上学。他认为存在有三种形式，这就是绝对的质的可能性的存在，现实事物的存在和支配未来事实的规律的存在。相对于这三种存在形式，皮尔士提出三种基本范畴。他把它们分别称为第一位（Firstness）、第二位（Secondness）和第三位（Thirdness）。我们经验的一切事物中都有这三种范畴，这就是说，在实际事物中，它们始终是混在一起的，只是有时某一种或两种逻辑占主导地位。

我们也可以从关系逻辑上来理解这三种范畴，因为这三种范畴代表了三类关系。第一位范畴是简单的一阶关系，即它只是它自身，与任何别的事物都没有关系。用皮尔士的话来说："第一位的存在方式在于其主体的存在是绝对的，因为它与其他事物没有关系。还只是一种可能性。因为如果事物不发生相互作用，说它们存在就没有含义或者说没有意义，除非意思是说，它们本身的存在方式也许可与它物发生关系。尽管如此，红这种存在方式，在宇宙中有某个红的东西之前仍是一种绝对的质的可能性。"[10]第二位范畴是二价关系。这比较好理解。如行动与反动，因与果就是这样的二价关系。现实事物都属于第二位范畴。因为"事件的现实性似乎就在于它与所有存在物的关系。法庭可以发布一项不利于我的**禁令**或**判决**，而我对它毫不在乎。我可以把它看作不起作用的幻影。但当我感到司法长官的手在拍我肩膀时，我就开始有了一种现实感。……总的说，我认为这种事物的存在方式就是一个事物依赖第二个事物的存在方式。因此，我称这种存在方式为第二位。"[11]第三位的范畴是指两个事物之间的中介或联结，最典型的就是符号关系，即对符号的解释（interpretant）联结着符号与它象征的对象。皮尔士认为规律和必然性也属于第三位范畴，因为一事物对另一事物的作用如果不是偶然的话，就要以它们为中介。连续性和一般性也是这样。

如同康德的范畴表是构成现象世界知识最基本的概念一样，皮尔士的上述这三个范畴也是构成世界的最基本范畴，它们分别代表事物的可能性、现实性和一般性。一切其他的范畴都可以还原为这三个范畴，但它们是不能再还原的，因而它们也是最简单和最基本的，它们是宇宙逻辑结构的基础。

皮尔士认为，宇宙的起点"不是一种纯粹抽象的存在状态。相反，它就是一种根本无的状态，甚至不是一种空的状态，因为甚至空也是某种东西"[12]。他把这种起始状态叫做纯粹的第一位。这种纯粹的第一位表现为原始的自发性，它是纯粹的机遇或可能性。皮尔士研究过统计学，统计规律只有或然性而没有必然性给他很大的启发。他认为宇宙的进化也完全是偶然的，物理学的规律是统计性的就表明了这一点。因此，他坚决反对决定论和必然论（necessitarianism），而提出所谓的“偶然论”（Tychism），认为宇宙中有绝对的机遇，进化自发地要偏离自然规律；规律本身是从无或从“纯粹的可能性”而来的。

然而，宇宙如何从绝对的无进化到绝对的存在，或者说，如何从第一位发展到第二位和第三位范畴状态，皮尔士的说明却与大多数传统形而上学家的说明一样，是牵强的。并且，他虽然反对决定论，却对目的论情有独钟。他认为我们的最终目的是“具体理性”的完善。他高度重视的逻辑只是达到这个目的的工具。“逻辑学家应该看出我们的最终目的是什么。似乎发现它是道德学家的事，在这方面逻辑学家得接受伦理学的教导。”[13]所以伦理学先于逻辑，逻辑学必须依据对最终的善的探讨。

皮尔士认为宇宙的发展是连续的，不中断的。为此，他提出了所谓的“连续论”（Synechism）。皮尔士认为这是他最重要的哲学学说，甚至宁可用这个名称来称呼他的整个哲学。但“连续论”要强调的不是简单的事物的发展没有中断，而是事物的可能性、现实性和一般性，即第一位、第二位和第三位范畴之间的连续性。连续性本身属于第三位范畴，但它包含了未实现的可能性，也包含了一般性。它是最终的中介，一头连着可能性，一头连着现实性。世界是一个连续的整体，时间和空间都是连续的。

威廉·詹姆斯

威廉·詹姆斯（William James，1842—1910）曾经因用一些通俗的话语向普通人宣传实用主义的思想，而被某些人视为浅薄的“市侩哲学家”，但实际上就对哲学的贡献而言，他并不比皮尔士或杜威逊色多少。今天，人们普遍认为，詹姆斯是一个原创性的哲学家，他“并不是英国哲学或大陆哲学的第二流的模仿者或卫星；他是哲学界的一颗大行星：他在自己的轴心上旋转，并且把实用主义的所有其他发光体（领导人）都吸引到他的有力的活动领域中来。……在实用主义运动中，他却毫无疑问的是中心的学术人物，是一个‘值得敬慕的天才’（如同怀特海称呼他的），是一个如罗素所说的‘具有深厚的民主感情，和普通群众打成一片的渴望，而又不失为天生的贵族，以其个人的卓越博得人们的尊敬’的人”[14]。

詹姆斯出生在纽约的一个爱尔兰移民家庭，家境富裕。詹姆斯从小生活在一个充满自由气氛的家庭环境中。他父亲一生研究哲学与神学，结交许多学术名流，使詹姆斯深受熏染。老詹姆斯给予自己的孩子充分自由发展的机会，从不干涉他们的思想，但经常和他们讨论各种话题。为了让自己的孩子有宽阔的视野，他把小詹姆斯送到欧洲去接受教育。詹姆斯先后在英国、法国、瑞士和德国上学，这对他日后的思想行为有很大的影响。这个美国实用主义的代表实际上是一个“在欧洲的美国人”[15]。

詹姆斯一开始兴趣在自然科学和绘画上，但后来他放弃了绘画，专心学术。1861 年，詹姆斯进哈佛大学，先是学化学，后来又学比较解剖学和生理学。1864 年，他转到医学院。1869 年 6 月，他拿到了医学学位，但并没有行医的打算。他比皮尔士幸运得多，虽然健康状况不太好，但从 1873 年就开始在哈佛教解剖学和生理学，1875 年教心理学，1879 年教哲学，直到 1907 年退休。除了在大学里教书外，詹姆斯还到处演讲，写了许多书，最主要的有：《心理学原理》（1890）、《宗教经验种种》（1902）、《实用主义》（1907）、《多元的宇宙》和《真理的意义》（1909）。

彻底的经验主义

虽然詹姆斯以实用主义哲学家名世，但他哲学最根本的部分却是他的“彻底的经验主义”。詹姆斯在一封信中说：“我的哲学就是我所说的彻底的经验主义，即一种多元主义，一种偶然主义，表示逐渐获得并始终处于创造过程的秩序。它是有神论的，但其**本质**并非如此。它反对一切有关绝对的学说。”[16]“彻底的经验主义”不是传统经验主义的现代版，而恰恰是要针对传统经验主义的问题，提出一种新的经验主义。

传统经验主义的经验概念是建立在将经验等同于感觉或知觉的基础上的。经验之所以原始而可靠，是因为它直接发生在人身上，为人亲身体验。人通过自己的感觉直接与事物发生关系，这当然不错。问题是经验从来就是一个动态多面的过程，可传统经验主义者却恰恰是静态单面地看待经验。在传统经验主义者看来，当我们看到太阳升起时，我们经验了日出。经验者“我们”和被经验者“日出”之间是单一平面的关系。可实际上，我们对日出的经验决不只是对日出的视觉经验，还包括了我们对日出的种种内心的感受，以及对日出过程中不断变化的自然景观的经验。日出作为一种自然现象，包含着各种各样丰富的内容。即使是最简单的经验，看见一个人，或吃一个梨子，我们也决不是在经验一个抽象的东西，而是经验了这对象本身所包括的一切，如人的身高、年纪、性别；梨子的形状、大小、滋味，等等。

传统经验主义者之所以静态单面地看待经验，是因为他们是从认识论的角度，也就是把人当做一个纯粹的认识主体，去认识或经验一个作为他认识对象的客体。这种人为的主客体关系必然是抽象的、单面的。可在实际生活中，人始终处在种种错综复杂的关系中，从存在论上说，他与任何事物的关系都不是单一的、抽象的，而总是具体多样的。

同样，事物也从来不只是一个认识对象，即使我们在纯粹观察一个现象时（如在科学实验中）我们经验到的也决不是单一的因素，只是我们为了我们的研究目的必须将一个因素视为有关的，而将其他因素弃之不顾（这也就是为什么怀特海叫科学理性为“一只眼的理性”）。只要我们从存在论的角度，或者说从人的实际生存活动出发来看经验，传统经验主义经验观的问题就不言而喻了。

詹姆斯正是从人的生存实践出发来提出他的经验概念的。对他来说，经验不是可以抽象或切割的行为，而是人基本的生存活动方式。我们不是在一个静态的抽象环境中经验事物，而是在事物本身的过程中经验事物。也就是说，我们不能从经验过程中抽绎出某个因素，以为这就是直接经验。实际上，这么做的结果是我们只能得到一些抽象的观念而不是活生生的经验。

但传统经验主义正是认为，我们在经验中得到的“所与”（given）就是事物的简单观念，如声、色、形、味等。“不论我们甘心与否，而感官的各种对象一定会把它们的特殊观念强印在人心上；……这些观念既然呈现于理解，则理解便不能拒绝接受，而且它们既然印在那里，它亦不能把它们改变了，涂抹了，重新制造新的。这个正如一面镜子不能拒绝，不能改变，不能涂抹它面前的各种物象在它以内所印的各种影象或观念似的。我们周围的物象既然以各种方式来刺激我们底感官，所以心便不能不接受那些印象，便不能不知觉那些印象所引起的观念。”[17]洛克这段话充分表明了传统经验主义的立场。在传统经验主义者看来，“这些观念本事各个既然都是单纯不杂的，因此，它们只含有一种纯一的现象，只能引起心中纯一的认识来，并不能再分为各种不同的观念。”[18]

但问题是，在实际经验中，我们根本没有纯粹的观念。“所与”永远是具体的经验。传统经验主义所说的简单观念，只是一种理性的抽象

（所以传统经验主义离理性主义并不太远）。经验之所以不是简单的，是因为它体现了生活在世界中的人与事物千丝万缕的复杂关系。传统经验主义者恰恰看不到这种种复杂的关系。而詹姆斯的经验学说却正是从人具体的生存经验出发。经验首先不是一个认知过程，而是一个生活过程，人们通过经验与世界万事万物发生关系，经验是人与世界相遇的方式。经验中的“所与”不是简单形状或一成不变的事实，而是经验者与世界复杂的生存关系。国内学者尚新建指出，詹姆斯的经验是“人的生活结构，是人的关系处境。人首先必须活在关系中，亲历关系，然后才能理解。……生活经验先于认识，是认识得以可能的先决条件。”[19]由此可见，詹姆斯“彻底的经验主义”完全突破了传统经验主义理智主义的认识论立场，从人的生存实践来理解经验，恢复了经验的存在论地位。这一突破具有重要的意义，从此经验将不再是一个认识论的概念，而是一个实践哲学的概念了。

实际上，詹姆斯的经验概念指的是源始的生命本身，传统主体—客体，身体—心灵，感觉—概念的区分是生命过程中逐渐产生的区分。詹姆斯把源始的经验称为“纯粹经验”。在《彻底的经验主义》一书中，詹姆斯说：“我的论点是，如果我们首先假定世界有一种原始素材或质料，一切事物都由这种素材构成，如果我们把这种质料叫做‘纯粹经验’，那么就不难将认识解释为纯粹经验的各个组成部分彼此间可以发生的一种特殊关系。这种关系本身就是纯粹经验的一部分。它的一端变成知识的主体或担负者，知者，另一端则变成所知的客体。”[20]这就是说，纯粹经验是主客身心的共同基础，它们之间的区分和它们的关系只是在这个基础上派生的。如果要说实在的话，纯粹经验才是实在。

纯粹经验是自觉意识或反思意识之前的经验，是当下的生命之流，它给我们后来的概念范畴的反思提供材料。但对它本身，我们既不能说它是物质，也不能说它是精神，它是超越物质与精神的区分的。用詹姆斯的话说，就是："从直觉上分别出来的什么本来是精神性的存在或物质性的存在是没有的，而只有经验从这一个世界到那一个世界的一种位置转移；一种为了有确定意义的实践上的目的或理智上的目的，而把经验同这一套伙伴或同那一套伙伴组合起来的组合。"[21]詹姆斯认为这样就可以消除传统的心物二元论。

然而，在《心理学原理》中，詹姆斯已指出，思想（意识）总是个人的，但纯粹经验却是个人区分产生之前的经验，即中立的、无个体归属的经验，那么我们如何能辨别、证明这种没有任何区分的纯粹经验？詹姆斯自己也承认这个困难，他说，只有婴儿或处于昏迷状态的人才能经验到纯粹经验。但他也不能不承认，这也只是一个假定。[22]但这个假定至少肯定在我们的反思理性运作之前，我们已经处于一种源始的经验，即纯粹经验中。这是我们的生命经验，它潜在地包含了经验以后的种种区分，包括各种各样的关系。在詹姆斯看来，休谟经验主义将关系归结为习惯和信念是错误的，关系其实内在于源始经验中。用他的话来说，纯粹经验不仅充满名词和形容词，也充满介词和连词。[23]

詹姆斯纯粹经验的思想把我们从传统的认知经验概念引向生命经验。与柏格森一样，他将理智视为派生的、工具性的东西。这就解释了为什么他和柏格森彼此欣赏，惺惺相惜。我们在讨论詹姆斯的哲学时，不应忽视他哲学中的这种生命哲学的因素，就像我们在讨论柏格森哲学时不应忽视他哲学中的实用主义倾向。这并不事关某个哲学家，而是事关我们对现代哲学精神总体特点的把握。

詹姆斯的实用主义

虽然詹姆斯不是实用主义的首创者，但实用主义的传播却与他有莫大的关系。一般都把他于 1898 年 8 月 26 日在加州大学伯克莱分校的演讲看作是实用主义走向社会和实用主义运动的开始。[24]然而，詹姆斯用商业用语来说明实用主义的思想，也使他和实用主义备受攻击。

与皮尔士一样，詹姆斯认为实用主义最根本的原则就是根据思想、概念、命题所产生的实际结果来决定它们的意义。在《实用主义》一书中，他将实用主义描述为一种解决形而上学争论的方法。这些争论包括，世界是一个还是多个？是宿命的还是自由的？是物质的还是精神的？他说，面对这样的争论，“实用主义的方法，就在于试图探索每个观念各自的实际效果，这样地来解释它们。假如这个观念，而不是那个观念，是真实的话，那么，这对于每一个人来说，在实际上又有些什么区别呢？假如不能找到任何实际上的区别的话，那么，这两个互不相容的说法在实际上就只是同一个说法，而一切争论都是无聊的。”[25]

詹姆斯与皮尔士在哲学传统的师承上有很大不同。皮尔士重视康德，詹姆斯却倾向英国经验主义。他说，实用主义哲学家“丢开抽象思维和牵强附会，丢开字面上的解决，丢开错误的**先天**理由、固定不变的原则、封闭的体系以及冒牌的绝对与起源。他转向具体性和适当性，转向事实，转向行动和功能。这意味着，在这里流行着经验主义者的气质，而理性主义者的气质则被真实地抛弃了。它意味着露天野外和自然的可能性，而反对教条，反对人为，反对妄称达到最后真理。”[26]所以詹姆斯特别重视特殊，他在《心理学原理》中描述的思想的5个特征：（1）思想总是私人的；（2）思想总是不断变化的；（3）思想是连续的；（4）思想总在应付思想以外的对象；（5）思想总是有选择的，已经充分表明他思想的这一重要兴趣。

詹姆斯的实用主义集中表现在他的真理和意义理论。在传统哲学那里，真理问题属于认识论，但实用主义的真理理论就像实用主义的经验理论一样，突破了传统的认识论框架。在讨论真理问题的时候，实用主义者也讲证实，但证实的不是思想与实在的一致或符合。因为实用主义者从来都是动态地看待世界以及人与世界的种种关系。詹姆斯就认为，人甚至对同一个对象都不能有两次同样的经验。因此，符合论或反映论实际是不可能的。实用主义者如詹姆斯，实际上是从存在论或实践哲学的角度来讨论真理问题的。是真理与否，不在于也不可能在于，它是实在的反映或摹本，而在于它对于人类实际生存的功能。所以，真理不是一种发现，而是一种发明。因此，詹姆斯常常说，如果一个观念或信念，起作用的话，它就为真；或能使我们满足的信念就为真。这的确很容易引起人们的误解，以为詹姆斯是在主张一种对自己有利的观念或信念，就是真理的市侩哲学。实际上他像皮尔士一样，认为真理是一个证实的过程，绝对真理只是一个理想，“真理”是一个能用于无论什么经受了证实的东西的集体名词。我们临时的真理都是可以修正的。“有用”也好，“起作用”或“使满足”也好，都不是指对某个人当下的特定目的，而是指观念或信念对一般人类的生存实践的正面功能。“**真观念是我们所能类化，能使之生效，能确定，能核实的；而假的观念就不能。**这就是掌握真观念时对我们所产生的实际差别。”[27]但这当然包括满足个人的愿望，并且这种“起作用”和“使满足”本身也要由个人来评价；但真理必须是善的。因此，在用以证实是真理与否的效果里，是含有价值判断的。

尽管有这些限制，詹姆斯的真理观还是有一些暧昧不清的地方。与皮尔士不同，詹姆斯认为我们的观念与表象从来就不是（传统意义上）客观的，而总是受到我们的实践旨趣和个人理由的制约，它们决定了我们表象对象的角度和表象的对象。表象是达到具体目的的工具。不同的目的就有不同的工具，适合某些目的的工具不适合另外一些目的。不同的认识工具得到的自然不会是相同的真理。另一方面，如果是真理与否只是对信念而言，而不是事物的性质，那么真理也并不能完全避免我们实践的旨趣和个人的理由，真理是我们制造的，而不是客观的实在。但是，我们并不能任意制造真理，它要受到作用于我们的感觉、我们感觉间的某些关系，即事实，和我们以前当做真理的东西的制约。但我们仍有一定的自由，可以根据我们的旨趣注意某些感觉而忽略别的感觉，不同地读解同一个事实。[28]

当然，詹姆斯承认，在和自然打交道时，我们是真理的记录者，而不是它的制造者。以前的真理和事实的一致始终是科学理论最专横的债权人。但在日常生活实践中，情况似乎不同，这里起决定性的是我们的目的和欲望。产生真理的是一种对于真理的欲望和信念，如果我们不相信世上有真理，不相信我们能认识真理，当然也就不会有真理。詹姆斯说他的同时代人赫胥黎（T.H.Huxley）和克利福德（W.K.Clifford）要人们不要相信没有充分证据的事，但他们的这种信念本身也受到他们自己感情的影响。对克利福德们来说，证据就是客观事实；对詹姆斯来说，信念产生了预期的效果就是真理的证据。但是，为了对付别人指责他的真理观（实际上把一切能达到目的的东西都叫做真理，或任何信念都是合理的，只要它对信仰者有效），詹姆斯说，效果不是等值的，我们必须根据我们的感觉来判断效果的优劣。比如，唯物主义的信仰与上帝的信仰就不可同日而语。上帝的信仰保证了一种应该永久保存的理想秩序。对这种永久的道德秩序的需要是我们胸中最深刻的需要；而唯物主义的观点意味着去除了最终希望。[29]另外，信念是否起作用还要看它是否符合常理。我们不能只是因为信念能满足我们个人就任意接受信念，历史地存在的人们只能接受历史条件允许的信念，在信与不信之间他们只能做出某些选择。

尽管有这些规定，詹姆斯并不能完全消除人们对他的真理观的指责和误解。尤其是他在《实用主义》中关于真理说的许多话，即使有上述这些规定，仍然不能完全自圆其说。例如，目的论—价值论的限定和历史主义的限定最多只能说明哪些信念是合理的，却无法充分说明为什么能马上见效，达到个人目的的种种权宜之计和做法不能证明是真理。要完全避免误解，詹姆斯必须对衡量目的的效果做出进一步的规定，即区分个人私利的目的与非个人私利的目的，将前者的满足排除在真理的范围之外。但这么做将使他的真理理论相对化。然而，詹姆斯可能会说，他的哲学本来就否定绝对的东西，他的真理理论也不例外，他的实用主义不同于皮尔士的实用主义，它不怕相对主义。在这个意义上，把詹姆斯看作是后现代主义哲学家也无不可。

约翰·杜威

约翰·杜威（John Dewey，1859—1952）是现代最伟大的美国哲学家、教育家和社会批评家。有人说："在我看来，最终将是杜威，而不是福特，不是爱迪生，不是罗斯福，意义丰满地象征今日美国最好的东西和明日美国主义最有希望的东西。"[30] 他出生于美国佛蒙特州的一个杂货商家庭。不像许多欧洲哲学家，在学生时代，杜威的表现并不突出。他在约翰·霍普金斯大学读研究生时，两次申请奖学金都失败了，靠从亲戚那儿借了 500 美金才开始了他的专业学习。他对哲学和社会思想的兴趣始于大学的最后两年。但杜威一开始并未决定毕生以哲学为业。从家乡佛蒙特大学毕业后，他先当了两年中学老师。在此期间，他在一家《思辨哲学杂志》上发表了两篇哲学文章，也同他以前的老师 H.A.P.Torrey 私下讨论哲学问题。在他老师的鼓励下，他决定进霍普金斯大学读研究生。其时，皮尔士正在那里教书，但杜威没有被他吸引，而是投在新黑格尔主义者 George Sylvester Morris 和实验主义心理学家 G.Stanley Hall 的门下。1884 年，杜威以一篇论康德心理学的论文，完成他的博士学业，去密执安大学教书。他在那里待了 10 年，在此期间，他对纯思辨日益不满，开始寻求将哲学与人类公共事务直接关联起来的途径。1894 年，杜威被聘为芝加哥大学哲学、心理学和教育学系的系主任。他在芝加哥建立了一个著名的实验学校，来实现他自己的心理学和教育学的一些设想。由于与大学当局在实验学校的问题上摩擦日增，杜威于1904年离开芝加哥去哥伦比亚大学任教。他在那里一直工作到1930年退休。退休后杜威并没有退出社会生活，他不仅笔耕不辍，而且还在78岁高龄时去墨西哥担任托洛斯基案调查委员会主席。1941年，他学术上的对手罗素被禁止在纽约城市学院教书时，他挺身而出，捍卫学术自由，与人合作编了一本书抗议这个决定。

杜威对中国充满了友好的感情。1919年，他应邀来华讲学，甫抵中国，就碰上五四运动爆发。这个古老民族表现出来的生机和活力，使他深受感动。他原计划在中国只停留一年，但在中国人的一再邀请和中国形势的感染下，他在华的讲学时间又延长了一年，总共在中国度过了2年2个月又12天，足迹遍布14个省市，大小演讲不下二百次。由晨报社编的《杜威五大演讲》，一版再版，供不应求。他的思想在现代中国产生了重要的影响，尤其是他的教育思想，更是通过他的学生蒋梦麟、陶行知和陈鹤琴等人的努力，直接影响了中国教育。

杜威对中国的访问，对他自己也产生了深刻而持久的影响。他的女儿简说："杜威不仅对同他密切交往过的那些学者，而且对中国人民，表示了深切的同情和由衷的敬佩。中国仍是杜威所深切关心的国家，仅次于他自己的国家。"[31]抗战期间，杜威还给中国人民写过一封公开信，译成中文后由美国空军空投到中国的许多城市。杜威在信中说，中美两国都是热爱和平的国家，却遭到了一个背信弃义的敌人的无端侵略。我们被迫进入这场战争以保卫我们的独立和自由。中美一定会赢得这场战争。中国艰苦卓绝的斗争已使她赢得了世界人民的尊重，战争结束后，中国过去所受的不公正对待也一定会结束，中国将赢得她在国际上的平等地位。

杜威著作等身，由M.H.托马斯编的他的著作目录就有150页之多，其中最重要的有《我们怎样思维》（1910）、《哲学的改造》（1920）、《经验与自然》(1925)、《公众及其问题》(1927)、《确定性的寻求》(1929)、《新旧个人主义》(1930)、《作为艺术的经验》(1934)、《经验和教育》(1936)、《逻辑：探究的理论》(1938)、《自由和文化》(1939)、《人的问题》(1946)等。

杜威的哲学观

杜威一生兴趣广泛，除了哲学之外，他在教育和文化批评的领域也都有重要的贡献。但无论从他所受的教育，所从事的事业和他对自己的看法来看，他都是一个彻头彻尾的哲学家；但同时也是一位彻头彻尾反传统的哲学家。在他看来，哲学不应该是只关心认识论问题那样的技术性问题，不应该是罕有人懂的学科，或某种超科学，即文化的基础学科，或接近先验真理的某个特殊领域的学科。哲学既不是一种知识形式，也不只是一种获取知识的手段，而是一种文化批判行为的模式。因此，哲学更多是与人类的洞察、想象和意义有关，而不是和真理有关。它关心的是对社会和文化最深层问题与冲突获得一种批判的看法，为达到一个更令人满意的未来规划理想。他认为哲学就是“批判的批判”(criticism of criticism)，而批判则是“识别判断和审慎评估”。1918 年 11 月 29 日，杜威在题为“哲学与民主”的演讲中简捷明了地指出：

> 哲学是一种希望的形式，一种努力行动的形式——即一种对智慧的热爱；但有个根本的附带条件，不要依附柏拉图对这个词的用法，智慧，无论它是什么，不是一种科学或知识的模式。那么一个意识到它自己本分与职责的哲学会觉得它是一种理智化的欲望，一种服从理性辨别与检验的追求，一种还原为行动有效规划的社会希望，一种对未来的预言，然而不是一门严密思想的知识学科。”[32]

以此来衡量，杜威认为，主要热衷于认识论问题的近代哲学已经走入了一条固定的轨道，与现实生活的关切越来越远，所以杜威终身以“改造哲学”为职志。杜威认为，哲学的专业化使得哲学不再关注当代的问题，而把它们留给了文学和政治。杜威则要把哲学从对传统的认识论问题的关注中解放出来，直面时代的问题。在他看来，重要的不是去证明外部世界的地位或存在，而是我们人类如何来对付我们的环境和困境。在著名的《哲学的改造》中，他主张哲学应该摆脱像区分本体和现象世界，说明分离的主体如何能认识一个独立的客体这样的传统问题，而面对人类遭受的巨大的社会和道德缺陷与麻烦，集中于弄清这些弊病的原因和确切性质，发展出一个清晰的更好的社会可能性的想法。

因此，杜威的哲学具有明显的实践哲学的指向。他说：“未来哲学的任务是澄清人们关于他们时代的社会和道德竞争的观念。它的目标是尽人所能成为处理这种冲突的工具。”[33]哲学的功能既是批判的，又是改造的，它并不关心永恒不变的真理和存在。传统的哲学问题在杜威看来是必须超越的，他说：“如果认为哲学将模糊地和间断地出现在二千年欧洲史留给我们的那些问题和体系的范围之中，则标志着想象力令人可悲的灭亡。”[34]实际上杜威的确试图将哲学改造成人类改变自己处境行动的一部分，他的哲学尽管在外部上似乎还保留着一些传统哲学的语言和形式，实际却与海德格尔的哲学一样，是对传统哲学的根本颠覆。

杜威的经验理论

在杜威看来，传统哲学（近代哲学）之所以脱离人类实际生存的问题，除了哲学专业化等外在体制的原因外，根本在于所谓的“旁观者的知识论”，这种理论假设知识对象是某种独立的实在，而作为认知主体的人是与它分离的旁观者，认知就是对对象进行客观的观察，是一个本质上与实践无关的行为；哲学的任务就是认识那个客观的实在。这种“旁观者的知识论”之所以能将一切实践的问题排除在哲学的视野之外，很大程度上是由于它的经验概念。

杜威认为，近代哲学的经验概念有5个基本特征：（1）经验只是一个认识的事情；（2）经验是通过“主体性”发生的心理的东西；（3）经验只面向过去，记录已经发生的事情；（4）经验是简单的特殊事情的聚集；（5）经验是思维的反题。近代哲学整个主体—客体认识论的问题域就是建立在这5个经验观念基础上。[35]在杜威看来，近代哲学的经验概念过于狭窄，似乎经验只是客观认识的一个途径。传统哲学家忽略了非认识和非反思的经验，如做事、受苦、享受等经验。正是这些经验决定了一切认识的语境。忽略这些经验，必然要歪曲经验和认识的性质。古希腊的经验观就不一样，古希腊人的经验概念包括社会知识和技能，经验是人直接与丰富多变的自然打交道的手段。也就是说，在古希腊人那里，经验首先是实践的手段。

但杜威并没有简单地接受古希腊的经验观，而是从现代人类学和生物学的思想，以及科学的实验方法出发，提出经验是一个有机的协调。杜威深受生物学进化论的影响，他认为经验的主体一方面与一个更复杂的过程中其他有机形式联系在一起；另一方面又与种种化学—物理过程联系在一起，有生命的事物的这些过程构成了生命的活动。人的经验首先不是反思的，而是生存实践的，又是充满各种情感（痛苦、热情、爱等等）的。用他自己的话来说，就是经验是一个既是做事，又是遭受的事情。我们的经受就是改变事件进程的实验；我们积极的尝试就是在试验和检验我们自己。这其中当然充满风险与冒险。[36]这也就是所谓的探究过程。

在杜威那里，探究首先是一个实践活动，而不是一个理论活动，所以他认为亚里士多德对实践学科的描述要比他对认识的理论科学的描述更能发展出一种合适的探究理论。杜威认为，经验的根本特征就是它的当下性。经验是行动、受苦、享受、认识的自然执行，经验的当下性包括和联结所有这些复杂的因素。我们可以感觉到这种当下性，但它与经验者心里主观的感觉还不是一回事。即是说，它是主观反思前的经验，或原始经验。传统哲学没有看到的恰恰就是这种原始经验或生存经验。

原始的经验中都包含所谓“弥漫的质”（pervasive qualities），或“美学的质”（aesthetic qualities），它们是最当下的经验，如生存的苦恼或欢欣，它们是只可意会不可言传的东西，它们的发生都是独一无二的。正是它们引导着经验的发展，当然，它们也会随着经验的重构而改变。它们是一切经验的本质特征。“弥漫的质”或“美学的质”的概念突出了经验的原始性和当下性，将经验牢牢地固定在人类生存的层面上。

如果经验首先是生存的经验，一种生命现象，那么它就不能被归结为大脑的活动。杜威明确指出，经验不是大脑的活动。大脑主要是某种行为的器官，而不是认识世界的器官。经验是与自然和社会环境打交道全部有机的行动—承受，是生命体与物理和社会环境之间的交流。因此，经验主要不是认识，而是做事和遭受。[37]做事和遭受的特征就是预期和规划，如果是这样的话，那么经验就不是向后看的，不是回忆或记录过去，而是面向未来，朝前看的。“经验应该是隐含在现在中的将来。”[38]这样，经验都是实验的，[39]也就是题中应有之义。

在杜威看来，“实用主义本身是历史上的经验主义的扩展，但又有这个根本区别：它不坚持在先的现象，而坚持随后的现象；不坚持先例，而坚持行动的可能性，而这种观点上的变化就它的后果说差不多是革命性的。一种只满足于重复事实的经验主义没有给可能性和自由留下地位。”[40]实用主义是一种注重后果的学说，这种学说必然引导着人们去思考未来，并且，未来不可能是一个已成的实在，而始终是正在创造中的可能性。思想和理性不是对现实的模仿，而是对现实的创造，是我们创造现实的工具。在传统经验主义那里，概念只是报告和记载过去的经验；而在实用主义那里，概念是用来组织未来的观察和经验的基础。经验是流动的、多种多样的；而“实在”只是一个指示术语，用来不加区分地指称发生的一切。实在取决于我们的经验。经验并不否认外部世界的存在，但经验表明，我们既受外部条件的制约，又能通过行为影响这些条件。

经验本身是一个有机整体，也就是说，它本身包含联系和连续，它是经历和行为的连续，而不是分散孤立的不同感觉。在传统经验论那里，经验是与思维相对的感觉经验，而杜威则认为，思维或推理并不独立于经验而存在，它们就在经验内运作，是经验的一部分。由此可见，杜威的经验理论和皮尔士、詹姆斯的经验理论一样，大大地扩充了经验的概念，将经验奠定在人的生命活动基础之上。

实验主义的探究理论

杜威常常将他的哲学说成是“经验的自然主义”或“自然主义的经验主义”。杜威批评传统哲学所谓“旁观者的知识论”以主体与客体的截然分离为出发点；而在杜威看来，人与自然，也就是他的世界，本来就是一体的。人本身是自然过程的一部分，思维只是人这个活的有机体与其环境高度发展的积极关系的形式，是一种自然过程与活动。杜威深受达尔文进化论思想的影响，他认为万物都以某种方式对自己的环境做出回应。各种有机体对环境反应的方式多种多样，思维是人这个有机体对环境回应的特殊方式。但这种回应决不是被动的，而是积极的，有选择的，所以杜威也把它叫做“探究”(inquiry)。思想的目的是为了改变环境，环境不仅是物理的，也是文化的。它不是固定稳定的东西，而是种种互动力量形成的动态组合。探究就是要把不确定的情况或环境变为确定的情况或环境。

在杜威看来，人生于世的基本使命，就是对付环境提出的种种挑战和问题，用行为主义的术语来说，就是对环境做出回应。人的回应与其他有机体的回应不同，它不但旨在改变环境，也是一个探究的过程。人在与环境的相互作用中，一开始是凭习性来做出回应的。如果习性能解决问题，人就不会再进一步去探究。但往往单凭习性解决不了问题，环境呈现为问题，这时，就需要探究和反思了。探究的基本模式是：（1）困惑、混乱与怀疑，产生于这一事实，即人们处于一种其全部特征尚未确定的不完整的境遇中；（2）推测性的预期——对给定的元素作试验性解释，以影响某些结果；（3）对手头的所有可定义与说明的问题的理由进行仔细的调查（检验、审查、探测与分析）；（4）对试验性的假说进行详细阐述，以使其更加精确、连贯，从而与更大范围内的事实相一致；（5）将所提出的假说视为一种可以应用于现存事态的行为方案，公开采取某种行动以实现预期的结果，并因此而检验上面的假说。[41] 探究从一个问题处境开始，以这个处境或人本身的某种改变结束。

很显然，杜威的探究理论是以科学实验模式为范本的，探究从根本上说是实践的，因为它的根本目的就是要改变问题处境，但这不等于说任何探究必然导致付诸实践的行动。例如，理论科学家探究的结果就不一定是一个具体的行动，而是一个新的理论或假设。但这并不能改变观念是行动的计划这个事实。科学理论和假设虽然一时可能与人的行动无关，但只要它们是预见性的（它们一定是这样），它们终极会与人的行动发生关系，成为行动的某种指导。但这只是指总体的倾向而言，理论与行动是可能的操作方式的关系，而不是当下的直接的因果关系，因为问题处境总是特殊的，人的行动也未必都遵照思想，理论作为行动计划只是提供一个大致的行动方向。所以杜威对一般理论和概念不是很看重。

杜威认为，由于问题处境是多种多样的，所以我们具体的探究以及用以解决问题的程序、检验方法、证据类型等等也要随着不同的处境而变化，上述探究模式只是探究的一般模式。具体的探究决不会是孤立的，而总是在其他的种种探究的背景下发生的。探究所需的规则、程序和证明都是从别的成功的探究中取得的，如杜威自己就从自然科学的探究中获得他的探究模式。我们从成功的探究中抽象出来的观念可以指导进一步探究。而皮尔士所说的那种探究者共同体则积累成功的结论和规范以在进一步的探究中使用。探究是可错的，也是可修正的，探究必须在未来不断受到检验。

杜威的探究理论也是对他所谓的“旁观者的知识论”的一个纠正。“旁观者的知识论”也就是传统的认识论。这种认识论认为认知者是与认知对象完全分离的观察者，他越不介入认知对象，他的认识（知识）就越客观、越正确。但杜威认为：“生物学发展的结果已经推翻了（传统的）理论。哪里有生命，哪里就有行动和活动。为了使生命得以延续，这些活动既要是连续的，又必须与环境相适应。而且，这种适应性的调整并不是完全被动的。生命体为了自身的利益会改变周围环境的某些因素。”“有机体与环境的互动结果是某种适应性的产生，它确保了对后者的利用，这是一个基本事实……知识被降格为从属的地位，在起源上成为第二位的。即使是它曾经有过的重要性，也被大大地削弱了。知识不是某种孤立自足的东西，而是在生命的维持和进化过程中不断发展的东西。”[42]人从来就是环境的一部分，经验是人与环境中既稳定又不稳定因素的互动，所以，传统认识论作为旁观者的主体，只是一个错误的虚构。另一方面，环境也是变动不居，而不是什么永恒不变的实在。因此，“旁观者知识论”的存在论预设就是根本错误的。

探究理论把认识对象理解为人在其中生活的世界，是一个不断变化的动态过程。认识就是引导和控制环境的能力，是探究的一种基本样式，它也能引起世界的某种变化。这就是说，在杜威看来，认知是人类生存实践的一部分。它不是对客观世界的记录，而是对它的改造。建筑师给石头和木材加上它们前所未有的性质和关系就是这种改造的典型例子。这样，认识论问题也被纳入了实践哲学的范围。

教育哲学

杜威作为一个教育家与他作为一个哲学家一样有名。也许他自己从来就没有将哲学和教育完全分开，因为他也说过，一切哲学都可看作是教育哲学。当然，如果像他这样一个大哲学家的教育思想与他的哲学没有关系，倒会是很奇怪的。教育的对象首先是儿童。在十九世纪下半叶，多数美国学校教育还是采取满堂灌的方式，这实际上是把学生看作被动的信息和知识的接受者。这是杜威坚决反对的。但杜威也反对以儿童为中心的教育思想，因为，儿童的经验还不成熟，而人的经验是需要发展的，教育就是促进这种发展。“教育即成长”的命题就含有这层意思。杜威认为，人的成长不可能是自发的，教育就是不断地重构教育，使其由不成熟走向成熟。在这过程中，儿童需要积累和吸取别人的经验，通过连续学习取得进步。由于儿童的经验还不成熟，不能让他们来挑选学什么和怎样学，“杜威从来没有讲过要放弃有组织的题材，或者取消教师的主导作用。”“‘儿童中心学校’这个术语在杜威的词汇中是没有的，其他像什么‘创造的自我表现的教育计划’和‘学生的积极性’等提法，一再使他表示惊愕。”[43] 著名的“在做中学”也不像有些人理解的那样是一个反智主义的主张，而只是说一个合适设计的教育必须指导学生，通过让学生参与种种不同类型的经验而开发他的创造性和主动性。教育还有道德教化的功能，通过经验不断重构和成长发展孩子的道德品质。但这不是将德行灌输给学生，而是通过开发学生的公平心、客观性、想象力、对新经验的开放性，鼓励他们在新经验中改变自己的心灵来教他们德行。[44]

作为一个实践哲学家，杜威始终关心社会的改造，他的教育哲学与其他一些教育哲学不同的地方就在于，他把学校看作是社会改良的模型和手段。学校是个小社会，但它不应该是大社会的摹本或镜像，而应该是一个理想的社会，能反衬出大社会的种种缺陷，从而有助于它的改造。因此，学校教育不能脱离社会生活，而应该尽可能接近社会生活。但学校不是职业培训中心，而应是人们学会为了一个共同目标合作共事的地方。教育不仅仅是教各种知识，更重要的是促进个性的全面发展，培养有是非感、有责任心的公民，他们将能消除社会的罪恶，建立一个更好的社会。

政治哲学

杜威是二十世纪最伟大的民主哲学家，他一生的哲学努力可以归结为试图尽可能地扩大民主，让民主在生活的各个领域中实现。“他寻求一种无所不包的民主概念，一种对民主的全面的系统阐述，这种阐述不同于以往所有哲学家对民主的阐述。”[45]因此，杜威的政治哲学可以成为民主的理论。

以往的民主理论往往把民主狭义地理解为一种政治制度，或一种政府形式。但在杜威看来，民主首先是一种生活方式，而民主的政治制度只不过是实现一种真正人道的生活方式的方法。与古典自由主义者不同，杜威并不把个人理解为孤立的原子式的个人；相反，人总是在一定的群体中生活，也就是说，共同体生活是人类的结构特征，而民主就是“共同体生活本身这一概念”。“关于共同体生活的明确意识，构成了民主概念的全部意义。”[46]因此，民主不是从国家开始，而应从家庭开始。“民主的核心和最终保证是邻居们聚集在街头巷尾反复讨论所读到的未受检查的当日新闻，以及朋友们聚集在起居室与公寓中自由地相互反驳。”[47]民主“在本质上是一种合作性的承诺，依赖于说服、说服的能力和通过理性而被说服。”[48]

杜威理想政治的样板是像他家乡那样的小城的政治生活，大家通过理性的商谈来参与共同体的公共事务和集体生活。在他看来，“民主是一种自由和丰富的交往的生活的名称。”[49]民主的方法是磋商的方法、谈判的方法、劝说和交流的方法。杜威也看到，在现代社会，这变得越来越困难。在社会领域，人们往往并不服从科学理性的原则和科学方法，而是为了自己的私利牺牲民主。一方面，媒体通过宣传和制造虚假的公众舆论“从内部破坏民主”[50]；另一方面，各种利益集团为了自身的利益会故意侵害公共利益。在这种情况下，我们一方面得确立一个公善的标准，这就是人的全面发展。杜威认为：

> 政府、商业、艺术、宗教以及所有社会制度都有一种意义，一种目的。那种目的就在于解放和发展一切个人的能力，而不管个人属于什么种族、性别、阶级或经济地位……民主有许多意义，但如果说它有一种道德意义，那它的道德意义就在于解决这样一个问题，即一切政治制度和工业制度的最高检验标准就是它们有助于每个社会成员的全面成长。[51]

这就是说，人的全面发展应该是衡量社会公善的惟一标准。这与马克思的思想不谋而合。

另一方面，国家应该根据这个原则在各冲突的集团之间充当仲裁者的角色。由于社会总是存在一些“以共谋犯罪为目的的团体、在为公共服务时又侵害公众的商业集团、靠掠夺的利益维系在一起的政治机构”[52]，尤其是各种资本集团甚至决定了最重要的公众成分和权力部门，还必然伸手篡夺政府机构，控制立法和行政，政府必须抑制那些危害民主的团体，那些团体必然会阻碍人的全面发展。为了保证社会所有成员的全面发展，国家应该尽可能提供一切条件，哪怕经济或其他方面的困难。

与许多英美政治理论家不同，杜威不是制度至上论者。在他看来，比起一个受过教育、经过启蒙、富有公益精神和积极能动的公民主体，制度是次要的。真正的民主系于这样的一个公民主体，而不是某些政治安排或政府形式。如果没有一个这样的公民主体，那么个人自由就会消灭在受人蛊惑的多数人的暴政之中。因此，杜威将教育看作养成民主习惯、培养合格公民的途径，是民主的必要准备。民主的政治制度是心理和经济民主化的结果。尽管二十世纪的历史经验并未证明杜威理解的那种民主的不断扩大，但他仍对民主充满信心，他相信民主将会不断地扩大。但对于今天的人们来说，杜威显然是过于乐观了。

注释

［1］〔美〕M.K. 穆尼茨：《当代分析哲学》，吴牟人等译，复旦大学出版社，1986 年，第 17 页。
［2］ Peirce，*Collected Papers of Charles S.Peirce*，Cambridge，Mass.，1931—1958，1.14.
［3］ Ibid.，5.416.
［4］ Peirce，*The Collected Papers of Charles S.Peirce*，7.319.
［5］ Ibid.，5.4.
［6］ Ibid.，5.402.
［7］ Ibid.，3.266.
［8］〔美〕M.K. 穆尼茨：《当代分析哲学》，吴牟人等译，复旦大学出版社，1986 年，第 67 页。
［9］ Peirce，*The Collected Papers of Charles S.Peirce*，3.363.
［10］ Ibid.，1.26.
［11］ Ibid.，1.25.
［12］ Ibid.，6.215.
［13］ Peirce，*The Collected Papers of Charles S.Peirce*，1.611.
［14］〔美〕M. 怀特：《分析的时代》，杜任之主译，商务印书馆，1981 年，第 155 页。
［15］〔德〕费迪南·费尔曼：《生命哲学》，李健鸣译，华夏出版社，2000 年，第 75 页。
［16］ R.B.Perry，*The Thought and Character of William James*，Cambridge，1948，p.275.
［17］〔英〕洛克：《人类理解论》(上册)，关文运译，商务印书馆，1983 年，第 83 页。
［18］ 同上，第 84 页，
［19］ 尚新建：《美国世俗化的宗教与威廉·詹姆斯的彻底经验主义》，上海人民出版社，2002 年，第 109 页。
［20］〔美〕詹姆斯：《彻底的经验主义》，庞景仁译，上海人民出版社，1986 年，第 2 页。
［21］ 同上，第 79 页。
［22］ 同上，第 50 页。
［23］ 同上，第 51 页。
［24］ J.E.Tiles，“American Pragmatism—James”，in *Routledge History of Philosophy*，vol. Ⅶ，ed. by C.L. Ten，London & New York，1994，p.381. William James Earle，“William James”，in *The Encyclopedia of Philosophy*，*vol.*4，p.246.
［25］〔美〕M. 怀特：《分析的时代》，杜任之主译，商务印书馆，1981 年，第 161 页。
［26］ 同上，第 163-164 页。
［27］〔美〕詹姆斯：《实用主义》，陈羽纶、孙瑞禾译，商务印书馆，1979 年，第 103 页。
［28］ W.James，*Pragmatism and the Meaning of Truth*，Cambridge，Mass.，1975，p.118.
［29］ W.James，*Pragmatism and the Meaning of Truth*，Cambridge，Mass.，1975，p.55.
［30］ Horace Kallen，“Freedom and Education，” in *The Philosophy of the Common Man*：*Essays in Honor of John Dewey to Celebrate His Eightieth Birthday*，New York，1940，pp.31-32.
［31］〔美〕简·杜威：《杜威传》，单中慧译，安徽教育出版社，1991 年，第 52 页。
［32］ John Dewey，“Philosophy and Democracy”，*Characters and Events*，New York，1929，2：843.
［33］ John Dewey，*Reconstruction in Philosophy*，*The Middle Works of John Dewey*，1899-1924，vol.12，Carbondale，1982，p.94.
［34］〔美〕杜威：“从绝对主义到实验主义”，《杜威传》，第 70 页。
［35］ Cf. Cornel West，*The American Evasion of Philosophy*，Madison，1989，p.88.
［36］ John Dewey，“The Need for a Recovery of Philosophy”，*On Experience*，*Nature*，*and Freedom*：*Representative Selections*，ed. Richard J.Bernstein，New York，1960，p.25.

[37] Ibid., p.45.
[38] Ibid., p.27.
[39] John Dewey, *Quest for Certainty*, New York, 1960, p.81.
[40] John Dewey, "The Development of American Pragmatism", *Philosophy and Civilization*, New York, 1968, p.24.
[41] John Dewey, *Democracy and Education*, *The Middle Works of John Dewey*, 1899—1924, (Carbondale, 1976—1983), vol.9, (Cabondale, 1985), p.157.
[42] John Dewey, Reconstruction in Philosophy, *MW* 12 : 128, 129.
[43] 〔美〕弗雷德里克·李尔奇："杜威的经验思想和社会思想回顾"，《杜威传》，第188，187页。
[44] Richard Bernstein, "John Dewey", *The Encyclopedia of Philosophy*, vol.4, p.384.
[45] 〔美〕列奥·施特劳斯、〔美〕约瑟夫·克罗波西主编：《哲学哲学史》(下册)，李天然等译，河北人民出版社，1993年，第1007页。
[46] John Dewey, *Public and Its Problems*, *The Later Works of John Dewey*, 1925—1953, Carbondale, 1981—1990, vol.2, p.328.
[47] *The Later Works of John Dewey*, vol.14, p.227.
[48] *The Middle Works of John Dewey*, vol.10, p.404.
[49] John Dewey, *Public and Its Problems* (Athens, Ohio, 1954), p.184.
[50] John Dewey, *Freedom and Culture*, *The Later Works of John Dewey*, vol.13, p.168.
[51] John Dewey, Reconstruction in Philosophy, *MW* 12 : 186.
[52] John Dewey, Democracy and Education, *MW* 9 : 88.

第七讲　语言分析与逻辑：分析哲学的开山

“分析哲学”是现代西方哲学的一个主要流派，延续了一个世纪，几乎统治了英美的学院哲学。虽然分析哲学最基本的主张之一就是要求意义精确，但它本身却没有一个普遍同意的精确定义。有人认为，分析哲学有广义和狭义之分。在广义上，它包括“G.E.摩尔所作的那种分析；B.罗素所主张的逻辑分析思想；逻辑实证主义者（如M.石里克、R.卡尔纳普、H.莱辛巴赫、A.J.艾耶尔）的主要学说；由J.奥斯丁等人为首的‘牛津日常语言哲学学派’；同维特根斯坦的著作联系在一起的基本类型的概念分析；对各种有关指称和真理的语义问题的考察，这些问题属于同数理逻辑和语言学的新近发展……联系在一起的哲学逻辑范围。”[1]

分析哲学与现代西方哲学的许多流派和理论一样，是作为对近代西方哲学的反拨出现的。认识论问题是近代西方哲学的主要问题，建立在主客体对立基础上的传统认识论，在康德哲学那里发展到了极致，但也充分暴露了其内在的困难：主体与客体的鸿沟始终无法真正跨越。现代西方哲学，包括分析哲学，基本上摒弃了近代认识论问题及其理论预设——主客体对立。对于分析哲学家来说，问题不是我们是否能够获得知识，而是如何使我们获取知识的条件与工具——语言与逻辑更加精确与可靠。因此，他们特别关心达到语言意义的明确性的方法是什么？达到真理的可靠的探究方法的特点是什么？做出正确有效的论证的条件是什么？[2] 这些问题必然与逻辑有关。

与现代西方哲学的其他流派相比，分析哲学特别重视逻辑。他们认为，逻辑处理的是人类特有的言语能力、推理能力、概念思维的能力和理性探究的能力。[3] 因此，他们往往通过逻辑研究来开展他们的工作。在此意义上，弗雷格的工作对于后来的分析哲学家来说，有筚路蓝缕之功。

弗雷格

弗雷格（Gottlob Frege，1848—1925）是德国数学家和哲学家，也是现代数理逻辑的创始人之一。虽然他的学术生涯是在耶拿大学数学系度过的，但他出版的著作半数属于哲学，其中最主要的有《概念符号系统》（1879年）、《算术基础》（1884年）和《算术基本法则》（共两卷，1893年，1903年）。

虽然弗雷格的哲学工作仅限于哲学逻辑和数学哲学，但他对后来的分析哲学家却产生了巨大的影响。有人认为："维特根斯坦的《逻辑哲学论》中几乎所有的问题都是来自弗雷格的逻辑和语言哲学。罗素的不完全符号理论——他的逻辑分析的基础，正是得益于弗雷格的启发。卡尔纳普的科学逻辑概念是弗雷格的，他的解释学说……亦是得自弗雷格的思想。"[4]

弗雷格工作的出发点

弗雷格最初的工作是想为数学提供一个严密的逻辑基础。但在这么做时，他发现日常语言不是一个适当的工具，这不仅是因为日常语言无法形式化，更是因为它“在逻辑上的不完善性”，即不具有逻辑的严密性和明确性，它缺乏构成明晰推理的手段，缺乏区分不同种类推理的功能。[5]他的基本想法是，只有借助形式逻辑的理想语言建立和展示标准，这些缺陷才能被辨认出来并加以消除。只有用形式逻辑的工具对自然语言的日常用法进行批评和详细检查，哲学才会具有明确性。[6]为此，他自己设计了一套逻辑符号系统，这也就是现代数理逻辑的发端。虽然弗雷格最终并未能将数学推理还原为逻辑推理，但他为此设计的逻辑符号系统却有更为广泛的应用。

弗雷格认为，我们的日常语言含混不清，不能清晰地表达真命题，相反，常常产生幻象，引导人们去错误地看待事物。但语言还是我们必不可少的一个工具。因此，哲学家的任务就是和语言斗争，把思想从语言表达方式的本质附加给它的东西中解救出来。他的概念符号则是这方面一个有用的工具。

在弗雷格看来，要避免语言的陷阱，须将语言从逻辑上加以纯化，首先要将心理的东西和逻辑的东西，主观的东西与客观的东西加以区分。在弗雷格的时代，由于实验心理学的影响，心理主义在哲学界盛行。心理主义者将思想的内容与思维过程混为一谈。但在弗雷格看来，思维过程或心理活动是纯粹主观的东西，因人而异；而思想的内容则是公共的、客观的，可以被一切人掌握。逻辑学不是心理学，它不研究人的心理活动，而只研究思想本身的性质以及它们之间的关系。弗雷格把区分心理的东西和逻辑的东西、主观的东西和客观的东西，作为他的哲学逻辑的第一条原则。

弗雷格是经院哲学意义上的实在论者，他相信概念、关系和客体的客观实在性，因此，对他来说，它们之间的关系也是完全客观的关系，逻辑学研究的就是这种客观的关系，逻辑关系就是这种客观关系的表达，这其实开了后来维特根斯坦世界、语言和逻辑三者形式同构的先声。

弗雷格的意义理论

弗雷格认为，实在的东西，并不一定具有空间广延性，不具空间广延性的东西也可以是实在的。说概念是实在的，就是说它并不是一个纯粹的符号，而是有内容的。概念的内容就是它的意义，意义是实在的。由此出发，弗雷格做出了著名的意义和意谓的区别。

在《论意义和意谓》这篇著名的论文中，弗雷格一开始就指出，传统关于分析命题和综合命题的区分并没有告诉我们，为什么 a=b（综合命题）比 a=a（分析命题）提供了更多的知识；或者为什么"昏星就是晨星"比"昏星就是昏星"包含更多的知识。弗雷格的回答是，这是因为，昏星与晨星虽然意谓相同，即它们都指同一的星体，但它们的意义是不同的。意谓不等于意义。弗雷格在《论意义和意谓》中对符号的意义与意谓的关系有如下经典的表达："符号、符号的意义和符号的意谓之间的有规律的联系是这样的：相应于符号，有确定的意义；相应于这种意义，又有某一意谓；而相对于一个意谓（一个对象），不仅有一个符号。相同的意义在不同的语言中、甚至在同一种语言中有不同的表达。"[7]但有时候符号可能有意义而无意谓，如"离地球最远的天体"这个专名就只有意义，而不一定有意谓。弗雷格还提醒人们，要把符号的意谓和意义与和符号相关联的表象区别开来。表象是主观的，因人而异；而意谓和意义都是客观的。

但符号对于弗雷格的语言哲学来说并不是最重要的分析单位，最重要的分析单位是句子，因为只有句子才能表达思想。与符号一样，句子也有意谓和意义。句子的意义就是它的思想，而其意谓则是它的真值，即句子的真假。我们把句子中的一个词代之以另一个意谓相同而意义不同的词，并不影响这个句子的意谓，但它们的思想却是不同的。如“晨星是一个被太阳照亮的物体”和“昏星是一个被太阳照亮的物体”，这两个句子的思想是不同的，但知道“晨星”和“昏星”指的是同一天体的人，都会知道，如果前一个句子真，则后一个句子也真，反之亦然。可见，思想并不是句子的意谓。

区分句子的意义和意谓对于判断句子的真假对错具有重要的意义。弗雷格重视的是语言表述客观事实或思想的功能，只有知道句子是真是假，我们才能真正得到知识。因此，我们不但要知道句子的思想，还必须知道句子的意谓。句子的意谓是由句子的意义，即句子的思想决定的。如果这个句子是由几个部分组成的，那么它的意谓，即它的真假由它的这些组成部分的意义决定。

弗雷格对意义和意谓的区分使得意义研究成了哲学研究的主要领域，同时也为二十世纪的语言哲学研究奠定了基础。就此而言，弗雷格实际为现代西方哲学开辟了一个新的方向。

虽然句子的意谓由它的各组成部分的意义而定，但语词（它们可以是句子的组成部分）的意义，却要由语句的语境来定。弗雷格把“决不孤立地询问一个词的意义，而只在一个命题的前后关系中询问词的意义”作为他的第二条基本原则。上面已经说过，对于弗雷格来说，句子是为了述说，为了说出真的或假的东西，也就是作判断。语词的意义取决于句子的意义，语词本身没有独立的意义。但不管怎么说，语词不可能作为一个空白的纯粹符号走进句子，为什么在句子中用这个词而不用别的词，决不是任意的，而是受到词义本身的制约的。因此，弗雷格的意义理论也已隐含了释义学循环的结构，即我们要知道句子各部分的意义，必须知道整个句子的意义；但句子的意义又是由句子部分（如语词）的意义决定的。因此，他的语境原则实际只是在此结构中才相对可能。也许确如达米特所讲的，弗雷格的语境原则只是为了“使句子在语言中有一种特殊的独特的作用”[8]。

区分概念与对象

弗雷格的第三条基本原则是区分概念与对象。如上所述，弗雷格关心的是句子的真假，因为只有有真值的句子才有可能的认识意义。而要知道句子的真假，逻辑必须分析组成句子的各个部分的类型。但现代逻辑对句子的分析与传统逻辑不同，它不但要对句子的内部成分进行分析，也要对组成论证的一系列句子的相互关系进行分析。弗雷格把句子的组成成分分为专名和谓词。专名表示对象，谓词或概念词表示概念和关系，它对对象进行表述。但弗雷格讲的谓词不等于传统语法的谓语。因为弗雷格的语言分析不是语法结构的分析，而是逻辑结构的分析。因此，谓词或概念表示的不是一个个体，而是一个结构，或者说一个有待充实的函数。如“……是哲学家”就是一个这样的概念或函数，它本身是不完全或不饱和的，我们可以往里填上“苏格拉底”“黑格尔”或“熊十力”。填上这些专名时我们就得到了一个真值为真的句子。但如填上“大气层”则该句子的真值为假。概念词无论出现在主语的位置上还是出现在谓语的位置上，都不影响其为谓词。不管是专名还是表示个体的一般名词，从逻辑分析的角度看，只要它们处在概念之下，它们就是谓词，尽管它们从语法结构上看，既可以作主语，也可以作谓语。

弗雷格曾这样来概括他关于对象与概念的区别的思想：

> 一个概念决不可以代替一个对象，反过来也是这样……概念的性质可以通过这样的事实来加以刻画，即它们被认为有一种谓词的性质。一个对象决不能称谓任何东西。当我说“暮星就是金星”时，那么我并不是以金星为谓词，而是与金星的等同为谓词。从语言上说，专名相应于对象，概念词（nomina appellativa）相应于

概念。但是，在日常语言中，原先为专名的东西（如“卫星”）可以成为概念词，而原先为概念词的东西（如“上帝”）则可以变为专名。所以，这种区分就变得不那么截然分明了。……现在，在对象和（一阶）概念之间具有一种包含的关系：一个对象归入一个概念。例如，耶拿是一个大学城。概念一般由支概念（特征）所组成。黑绸布就有黑、绸、布这些特征。一个归入这个概念的对象以这些特征作为它的性质。就一个概念而言，特征就是归入那个概念的对象的一种性质。同这种包含关系非常不同的是，一个一阶概念对另一个一阶概念的从属关系，如在“所有的正方形都是矩形”中，主概念（矩形）的**特征**也是从概念（正方形）的特征。当我说“至少有一个4的平方根”时，我所称谓的并不是2或−2，而是**4的平方根**这个概念。我并没有给出这个概念的一般特征；相反，这个概念必须已经被完全认识了。我并没有抽出这个概念的任何组成部分，而是陈述了这个概念的一种特定的构成，由于这种构成它就不同于，譬如说，**大于2的偶质数**这样的概念。我把概念的个别的特征比作建造一所房子的石头；在我们的命题中被当做谓词的东西则比作房子的一种性质，如它的大小。这里，也有某种东西被称谓，但不是一个一阶概念，而是一个二阶概念。**4的平方根**同存在联系的方法非常类似于耶拿同大学城联系的方式。这里我们有一种概念之间的关系；但它并不是像从属关系那样的一阶概念之间的关系，而是一个一阶概念同一个二阶概念之间的关系，类似于一个对象归入一个一阶概念那样的包含关系。在这里，一阶概念所起的作用类似于一个对象在包含关系的情况中所起的那种作用。[9]

由此可见，决定句子真值的，不是对象，而是概念的包含关系。

罗素

贝特兰·罗素（Bertrand Russell，1872—1970）是二十世纪最负盛名的英国哲学家，也是哲学史上极富个性、极具传奇色彩的人物，他丰富多彩的一生和惊世骇俗的言行，充分展现了一个真正哲学家的人格魅力。罗素一生思想多变，经常以今日之我反对昨日之我，以至于有人讽刺他每几年就要产生一个不同的哲学体系。但支配他一生的三种激情却始终如一，这就是对真理不可遏制的探求，对人类苦难不可遏制的同情，对爱情不可遏制的追求。正是这三种激情，使罗素成为二十世纪西方哲学史上最有光彩的人物之一。他曾因反对第一次世界大战而被剑桥大学开除；也曾因自己的道德和宗教观点而无法在美国大学任教；89 岁高龄还因为要求核裁军而坐牢。他有声有色的一生使主流学院派哲学家们显得异常苍白。

罗素出生在英国的一个贵族家庭，其祖父曾两度在维多利亚女王手下任首相。罗素自幼喜欢数学，因为数学允许他怀疑。随着年龄的增长，他也对哲学发生了兴趣。在剑桥大学上学时，罗素曾接受过当时流行的新黑格尔主义，但不久就在他的朋友摩尔的影响下抛弃了黑格尔哲学，而转向一种朴素的实在论的立场。他哲学发展的真正分水岭是受意大利逻辑学家皮亚诺的影响后转向数理哲学的研究。皮亚诺的符号逻辑使他相信，通过逻辑构造，数学可以还原为逻辑。他和他的老师怀特海合作完成的《数学原理》（1910—1913），就是要证明这一点。罗素在数理逻辑和哲学研究方面所取得的成就使他成为分析哲学的开创者之一。但是，罗素的哲学研究并不限于数理逻辑和数理哲学方面，他对认识论的问题也进行了大量的研究，成就却远不如他对前者的研究。

罗素的主要著作除了《数学原理》外，还有《莱布尼茨哲学导论》

（1908）、《哲学问题》（1912）、《关于我们外部世界的知识》、《数理逻辑导论》（1918）、《心的分析》（1921）、《物的分析》（1927）、《西方哲学史》（1946）、《人类的知识》（1948）等。

罗素1920年至1921年曾来华讲学，回去后著有《中国问题》一书，对中国文化和中国人民有友好的感情，但也并不是一味赞美。罗素在1950年因《西方哲学史》一书获诺贝尔文学奖。

类型论和摹状词理论

罗素的名字在哲学史上首先是和类型论与摹状词理论联系在一起的。类型论的提出，起源于罗素对逻辑悖论，主要是集合论悖论和语义悖论的发现。所谓集合论悖论，就是“一方面，能够被计算的事物的类，它本身也是能够被计算的东西；另一方面，人的类本身不是一个人。这样，我们似乎得到两个类的类，一个是这样一些类的类，这些类是自身的一个成员，另一个是这样一些类的类，它们并不是自身的一个成员。但是，我们现在问这第二个类的类，它是否是它自身的成员，我们就得到了一个矛盾的回答，如果它是它自身的成员，它就不是它自身的成员；如果它不是它自身的成员，它就是它自身的成员。”[10]语义悖论就是所谓的“说谎者悖论”，即如果有人说他在说谎，那么他到底是在说谎呢，还是不在说谎？如果他说的是真话，那么他就在说谎话；如果他说的是谎话，他就是在说真话。

按理说逻辑应该是最严密的，但现在逻辑本身却出现了悖论。罗素的类型论，就是要解决这个问题。罗素发现，问题出在类只是符号或语言的约定，并且是不完全符号，而不是实体。罗素认为，每一个命题函项，除了有真值域外，还有含义域。例如，在命题函项“X是要死的”中，我们有许多值可以来代替变项X，而命题为真。如“苏格拉底是要死的”就是如此。但也有些值如代替X的话，命题既不真也不假，而是无意义的。如“人的类是要死的”就是无意义的。因为我们不能用死或不死来有意义地称谓人的类。从“如果X是人的话，X是要死的”，我们可以推出“如果苏格拉底是人，苏格拉底是要死的”；但我们不能推出人的类是要死的，因为人的类只是一个符号，它既不是，也不能是一个人。这就是说，人的类不能是它这个集合自身的一个成员。说它要么是，要么不是它自身的一个成员是无意义的，因为是自身的一个成员的类的观念是无意义的。因此，解决上述悖论的出路就在于坚持类不能是自身的一个成员，并区分类型的等级。如一个俱乐部是个人的类，它不能是它自身的成员，但它可以是另一个类，如俱乐部协会这个类的成员，后者是一种类的类。但不管是类，还是类的类，都不能是它自身的一个成员。这样，集合论悖论就不会出现。

语义悖论也可以用同样的方法加以解决。“如果我们把这一点运用于‘我在说谎’的那个人，我们就可以发现，矛盾消失了，因为他必须说他是哪一类型的说谎者。如果他说‘我正在断定一个第一类型的假命题’，那么事实上，既然他的这个陈述涉及第一类型的全体，这个陈述本身就是属于第二类型的。因此，他说他正在断定第一类型的一个假命题就不真，因而他仍然是个说谎者。同样地，如果他说，他正在断定一个第30000类型的假命题，那么这个断定本身就是一个第30001类型的陈述，因此他仍然是个说谎者。这样，关于他同时又不是一个说谎者的反论证就土崩瓦解了。”[11]

罗素认为他的类型论应用于传统形而上学问题也有重要的意义。一旦我们不再把世界看作一个实体，而是看作一切有限实体的类的话，它就不可能再是一个偶然的实体或存在物，讨论它是物质还是精神，以及它存在与否，将是无意义的。

摹状词理论也是起于一个悖论，即金山悖论。这个悖论是由奥地利哲学家迈农（Alexius Meinong，1853—1920）提出的。迈农发现，当人们说

"金山不存在"时，即将一个不存在的东西作为一个命题的主词时，他们其实已经肯定了它的存在，虽然不是作为实体的存在，而是作为观念的存在。迈农的论证是，如果你说这座金山不存在，那么，很显然有某个你说它不存在的东西，即"这座金山"；因而这座金山一定存在于什么地方，否则"这座金山不存在"这个陈述没有任何意义。罗素早年一度信奉柏拉图主义，因而认为人们在原则上可以用名词不但指称存在的具体事物，也可以用它们来指称抽象的，甚至不存在的事物，如金山或圆的方。因此他也信服迈农的论证。但后来他就觉得无法再相信那些非实在的和逻辑上不可能的东西的存在了。这时他是一个极端的实在论者。他说："逻辑必须与动物学一样真正地关心真实的世界，虽然逻辑带有更抽象，更普遍的特征。"[12]因此，必须设法解决金山悖论这一类悖论。

罗素认为，首先，我们必须有一种"健全的实在感"，就是坚决不能承认逻辑上不可能或根本不存在的东西。但问题是实际上我们会不时像说一个实际存在的东西那样来说这些东西，似乎实际不存在的东西是存在的。罗素的摹状词理论，就是要摆脱这种似是而非的存在论。他认为，我们必须区分专名与摹状词。专名必须指称一个对象，如北京，物理学等。而摹状词则可以完全没有任何指称，而只指事物的某方面特征，如当今的瑞典国王，世界首富等。就此而言，摹状词是没有意义的，它是一个不完全的符号，它的意义在句子的上下文关系中，不能成为句子或命题的主词。

在区分了专名和摹状词之后，我们就可以通过改写出现确定摹状词的句子，使原来确定的摹状词在改写后的句子中不出现，或使它成为谓词，而不是主词。这样，摹状词的实在性就随之消失了。让我们来看看罗素是怎么做的。

当今的法国是共和制，没有国王；但如果我们说，"当今的法国国王是秃头”，好像存在着当今法国国王。罗素分析说，我们如果要否定这个命题的话，那么否定的并不是这个当今的法国国王是秃头，因为并不存在当今的法国国王，我们只有否定当今法国国王的存在，才能否定上述命题。为此，我们可以将“当今的法国国王是秃头”改写为“至少有一个 X 是当今法国国王，至多有一个 X 是当今法国国王，X 是秃头。”这样，“当今的法国国王”就没有实在的意义，因为它现在和“是秃头”一样，是谓词，而不是主词。

再来看罗素是如何用他的摹状词理论处理金山悖论的。罗素说，在摹状词理论看来，虽然“这座金山”在语法上可以是一个有意义命题的主词，但经适当分析，这个命题就没有主词了。命题“这座金山不存在”通过这种分析就成了：“对 X 的一切值来说，‘X 是金的而且是一座山’这个命题函项总是假的。”[13]

我们看到，按摹状词理论改写过的句子，明显不是我们日常说的语言。未经改写的句子在语法上并不错，但在逻辑上却有问题。而改写后的句子则消除了逻辑上的悖论。这说明，一个命题的逻辑结构不同于它的语法结构。只有遵循严密的逻辑句法，我们才能避免逻辑悖论。这也是分析哲学的一个基本想法。

但罗素的摹状词理论并不仅仅为了解决逻辑悖论，它也试图一劳永逸地解决传统的存在论问题。按照摹状词理论，只有专名才能作主词，而专名必须有具体的指称物。因此，专名蕴含存在，存在不能是谓词，也就是说，存在不是事物的性质。“不管你在此指的是事物的种，还是被摹状的个别事物。例如，当我说‘荷马存在’时，我说的荷马是指某种摹状词，如‘荷马史诗的作者’，而我所断定的是一个很可疑的命题：有一个人写了这些诗。但如果你碰到了一个实际上确实写这些诗的一个实际的人（假定有这样的人），那么你说他存在是没有意思的，不是假的而是没有意思的……只有在使用命题函项的地方，我们才可以有意义地断定句子。……因此世界上有的那些个体并不存在，或者更确切说，说这些个体存在和不存在是没有意思的。你命名事物时并不能说它，只有在你摹状这些个体时，它才是你可说的事物。”[14]这就是说，只有在具体经验的规定条件下，谈论存在才是有意义的。而传统对存在的抽象断言，如“上帝存在”“世界存在”等等是毫无意思的。罗素由此也开了以语言分析来处理存在论问题的先河。

存在论和认识论

虽然罗素对现代数理逻辑的发展做出了很大的贡献，人们在谈到罗素哲学时往往也只关注他在这方面的工作，但罗素并不像弗雷格那样，只是一个逻辑哲学家。相反，他主要关心的仍然是传统的存在论问题与认识论问题。虽然有人说：“他的哲学是一个战场，在这个战场上他对他自己打了一个无胜利希望的仗；有时候走的是这一个路线，有时候走的是另一个路线；他把整个范围都走到了才得到了结论，这些结论往往正和他原来所希望的结论完全相反。”[15]但罗素始终没有放弃他对存在论和认识论目标的追求，他在这些目标的追求上甚至付出了更大的努力。

罗素年轻时曾一度信奉黑格尔主义，但很快就回到了英国经验论的传统，而他的方法论立场则贯彻了“奥康姆剃刀”的原则。奥康姆要求“如无必要，切勿假定过多”。在罗素的语言哲学中，它被转变为对“最小词汇量”的追求；而作为一般的方法，罗素将这条原则变为“宁用已知实体进行构造而不用它们来推论未知实体”[16]。这也就是他的逻辑构造的原则。这个原则的基本思想是：“在进行任何逻辑分析时，即在讨论任何复杂符号或观念的意义时，在决定什么是实在的、什么是真的时，应当坚持不懈地努力弄清楚构成这些符号或观念的最少的真正的组成部分和要素，从而弄明这些复杂的符号或观念究竟是什么。”[17]

因此，分析是哲学的基本方法。构造建立在分析的基础上。

罗素对传统的唯心主义非常厌恶，而肯定客观世界就如现代物理学告诉我们的那样存在，但它必须通过我们的感性经验的中介，才能为我们所知，也就是说，它并不是我们认识的直接对象。这也是英国经验论者的基本立场。但英国经验论从肯定经验的主观性和相对性开始，最终得出了相对主义和怀疑论的结论。这是罗素所不能同意的。罗素试图通过他的逻辑构造主义来解决传统经验主义留下的问题。

传统经验主义的根本问题是，认为我们对事物的感觉或感性知觉是私人的、主观的，因此，知觉的内容会随着知觉者的立足点、生理和物理条件的变化而变化。虽然常识告诉我们变化的只是我们自身的观察条件，对象本身并没有变，但是，常识也无法令人信服地证明这一点。罗素并不否认我们的感性知觉（他叫做“感觉材料”），如声、色、味，乃至形状和速度等是私人的；但必须将它们与我们通过感性材料知觉到的物理世界中的实在事物区分开来，事物的属性不等于事物本身。物理世界中的公共事物由感性材料构成，但构成事物的感性材料不仅包括我们自己的感觉材料，也包括别人在某个时候，某种条件下对这事物的感觉材料。但这种构造不是物理的构造，而是逻辑的构造。因为感觉材料与客观事物之间的关系用艾耶尔的话说，不是“垂直推论”，而是“水平推论”。[18]罗素自己也不能不承认：“实在的桌子假定确实存在的话，也是不为我们所**直接**认知的，而是必须从我们所直接认知的东西中得出的一种推论。”[19]“在视觉里我们所知道的星空是在我们的体内。我们相信的那个外界的星空是由推理得到的。”[20]但问题恰恰是如艾耶尔问的：“我们可能推论出的是哪一种客体？还有，如何证明这种推论是有道理的？”[21]罗素始终没能令人满意地回答这两个问题。最后他又不得不部分回到常识，强调世界不完全是一个推理问题。[22]

传统认识论的基本前提是设定认识主体，认识要有认识主体，经验要有个经验者，思维要有个心灵。然而，这个主体、心灵却是自我封闭的，它一直在努力证明它能认识世界，可总以失败告终。早在1904年，美国哲学家詹姆斯就看出，主体是“一个虚构物的名字”，“那些对它仍然坚持不放的人只是对一个回声坚持不放，那是消逝了的‘灵魂’在哲学的空气中留下的微弱的谣传。”14年以后，罗素也接受了詹姆斯的观点。

罗素认为，主体就像数学上的点和瞬一样，是一个逻辑上虚构的东西，引进它不是因为我们观察到它，而是由于语言上的方便和语法的需要，我们完全没有理由假定它的存在。按照詹姆斯的“中立一元论”，心与物归根结底都是由当下经验材料组成，它们的不同在于各种构成成分的排列组合不同。罗素也接受了詹姆斯的这个观点。他说：

> 心和物的不同不过是一种排列上的不同。我用邮局人名簿作比喻，来对此加以说明。邮局人名簿用两种方法来把人加以区分：一是按字母表的次序，一是按地理上的位置。第一种排列是，一个人的近邻是那些在字母表上挨着他的人；在另一个排列中，是那些隔壁的邻居。同样，一个感觉可以辑一个记忆连锁和一些别的事项归为一类，那样，它就成了心的一部分；也可以和它的因果上的前项归为一类，那样，它就是物理世界的一部分。这种看法就把事情弄得非常简单。当我意识到放弃了“主体”就可以承认这种简单化的时候，我很高兴，认为传统上心和物的问题算是完全解决了。[23]

这就是说，在罗素看来，克服传统认识论困境的关键是消解主体，一旦主体被消解以后，传统的心物问题也就引刃而解了。然而，当他行为主义地解释和构造心灵，将心灵等同于大脑的物理活动时，他只不过是以科学实在论的设想来简化了传统的哲学问题，而不是真正解决这些问题。至于他用感觉和意象来构造心灵，也不过是休谟自我同一学说的翻版。

传统认识论的实质是心物二元论，要解决传统的认识论问题，必须在存在论上突破心物二元论。罗素的存在论是思维的中立一元论，即认为“构成我们经验世界的材料既不是心、也不是物，而是比二者更基本的某种东西。心和物似乎都是组合物，而构成心和物的这种材料是在这二者之间、且在它们之上的一种东西，它就像它们共同的祖先。”[24]

罗素最初把组成世界的原始材料叫做“感觉材料”或可感素或可能的感觉（sensibilia），它们既可以构造物质世界，也可以构造心灵，但它们既不是物质的，也不是心灵的。但是，罗素后来放弃了“感觉材料”这个术语，而只提感觉。但无论是感觉材料还是感觉，似乎都是相对一个感觉主体而言的。艾耶尔就据此反对罗素的中立一元论，认为感觉材料要依靠观察者，如果没有观察者，感觉材料就不可能作为未被感觉的可感素而存在。但罗素认为，可感素在逻辑上不需要有这样一个主体。罗素说：“我们无法查明，在那些没有被大脑、神经和感觉器官包围的地方事物是怎样的状况，因为我们不可能脱离自己的身体；但是连续性使我们可以合理地假设在这样的地方这些事物表现出来的**某种**现象，这类现象即属于**可感素**。”[25]

但这实际上仍然是从我们的知觉去推理，并且只是一种设想。罗素承认，我们没有理由绝对肯定理想要素的存在，也没有理由不相信它。作为一个现代物理学的信徒，罗素并不认为设想、逻辑构造和实在之间有一条不可逾越的鸿沟。也许在罗素看来，现象主义加科学实在论就可以解决上述棘手的问题。“不要假定存在某个未知的原因，存在着‘真实的’桌子。它在所谓看这个桌子的人们的各种不同感觉后面。我们可以把这一群感觉（或许和某些其他个体一起）现实地看作**是**桌子。即是说，桌子……就是所有这样一群个体——人们自然会称这些个体是从不同的视点上看到的桌子的‘外观’。”[26]

其实，科学实在论现象主义的存在论背景最终仍将还原为传统的心物二元论，只不过表述有所不同而已。要肯定外部世界的存在，又将感觉与之相区别，结果只能是主张作为知觉对象的物理事件是我们推论的结果；而另一方面又必须用“世界的因果框架”来解释感觉。从这个意义上说，罗素的中立一元论是一个失败的存在论设想。

逻辑原子主义

“逻辑原子主义”是罗素给他自己哲学的一个称谓。逻辑原子主义以语言哲学的形式表达了罗素的一些基本思想。前面说过，罗素在方法论上信奉奥康姆原则，希望将复杂的东西还原为简单的东西，或用简单的东西来构造复杂的东西。逻辑原子主义是这种逻辑构造主义在语言哲学上的运用。

罗素与早期维特根斯坦一样，相信世界与语言的同构性。但这里讲的语言，并不是日常语言，而是所谓的理想语言。从莱布尼茨开始，西方哲学家就不断有人觉得日常语言不够精确，不能够很好地表达哲学命题，从而产生许多不必要的误解和问题。早期的分析哲学家由此出发，希望能构造一种人工的理想语言，来使哲学变得更精确，哲学问题变得更容易解决。理想语言的基本要求是，它必须是清楚惟一的，因而是不会产生歧义的，它与世界之间存在着不可替代的对应关系。语言与世界同构的思想，就是建立在这种理想语言的构想基础上。

在罗素看来，如果语言与世界之间存在着严格的逻辑或结构的对应关系，那么，我们只要知道理想语言大致上是如何描述世界的，我们也就大致上可以说明世界是怎样的了。罗素的语言哲学有着明显的经验主义的烙印，具体表现在他要求我们的命题要完全由我们了解的东西构成。具体而言，就是只有当一个表达式指涉的东西是我们经验过的，或用我们已经用过的表达式表示时，我们才能理解这个表达式。在谈论事物时，我们只有使表达式的各个组成部分与相关的经验对象，一一对应，才能理解有关的表达式，也才能决定它们的真假对错。

要做到这点，得还原到最简单的句子——原子句子。在原子句中，一切被表达的东西由于与经验有一种直接的相关性而具有其意义。原子句的基本成分是特殊感觉材料的名称、感觉材料性质和它们间的关系的术语。除了基本成分必须与当下经验有一种直接的对应关系，一个意义只能有一种表达外，理想语言的基本句子——原子句子还要满足下列形式上的要求：原子句只有一个谓语或关系词，一个或不止一个名词。整个句子断定所命名的东西有所指的性质，如“这是有色的”；或者被提到的东西处于所指的关系中，如“这在那旁边”。并且，句子所提到的东西不能再分析为更简单的东西。这样，在罗素看来，原子句陈述的就是感觉经验瞬间内容的一个最小的事实。

在逻辑原子主义看来，全部知识是由原子句及其真值函项复合陈述的。所谓原子句的真值函项复合，说的是那些由两个或两个以上的原子句组成的复合句。如“我看书而你写作”就是这样的由两个原子句“我看书”和“你写作”组成的。判断一个原子句的真假，我们只有看看它是否与它所说的经验内容一致。而判断一个由两个或两个以上的原子句组成的复合的真假，则必须所有组成这复合句的原子句都真，即都被经验证实，只要一个部分为假，则整个复合句即为假。

罗素认为，特殊事实在逻辑上是相互独立的，而知识则依赖于当下经验材料。既然语言与世界同构，那么，相对于原子句，在实在世界中有原子事实，常识世界里似乎是熟悉而相对简单的对象实际上都是由这些原子事实组成的极为复杂的复合物。然而，问题是，像“所有的柠檬都是黄的”这样陈述普遍事实的句子，是否是“这个柠檬是黄的”“那个柠檬是黄的”……等无数原子句的复合？是否它的真值要视这无数原子句的真假而定？如果事实上我们无法例举所有的柠檬，那么“所有柠檬都是黄的”说的是一个普遍必然的知识，还是或然的归纳？问题还不止于此。像“我相信今天要下雨”这样的表达信念或意向的复合句之真假如何来确定？逻辑原子主义最多可以通过改写句子来解决这个问题，但原子事实和逻辑上简单的东西本身并不好确定，它们要视不同的语境而定。罗素晚年也已觉察到这点，他实际上已不再相信我们可以得到最终或绝对简单的东西。这也就意味着逻辑原子主义必然归于失败。

伦理学说

罗素的伦理学思想在早期受到他的朋友 G.E. 摩尔的影响，主张一种直觉主义的道德观。他认为，我们为什么应该做某些事是无法证明的，但这并不影响伦理学也是一门科学。伦理学研究善和恶的行为，而善与恶就像圆和方一样，是独立于我们的观点而属于对象的性质。因此，当两个人在关于是否某件事是善的问题上不一致时，只有一个人是对的，只是我们很难知道哪一个是对的。事物的善恶无法从它其他任何性质中推出。但是，“发现真理的困难并不证明没有真理可发现。”[27]我们可以凭直觉发现事物内在的善。

罗素也看到，对于善恶，不同的人有不同的看法。但是，他认为，人们在道德问题上的不同观点其实不是关于事物内在的善与恶，而是与行为的对错有关。行为的对错则根据它是否产生了最好的结果来判断。

罗素不久就放弃了自己早期的伦理观，他不再认为善与恶是事物的内在性质，而是觉得它们是相对于欲望而言的，因为“所有人类活动，都是从两个根源中产生的：冲动和欲望。”[28]因此，没有伦理学事实，伦理学判断没有真理的性质。道德判断也好，价值判断也好，都只是欲望的表达。这种思想似乎使人想起了尼采。其实不然。

不知是否是受了弗洛伊德的影响，罗素虽然认为本能是生命之源，但他并不是本能中心论者，在本能之上还有精神，它是非个人情感的原则，它是我们得以超越自私的动机而顾及别人的喜怒哀乐。因此，价值判断实际是人类欲望的表达，而不是个人欲望的表达。“我们‘应该’要的只是别人希望我们要的。”[29]“当我说‘恨是恶的’时，我实际上是说：‘希望无人感到恨’；我只是表达了某一类希望。”[30]

由于道德判断主要涉及的是非个人的人类欲望，所以罗素并不否认道德的普遍性，但认为这种普遍性并不是来自先天性或逻辑必然性，而是来自道德判断所表达的欲望对象。罗素说：“希望，作为一件发生的事，是个人的，但它所要的是普遍的。”[31]然而，罗素没有看到，人类的欲望并不完全相同，对哪些欲望优先更有不同的看法。伦理学的争论与此有很大的关系。罗素自己也不能不承认，人们关于伦理学，始终是有争论的，不仅是关于手段，也是关于伦理学的目的。这些争论无法像科学争论那样，通过诉诸事实来解决。这恰恰是现代伦理学的困境之所在。

罗素不能接受所有价值判断都是同样合理、同样正确的，他认为不同的价值判断是可以区分高下的，但他却无法提出一个有说服力的区分原则。他自己也对他的伦理学不满。最终他的伦理学只是表达了一种希望，“希望这是这样一个世界，在那里，感情非常丰富，但不是破坏性的，而且在那里，因为人们承认感情的作用，所以它们不会导致一个人欺骗自己或者欺骗别人。这样的世界充满了爱和友谊，人们也热衷于追求艺术创作与知识。我不能希望去满足那些追求更凶暴的东西的人。”[32]

维也纳学派

维也纳学派指的是二十世纪二三十年代以奥地利维也纳大学教授石里克（Moritz Schlick，1882—1936）为首的一群主张逻辑实证主义或逻辑经验主义的哲学家。“维也纳学派”这个名称也许来自这个学派的2号人物卡尔纳普（Rudolf Carnap，1891—1954）和汉斯·哈恩与奥托·纽拉特在1929年发表的学派宣言《科学的世界观——维也纳学派》。这个学派的许多重要成员都是德国人，但也有奥地利人、英国人和美国人。中国人洪谦也是其中的一员。维也纳学派不仅有自己的宣言，也有自己的刊物，因此一度很有些声势和影响。

哲学与知识

维也纳学派许多人是自然科学家出身，如石里克就是一个物理学家。有些人虽然不是自然科学家出身，但也信奉科学的实证主义原则。维也纳学派的哲学家像休谟一样，认为知识无非两大类：关于数和量的抽象推论和关于事实与存在的东西经验推论，其余都不过是诡辩和幻想。他们认为，数学和逻辑知识是先天分析的，而经验科学则是后天综合的，根本没有康德所说的先天综合知识。因此，任何形而上学的知识主张都必须加以拒绝，因为形而上学的知识是关于超验实体或实在的知识，但在逻辑实证主义者看来，这种知识是不可能的。

逻辑实证主义的精神教父是奥地利物理学家和哲学家马赫（Ernst Mach，1838—1916）。马赫与詹姆斯一样，主张一种中立一元论，即认为构成世界的既不是心也不是物，而是感觉。感觉不是主观的东西，而是一种中立的材料，类似詹姆斯讲的经验和罗素讲的可感素。感觉之外的东西，只是心灵的虚构。科学或知识的对象只能是感觉构成的事物，或感觉的复合。

逻辑实证主义者基本上接受了马赫的上述观点，他们认为知识是科学的专有领域，科学说明了我们的世界，哲学能做的只是分析和批评各种科学理论和观念。因此，哲学只是一种分析语言命题的方法。哲学的任务“只是从**逻辑**的观点讨论科学。**哲学是科学的逻辑**，即是对科学概念、命题、证明、理论的逻辑分析；各门科学中有构造概念、命题、证明、假设、理论的各种可能的方法，我们从这些方法中可以看出一些共同的方面，而哲学就是对这些共同的方面的逻辑分析。”[33]这样，哲学就变成了逻辑和语言哲学，知识的问题变成了知识的陈述问题。传统经验论与实证主义的一些基本观点，在逻辑经验主义那里以语言哲学的方式表达出来。这是我们不可不注意的。例如，休谟在《人类理解研究》中著名的关于两种知识的论述到了卡尔纳普的笔下就改写成了这样：

> （有意义的）陈述分为以下几种。首先有这样一种陈述，它之为真只是由于其形式（用维特根斯坦的话说就是“重言式”；也与康德的分析判断相当）。关于实在，它什么也没说。逻辑和数学的公式就属于这一种。它本身不是事实的陈述，但可以用来改变这种陈述的形式。第二种是对上一种陈述的否定（“矛盾式”），它是自相矛盾的，因而它之为假也只是由于其形式。至于所有其他陈述，其真假的判定在于（基本的）记录句子。因此它们是（真或假的）经验陈述，属于经验科学。如果人们想构造任何不属于上述几种类型的陈述，那么它们将必然是没有意义的。由于形而上学既不想断定分析命题，又不想落入经验科学的范围，它就不得不使用一些无运用标准的规定的、因而是无意义的词，或者把有一些有意义的词用某种方式组合起来，使它们既不产生分析的（或矛盾的）陈述，也不产生经

验陈述。在这两种情况下，都将不可避免产生伪陈述。[34]

以证实拒斥形而上学

基于这种认识，逻辑实证主义者认为，历史上的种种哲学争论和形而上学问题很多是没有意义的，因为这些争论所讨论的都是一些没有意义的伪问题，“没有意义”在逻辑实证主义的语境中指的是不可能真也不可能假。这在持知识主义立场的逻辑实证主义者看来就失去了讨论的意义。而传统的形而上学问题之所以没有意义，就在于他们认为外部世界是超越的、无法为我们所认识。而在逻辑实证主义者看来，这是荒谬的。世界就是我们所承认和经验的世界，“要想谈论任何其他的世界，甚至在逻辑上也是不可能的。关于这种其他世界是无法讨论的，因为任何可能的命题都不能有意义地表达一个不可证实的存在”[35]。

因此，在逻辑实证主义者看来，关键在于区分有意义的命题和无意义的命题，有意义的命题我们可以分出真假，而无意义的命题则既不真也不假。卡尔纳普就曾经仔细分析了海德格尔在《什么是形而上学》中关于“无”的论述，认为那就是无意义命题的典型，根本不能满足一种逻辑上正确的语言的要求。[36]

要区分命题有无意义，必须有一个区分标准或者说意义标准，有了这样一个标准，我们就能看出什么陈述是有意义的，什么陈述是无意义的。逻辑实证主义者把这个标准叫做证实原则。“实证主义者不是把这个标准用作决定一陈述实际上为真或为假的方法。我们应当用它来确定探究真理的必要条件：一个陈述必须要有**意义**。语言的一种用法，首先必须具有某种适当的意义，然后才有可能说它是真的。证实原则就试图充当这种衡量命题有无意义的标准。”[37]

对于证实原则，石里克有如下的论述：

> 一个真的命题必然要以某种事实的存在为条件，如果这个事实不存在，这个命题就是假的。因此如果我们不去描述这种事实，同时却要给出这个命题的意义，那纯属空想。懂得这一点乃是一切哲学思考的起步，也是一切反思的基础。显然，命题的意义仅在于它表达了某种确定的事态。因而要给出一个命题的意义，就必须指出这种事态。……
>
> 因此，为了发现一个命题的定义，我们必须通过接连不断的定义来转换这个命题的形式，直到最后在这个命题中出现了一些再也不能被定义，其意义只能被直接指出来的词。于是，命题真伪的标准就在于这样一个事实：在一定的条件下（定义给出了这些条件），就会出现或不出现某些情况。我们如果确定了这一点，也就确定了该命题所断定的一切，因而也就知道了它的意义。如果我们原则上**不能**证实一个命题，就是说，如果我们绝对不知道，为探明该命题之真假，应当如何着手，必须做些什么，那么很显然我们不知道该命题实际上陈述的是什么，因而也就不能借助于定义，从语词出发进到可能的经验，从而解释该命题。[38]

由此可见，所谓证实原则，就是命题陈述的内容必须可以通过感性的观察经验得到证实。证实不必是当下的，也不必是直接的，但必须在原则上是可能的。能证实的陈述，无论真假，都是有意义的；无法证实的陈述才是无意义的。有些语言学和数学的命题虽然也是不能予以经验的证实或证伪，也就是没有经验的内容，但在卡尔纳普等逻辑实证主义者看来还是有意义的，因为它们是关于经验陈述的语言结构。即是说，它们之所以有意义，是因为我们用来表明经验内容的语言结构与它们有关。

然而，证实原则付诸实施的话，就不像想象的那么简单。首先遇到的问题就是如何对待普遍性陈述，例如像前面说过的“所有柠檬都是黄的”这样的普遍性命题。无论我们怎样转换定义，“所有”所涵盖的范围都是无限的，而感性的观察经验的范围总是有限的，因此，这种普遍性命题显然是无法证实的，但它们并不是形而上学命题，也不能说它们是没有意义的。因为任何知识系统都不能没有这种普遍性命题。面对这个困难，石里克只好说它们根本就不是命题，而是规则，是从某一论述过渡到另一论述的推理规则。[39]

但困难还不止于此，现代科学技术中关于原子、黑洞、量子的科学命题，很难改写为感觉经验的某种事态，但我们不能否认它们是有意义的命题。可见，逻辑实证主义建立在粗陋的经验实在论基础上的证实原则，是无法作为一种普遍有效的原则加以运用的。正如后来波普（Karl Raimund Popper）所批评的，要求经验上彻底的可证实性，不仅排除了形而上学的陈述，也将导致消灭全部自然科学知识，因为大部分自然科学命题都是不可证实的。[40]

卡尔纳普后来也不得不承认，科学假设决不能完全用可观察的证据来证实，证实的含义太强了。于是，他用验证的概念来代替证实，说不管怎样，假设多少总是被证据验证或否定。他还在验证这个概念外加了一个更强的可试验性（die Prüfbarkeit）的概念。一个假设不但可以用证据来验证，而且可以任意用实验来验证，就不但是可验证的，而且也是可试验的。虽然卡尔纳普最终放弃了用经验观察来证实的强经验主义原则，但他并未完全放弃他的经验主义立场，他当然更不会放弃他反对形而上学的立场。

在卡尔纳普看来，形而上学是因为有些人不适当地用科学语言来表达自己的生活感情和对世界的体验所致。科学当然不是人类的惟一活动，但人类若要表达自己的生活感情或宗教感情的话，有文学和宗教，形而上学在表达人的感情方面比它们差得远。总之，形而上学在卡尔纳普的眼里是一无是处。逻辑实证主义对形而上学的这种否定，其实是近代科学世界观对形而上学否定的一个极致。意义只限于当下的经验，只限于所谓客观知识。除此之外，再无有意义的东西。

逻辑实证主义者艾耶尔（Alfred J.Ayer）后来也看出，逻辑实证主义用区分有意义和无意义陈述的方法来拒斥形而上学是没有道理的，因为“形而上学陈述和逻辑规律，或科学假设，或历史叙述，或知觉判断，或任何其他对‘自然界’所作的常识陈述，不属于同一个范畴。我们不至于由此而认为这些形而上学陈述既不真也不假，甚至没有意义吧！不！不能这样认为。”[41]

伦理学立场

虽然逻辑实证主义者拒斥形而上学，但他们并未把伦理学排除在哲学的范围之外。然而，伦理学研究的是人的行为规范和道德准则，它的命题陈述的不是事实，而是应然。按照逻辑实证主义的证实原则，似乎伦理学命题应该像形而上学一样，属于被拒斥的无意义的命题，因为它既不是分析的，也不是在经验上可证实的。可是，石里克却不这么看。他认为虽然道德命题并不像数学命题或逻辑规则那样是分析的，但与形而上学命题还有根本的不同。伦理学命题在他看来也是事实的陈述，伦理学是一门经验科学，因而可以得到证实。

然而，要将伦理学说成是一门经验科学，并不容易。石里克采取了曲线解说的方式。他的理由是，人们之所以选择某种道德规范，与他们的心理有关。因此，“人为什么会有道德行为”这个伦理学的基本问题只能由心理学来回答。伦理学命题最终可以归结为心理事实。他说：

我们必须放在伦理学核心地位的问题是一个纯粹的心理学问

题。因为毫无疑问，发现每一种行动的、因而也是每一种道德行动的动机或规律，纯粹是心理学的事情。只有具有描述心灵生活的规律的经验科学才能解决这个问题。人们可能会由此得出一个以为是深刻的摧毁性的非难来反对我们对这个问题所作的阐述。因为他们可能会说，“这样将根本不存在伦理学，被称为伦理学的不过是心理学的一个分支！”我的回答是：“为什么伦理学不应当成为心理学的一个分支呢？”[42]

很显然，当石里克将伦理学问题归结为心理学问题时，他实际上使用了偷天换日的办法，将根本不同的两类问题混为一谈。就算伦理学问题与心理学有关，也不能得出伦理学是心理学的一个分支这一结论，就像宗教或文学也与心理学有关，但我们决不能说它们是心理学的一个分支。

但卡尔纳普与石里克截然不同，他认为伦理学命题根本不是事实命题，因而没有认识意义，也就是说，它不可能有真假。伦理学命题是一种祈使句，不是用语言来描述，而是用语言来指令。道德语言不是事实的语言，而是情感的语言，它表达人们赞成或反对的情感，同时也能影响别人的态度和行为。

卡尔纳普并不否认可以有属于经验科学的伦理学，它主要研究人类行为在情感与意志中的起源。但是，规范伦理学却不是对事实的研究，而是对什么是善，什么是恶，什么是正当的行为，什么是错误行为的研究，目的是要说明人类行为的准则和关于道德判断的价值。这种伦理学的命题阐述的只是一个规范或一个价值判断。它并不断定任何东西，因而既不能被证明也不能被反驳。卡尔纳普说：

我们决不否认对价值陈述和评价活动作科学研究可能有的重

要性。价值陈述和评价活动都是个人的行为，因而同其他各种行为一样，都是经验研究的可能对象。历史学家、心理学家和社会学家可以对它们做出分析并说明其因果，因而关于评价活动和价值陈述的历史和心理学的陈述确实是有意义的科学陈述，它属于第一种意义上的伦理学。但是价值陈述本身在此仅是研究的对象；它们不是这些理论中的陈述，并且在这里和在别处一样，它们不具有理论的意义，因而我们把它归于形而上学领域。[43]

如果这样的话，那么伦理学在卡尔纳普那里就和形而上学一样，是没有意义的。逻辑实证主义在伦理学问题上的反常立场，难道不正是揭示了实证主义本身的某种荒谬？

注释

[1]〔美〕M.K. 穆尼茨:《当代分析哲学》，吴牟人等译，复旦大学出版社,1986 年，第 3–4 页。
[2] 同上，第 8 页。
[3] 同上。
[4]〔美〕迈克尔·D. 雷斯尼克:《弗雷格和分析哲学：事实与推测》,〔美〕彼得·A. 弗朗奇等编:《分析哲学基础》，周继明等译，上海译文出版社，1994 年，第 31 页。
[5] 同上，第 49 页。
[6]〔美〕M.K. 穆尼茨:《当代分析哲学》，吴牟人等译，复旦大学出版社,1986 年，第 94 页。
[7]〔德〕弗雷格:《弗雷格哲学论著选辑》，王路译，商务印书馆，1994 年，第 92 页。
[8] M.Dummet，*The Interpretation of Frege's Philosophy*，Cambridge，Mass.，1981，p.370.
[9]〔美〕M.K. 穆尼茨:《当代分析哲学》，吴牟人等译，复旦大学出版社，1986 年，第 118–119 页。
[10]〔英〕A.J. 艾耶尔:《贝特兰·罗素》，尹大贻译，上海译文出版社，1982 年，第 38–39 页。
[11] Bertrand Russell，*Logic and Knowledge*. Edited by R.C.Marsh. London，1956，p.264.
[12] Bertrand Russell，*Introduction to Mathematical Philosophy*，Edinburgh，1930，p.169.
[13] Bertrand Russell，*My Philosophical Development*，London，1959，p.84.
[14] Bertrand Russell，*Logic and Knowledge*，pp.252–253.
[15]〔英〕艾兰·乌德:“罗素哲学：关于其发展之研究”,〔英〕罗素:《我的哲学的发展》，温锡增译，商务印书馆，1982 年，第 252 页。
[16] Bertrand Russell，*Logic and Knowledge*，p.326.
[17]〔美〕M.K. 穆尼茨:《当代分析哲学》，吴牟人等译，复旦大学出版社,1986 年，第 154 页。
[18]〔英〕A.J. 艾耶尔:《贝特兰·罗素》，尹大贻译，上海译文出版社，1982 年，第 68 页。
[19] 转引自上书第 64 页。
[20]〔英〕罗素:《我的哲学的发展》，温锡增译，商务印书馆，1982 年，第 21 页。
[21]〔英〕A.J. 艾耶尔:《贝特兰·罗素》，尹大贻译，上海译文出版社，1982 年，第 64 页。
[22]〔英〕罗素:《我的哲学的发展》，温锡增译，商务印书馆，1982 年，第 17 页。
[23]〔英〕罗素:《我的哲学的发展》，温锡增译，商务印书馆，1982 年，第 124–125 页。
[24] Bertrand Russell，*Analysis of Mind*，London，1921，pp.10–11.
[25] Bertran Russell，*Mysticism and Logic and Other Essays*，London，1917，p.150.
[26] Bertrand Russell，*Analysis of Mind*，London，1921，p.98.
[27] Bertrand Russell，“The Elements of Ethics”，in Wilfrid Sellars and John Hosper，eds.，*Readings in Ethical Theory*，New York，1952，p.6.
[28] Bertrand Russell，*Principles of social Reconstruction*，London，1916，p.76.
[29] Bertrand Russell，*What I Believe*，London and New York，1925，p.29.
[30] Bertrand Russell，*Power：A New Social Analysis*，London and New York，1938，p.257.
[31] Bertrand Russell，*Religion and Science*，London，1935，p.236.
[32] Bertrand Russell，*Human Society in Ethics and Politics*，London，1954，p.11.
[33]〔德〕卡尔纳普:《哲学问题的特性》，转引自《当代分析哲学》，第 316 页。
[34]〔美〕M.K. 穆尼茨:《当代分析哲学》，吴牟人等译，复旦大学出版社，1986 年，第 284–285 页。
[35]〔德〕石里克:《实证主义和实在论》，转引自《当代分析哲学》，第 296 页。
[36]〔美〕M.K. 穆尼茨:《当代分析哲学》，吴牟人等译，复旦大学出版社，1986 年，第 297–300 页。
[37]〔美〕M.K. 穆尼茨:《当代分析哲学》，吴牟人等译，复旦大学出版社,1986 年，第 287 页。

[38]〔德〕石里克:《实证主义和实在论》，转引自《当代分析哲学》，第288–289页。
[39] 参看〔英〕麦基编:《思想家》，周穗明、翁寒松译，三联书店，1987年，第163页。
[40]〔德〕施太格缪勒:《当代哲学主流》(上卷)，王炳文等译，商务印书馆，1986年，第407页。
[41]〔英〕A.J.艾耶尔:《逻辑实证主义导论》，转引自《当代分析哲学》，第318页。
[42]〔德〕石里克:《伦理学问题》，转引自《当代分析哲学》，第303页。
[43] Carnap, *Philosophy and Logical Syntax*, London, 1935, sec.4.

第八讲　语言与世界：维特根斯坦

维特根斯坦其人

维特根斯坦（Ludwig Wittgenstein，1889—1951）是二十世纪最伟大、最有影响的西方哲学家之一。他的一生，可以说就是一个哲学的传奇故事。他和苏格拉底、斯宾诺莎、萨特的一生一样，本身就构成了哲学的一部分。

维特根斯坦出生于奥地利首都维也纳的一个巨富之家，父亲是奥地利的钢铁大王，但具有很高的文化修养，慷慨资助过不少文化艺术事业。维特根斯坦后来也资助过不少文化人，其中包括诗人里尔克和特拉克。维特根斯坦的母亲是一个银行家的女儿，有深厚的艺术修养。因此，他的家里充满浓郁的文化氛围，许多维也纳和奥地利的文化名流都是他家的座上客，其中包括音乐家勃拉姆斯、克拉拉·舒曼，作家穆齐尔、毛特纳和科学家赫茨和波茨曼等人。

维特根斯坦一开始是在自己家里受教育，14 岁时才去林茨的一所中学学习，据说与希特勒是同学。中学毕业后，维特根斯坦进入柏林夏洛滕堡工学院学习。在那里学了三个学期后，又转到英国曼彻斯特大学学习航空工程。在此期间，他对数学和逻辑学日益感兴趣，读了罗素的《数学原理》之后，知道了弗雷格的“新逻辑”。他曾去耶拿向弗雷格请教，弗雷格建议他去剑桥向罗素学习。这样，1911 年秋维特根斯坦来到剑桥，成为罗素的学生。罗素一方面欣赏他的超常才能，认为他是“传统上认为的天才人物的最完美的范例”[1]；另一方面对他的古怪个性则不以为然。他们之间的关系介于师友之间。虽然罗素并不能完全理解和赞同维特根斯坦的哲学，但对于他早期哲学的发展，还是起了很大的作用。在剑桥，维特根斯坦还认识了摩尔和怀特海，以及经济学家凯恩斯。

从剑桥大学毕业后，维特根斯坦隐居在挪威，埋头写作和研究。第一次世界大战爆发后，维特根斯坦志愿从军，在军中完成了他的杰作《逻辑哲学论》。这部著作战后经罗素的帮助于 1921 年发表。维特根斯坦一度非常自负，认为他解决了所有的哲学问题，因此没有必要再从事哲学研究，于是，决定做一个普通人度过余生。

维特根斯坦从他父亲那儿继承了一大笔遗产，但他把这笔财产转赠给他的两个姐姐，自己则搬出靠近维也纳市中心的豪宅，先后当过园丁和旅馆的行李搬运工，后来又准备去当一名小学教师。在这一点上，维特根斯坦使人想起了另一个犹太哲学家斯宾诺莎，他也放弃了自己继承的遗产，而以磨镜匠的生涯终其一生。维特根斯坦后来虽然当了哲学教授，但生活始终极其俭朴，居室里没有任何装饰物，这一点使人想起了康德。对于今天多数人趋之若鹜的金钱，他往往弃之如敝屣。1950 年，他被邀请在牛津大学的洛克讲座上做报告，他可由此得到 200 英镑。但他拒绝了，因为这个讲座有二百个听众，而他不认为给这么多人开讲座有什么好处。洛克菲勒基金会曾想给他一笔研究经费，他却告诉人家，在他当时的健康状况和智力迟钝的情况下，他不能接受这笔经费。他似乎真正体现了我们传统的“富贵不能淫，贫贱不能移”的理想人格。而在他自己，则不过是要将自己哲学的伦理学付诸实践。他始终认为，哲学使他产生了道德的变化。[2]

在接受了教师培训后，维特根斯坦在下奥地利的山村当了6年小学教师。对于他来说，那并不是一段十分令人愉快的经历，他与当地的人相处得并不好。而他在那里的生活经历，也成了日后有些人对他去圣化的理由。[3]然而，虚构和夸大毕竟是站不住脚的。维特根斯坦的确不是圣人，但也决不是恶棍。他只是一个非常本色的人。这样的人，必然是有人喜欢，有人讨厌，必然是“那些不怀好意的而且也是无数异想天开的流言蜚语的对象”[4]。但对于维特根斯坦来说，这些都是不重要的，就像对于贝多芬和尼采一样。任何心智健全的人，都不会因为贝多芬或者尼采有无性病而改变对他们的看法。只有心理极其阴暗的人，才会觉得自己比维特根斯坦更加高尚。

1926年，维特根斯坦离开乡村小学，回到故乡维也纳。在当小学教师期间，他并没有与哲学界完全脱离关系。这时，他决定重回哲学界。1929年，他以《逻辑哲学论》作为他的学位论文，获得哲学博士学位。从此就一直在剑桥从事教学和研究工作。第二次世界大战期间，他先是在一家医院当门房，后又当了一名实验室助理。战争结束后，他重回剑桥，但在1947年辞去教授职务。虽然无论是他在世时，还是他去世后，维特根斯坦始终都是学术界和学院的宠儿，维特根斯坦热长盛不衰，方兴未艾。但维特根斯坦本人却与学术界和学院哲学格格不入。据他的学生马尔康姆说，“做一个**职业的**哲学家这个想法，他是非常讨厌的。他对大学和学院的生活强烈不满”[5]。1951年维特根斯坦因癌症逝世。死后留下的众多手稿中，《哲学研究》无疑是最重要的。维特根斯坦的其他著作还有：《1914—1916年笔记》(1914—1916)、《蓝皮书》(1933—1934)、《棕皮书》(1934—1935)、《哲学评论》(1929)、《哲学语法》

（1930）、《关于数学基础的若干评注》（1947—1949）、《心理学哲学评论》（1946—1949）和《片言集》（1947—1949）等。《论确定性》（1969）则是他最后的一部重要著作。

最重要的

维特根斯坦是通过《逻辑哲学论》走入哲学舞台的。在这部著作完成后不久，维特根斯坦写信告诉罗素，这部书的目的是要区分可以用语言表达的东西和不能用语言表达的东西，他认为这是哲学的根本问题。[6] 1919 年，在为《逻辑哲学论》寻找出版商时，维特根斯坦写信告诉他的一个朋友："这本书的观点是一种伦理学的观点。我一度想写在序言里的一句话，事实上并没有写。但现在我要在这里把它给你写出来，因为它对你来说也许是了解这本著作的一把钥匙。当时我要写的是：我的著作由两部分组成：写在这里的再加上所有我没写的。正是这第二部分是重要的部分。"[7]

很显然，这没有写的第二部分，就是不能用语言表达，或不能说，而只能显现的部分，但正是这一部分，在维特根斯坦本人看来却是最重要的部分。从《逻辑哲学论》来看，维特根斯坦所谓"不能说的东西"大致有如下 4 个方面：（1）逻辑形式；（2）哲学的本质；（3）伦理学，"唯我论"和"生命意义的问题"；（4）对于"世界存在"的特殊神秘的感觉。[8] 这 4 个方面并不是同等重要。逻辑形式不能说只是表明语言的界限。哲学不能说是因为在维特根斯坦看来，哲学并不是理论，而是行动。哲学只是语言批判，向人们指出语言的所能与不能。但这些涉及的都只是思想和逻辑，而没有涉及生命的意义。但恰恰是生命的意义，才是最重要的。

如上所述，维特根斯坦认为《逻辑哲学论》的观点是"伦理学"

的。“伦理学”在维特根斯坦那里有特定的含义，它不是如通常人们所以为的那样，是指研究、讨论人的行为规范的理论，讨论我们该做什么，不做什么，而是关于生命的意义。在其著名的“伦理学演讲”中，维特根斯坦毫不含糊地告诉我们：“伦理学是探讨什么是有价值的，或者什么是真正重要的，或者我可以说，伦理学是探讨生命的意义，或者探讨什么使生命值得活下去，或者探讨生活的正确方式。”[9]

我们只有充分领会伦理学问题在维特根斯坦心目中的这种重要地位，才能真正理解维特根斯坦。维特根斯坦很早就为生命的问题所困扰。他四个哥哥有三个自杀，一定给他很大的刺激。他曾向一个朋友承认，有大约九年的时间，他一直为可怕的孤独所折磨，他的头脑里不断泛起自杀的念头。罗素对他的这种情绪也有所警觉。维特根斯坦告诉他的一个朋友，他在一战时志愿从军纯粹是为了找死，是一种自杀的方式。他在战时与战后写给朋友恩格尔曼的信中，屡屡谈起自杀的主题。[10]

因此，最初对他产生影响的哲学家是叔本华就一点也不奇怪了。相反，他自己承认，对于斯宾诺莎、休谟和康德，他的领悟非常有限。如果要追溯维特根斯坦的思想谱系的话，那么不会是亚里士多德或莱布尼茨，而是奥古斯丁、祁克果、陀思妥耶夫斯基和托尔斯泰。[11]

也许现在的人会感到奇怪，像维特根斯坦这样一个出生在锦衣玉食之家，衣食无忧，自己又才华出众，且学术成就已为人承认，具有常人无法具有的学术地位和声望，一般人求之难得的东西对他来说根本不是问题的人，为什么会终生与忧郁相伴？这里当然有心理的因素，但不能完全用心理因素来解释。他关于伦理学所说的，显然与个人经验没有直接的关系。因为在他那里，“生命”既不是生理意义上的生命，也不是心理意义上的生命，而是世界。“**世界**和**生命**是一个东西。”[12]

正如美国哲学家穆尼茨所指出的，维特根斯坦讲的生命“不是可以科学地探究、描述、理解、解释、分析或分类的东西。它并不出现在肉体中，甚至也不出现在某人的（我的或其他人的）心灵或意识中。维特根斯坦所讲的‘生命’是他称之为‘形而上学主体’、‘哲学的我’的东西。这个‘我’不是世界上任何一种同其他对象一起处于世界之中的对象。”[13]形而上学的主体是“世界的界限”[14]，“世界存在的前提”[15]，也是世界存在的意义。“哲学的我”[16]不是人，因而是无我之我，这个无我之我也可以有意志，但它的意志已不是欲望、愿望、目的或希望，因此它超越了善恶。对于它来说，只有幸与不幸，而没有善恶。但幸福不是欲望的满足，而是生命问题的解决。

维特根斯坦是个异常敏感的人，对于现实世界的苦痛，他有比常人更深的体认。对于现代的“黑暗不祥”，他在《哲学研究》的序中，已公然将它挑明。作为经验的个人，我们“不能避开现世的苦难”[17]，我们对世界上的事情完全无能为力，它们是不以我们的意志为转移的。甚至我们自己的生命，也不掌握在自己手里：“我可能在一小时之后死去，或者在两小时之后，或者一两年之后死去。对此我无从知晓，我既不能加速我的死亡，也不能阻止我的死亡：这**就是人生**。那么，我必须怎样生活才能时时生活在幸福、美好之中，直至我的生命自行终止呢？”[18]这就是维特根斯坦所关心的问题。

很显然，作为经验的主体，这个生命的问题是没办法解决的，因为它无法超越这世界的一切，而只能成为这世界的一部分。但作为形而上学的主体，情况就完全不一样了。这时，它不仅超越了善恶，而且成了和世界本身同一的东西。世上的一切都已经不能影响它和打扰它了。因此，幸福的标志不可能是一个物质的标志，而是一个先验的标志。[19]幸福是一种形而上学的境界。是经验的主体还是形而上学的主体，取决于这样一种超越的境界，所以维特根斯坦说：“时空之内的生命之谜的解决在时空之外。”[20]

对于这样一个形而上学主体，对于这样一个哲学的“我”来说，死亡也不是什么可怕的事情。因为形而上学的主体或哲学的我并不生活在时间中，而是生活在现在。“对于现在的生命来说，没有死亡。死亡不是生命中的一个事件。它不是世界的一个事实。如果永恒不是理解为无限的时间的延续，而是理解为非时间，那么可以说，如果一个人生活在现在，他就永恒地活着。……面对死亡的恐惧是一个虚假的，即不道德的生命的最好标记。”[21]我们由此看到，维特根斯坦这个在别人看来一生不幸的人，在被癌症折磨的弥留之际，还由衷地对看护他的人说：“告诉他们，我度过了极为美好的一生。”

维特根斯坦认为，伦理学问题是不能说而只能显示的，他用自己的一生向我们显示，生命的问题就是这样解决的。作为经验的主体，我们只能生活在这个世界上，承受它的种种事实。一旦超越为形而上学的主体——无我之我，我们就与世界同一，是它的界限和意义。生命的状态就是世界的状态，生命的意义就是世界的意义。这当然不是经验的事实，而是先验的存在条件。

维特根斯坦明白地告诉我们：“世界的意义必定在世界之外”[22]，而在世界之外的东西是不能说的。这不能说的东西，也就是所谓神秘的东西，任何想对它有所言说的企图都是徒劳的。维特根斯坦认为，要超越语言的界限来谈论伦理学或宗教问题，“是人类内心一种倾向的证明，我个人对这种倾向不禁深怀敬意，终身不会嘲笑它。”[23]虽然他自己也明知不可为而为之，但他要求的却是对此保持沉默。归根结底，与另一不能说的东西——哲学一样，生命的意义及其相关的问题不是理论，而是实践行动。但对于维特根斯坦来说，世界是这样的，这是一个不可言说的神秘。

语言与世界

虽然维特根斯坦认为《逻辑哲学论》没有说出的那部分才是重要的，但他却用了大量的篇幅来说相对不太重要却可说的部分，即语言与世界及其关系。语言能够表达世界，世界必须经过语言的表达方能为我们所知、所思，知识和思维离不开语言，这是人类耳熟能详的事实。然而，“成也萧何，败也萧何”，有时知识和哲学的问题，恰恰是因为我们误用了语言。维特根斯坦与许多分析哲学家一样，认为我们许多哲学问题的产生，与误解我们语言的逻辑有关。因此，《逻辑哲学论》的目的就是，对语言和世界的逻辑结构进行一番清理，“为思想的表述划定一条界线”[24]。

《逻辑哲学论》一上来先谈世界。在维特根斯坦看来，世界是所发生的一切事情，它是事实的总和，而不是事物的总和。这并没有什么特别的地方，特别的是，维特根斯坦不是在一般自然主义实在论的意义上谈论世界和事实，而是在逻辑构造的意义上谈论世界和事实，这是我们了解早期维特根斯坦思想时不可不注意的。

虽说世界是事实的总和，但事实并不是构成世界的基本单位，构成世界的基本单位是基本事实，所有事实都可以化约为基本事实。“事实的结构是由基本事实的结构构成的。”[25]“存在着的基本事实的总和就是世界。”[26]所谓的基本事实，就是就逻辑结构而言最简单的事实，它们不能再分解。基本事实由对象组成，但维特根斯坦讲的对象，不是我们日常意义上的对象，不是一个单一的东西，如一顶帽子、一只苹果等；而是作为世界构成元素的绝对简单物，是纯粹逻辑性的东西，所以维特根斯坦自己也未能给出一个他的“对象”的例子。对象之所以能组成基本事实，是因为“在基本事实中对象彼此处在确定的关系中。”[27]这种关系就是基本事实的结构。必须指出的是，维特根斯坦讲的基本事实与罗素讲的原子事实有很大的不同，前者是指逻辑事实，而后者是指经验事实。

维特根斯坦还认为，“对象构成了世界的实体”[28]。对象不仅是事实世界的实体，还构成了我们可能的世界的实体。因为事实世界与可能世界的形式是一样的，“这种固定的形式是由对象构成的”[29]。可见，所谓“对象”是一个逻辑元素，而不是实在元素。“对象包含着所有基本事实的可能性。”[30]“对象在基本事实中出现的可能性就是对象的形式。”[31]对象的形式是确定的。而对象的形式一旦确定，则世界的形式也是确定的。只有这样，我们才能对世界的逻辑结构进行分析。

虽说维特根斯坦与他的老师罗素在许多问题上有根本的分歧，但在语言与世界逻辑同构或本质一致这一点上却是相同的。如果说世界是事实的总和，那么语言就是命题的总和。“命题不是语词的杂凑。——（正如音乐的旋律不是音调的杂凑一样）。”[32]命题可以化约为基本命题，它们是基本命题的真值函项。如果说基本事实的构成因素是对象的话，那么基本命题的构成因素是名（Name）。这个名也不是通常意义上的名词或名称，而是语言的终极构造因素。维特根斯坦也同样未能给出一个名的例子，他只是说名是绝对简单的符号，它与对象具有相同的逻辑形式。就像对象以一定的方式结合成基本事实一样，名也以一定的方式组成基本命题。

这样，我们看到，语言与世界之间存在着严格的对应关系，事实对应于命题；基本事实对应于基本命题；对象对应于名。但虽然语言和世界有相同的逻辑构成，它们毕竟还不是一个东西。语言如何能表述世界的一个事实，换言之，语言为什么能描写（说）世界，这是维特根斯坦早期要解决的问题。维特根斯坦通过他著名的图像论来回答这个问题。图像论，顾名思义，就是语言是实在的一个图像。据《维特根斯坦的传略》作者冯·赖特说，维特根斯坦在第一次世界大战时，在东线的战壕里读一本杂志，“上面有一幅描述在一次汽车事故中事件的可能次序的略图。这幅略图在这里起着一个命题的作用，也就是说，是对事物可能状态的一个描述。它具有这种作用是由于图的各个部分与实在的事物之间有一种对应关系。这就使维特根斯坦想到，可以把这个类比倒过来，说一个**命题**就相当于一个**图像**，因为**它的**各部分与世界之间有类似的对应关系。命题的各部分组合起来的方式——命题的**结构**——描述了实在成分的一种可能的组合，即事物的一种可能状态。”[33]

在维特根斯坦那里，图像不是一般意义上的图像，而是逻辑图像。图像之所以能够描画它所描画的事物，不仅在于它与它所描画的事物有相同数目的构成因素，更因为图像的要素是以一定的方式相互联系，事物也是以同样的方式相互联系，也就是说，它们的逻辑形式是相同的。维特根斯坦指出：“任何一种图像，不管具有何种形式，为了能一般地以某种方式正确或错误地图示实在而必须与实在共有的东西，就是逻辑形式，即实在的形式。”[34]只有这样，图像与它所描画的事实之间才能具有一种投影关系。

维特根斯坦认为，“命题是实在的图像”[35]，“命题是事态的逻辑图像”[36]，“命题是对基本事实的描述”[37]。维特根斯坦对“命题是事态的逻辑图像”有如下的说明：

> 当我说“命题是事态的逻辑图像”时，我的意思是：我可以将一个图像，就字面意义而言，一个素描插入一个命题，然后继续使用我的命题。因此，我可以像使用一个命题那样使用一个图像。这如何可能呢？答案是，正是因为两者在某些方面上一致，而它们共同具有的东西便是我叫做**图像**的东西。这里，“图像”这个表达式已被引申地使用了。我是从两方面继承下这个概念的：首先，是从绘制的图像那里；其次，是从数学家们所说的图像那里。

> 数学家们所谈论的图像就已经是一个很一般的概念了。因为在数学家们谈论到描画的很多场合，画家们根本就不再使用这个表达式了。[38]

但是，命题也好，图像也好，归根结底是思想在起作用，“事实的逻辑图像就是思想”[39]。是思想使命题符号能够描画事实。命题符号后面是思想活动，思想活动是在心灵内对事实进行描画，然后由有形的语言表达出来。“似乎存在着与语言起作用的方式联系在一起的某些确定的精神过程，只是通过这些过程语言才能起作用。我这里指的是理解和意指什么之类的过程。没有这些精神过程我们的语言的符号似乎就是死的，而且，似乎我们语言符号的惟一功用就在于诱发这样的过程。而它们才应该是我们所真正感兴趣的东西。”[40]

维特根斯坦认为，思想是由心理成分构成的，但心理成分到底是什么，他说他也不清楚。思想的成分与它所描画的事实的成分间的关系不属于哲学，而属于心理学。所有的思想都可以在命题中得到陈述，不能陈述（说）的，也就是不能想的。

逻辑形式，语言与世界已经共有的逻辑性质，都属于不可说也不可想之列。“**说出**那些逻辑性质是什么是不可能的，因为为了做到这点，你需要一个不具有这些性质的语言。但显然，不具有这些性质的语言不可能是真正意义上的语言。换言之，构造一种不合逻辑的语言是不可能的。”“为了有一个能够表达或能够**说可说**的一切东西的语言，这个语言就必须具有某些性质。如果事情是这样的，那么它具有这些性质这一点就不再能在这个语言或任何语言中被说出来了。”[41]

逻辑形式和逻辑性质虽然不能说，但能在我们的语言表达形式中显示出来。“命题**显示**实在的逻辑形式。它展示它。”[42]“每一个真正的命题除了它所说的东西外还显示某种关于世界的东西。……它反映世界的某种逻辑性质。”[43]“人们只需观察它们（真正的命题，或逻辑命题）就可**看出**这些性质。”[44]这里颇有点现象学的本质直观的味道。

然而，现象学是要回到事物本身，而早期维特根斯坦却并不关心偶然的事物。他关心的是揭示语言与世界逻辑上本质的一致性，正是这种本质上的一致性使得我们可以说自然科学的命题，说世界的事实。但在维特根斯坦自己看来，这不是什么理论，他声称他对理论没有兴趣；这只是语言批判，是思想的澄清。维特根斯坦以为他通过这种语言批判，一劳永逸地解决了哲学的问题。然而，他后来发现，问题远没有那么简单。

非本质主义转向

早期维特根斯坦的思想的根本特征之一是本质主义，即语言与世界共有一种逻辑本质，这样，语言和世界的关系基本上就是对应同构的关系，一套语言，一个世界，“给出命题的本质，意味着给出一切描述的本质，从而也就是给出世界的本质”[45]。这就是说，语言的本质就是世界的本质，命题与事实、语言与世界的关系，是严格的单一关系，即事实只能这样说。这就是“命题的一般形式是，事情是如此这般的”[46]的真正含义。

然而，维特根斯坦渐渐认识到这种本质主义思路的错误，这错误的根本在于，“哲学家眼前老是看见科学的方法，并且不可抗拒地受引诱去以科学那样的方法来提问题和回答问题”，结果造成“对个别情况的轻视”和“渴望普遍性”[47]。现在维特根斯坦看到，“一个词并没有由一种独立于我们的力量所赋予它的意义，从而可以对一个词**真正**意指的东西进行一种科学的研究。一个词只有某人已经赋予它的意义”[48]。这就是说，语词没有什么固定的意义，只有人们赋予它们的意义。

促使维特根斯坦认识到他的“第一部著作中存在着严重的错误”有两个人。一个是维特根斯坦的朋友雷姆塞，维特根斯坦说雷姆塞对他的观点的批评在很大程度上帮助他看到了这些错误。另一个是剑桥大学的经济学讲师 P. 斯拉法。有一次在火车上，斯拉法做了一个在意大利那不勒斯表示轻蔑和讨厌的意思的动作以后，问维特根斯坦，那个动作的逻辑形式是什么。“斯拉法的例子使维特根斯坦感到，坚持认为命题和它所描述的东西一定有相同的‘形式’是不合理的。这就动摇了他对于命题必须真正是它所描述的实在的图像这一概念的信心。”[49]

维特根斯坦终于看到，世界并非“本来”就是按照某一特定方式组织而成，然后再用语言正确或错误地把它的结构描述出来。而是有多少种描述世界的方法，就有多少种把世界分解为个别事态的方法。概念只有在一定的语境下才有意义。比如，维特根斯坦在《逻辑哲学论》中将事实化约为基本事实，也就是不能再分析的简单事实。但是，现在维特根斯坦认为，没有绝对的简单，“简单”只是相对于一定的语境而言的。

肯定有一客观的本质，又认识语言的功能只是描述实在，必然要觉得日常语言不够精确，而去追求一种不会造成任何歧义和逻辑错误的理想语言。早期维特根斯坦虽然没有公开提倡理想语言，但对理想语言派的目标应该是认同的。而此时，维特根斯坦公开站在了日常语言一边。他说：“说在哲学中我们考察一种与日常语言相反的理想语言，这种说法是错误的。因为这使得看起来好像我们认为我们可以对日常语言加以改造。但日常语言是完全正确的。”[50]

当然，这并不是说，我们在使用日常语言时不会犯错误，相反，哲学的问题恰恰是由于误用了日常语言的规则造成的，而哲学的使命也正在于对这种错误进行诊断。但日常语言本身是不可动摇和替换的，它是我们必须接受的存在基本条件，是我们一切语言活动的基本条件。至于语言精确与否，那要看它在实际使用过程中所起的作用而定，精确的东西取决于产生精确问题的环境和社会关系。我们不能离开使用语言的人与人之间的关系去考虑精确性问题，不存在绝对的精确性。

其实，早期维特根斯坦相信语言或命题意义惟一的确定性，是因为他相信实在世界中没有任何含糊和不确定的东西。归根结底，这种语言和世界的确定性是由语言和世界惟一的本质保证的。追求共同的本质，追求普遍性，是西方哲学根深蒂固的传统，这个传统在近代得到了科学方法论的支持与加强。它的根本问题是轻视个别性，忽视差异性。而维特根斯坦现在发现，即使我们认为是同类的事物之间，也存在着许多差异，它们充其量只有“家族相似”：

> 例如，想一想我们称之为“游戏”的活动。我的意思是指下棋、玩纸牌、打球、奥林匹克运动会，等等。什么是它们共同的东西？不要说：“一定有某种共同的东西，否则它们不会被称为游戏”——而要去**察看**和**看出**是否有某种所有游戏共同的东西。因为，如果你察看它们，你将看不出**所有游戏**共同的东西，只有相似、关系，和整整一系列这样的东西。[51]

语言同样如此，语言并不是只有“描述”这单一的功能，相反，它具有各种不同的功能，语词的功能更是如此。维特根斯坦说：“我要向你们传达这样一种观念：命题是多种多样的，我们几乎没有可能提供一个涵盖了所有这些情况的定义。由命题构成的这个家族有很多共同之处，也有很多不同之处。事实上只为大多数命题所共同具有的东西往往被认为是所有命题所共有的东西。”[52]因此，语言并无本质，“我们看到，我们称为‘命题’‘语言’的东西并不具有我以前所设想的那种形式上的统一性，而是由彼此具有或多或少的亲缘关系的构造组成的家族”[53]。这个家族，是由各种各样的语言游戏组成的。

语言游戏

语言游戏是维特根斯坦为了说明我们的日常语言实际起作用的方式而发明的概念。维特根斯坦觉得，我们日常语言的内部结构和应用条件过于复杂，使我们不能一下子就看出它起作用的方式。我们可以设想儿童一开始使用的那种语言，或原始部落使用的原始语言，惟其简单，可以作为我们研究语言的开端。“这些语言游戏是使用符号的方式，这些方式比我们使用我们高度复杂的日常语言的符号的方式要简单。语言游戏是儿童刚开始使用语词的语言形式。研究语言游戏就是研究语言的初始形式或初始语言。……当我们察看这样简单的语言形式时，笼罩着我们语言的日常使用的精神迷雾就消散了。我们看到种种活动和反应，它们既清楚又明白。另一方面，在这些简单的进程中我们看到的一些语言形式同我们较为复杂的语言形式并不是完全分离的。我们认识到，通过逐步增加新的形式，我们可以用初始的形式构造起复杂的形式。”[54]

维特根斯坦在《哲学研究》的第2节提供了这样一个语言游戏的例子，就是设想建筑工人A在盖房子，而需要他的助手B给他递各种建筑材料。A喊出一种材料的名字，B就将此材料递过去。这就是一种完整的原始语言。当然，即使是简单的语言游戏也不只是这一种，而是有许许多多种，较为复杂的语言游戏更是多得数不清。但这并不是语言游戏概念的要旨所在。语言游戏的要旨在于，语言表达式的意义在于其使用，语言游戏是人类活动的一部分，或是“生活形式”的一部分。句子、语词没有独立、自足的“真正的”意义。它们的意义要视它们被用在什么语言游戏中而定。

生活形式是我们不得不接受的东西，它结合了文化、世界观和语言。生活形式不是维特根斯坦的发明，在德国哲学中它从哈曼开始就已出现。但是，在维特根斯坦那里，生活形式首先是个社会活动的概念，它固然包括文化传统和世界观，但也是一个群体活动的整体，它是我们语言活动的基础。这种生活形式的不同决定了语言游戏的不同。任何语言游戏只能在它所在的那个生活形式中去理解。不懂一种生活形式，就不懂它所决定的语言游戏。所以维特根斯坦说："如果狮子能说话，我们也不能理解它。"[55]意思是说，狮子的生活形式，它们的行为模式我们是不理解的。同样，一个外星人如果来到地球上，也无法理解人类的语言游戏。

人类的语言活动，或者说语言游戏，主要应从人类的实践活动方面去理解，即使像计算这样的东西，人们之所以在这方面能达成一致，不是因为思想或精神方面的原因，而是因为人们的行为方式一致，生活形式一致。"我要说：我们称为数学或对 $13 \times 14 = 182$ 这个命题的数学理解的东西是与我们对计算这种活动所采取的特殊立场，或者说，计算……在我们的生活中，在我们的其他活动中所占有的特殊地位联系在一起的。"[56]总之，是人的社会实践决定了语言表达式的使用及意义。语言游戏植根于生活形式，归根结底是人生活实践的一部分。有多少种生活形式，有多少种生活实践，就有多少种语言游戏。

在早期维特根斯坦那里，语言的意义取决于它所描述的事实。但现在，语言的意义在于它在实践中的用法。"一个语词**在实践中**的用法就是它的意义。"[57]语言的功能并非只是指称。语言表达式在不同的语言游戏中会有不同的用法，因此，它们的意义也就是变动不居的，而不是确定不变的。

并且，我们要理解一个语言表达式，就要理解一个语言；要理解一个语言，就要理解一种生活形式。语言游戏的全部规则都是植根在生活形式中的。"语言相关于一种生活方式。"[58]"设想一种语言（或语言的使用）就意味着设想一种文化。"[59]"属于语言游戏（因而，语言）的是整个的文化。”[60]由此可见，维特根斯坦后期是把语言作为一种生活现象、文化现象和实践形式来考察的，这就大大拓宽了人们对于语言问题的视野，也大大拓宽了语言哲学的路子，使得语言哲学可以与文化哲学和实践哲学结合在一起。而维特根斯坦自己的哲学也由此超出了语言哲学的范围，走向更为广阔的领域。

驳斥私人语言

如果语言只存在于一个语言共同体中，它只能在生活形式中，作为群体活动的一部分起作用，它的语法规则是公共的，那么，私人语言就是不可能的。所谓私人语言，就是“这种语言的个体词指的是只有说话者知道的东西，是指当下的私人感觉。因此别人不能理解这种语言”[61]。

对于近代主体主义哲学传统来说，有私人语言应该是理所当然的事。洛克认为：“语词，在它们原始的或直接的意义上，只代表**用语词的人心中的观念**，不论那些观念是怎样不完全地、粗疏地由假定它们所表象的那些事物获得的。”[62]但是，人的内心活动不像外部事物，我们无法从外部来观察。自己的内心活动可以通过内省来觉察，别人的内心活动就只有诉诸推测和类比了。如果内心活动都是私人的，那么表达内心活动及其内容的语言，当然也可以是私人的。用更通俗的话来说，私人语言是建立在这样的想法基础上——我内心私人的东西（想法、感受、感情等）只有我知道，别人无从知晓，因此，我完全可以用只有我懂的语词和语法，来指称我内心私人的东西。这看上去似乎挺有道理的主张，维特根斯坦却予以坚决的否定。

私人语言主张的一个基本前提是，存在着只有说话者才知道的私人对象，例如牙疼。“只有我知道我是否真的在疼，别人只能推测。”[63]但维特根斯坦驳斥说，这种观点“从某方面来讲它是假的，在另一方面它是无意义的。如果我们像正常用‘知道’这个词那样用这个词（我们怎么能不那样使用它？），那么别人也经常知道我们什么时候在疼。——是的，但还是没有我自己知道的那样确定：我根本不可能说我**知道**我在疼（除非也许是作为一个玩笑）。除了是说我**有**疼之外，还能是什么意思呢？不能说别人**只是**通过我的行为知道我的感觉，——因为不能说**我**知道它们。我**有**它们。”[64]但是，按照我们日常的语法，说某人有什么东西，也就意味着我们可以同样说别人也可能有同样的东西。如果别人不可能有同样的东西，那么说我有某样东西是没有意义的。这里，维特根斯坦用的论证策略是以日常语言的公共性来否定私人对象的存在。感觉可以是私人的，但表达感觉的方式决不可能是私人的，“疼这个概念的特征是由它在我们生活形式中所具有的特殊功能决定的。”[65]“只有在某些正常的生活表达的背景下才有疼的表达。只有在更为广大而确定的生活表达的背景下才有悲伤或爱抚的表达，等等。”[66]因此，说私人对象不存在，不是说我们不能有私人的感觉，而是说不存在别人无法了解或接近的私人对象。

其次，我们并非不能从外部来观察和发现别人在疼，比方我们从他们因疼而扭曲的脸，或者手捂腮帮的动作等。当然，有时也会被装疼的人骗过，但一般来说，我们还是可以知道别人是否在疼。也就是说，我们还是有判断疼的客观标准的。如果是这样的话，那么别人也是可以有与我们一样的疼的，因为标准总是意味着普遍性，意味着一个以上的事物之间存在着共同性或同一性。然而，人们却难以给所谓的私人对象这样一个同一性标准。维特根斯坦指出，个人无法通过任意给一个私人感觉指定一个符号来建立他自己的私人语言词汇表或字典。因为“私人直指定义不是有效的语法规则。……而且没有方法能对照为在直指定义中引进这个名称提供理由的初始感觉经验来检验目前记忆的图像。”[67]

维特根斯坦说：

> 让我们想象一张仅仅存在于我们想象中的表（像一本字典那样的东西）。一本字典只能作为用一个词Y来翻译一个词X的根据。但是，如果只是在想象中去查这样一张表，我们也称它是一种根据吗？“哦，是的；那么它是一种主观的根据”。——但根据在于借助某种独立的东西。——不过我肯定可以借助一种或另一种记忆。例如，我不知道我是否正确记住了火车开车的时间，我就回忆查看一张时刻表是怎样的来核对它。“这里不是同样一回事情么？”——不是同样的。因为这个过程必须产生一种实际上是正确的记忆。如果这张表的精神图像本身经不起正确性的检验，它怎么能确定最初记忆的正确性呢？……
>
> 查一张想象中的表不是查一张表，正如一次想象的实验结果的图像不是一次实验的结果一样。[68]

这表明，私人语言在实际操作上也有无法克服的困难，即使对于它的拥有者，它实际上也是不能起到语言应有的作用。

此外，如果真有各具任何其他人都无法掌握的规则的私人语言，那么，这些私人语言之间也就一定无法沟通和交流，因为它们之间不存在一个共同使用的语言，这样，甚至这些私人语言用它们自己的词汇说的私人感觉，如疼是否是指同样的东西都是有疑问的。对此，维特根斯坦做了一个著名的甲虫盒的比方：

> 假设每个人都有个装着什么东西的盒子：我们把这个东西叫做“甲虫”。没有人能看到别人的盒子里面，因而每个人都说他只是由于看见**他的**甲虫才知道甲虫是什么。——这里，每个人盒

子里有不同的东西是完全可能的。甚至可以想象这样一个东西老是在变化。——但假定“甲虫”这个词在这些人的语言中有一种使用又该如何呢？——如果这样的话，它就不应被用作一个东西的名称，盒子中的东西在这种语言游戏中根本没有地位，甚至不是**某种东西**：因为盒子甚至可以是空的。——是的，人们可以“除尽”盒子中的东西，无论它是什么，它消去了。[69]

人们之所以主张私人语言的可能性，是因为私人对象的存在。如果私人语言的存在反而使私人对象消去了，那么私人语言还有必要存在吗？还能存在吗？

但是，维特根斯坦否定私人语言的可能性，并不仅仅是为了要证明一个实际并无可能的东西的不可能，而更主要是为了批判近代西方哲学笛卡尔主义，即主客体二分的传统。在这个传统看来，主体和客体，精神和物质，或内部世界和外部世界，处于截然分离的状态。一方面，前者如何达到后者始终是个问题；另一方面，前者似乎自成一个封闭的世界，与外界无关。然而，维特根斯坦反私人语言的论证却向我们表明，内心活动只有与其发生的行为与环境联系在一起，才能被理解。不仅如此，它们实际上还受到体现在日常语言中的公共性的制约，离开这种公共性，它就失去任何表达，实际上就可能是一个空的甲虫盒。由此，笛卡尔主义就失去了其基本的前提。无怪德国哲学家阿佩尔要说，维特根斯坦关于私人语言的思想对于一切哲学都是真正革命性的洞见。[70]

常识—世界图式

在论证私人语言不可能时，维特根斯坦有力地证明了，我们不可能私人地遵守规则，因为不但遵守规则是一种社会实践，而且规则本身也是植根于生活形式中。其实，生活形式不但是语言的基础，也是知识信念的基础。维特根斯坦在其生命的最后一年半里，写下了一部题为《论确定性》的手稿，通过讨论常识问题来进一步深化他这方面的思想。

写作《论确定性》直接起因于维特根斯坦读了他剑桥的老师G.E.摩尔的两篇著名论文——《保卫常识》和《外部世界的证明》。在这两篇论文中，摩尔系统阐述了他的所谓常识哲学的观点。所谓常识，就是像“现在存在着一个人的身体，这就是我的身体”“在我身体出生时就已有大量的其他事物（包括别人的身体）存在着了”“在我身体出生前许多年，地球就已存在了”这样的自明之理。这种自明之理主要分为两大类，一类是关于宇宙有许许多多物质对象存在的信念；另一类是宇宙中也有许多意识行为，如记忆、想象、思维、希望等。除此之外，还有关于这两大类事物基本性质的一些信念，如除了人之外，多数物质对象没有意识；物质对象相互间有一定的距离；物质对象和意识行为都在时间中；在人存在之前物质对象就存在了等。这类自明之理或者说常识实际构成了我们的世界观，它们是绝对真的，我们一般不会怀疑它们。摩尔说，他确知这些命题为真。

摩尔提出他的常识哲学，主要是针对黑格尔式的公然主张哲学应该超越常识的看法。维特根斯坦对摩尔的这个立场并无异议。只是他认为摩尔对常识的辩护是不正确的，摩尔没有看到，他所讲的那些作为自明之理的常识命题，不能与一般的命题同日而语。它们的逻辑地位是不同的。“它们的地位极其重要，甚至为别的命题提供了绝对确定性或不确定性、真或假的**根据**和**框架**。然而，它们本身却没有根据，不能由证据来证明或证实。可以说这些‘自明之理’在性质上是前逻辑的，甚至是‘没有道理的’。它们规定一个语言体系的框架，但它们自己却不是在它们帮助规定的语言游戏中陈述的假设或规定。”[71]

维特根斯坦还是从语言使用的分析着手来展开他的论证。他说，摩尔对常识辩护的基本语式是“我知道 ______ 为真”。但是，这个表达式只能用于一般命题，如“我知道今天是晴天为真”，而不能用于像“汽车不是从地下长出来的”这样的常识命题。这类命题虽然也有经验命题的形式，却与一般经验命题判然有别。它们在我们的经验命题系统中“其一种独特的逻辑作用”[72]。它们实际上是我们不得不接受的世界图式。“它们的作用类似于游戏规则”[73]，因而具有规范性的特点。世界图式“相当于命题、概念、信念和实践的一个完整的系统或框架——简言之，相当于一种‘生活形式’”[74]。

世界图式本身是我们不得不接受的一个既成或给定的东西，它是不能怀疑，不能解释，也不能证明的东西。“这个系统并不是我们所有论证的一个多少是任意和可疑的出发点：不，它属于我们称之为一个论证的东西的本质。这个体系与其说是出发点，不如说是论证因它而具有生命的那种因素。”[75]它是由一些具有命题形式的固定的命题组成。这些命题是具有命题的流通渠道。当然，这种情况不是固定不变的。在时间的过程中，一些易变的命题固定下来，成了基本命题，而一些本来固定的命题变成易变的命题。“同一个命题在一个时候被当做受到检验的东西，而在另一个时候则被当做检验的规则。”[76]但不管怎么说，那些基本命题或自明的命题构成了思想的河床，而其他命题就在这河床里流动。维特根斯坦又把世界图式叫做“轴”或“脚手架”。“它给我们看事物的方法，给我们的研究工作提供了它们的形式。”[77]但它本身却是无根据的，“有牢固基础的信念的基础是没有基础的信念”[78]。它不是一套演绎出来的基本原理，而是先验的世界架构或世界观。

因此，我们并不是通过经验研究得出组成世界图式的那些自明之理的。“例如，有历史的研究和对地球形状以及年龄的研究，但没有对地球在上一百年是否存在的研究。”[79]我们可以用“是否与实在相符合”来检验一般的经验命题，但我们不能检验或证伪摩尔所谓的自明之理。我们自然可以伸出两只手来检验“我有两只手”是否属实，但实际上人们不会这么做，他们不会把它作为需要进行检验的假设，而是将它作为不言而喻的信念。事实上人类不会无止境地检验一切，也不可能这么做，因为检验总是需要一定的基础，而这种基础不能无限倒退，而必须止于某处。但这种停止不是认识论或方法论意义上的主观行动，而是存在论意义上的基本条件。因此，世界图式不是理论假设，而是理论前提。例如，当拉瓦锡在做化学实验时，他已经有一个确定的世界图式作他的理论基础了。

但是，世界图式不是不变的，而是可变的。拉瓦锡固然需要一个世界图式作他的理论凭借，但他的发现后来也可以成为世界图式的一部分。并且，世界图式除了这种丰富与增长意义上的变化外，还可以有根本的变化，如托勒密的“地心说”为哥白尼的“日心说”所取代，或者古希腊罗马的世界图式为基督教的世界图式所取代。但不管怎么说，世界图式总是我们的“合理性”和“可理解性”的标准。在世界图式上与大家不一致只有两种可能：要么是精神错乱了，要么是有了不同的世界图式。

世界图式是我们中国人称之为“天经地义”的东西，之所以天经地义，并不是因为它有一个神秘的先验来源，而在于“它以无数种方式，无数次地同我们的日常实践交织在一起。像每一种语言游戏一样，世界图式以生活形式、以‘实践’为基础。”[80]它的天经地义不是它在理论上得到了充分的证明，恰恰相反，它是不能被证明的；因为它构成了我们行动的基础，当然也是思想的基础。它的天经地义在于它使我们的实践得以可能。

正因为世界图式是“天经地义”的，所以它是我们怀疑的基础，而它本身是不能随便怀疑的。与皮尔士对笛卡尔的批评相仿，维特根斯坦认为怀疑必须以一定的信念为基础。“如果你企图怀疑一切，你就达不到怀疑一切的程度。怀疑的游戏本身就预先假定了肯定。”[81]“如果一个人甚至怀疑起地球在100年以前就已存在了这个事实，那么我也就不知道他还会将什么作为证据，什么不作为证据了。”[82]世界图式不能怀疑，也不需要根据。

但世界图式的“天经地义”并不意味着世界图式只能是惟一的。相反，与摩尔不同，维特根斯坦认为世界图式可以是多元的。不同世界图式间的冲突不是逻辑的，或事实的差别，而是世界观的不同。因此，在这里并没有普遍的判断标准与方法来解决它们的冲突。这里既无法论证，也给不出理由，而只能说服。维特根斯坦的这个思想，对于我们今天这个为文化冲突所苦的时代，具有极为重要的意义。

现代性思想的基本主张就是，认为有普遍的、超越世界图式的合理性，并且其实只是以为近代西方的世界图式就是这种普遍的合理性标准，以此来判断一切不同的世界图式。但维特根斯坦看得很清楚：人们这样做时，其实是在用自己的语言游戏作为基础来反对别人的语言游戏，是没有什么普遍的合理性的。但“困难的是认识到我们信念的无根据性。”[83]人们总是觉得自己的世界图式是天经地义的，殊不知“人们觉得有道理和没道理的东西是会改变的。在某个时候人们曾经觉得没有道理的东西，在另一个时期他们会觉得是有道理的。反之亦然。”[84]

如果是这样的话，哪一种世界图式能有充分的根据证明它比其他的世界图式优越？至少在维特根斯坦看来是不可能。既然如此，难道说服与对话不是解决世界图式冲突或文化冲突惟一合理的途径吗？因为在这里甚至论证也已不可能，遑论强迫。如果有人因此而指责维特根斯坦相对主义的话（我想，维特根斯坦大概不会在乎），根据维特根斯坦的理论，他们是没有正当的理由的。

当然，这不是说，我们不能说别人错了。但这只能局限于共有一个世界图式的人之间，而不能对不同世界图式的人说他错了。但是，在组成世界图式的常识命题上我们是不会错的，这种不可能是一种逻辑的不可能。“事实并不是这样：当从有关行星方面的事情过渡到有关我自己的手方面的事情上时，错误只是变得越来越不可能了，而是这样：在某一点上错误甚至都不再是可以想象的了。”[85]只有在此条件下，我们才能有意义地说别人错了。

维特根斯坦关于世界图式的学说是他后期反本质主义思想的最终完成，它彻底颠覆了传统哲学本质主义成见，揭示了构成我们行动与思想基础的世界图式的先验性。但这种先验性却不像德国先验哲学家讲的先验性，它不意味着惟一性。维特根斯坦与摩尔一样重视和肯定常识，但是，对他来说，常识也是多元的，而不是固定不变的。如果世界图式改变了的话“天经地义”的自明之理也会变得荒谬无比。例如，天圆地方曾经是许多人类的常识，现在却是谬误了。当然，这并不等于说，没有永远不变的常识，而只是说，作为常识整体的世界图式，是会变动的。诚然，维特根斯坦也讲过，他和摩尔一样，也把世界图式看成是固定不变的，这是他怀疑和探究方法的一部分。[86]但我以为，这是指河床会加宽或改道，但它的基础或“脚手架”的地位却是不变的。[87]然而，“河床”也好，“脚手架”也好，世界图式本身却是无根据的，并且，这种无根据的东西对于我们的思想与行为还是决定性的，这就不能不使我们重新审视我们关于“存在与人”的一切成见。

哲学观

虽然维特根斯坦被普遍承认是二十世纪最伟大的哲学家之一，但他实际上是哲学家中的另类。据他的朋友冯·赖特说：“维特根斯坦没有学者风度。他的气质和典型的学者很不相同。‘冷静的客观态度’和‘超然的冥思苦想’这些说法，用到他身上是完全不适合的。”[88]而他的学生马尔康姆则说“他厌恶学院生活，特别是厌恶一个职业哲学家的生活。他相信，一个正常的人不可能既是一个大学教师，而同时还是一个诚实严肃的人。”[89]他自己在1947年主动辞去剑桥大学教授的职务。但这还只是维特根斯坦外表超然脱俗的一面。他在哲学上的另类更表现在他对哲学的看法上。

前面已经说过，维特根斯坦从一开始就不认为哲学是一种理论，他也明确表示对理论没有兴趣，说理论不是他要找的东西，理论没有什么价值。[90]哲学关心的是生命的意义问题，它是不能说的，而只能在生活中显示出来。所以他要人们“幸福地生活吧”[91]。既然哲学不是理论，哲学关心的问题不是理论问题，而是生活实践的问题，因而是不可说，当然也是不可教的，那么当然，职业哲学家是对于一个真正哲学家的讽刺。

然而，这不是说哲学家将无事可做。鉴于大部分哲学家并不知道他们实际上只是在说实际上不能思也不能说的东西，因此，真正的哲学家就应该对他们说的话进行分析，指出他们之所以错误，之所以设置那些没有意义的问题，在于他们误解了我们语言的逻辑。在维特根斯坦看来：“历来关于哲学事物所写的大部分命题和就此而设置的问题并不是假的，而是无意义的。因而我们根本就不能回答这些问题，而只能确定它们的无意义性。哲学家的大部分问题和命题都是因为不理解我们语言的逻辑而引起的。”[92]因此，“哲学的目的是思想的逻辑澄清。……哲学的结果不是‘哲学命题’，而是命题的澄清。”[93]因此，哲学就是“语言批判”。

维特根斯坦对于哲学的态度后来略有改变，后期维特根斯坦不再认为哲学不可说，哲学不是理论。但他仍然坚持哲学是一种阐明的活动，哲学是“语言批判”。因为他仍然认为哲学错误实际上是语言使用的错误，是由于我们不理解语言的正确使用。所以哲学现在要做的事情就是让事物如其所是。哲学不是解释，而是描述：

> 我们不应提出任何一种理论。在我们的思考中，一定不可有任何假设的东西。我们必须去掉一切**解释**，而只用描述来代替它。这种描述从哲学问题中得到它的启发力量——它的目的。当然，这些问题不是经验的问题；确切些说，它们通过观察我们语言的各种作用，并使我们认识这些作用而得到解决：**尽管**有一种误解这些作用的冲动。问题的解决，不是通过提供新的信息，而是通过安排我们早已知道的东西。哲学是用语言来与我们着魔的理智进行的战斗。[94]

所谓“着魔的理智”，又叫“理智上的疾患”和“精神上的不适”，“哲学家便是这样的人：在他达于健全的理智概念之前，必须治好在他之内的很多理智上的疾患。”[95]哲学就是这样一种治疗行动。“它的目标就是解除这种精神的束缚，解开这些难题，给苍蝇指明捕蝇瓶的出口，消除折磨人们思维的哲学伪问题。”[96]要解除精神束缚，只有指明我们理智疾患的原因。病因一查清，问题也就迎刃而解了。

维特根斯坦认为：“哲学之病的一个主要病因是片面的饮食习惯，人们只用一种类型的例子来滋养他们的思想。”[97]这里“一个类型的例子”应该是指自然科学的思想方式。如前所述，在分析哲学家渴望普遍性的原因时，维特根斯坦已明确指出：“哲学家眼里老是看见科学的方法，并且不可抗拒地受引诱去以科学那样的方法来提问题和回答问题。这种倾向是形而上学的真正根源，它把哲学家引进完全的黑暗。”[98]哲学与科学不同，它不解释什么，也不推演什么，它只是把一切摆在我们的面前，它只是描述。

在这里，维特根斯坦似乎与现象学家殊途同归，都诉诸描述的方法。但维特根斯坦的描述是“概览式的描述”。“概览式的描述这个概念对我们来说意义非常重大。它标明了我们的描述形式，即我们看待事物的方式。（它是一种‘世界观’吗？）”[99]所谓“概览式的描述”就是一个关于语言、关于思想、关于我们各种“描述系统模式”的基本特点、关于人们设计和用来在世界上“走动”的各种概念体系和语言游戏的描述系统。“我们需要的是我们描述系统模式（语言、测量方法、语法规则等等）的一个清晰的描述系统。哲学的目标就是要得到一张这样的‘勘测图’，要有这样一种总的观察。它将给我们一本我们概念资源的‘地志’。”[100]如果我们有了这样一张地图，那么我们就不再会陷入以前的精神混乱。

但是，维特根斯坦也看到，哲学问题的解决归根结底在于思维方式的改变。“要想解决哲学问题，我们就必须改变我们的立足点，改变我们古老的思维方式。如果我们不能做到这点，我们就休想解决哲学问题。”[101]但这又不仅仅是个思维方式转换的问题，更是一个生活方式转换的问题。因为哲学家的疾患实在也是时代的疾患，“属于一个时代的疾患需要通过人们的生活方式的转换来医治。因而哲学问题所造成的疾患只能通过思维方式和生活方式的转换，而不能通过某个个人所发明的药物来加以医治。”[102]这样看来，哲学的问题实际上是时代的问题，哲学的状况也反映了时代的状况。因此，哲学问题的解决，是和时代问题的解决密切相关的，要解决哲学问题，必须解决时代的问题，这就是维特根斯坦哲学给我们的最后教训。

注释

［1］ Russell，*Autobiography*，London，1967—1969，vol.2，p.98.

［2］〔美〕巴特利：《维特根斯坦传》，杜丽燕译，东方出版中心，2000年，第4-5页。

［3］ 有关维特根斯坦这段经历，可参看巴特利的《维特根斯坦传》。

［4］〔美〕诺尔曼·马尔康姆：《回忆维特根斯坦》，李步楼、贺绍甲译，商务印书馆，1984年，第55页。

［5］ 同上，第54页。

［6］〔美〕M.K. 穆尼茨：《当代分析哲学》，吴牟人等译，复旦大学出版社，1986年，第239-240页。

［7］〔美〕M.K. 穆尼茨：《当代分析哲学》，吴牟人等译，复旦大学出版社，1986年，第210页。

［8］〔美〕M.K. 穆尼茨：《当代分析哲学》，吴牟人等译，复旦大学出版社，1986年，第239页。

［9］ Wittgenstein，"Lecture on Ethics"，*Philosophical Review* 74，1965.1：5.

［10］〔美〕巴特利：《维特根斯坦传》，杜丽燕译，东方出版中心，2000年，第21页。

［11］ 参看〔芬〕冯·赖特的《回忆维特根斯坦》，第17页。

［12］ Wittgenstein，*Notebooks* 1914—1916，Oxford，1961，p.77.《逻辑哲学论》，5.621。

［13］〔美〕M.K. 穆尼茨：《当代分析哲学》，吴牟人等译，复旦大学出版社，1986年，第250页。

［14］〔德〕维特根斯坦：《逻辑哲学论》，5.632。

［15］ Wittgenstein，*Notebooks* 1914—1916，p.79.

［16］ Ibid.，p.82.

［17］ Ibid.，p.81.

［18］ B.McGuinness (ed)，*Ludwig Wittgenstein：Sein Leben in Bildern und Texten*，Frankfurt am Main，1983，p.124.

［19］ Wittgenstein，*Notebooks* 1914—1916，p.78.

［20］〔德〕维特根斯坦：《逻辑哲学论》，6.4312。

［21］ Wittgenstein，*Notebooks* 1914—1916，pp.74-75.

［22］〔德〕维特根斯坦：《逻辑哲学论》，6.41。

［23］ Wittgenstein，"Lecture on Ethics"，p.12.

［24］〔德〕维特根斯坦：《逻辑哲学论》序。

［25］〔德〕维特根斯坦：《逻辑哲学论》，2.034。

［26］ Ibid.，2.04。

［27］ Ibid.，2.031。

［28］ Ibid.，2.021。

［29］ Ibid.，2.023。

［30］ Ibid.，2.014。

［31］ Ibid.，2.0141。

［32］ Ibid.，3.141。

［33］〔美〕诺尔曼·马尔康姆：《回忆维特根斯坦》，李步楼、贺绍甲译，商务印书馆，1984年，第6页。

［34］〔德〕维特根斯坦：《逻辑哲学论》，2.18。

［35］ Ibid.，4.01。

［36］〔德〕维特根斯坦：《逻辑哲学论》，4.03。

［37］ Ibid.，4.023。

［38］ *Ludwig Wittgenstein and Vienna Circle*，ed. by McGuinnes，New York，1979，p.185.

［39］〔德〕维特根斯坦：《逻辑哲学论》，3。

［40］ Wittgenstein, *The Blue and Brown Books*, Oxford, 1964, p.3.
［41］ Wittgenstein, *Notebooks* 1914—1916, p.107.
［42］〔德〕维特根斯坦:《逻辑哲学论》, 4.121。
［43］ Wittgenstein, *Notebooks* 1914—1916, p.107.
［44］ Ibid.
［45］〔德〕维特根斯坦:《逻辑哲学论》, 5.4711。
［46］ Ibid., 4.5。
［47］ Wittgenstein, *The Blue and Brown Books*, p.18.
［48］ Ibid., p.28.
［49］〔美〕诺尔曼·马尔康姆:《回忆维特根斯坦》, 李步楼、贺绍甲译, 商务印书馆,1984年, 第60页。
［50］ Wittgenstein, *The Blue and Brown Books*, p.28.
［51］〔德〕维特根斯坦:《哲学研究》, 第66节。
［52］ *Wittgenstein's Lectures*, Cambridge 1932—1935, New Jersey, 1979, p.100.
［53］〔德〕维特根斯坦:《哲学研究》, 第108节。
［54］ Wittgenstein, *The Blue and Brown Books*, p.17.
［55］〔德〕维特根斯坦:《哲学研究》, 第2部, 第223节。
［56］ Wittgenstein, *Bemerkungen über die Grundlagen der Mathematik*, *Ludwig Wittgensteins Werkausgabe in* 8 *Bände*, Band 6, Frankfurt am Main, 1984, p.390.
［57］ Wittgenstein, *The Blue and Brown Books*, p.69.
［58］ Wittgenstein, *Bemerkungen über die Grundlagen der Mathematik*, p.335.
［59］ Wittgenstein, *The Blue and Brown Books*, p.134.
［60］ Wittgenstein, *Lectures and Conversations on Aesthetics*, *Psychology and Religious Belief*, Oxford, 1983, p.8.
［61］〔德〕维特根斯坦:《哲学研究》, 第243节。
［62］〔英〕洛克:《人类理智论》, 第3卷, 第2章, 第2节。
［63］〔德〕维特根斯坦:《哲学研究》, 第246节。
［64］ 同上。
［65］〔德〕维特根斯坦:《片言集》, 第532节。
［66］ 同上, 第534节。
［67］〔美〕M.K. 穆尼茨:《当代分析哲学》, 吴牟人等译, 复旦大学出版社, 1986年, 第371-372页。
［68］〔德〕维特根斯坦:《哲学研究》, 第265节。
［69］ 同上, 第293节。
［70］ Karl-Otto Apel, *Transformation der Philosophie*, Band 1, Frankfurt am Main, 1976, p.370.
［71］〔美〕M.K. 穆尼茨:《当代分析哲学》, 吴牟人等译, 复旦大学出版社, 1986年, 第393-394页。
［72］〔德〕维特根斯坦:《论确定性》, 第136节。
［73］ 同上, 第95节。
［74］〔美〕M.K. 穆尼茨:《当代分析哲学》, 吴牟人等译, 复旦大学出版社,1986年, 第394页。
［75］〔德〕维特根斯坦:《论确定性》, 第105节。
［76］ 同上, 第98节。
［77］ 同上, 第211节。
［78］ 同上, 第253节。
［79］ 同上, 第138节。
［80］〔美〕M.K. 穆尼茨:《当代分析哲学》, 吴牟人等译, 复旦大学出版社,1986年, 第404页。

［81］〔德〕维特根斯坦:《论确定性》，第 115 节。
［82］同上，第 231 节。
［83］同上，第 166 节。
［84］同上，第 336 节。
［85］同上，第 54 节。
［86］参看〔德〕维特根斯坦:《论确定性》，第 151 节。
［87］参看〔美〕M.K. 穆尼茨:《当代分析哲学》，吴牟人等译，复旦大学出版社，1986 年，第 402 页。
［88］〔美〕诺尔曼·马尔康姆:《回忆维特根斯坦》，李步楼、贺绍甲译，商务印书馆，1984 年，第 16–17 页。
［89］同上，第 24 页。
［90］*Ludwig Wittgenstein and Vienna Circle*，pp.116，117.
［91］Wittgenstein，*Notebooks* 1914—1916，p.75.
［92］〔德〕维特根斯坦:《逻辑哲学论》，4.003。
［93］同上，4.112。
［94］〔德〕维特根斯坦:《哲学研究》，第 109 节。
［95］Wittgenstein，*Bemerkungen über die Grundlagen der Mathematik*，p.302.
［96］〔美〕M.K. 穆尼茨:《当代分析哲学》，吴牟人等译，复旦大学出版社，1986 年，第 379 页。
［97］〔德〕维特根斯坦:《哲学研究》，第 593 节。
［98］Wittgenstein，*The Blue and Brown Books*，p.18.
［99］〔德〕维特根斯坦:《哲学研究》，第 122 节。
［100］〔美〕M.K. 穆尼茨:《当代分析哲学》，吴牟人等译，复旦大学出版社，1986 年，第 378 页。
［101］*Ludwig Wittgenstein：Sein Leben in Bildern und Texten*，p.340.
［102］Wittgenstein，*Bemerkungen über die Grundlagen der Mathematik*，p.132.

第九讲 语言与哲学：四个分析哲学家

我们这里要讨论的，是维特根斯坦之后四个有代表性的分析哲学家。这些人也可以被称为语言哲学家。因为他们关心的主要是与语言有关的哲学问题，如“什么是意义的性质？”“什么是语言行为？”“语言与现实的关系”等；而他们所用以解决哲学问题的方法，无一例外是语言分析的方法。所谓的现代西方哲学的“语言学转向”，很大程度上是因为这些语言哲学家（当然不仅仅是他们）的工作，及其对英语世界学院哲学主流的长期的、决定性影响。

从古希腊时代，哲学家就已经开始关心语言问题了。到了近代，洛克、休谟、维科、赫尔德、黑格尔都对语言有深入的思考。到了二十世纪，语言问题更是成了哲学的中心问题，人们发现，几乎所有重要的哲学问题，多少都与语言有关。然而，语言在这时，却向人们表明，它远比人们想象的要复杂。分析语言哲学家的贡献就是，通过他们耐心、仔细，常常是枯燥无比的语言分析，我们看到了语言本身的复杂性，以及这种复杂性与哲学问题的关联。我们在这里讨论这四个哲学家，主要是因为他们在这方面的贡献。

赖尔

赖尔（Gilbert Ryle，1900—1976）是分析哲学日常语言学派中牛津学派的代表人物，一生和牛津结下了不解之缘。他毕业于牛津，后又一直在牛津执教。第二次世界大战期间在威尔士警卫团和军情部门服役，战后继续回牛津大学执教，直到1967年退休。他的主要著作是《心的概念》（1949），以及《哲学论证》（1945）、《两难》（1954）等。

尽管牛津学派的哲学旨趣——为语言而研究语言与维特根斯坦哲学的精神大相径庭，但赖尔哲学的出发点却与维特根斯坦有共同的地方，就是他也认为，哲学的任务就是消除因语言用法的错误而产生的哲学问题，具体说，就是要消除由于混淆了语法形式和逻辑形式而产生的传统哲学争论。他早期的重要论文“系统误导的表达式”（1931—1932）就主要讨论这个问题。

人们之所以经常会混淆语法形式和逻辑形式，主要是由于许多句子具有相同或相似的语法形式，但逻辑形式是完全不一样的，人们却往往由于它们相同的语法形式而误以为它们具有相同的逻辑形式。例如，“丘吉尔是政治家”与“匹克威克先生是个虚构的人物”这两个句子在语法上是完全相似的，哲学家就会误以为“政治家”和“虚构的人物”是相似的东西。当然，在日常生活当中，我们会分得很清楚；然而，在传统形而上学中，人们往往以为这两者属于相同的“存在类型”。相似的例子还有“准时是一种美德”和“休谟是一位哲学家”，这两句句子有相同的语法结构，但“准时”与“休谟”不属于一种范畴，我们因为这两句句子具有相同的语法形式就把“准时”与“休谟”视为同一存在类型，就会产生传统的形而上学错误。这点后来赖尔在《心的概念》中分析笛卡尔主义的“机器中的幽灵”时有更透彻的阐发。

“系统误导的表达式”主要的问题是，那些句子的语法形式实际上不适于所记录的事实而导致误解。例如赖尔自己举的例子“食肉牛不存在”，这个句子从语法形式上来看是一般的主谓陈述，但世上并无食肉牛，这就是说“食肉牛”并无指称。显然，这在逻辑上就会产生像“金山不存在”一样的逻辑悖论。赖尔觉得罗素的摹状词理论是解决这类问题的合适办法，我们必须用摹状词来重新陈述句子。既然“食肉牛不存在”的实际意思是“任何牛都不食肉”或“任何食肉的动物都不是牛”，那么我们可以把这句句子改写为“没有什么东西既是牛又食肉”。改写过的句子之所以优于原来的句子，是因为它的逻辑形式更合适，较不会引起误解。

其实，赖尔所谓“系统误导的表达式”之所以会“误导”，根本原因在于一种语言（句子或命题）与事实形式一一对应的存在论预设，如果没有这种预设的话，这些“系统误导的表达式”就不会误导。但此时赖尔恰恰也认同这种存在论预设。因此，在发表于1938年的“范畴”这篇论文中，赖尔进一步追问被表达事物的类型与范畴。

在那篇论文中，赖尔考察了像“……在床上”这样的句式或句型框架。很显然，我们可以在这个框架里填上任何人名，如“苏格拉底”“苏东坡”等，但我们不能填上“星期五”，因为苏格拉底与星期五属于不同的范畴。但这不能证明“苏格拉底”和“苏东坡”是属于一个范畴。在“……是宋代人”这样的句型框架中，就只能填苏东坡而不能填苏格拉底了。这说明，能同样填入某一句型框架的语词未必属于同样的范畴。

也许人们会问，这样不厌其烦地区分范畴有何意义？在赖尔看来，区分范畴首先可以使我们避免许多比较隐蔽的矛盾和悖论。如我们把“我现在所写的这个陈述”填入“……是假的”这个句型框架中，就会陷入自相矛盾。区分范畴，至少可以使我们尽量避免此类矛盾。其次，范畴区分不是语言学研究，而是哲学论证与推理的手段，它可以使我们排除那些不合格，甚至荒谬的命题，而只显现合理命题的范围。这表面上看起来与维特根斯坦要有一张我们描述系统的“勘测图”的想法相近，实际要狭隘得多，因为它没有考虑语言实际使用的合理性和语言目的的多样性。

从上述内容我们可以看到，赖尔逐渐将产生哲学争论与问题的语法形式与逻辑形式的混淆，进一步归结为范畴的混淆或范畴错误。这个思想在他的代表作《心的概念》中得到了系统的阐发，并且用来分析西方哲学的一个传统错误，就是笛卡尔主义的心灵概念，以一种独特的方式消解了这个概念。

《心的概念》一上来就提出所谓的“笛卡尔的神话”。这个神话就是，人既有身体又有心灵，或者说，既是肉体又是心灵。身心当然连在一起，不过，在身体死后，心灵还继续存在，仍将起作用。身体像一切物质实体一样具有广延性，它受机械规律的约束，它的过程与状态可以从外部来观察。但心灵是私人的，无广延的，因而也不受机械规律的约束，只能通过内省才能被认识。也就是说，惟有自己才能直接知觉个人内心的状态和过程，他人无从知晓。

这种身心二元论的困难是显而易见的，既然心灵活动只有自己知道，那么它是如何影响只服从不受私人控制的机械规律的身体，就是一个绝大的问题。其他还有无法证明其他心灵的存在、心灵的属性等严重问题都难以解决。在赖尔看来，根据这种学说，心灵就仿佛一个幽灵，在身体这台机器里莫名其妙地起作用。所以他把这种学说称为“机器中的幽灵说”[1]。赖尔认为：“它是根本错误的，而且不是错在细节上而是错在原则上。它不只是众多特殊错误的汇总，还是一个大错误，一个特殊的大错误，即一种范畴的错误。”这种错误在于“它在表述心理生活的事实时似乎把它们当成是属于某种逻辑类型或范畴的（或属于某个类型域或范畴域的），其实它们应属于另一种类型。”[2]

赖尔举了四个例子来说明他所谓的“范畴错误”何所指，我们在这里只引用他的一个例子。赖尔说，假设有一个外国人访问牛津大学或剑桥大学，在参观了大学的各个部门，如各学院、图书馆、运动场、博物馆等之后，他还问人家“大学在哪里”。赖尔说，这个来访者的错误就在于他把大学的各部门与大学相提并论，以为大学也是由它的各个部门组成的那个类中的一员，也就是说，他把大学与其各机构部门看成是属于同一范畴的东西。[3]笛卡尔神话的错误，则是混淆了心灵与身体两种不同的范畴，以为它们都属于实体范畴。而我们谈论精神和身体的活动时语法的相似性又会使我们误以为它们是独立的、同时发生的活动。

赖尔认为，形成笛卡尔式范畴错误的一个理智上的主要原因是近代自然科学，即古典物理学的影响。一方面，笛卡尔觉得不能不接受流行的机械论；但另一方面，“他无法像霍布斯那样接受这种理论令人沮丧的附加内容，即人性只在复杂程度上与钟表有所不同的观点。他认为，心理事物不能只是机械事物的一个种类”[4]。尽管笛卡尔竭力要避免机械论，可是他无意中还是使用了机械论的语法来描述心理的活动。机器幽灵和意志作用的神话就是这样产生的。哲学家们总是认为，人的行为有一个内在原因，心灵和意志就充当了这样的内在原因。这就不可避免犯了范畴错误。实际上，“相信心与物之间有两极对立，也就是相信它们属于同一种逻辑类型”[5]。他认为唯物主义和唯心主义都不能提供正确的解决，正确的解决在于排除内心生活的说法，将心灵概念消解为人的行动。

自从亚里士多德将人定义为“理性的动物”之后，西方哲学家一般总是将理智活动或理论活动放在首位，似乎我们总是先有思想，后有行动；先有理论，后有实践；思想支配行动；理论指导实践。然而，赖尔却发现，如果是这样的话，我们会陷入无穷倒退。如果理论是实践的先导的话，那么理论本身又需要有理论的理论为先导，如此类推，以致无穷。他指出，虽然厨师可以从烹饪书上学烹饪，但烹饪的原理是那些知道如何烹饪的人提炼出来的，就像有效论证的原则是那些懂得如何论证的人提炼出来的一样。因此，知道如何行事，就是能理智地做事，逻辑上与内心的理论活动无关。当然，我们会在行动前进行一番思考，但那是为了更好地行动而进行的反思。因此，当我凭智力做某件事时，我只是在做一件事而不是两件事。[6]

这就是说，并不是先有内心的心理活动，然后才有外在的身体活动；而是只有一个活动，这个活动的形式是理智的，但它一定是外在可观察的活动。外在的有理智的活动并不是内心活动的线索，而就是心的活动。所以在赖尔看来，“当博斯韦尔描述约翰逊怎样写作、谈话、进食，怎样坐卧不安和慷慨激昂时，也就是描述了约翰逊的心。”[7] 由此可见，心理活动就是物理活动。他治疗笛卡尔式的范畴错误的方法，实际上就是将心理的东西转换为物理的东西。赖尔承认：“本书通篇坚持的观点是，当我们用心理谓词来刻画人时，并不在进行无法检验的推论，从而推论出在我们所无法寻访的意识流中发生了某种幽灵般的过程。我们只是在描述人用来指导其主要属于公开行为的那部分行为的方式。”[8]

然而，这种大刀阔斧地试图将心灵活动归结为物理活动面临很多困难。赖尔自己也承认，就算博斯韦尔描述约翰逊如何写文章、谈话、进食、坐卧不安和慷慨激昂时是在描述约翰逊的心，但显然还有许多思想是只有约翰逊自己才知道，而不为他人所知的。[9] 更不用说各种各样内心的感受与体验了，他可以否认各种形式的感性知觉是心理状态或过程，但他无法令人信服地证明像痛心、苦闷、恶心、厌恶、紧张、苦恼这样的东西不是意识。

尽管如此，赖尔仍然坚持将有关心灵的话语翻译成有关行为的话语，否认内心过程或内心活动的存在，实在没有办法时，他就用显示或倾向于显示一定的行为模式来解释。一旦连这也不行，那么他会用机械论的妖魔来解释。例如，他认为“意志作用说”就是一个因果性假说。实际上意志力只是一种倾向，发挥这种倾向就在于坚持完成种种任务，不受干扰。[10]但倾向本身的性质，赖尔却并未有明确的说明。这且不说。意志并不能简单地归结为科学思维方式的产物，绝大多数人都有意愿的经验。但赖尔认为——即便这样，我们也不能说它使一个行动成为有意的。因为如果那样的话，就会陷入无限循环，即意志使行动成为有意的，那么又是什么使意志成为有意的？这样推下去，一定是恶性循环。

赖尔也料到笛卡尔主义者一定会将情感作为支持他们主张的有力根据。毕竟，谁能否认情感的私人性？但赖尔认为，虽然“情感”一词可以表示“趋向”（或“动机”）“情态”“情绪”和“感受”等三四种东西。趋向、情态和情绪不是事件，因而既不会公开发生，也不会私下发生。它们是些倾向，而不是行为和状态。[11]感受则大都可以翻译为躯体感受。例如，“一个人畏缩不前，可能是因为刺痛了良心，也可能是因为刺痛了手指。此外，在某种场合，我们也很容易把例如某种绝望的虚弱感看成是位于胃部的，而把某种愤怒的紧张感看成是位于颚部和拳部肌肉的。另一些感受我们则不准备将他们定于躯体的任何特殊部位，例如由自豪而引起的热血沸腾感似乎弥漫于全身，这情形很像由温暖而产生的发热感。”[12]

“情感”有的时候也指像虚荣心这样的人的禀性。但赖尔认为这种禀性完全可以翻译成一些行为方式，如喜欢滔滔不绝地谈论自己，依恋于名流社会，拒绝别人的批评，喜欢被人崇拜，不爱谈别人的长处等。[13]这就把内在禀性变成了外在行为，以此表明情感的非内在性。

在赖尔的“情感”定义中，“动机”是最能证明“机器中的幽灵”的东西。似乎无人能怀疑和否认人的行动是受一定的动机支配的，而动机似乎大都是内在的。但赖尔完全否认这一点。首先，他指出，我们的行动很多是由习惯支配的。这当然不是说没有动机，而是说，有时我们以为是动机的东西，其实只是习惯。其次，动机的归因行动者本人也难以直接体验，因为他自以为的动机很可能是错的，引起他的行动的可能是许许多多外部事件之一。尽管如此，赖尔还是承认动机及其作用。只是动机不是人的内心活动或状态，而是人性格中的倾向。这样定义的倾向当然也有主观的一面，但不能归结为心灵及其活动了，也就是不能归结为“机器中的幽灵”了。相反，这种意义的倾向乃是做某类事，制订某类计划，沉溺于某类梦想的倾向，即某种行为类型的倾向。[14]这样，情感就变成了完全可以从外部公共观察的东西，而不是别人无法接近的私人禁脔。

应该说，赖尔对于“笛卡尔的神话”的揭露是颇有道理的，但他对自己观点的分析论证却不太使人信服。赖尔反对将人视为机器，但是，用行为主义的话语来解释人的思想情感，岂不是仍将人视为一个物理的机体？即使这个物理机体的行动不同于机器的运转，它的行动的特点又在哪里？赖尔没有回答这个问题，也许他也不能回答，所以他只能无力地说：“人只是人，这虽是同语反复，有时却值得铭记在心。”[15]另外，诚如艾耶尔说的：“有很多心理活动仍然有待说明。其中包括相当大的一部分记忆活动和想象活动，还包括感觉的各种形式。特别重要的一点是，还没有证明知觉活动可以用行为的话语来分析。”[16]

尽管如此，赖尔对传统心灵概念，即“机器中的幽灵”的特殊消解，却是与二十世纪西方哲学解构主体的基本倾向相一致的，传统的心灵哲学再也无法继续下去了。

奥斯丁

奥斯丁（John Langshaw Austin，1911—1960）是牛津学派的奠基者和主要代表人物。他也是在牛津大学受的教育，然后在牛津从事研究和教育工作。第二次世纪大战期间，他在英国军事情报部门工作，任中校，曾被授予帝国勋章和十字军功章。由于在大学学的是古典语言学，所以他的学术生涯始于研究希腊哲学和莱布尼茨哲学。虽然这时他的思想也很敏锐，在风格上也有自己的特点，但直到第二次世界大战开始，他才有自己对哲学的看法。奥斯丁的著作不多，生前只发表过 7 篇文章，这 7 篇文章加上另外 3 篇文章由他的文献执行人整理，于 1961 年以《哲学论文集》为题发表。他的文献执行人也将他在牛津大学威廉·詹姆斯讲座上的讲演整理成书，以《如何以言行事》为题在 1962 年出版。

奥斯丁是那种严格意义上的学院哲学家，他并没有什么宏大的哲学抱负，也不想解决什么重大的哲学问题，他只想以琐碎细致的分析技术来研究日常语言的形式与概念，研究语言行为，所以有人说维特根斯坦追求深刻而奥斯丁追求精确。[17] 而他追求精确靠的是他精心发展的技术，有人说："在奥斯丁的哲学目的中没有什么新东西；新东西是他追求这些目的时所使用的技术，以及所具有的严格性和耐心。"[18]

但今天奥斯丁让我们记住的却不是他的技术，而是他对语言的分析和思考，确切说，是他的语言行为理论。但是，在论述他的语言行为理论之前，我们先来看看他对传统西方哲学的一个主要观点——我们决不能直接感知事物本身，而只能感知经验材料的批判。奥斯丁认为，物质对象和感觉材料的区分本身是一种虚假的二分法。哲学家（他暗指艾耶尔和普赖斯）之所以认为我们只能认识感觉材料，而不是物质对象，就是以这种虚假的二分为前提的。普通人是不会这样来区分的，对于普通人来说，声、色、味、气与桌椅等物一样，都是感觉对象。而艾耶尔这样的哲学家其实是说不清上述这些东西是否是物质对象，因为“物质对象”在他那里只是一个与“感觉材料”相对比的词。反之亦然。这两个概念相互寄生，并无实质意义。

主张我们只能感知感觉材料的人的主要根据是我们无法消除假象、幻相和镜像。但在奥斯丁来看，这是因为他们没有区分假象和错觉。假象不等于错觉。例如，固然，我们看水中的筷子时，筷子看上去是弯的，但这里我们看到的还是筷子，只不过是在水中；因为我们同时也看见水，所以不会以为筷子就是弯的。而错觉根本不是这样，错觉是把不是筷子的东西看成了筷子。普通人的确会经常看到假象、镜像、海市蜃楼等此类的东西，但这并不等于说他们因此就不能直接看到物质事物本身。毕竟，通过有色玻璃看世界与不通过这些玻璃看世界是不同的。我们知觉出问题有可能是由于我们的感官有毛病；也可能是因为知觉中介的特殊性，或由于我们把一个错误的构造放在我们看到的东西上。但因此而认为我们不能直接知觉物质事物本身，则是把经验的错误变成了哲学的错误。

造成上述物质对象与感觉材料二分的另一个重要原因是哲学家滥用“真”这个词。一方面，“真”这个词在日常语言中意义很明确；但另一方面，它并没有脱离语境的独立意义。“真”总是相对于“人为”“伪造”“玩具”“假象”“表象”而言的。例如，真钞不是伪币；真汽车不是玩具汽车。所以奥斯丁把“真”叫做“实质饥饿”的词，就是真不真没有一个一般的标准，真假与否取决于“真”相对于什么而言。存在不等于真，反之亦然。

尽管如此，奥斯丁坚持认为，说“什么是真的”，就是说它与事实符合。他认为这几乎是不可能错的。例如，“树上有两只鸟”是真的，当且仅当它是对那种情形的正确描述。并不是所有关于物质对象的描述都要证明。当我们看到一块巨石时，并不需要像约翰逊博士那样去踢它一脚以证明它是石头。

但是，奥斯丁也看到，语言并不都是用来描述或报告真假情况的。因此，许多陈述实际上是无法证实的。在很多情况下，语言不是在描述某种情况，而是在做某个行动。像“我答应你一定帮助你”就不是在陈述一个事实，而是在做出一个许诺。对许诺我们只能说它真诚不真诚，恰当不恰当，而不能说它真不真。

为了区分事实陈述和行动性陈述，奥斯丁提出了执行性陈述（performative statement）和记述性陈述（constative statement）这两个概念，进一步区分这两大类语言使用上的不同。前者是在做一个行动，无所谓真假；而后者相反，是在陈述一个事实，非真即假。然而，奥斯丁后来发现，问题没有这么简单，两类语言用法之间的界限，不是那么清楚。他甚至都无法找到满意的区分这两类语言的基本用法的标准。因为有时一个句子究竟是执行性陈述还是记述性陈述要视语境而定。例如，“我答应准时到”既可以是一个执行性陈述，也可以是一个记述性陈述，就看是在什么语境下说。

更麻烦的是，有时表面上是记述的句子实际上却是执行性陈述。请看以下 4 个句子：“我警告你火车来了”“我猜想火车来了”“我陈述火车来了”“火车来了”。前面 3 个句子分别是警告、猜想和陈述的行动。但最后一句却可以根据语境是上述三个行动的任何一种。因此，记述性陈述似乎只是执行性陈述的一个亚群。[19]这样看来，执行性陈述和记述性陈述的区分是有问题的。实际上大多数陈述兼有两者的特点。[20]

奥斯丁在《如何以言行事》的第九讲里进一步分析了这个区分的问题。首先，我们将说和做对比就是有问题的，因为在记述性陈述时我们是在陈述、描述和肯定。这些行动与警告、承诺等行动是等价的。其次，所有记述性陈述也都会有执行性陈述的那种不当。就像如果我不想做，我就不应该承诺一样，如果我不相信，我就不应该说情况是这样；正如我如果没有一样东西，我卖它的行动就是空的那样，如果“法国没有一个国王”，我说“法国国王是秃头”的行动也是空的。此外，即使我们说“真”和“假”是记述性陈述特有的评估，它们也密切平行于对与错，或正确与不正确。判决正确并不与陈述为真有很大的不同。当我们说推理有效，论证周全或判断公正时，我们就是在做一个属于真与假这一类的评估。说只有记述性陈述总是非真即假也不见得。例如，“法国是个六边形”就是对法国地形粗略的描述，而不是真或假的描述。[21]

基于上述考虑，奥斯丁觉得必须抛弃执行性陈述与记述性陈述的概念，而重新提出他的语言行为理论，这就是他的语用力（illocutionary forces）理论。奥斯丁认为，我们说话时实际是在做一些可以区分开来的行为，如发音、用词、表意等。从语言的实际功能来看，那么语言行为可以分为三类，即语谓行为（locutionary acts）、语用行为（illucutionary acts）和语效行为（perlocutionary acts）。

奥斯丁自己对语谓行为的定义是：“大致等价于表达某一个特定的带有一定涵义和所指的句子，而且又大致等价于传统意义上的‘意义’。”[22]例如“窗开着”就是这样的句子。也就是一般的事实陈述。语用行为的定义是：“诸如告知、命令、警告、承诺这样的东西，即具有一定的（约定）力的表达。”[23]这种语言行为的目的是做事。语效行为的定义是：“我们**通过**说某种东西而产生或达到的东西，比如使人信服，使人被说服，使人被制止，甚至可以说，使人惊讶或误解。”[24]也就是语言活动的效果。

这三种语言行为的区分是理论上的，实际上它们往往是你中有我、我中有你。例如，说“门开着”是一个语谓行为，但是在这么说的时候我可能是在做一个陈述、暗示或惊叹的语用行为；在做暗示的语用行为时我可能在做成功地使你关上它的语效行为。同样，在做说“打倒君主制”的语谓行为时，我可能成功地做了产生一场革命的语效行为，而在做这个语谓行为时，我是在煽动革命。[25]

为了破除只以真假来限定语言行为的功能的传统成见和事实—价值的二元对立（奥斯丁把它们称为偶像），奥斯丁还将动词分为五大类，分别代表动词的五类功能。第一类叫判定词（verdictives），我们用它们来评价、宣判无罪、诊断等。第二类是行使词（exercitives），我们用它们来判决、任命、否决或警告等。第三类称为承诺词（commissives），我们用这些词来承诺、打赌、发誓等。第四类是表态词（behavitives），我们用这类词来道歉、祝贺、感谢或诅咒等。第五类是阐述词（expositives），我们用它们来描述或证明，这些词“阐明了我们的语句如何同论证或谈话的过程相适应”[26]。奥斯丁试图以此划分来表明事实与价值之间并无明显的鸿沟，我们的语言行动总是已混有价值的因素。这样，纯事实应该只是一个相对的概念，除非它在我们的视域之外。另外，奥斯丁还试图表明：“与逻辑理论所设想的简单情境相对照，在现实生活中，人们不能总是以简单的方式回答是真的还是假的。”[27]

从表面上看，奥斯丁的理论似乎更近语言学，而不太像哲学。的确，不要说与维特根斯坦相比，就是和赖尔相比，奥斯丁也是不太关心一般的哲学问题，他自己也承认：“我有意不让一般理论与哲学问题混在一起。”[28]但奥斯丁的工作对于哲学仍然具有重要的意义。奥斯丁对于哲学的贡献固然在于他的语用力理论，在于他将语言哲学研究的重点放在了语言行动，放在语用上，使人们看到语言远比我们想象的要复杂。但更重要的是，通过对人们实际的语言使用的经验分析，他向我们揭示了，真和假只是人为的抽象，是哲学家们在近代自然科学的思维方式影响下所做的假定，以为事物的关系与性质必然非真即假；实际上当我们在语言中使用“真”或“假”时，它们必然相对于与它们有关的那些事实的评价尺度。事实与价值的二分只是近代西方思想人与世界二分的必然结果，它“必定引出许多其他的哲学二分法”[29]。被许多人目为科学主义的分析哲学家，像我们这里所讨论的四位，他们工作的意义恰恰与所谓人文主义的现代西方哲学家殊途同归，足证对现代性思维的批判反思是现代西方哲学的一般特征。

斯特劳森

斯特劳森（Peter Frederic Strawson，1919—2006）也是牛津学派的代表人物之一，早年在牛津大学就读，毕业后一直在那里从事教学研究工作，1968 年接替赖尔担任牛津大学形而上学的教授，1979 年退休。1977 年被英王伊丽莎白二世授予爵士称号。主要著作有：《逻辑理论导论》（1952）、《个体：论描述的形而上学》（1959）、《怀疑主义与自然主义》（1985）、《分析与形而上学》（1992）等。

斯特劳森思想的出发点，是后期维特根斯坦和奥斯丁。他和他们一样，将注意力主要放在语用的研究上。讲斯特劳森，不能不讲他的成名作《论指称》。这篇著名论文通过对罗素的摹状词理论提出根本性的批评而成为分析哲学的经典文献。在罗素看来，不能把存在赋予非存在物。但是，在像“当今的法国国王是秃头”这样的句子中，似乎不存在的法国国王存在了。为了用严密的逻辑语言来避免上述的悖论，罗素提出他著名的摹状词理论，就是通过对句子的改写，消去不能做主词的非存在物，而把它变成摹状词。[30] 例如，“当今法国国王是秃头”可以改写为：“至少有一个 X 是当今法国国王，至多有一个 X 是当今法国国王，X 是秃头”。罗素认为，这样一来，“当今法国国王”从主词变成了摹状词，它的实在性就消失了。

但是，在斯特劳森看来，指称（提到）一个东西与断定这个东西的存在不是一回事。罗素的问题恰恰在于将二者混为一谈。在指称一个对象时，的确要预设它的存在，但预设不是断定，断定的东西也不一定需要存在。例如，我断定“阿Q体现了我们民族某些劣根性”，并不等于阿Q一定存在。用一个名词作主词来指称一个东西，完全不等于断定这个东西必定存在。

除了混淆指称一个东西与断定一个东西的存在外，罗素还错误地认为任何句子都非真即假，否则就是无意义的。但在斯特劳森看来，句子的确要么是有意义的，要么是无意义的，但它们并不一定非真即假。因为句子的功能是多种多样的，并非只是描述事实，因此，很多时候根本谈不上真假问题。奥斯丁的语用力理论其实也证明了这一点。再说，陈述和句子也不是一回事。陈述可以是真或假的，当然也可以是既不真也不假，但它决不会是无意义的。总之，意义与真假没有关系。“当今的法国国王是秃头”这个句子实际上是有意义的，但用这个句子所做的陈述在现如今却既不真也不假，因为现在法国没有国王。在罗素看来，上述这个句子是有意义的，但是是假的。而在斯特劳森看来，这个句子是有意义的，但相应的陈述却是既不真也不假，因为它的一个前提——当今有一个法国国王，是假的。[31] 也就是说，“法国国王是秃头”是否有意义与现今法国有无国王无关。在斯特劳森看来，这句句子实际上不是在断定，它只是“蕴含”或“预设”存在着法国国王。如果斯特劳森的论证能够成立，那么罗素的摹状词理论也就破产了。

从斯特劳森的分析来看，罗素的失误根本还是在于语言与世界对应同构和实在论的存在观；而这种存在观又是建立在对语言功能的简单理解上的，即认为语言的功能只是描述客观世界。而我们看到，斯特劳森恰恰是从语言的不同使用着手来对罗素展开批判的。

在他早期的另一篇有名的论文《真理》中，斯特劳森偏重语用，偏重执行式表达的倾向就更明显了。在这篇论文里，斯特劳森公开向流行的语义学的真理理论挑战。他提出，“真”不是描述任何语义的性质，或任何别的性质，因为这个词的用法不是去描述。我们用这个词是表示同意、认可、承认、赞成，或答应所说的东西。在此之前，人们一般总是认为“真”只与描述性陈述有关，而现在，斯特劳森却把它看成是只与执行式陈述有关，而不是对任何东西的描述了。实际上，在日常语言中，“真”这个词被用来执行各种不同的语言行为。[32]

在此之前，英国哲学家，维特根斯坦的朋友 F.P. 雷姆塞就已经提出真理是多余的观点。他的理由是，说一个命题真，不过是断言这命题本身而已。例如，当我们说：“真下雨了”，说的无非是“天下雨了”；说“这是假的，没下雨”，说的也不过是“没下雨”。所以，在雷姆塞看来，“真”并没有独立的断言意义，传统将真理看作是一种性质或关系的观念是误导的。雷姆塞认为实际上人们用“真”这个词是为了强调，或文体上的目的，或是要指出有关陈述的命题在一个论证中的地位。[33]

现在斯特劳森顺着雷姆塞的思路进一步发展，干脆认为“真”“假”都不是描述性表达式，而是执行性表达式，即人们用它们来表态、做事。同样还是“真下雨了”那个例子，斯特劳森认为这里加个“真”，并不是对“下雨了”这个陈述再作一个陈述，而是在做一个同意、认可，或接受的行动。“真”并没有陈述作用。然而，斯特劳森的这种实际上无真理的真理观，不免有点矫枉过正。在日常语言的使用中，“真”这个词的确常常是如斯特劳森所揭示的那样，是一个执行式表达式。但并不都是这样，我们仍然可以找到一些例子，表明“真”并不多余，“真”有时还有陈述作用。例如，说“所有书上说的都是真的”，就不等于说“书上说的”。这两个表达式并不像斯特劳森说的有相同的断言意义。因此，后来斯特劳森只好修改自己的立场，说："至少说一个陈述是真的那个人所做的部分是在作一个关于一个陈述的陈述。"[34]

虽然在斯特劳森的思想中奥斯丁的影响是明显的，但斯特劳森远比奥斯丁要激进。如前所述，奥斯丁在真理问题上还是一个符合论者，即认为真理就是陈述与事实或事态的符合。而斯特劳森则完全拒绝符合论的真理观。他的理由是，"事实"这种概念里已经被放入了词—世界的关系。事实不是陈述所命名和指称的东西，"事实就是陈述（为真时）所陈述的东西"[35]。

与其他日常语言哲学家不同，斯特劳森非常重视数理逻辑，他的第一部著作《逻辑理论导论》就是讨论逻辑问题的。与理想语言学派的哲学家不同，斯特劳森不是脱离日常语言，而是从日常语言出发来讨论逻辑问题，通过研究日常语言与形式逻辑的关系来考察日常语言的逻辑特征。这本书有两个目的，一是要比较和对比日常语词行为和逻辑符号行为，二是要弄清形式逻辑本身的性质。这两个目的是互补的。据美国哲学家塞尔说，斯特劳森在第一个目的上最有原创性，也引起更多的争议。[36]

斯特劳森认为作为命题和谓词演算的逻辑系统并不能完全代表日常语言复杂的逻辑特征，形式逻辑不能覆盖日常语言的逻辑。比方说，符号逻辑中"析取""蕴涵"和"等值"等联结符号就不如日常语言中"或者""如果……那么"和"当且仅当"的内涵丰富。这就是说，符号逻辑实际上只反映了日常语言逻辑的一部分，而不是构成了日常语言的逻辑本质。

比起理想语言学派的哲学家，斯特劳森似乎更坚持经验论的传统。这尤其表现在他对归纳法理解的思想上。一般认为，与演绎相比，归纳法比较靠不住，因为它的结果只有或然性，而没有必然性。那么，归纳法究竟是否是合理的。关于这个问题可以有两种回答。一种是认为归纳法实际是一种演绎推理；另一种是认为我们可以用归纳法的成功来为归纳法辩护。斯特劳森认为这两种回答都是错的。实际上我们无法证明归纳法是合理的或正当的，因为要这么做，我们必须要有一个更高的标准来评估归纳法的标准，但我们没有这样一个标准。因此，就像我们不能问土地法是否是合法的一样，我们也不能问归纳推理是否正当。[37]正如法律体系提供了合法性的标准，归纳法的标准也提供了证明合理的标准。它构成了我们合理性概念的一部分。斯特劳森坚持认为，我们关于在一定的环境下发生的和将发生的事情的理性观点，只能通过归纳来形成。[38]

早期的分析哲学家一般都对形而上学持怀疑甚至否定的态度，逻辑实证主义者要“拒斥形而上学”就是一个典型的例子。但斯特劳森却要回到形而上学去，他和美国哲学家奎因的工作代表了分析哲学家对形而上学和存在论问题的独特思考。

从五十年代中期开始，斯特劳森的研究兴趣逐渐从日常语言转移到形而上学问题上。这是因为，在研究日常语言的过程中，他发现，当我们问我们自己有关某个表达式的使用问题时，我们的答案总是预设了形而上学家希望发现的一般性结构因素。这时，光有对于语言现实的锐利目光是不够了，光去描述实际使用的语言表达式也是不够了。这表明，哲学家必须超出语言研究的范围，去揭示我们的概念系统结构的最一般特征，它是人类思维最重要的中心硬核。这就必须进入形而上学的领域了，这历来就是形而上学的研究对象。

斯特劳森在他的第二部著作《个体》中，系统阐述了他的形而上学思想。斯特劳森认为，形而上学有两种。一种叫“修正的形而上学”，笛卡尔、莱布尼茨和贝克莱都是这种形而上学的代表。这种形而上学不满足于我们已有的思维的实际结构，而试图要给世界提出一个更好的结构。另一种就是他自己主张的“描述的形而上学”，这种形而上学“满足于描述我们关于世界的思维的实际结构”。这种形而上学家就像描述的语言分析家那样，只希望弄清我们实际的概念行为，而不希望改变它们。当然，形而上学家的研究范围更大，一般性程度更高。描述的形而上学试图表明我们思想的基本范畴是如何联系在一起的，它们又是如何与那些延伸进所有范畴的形式概念（如存在、同一性和统一）相关的。[39]

《个体》分为两部分。第一部分叫“特殊物”，处理的是言语中特殊对象的性质和识别它们的先决条件。第二部分的题目是“逻辑主词”，处理特殊物与普遍物的关系，指称与谓语、主词与谓词间相应和相关的区别等问题。一般公认，《个体》的第一部分，即讨论特殊物的那部分最重要。在英国经验论那里，基本特殊物是感觉材料；而在斯特劳森这里，基本特殊物是物质对象。识别特殊物的一般条件是一个统一的可公共观察的持续存在的时空存在物的系统，也就是物质宇宙的系统。说物质对象是基本特殊物，是说我们不需要借助别的特殊物来识别它，相反，其他特殊物必须借助它们才能得到识别。这就意味着，特殊物是我们认识的出发点，构成了我们概念结构的基础。

斯特劳森和赖尔一样，不承认有产生意识状态的精神实体，也不承认意识状态完全是私人的。但另一方面，他也反对近代的“无所有者”理论，这种理论认为意识不属于任何东西，它是自足的。斯特劳森认为这两种观点都是不能自圆其说的。“无所有者”理论的困难在于它没有给我们任何识别特殊经验的方法，也没有给我们任何指称这些特殊经验的方式。而笛卡尔主义的问题在于，如果意识经验完全是私人的，我们就不可能知道别人的意识经验，因而也无法识别自己的经验，所谓个人经验只能是一句空话。

解决这些困难的出路在于把人作为一个初始概念，把人也看成是一个基本特殊物。意识状态与生理机能都属于这样一个基本的特殊物。

人不是精神与身体的复合物，人这个概念就是一个原初的、不可分析的概念。[40] 意识状态和身体状态都归于它，而不是组成它。

《个体》一书从某种意义上给人的印象是斯特劳森放弃了日常语言哲学。虽然他也说形而上学的结论不能与语言分析的结果相冲突，他在书上也有大量语言哲学的讨论，但总的来说日常语言分析只是形而上学研究的助力和附庸。[41] 之所以如此，是因为他不像有些分析哲学家，如塞尔那样，认为“世界是按照我们划分它的方式而划分的，而我们把事物划分开的主要方式是运用语言。我们的现实是我们的语言范畴”[42]。而是认为我们的概念系统是依赖于世界上的事物是如何发生的。他将物质对象和人作为基本特殊物也有这个意思。因此，他认为描述概念系统同时也就是描述世界是怎样进行的。哲学家的工作的确是要弄清我们概念结构的基础，但只有通过看事物在世界是如何发生的才能发现这些基础。另一方面，我们对事物在世界上是如何发生的所说的一切浓缩成了一些非常一般、非常普通的命题。只有当我们问如果世界不同的运转我们的概念系统会如何受影响时，事物如何发生与我们概念系统的关系才会清楚地显现出来。[43]

然而，斯特劳森自己并没有做到这一点。斯特劳森在这里给自己提出了一个远比单纯的语言分析要复杂得多、也困难得多的问题，《个体》一书远没有解决这个问题，斯特劳森自己后来也承认他无法得到他心中想要得到的一般结论。[44] 但这似乎并不重要，重要的是他重新提出了这个问题。

奎因

奎因（Willard Van Orman Quine，1908—2000）是著名的美国分析哲学家。有人认为，如果我们要在专业的哲学教师中搞一次关于“谁是当代最重要的哲学家”的民意调查，奎因一定会榜上有名。[45]而英国哲学家艾耶尔则认为他是自维特根斯坦去世和罗素转向政治之后，在英语世界影响最大的哲学家。[46]一般而言，这些评价“虽不中，亦不远”。奎因的确是后维特根斯坦时期最重要、最有影响的哲学家之一。

奎因出生于美国俄亥俄州的阿克隆，在家乡读完小学和中学之后，进入奥柏林学院学习数学和哲学，毕业后进入哈佛大学攻读研究生，师从怀特海、刘易斯和 H.M. 谢特。1932 年，奎因获博士学位，然后赴欧洲游学，参与了维也纳学派的活动。这段经历对他的思想产生了重要而持久的影响。1933 年回到美国后，进入母校哈佛大学担任初级研究员，1936 年当讲师，1941 年升为副教授。二战期间在美国海军服役。战后重返哈佛任教。1948 年升为正教授，1979 年退休。退休后，奎因并未退出哲学舞台，仍不时发表文章与讲学，至死方休。

奎因一生著作等身，重要的有：《一个逻辑斯蒂的体系》(1934)、《数理逻辑》(1940)、《初等逻辑》(1941)、《逻辑方法》(1950)、《从逻辑的观点看》(1953)、《语词和对象》(1960)、《集合论及其逻辑》(1963)、《悖论方法与其他论文集》(1966)、《逻辑论文选》(1966)、《本体论的相对性及其他论文集》(1969)、《逻辑哲学》(1970)、《指称之根》(1973)、《理论与事物》(1981)、《追求真理》(1990)和《从刺激到科学》(1995)。

虽然奎因的著作半数以上是关于逻辑学的，但他主要关心的问题却是语言哲学的问题和存在论的问题。[47]实际上，就像在斯特劳森那里一样，语言哲学的研究最终是解决存在论或形而上学的助力和手段。奎因哲学真正有原创性和有持久影响的，应该是他的存在论研究。虽然奎因的思想谱系可以追溯到逻辑实证主义，但他并不排斥存在论和形而上学。相反，他和斯特劳森一起，在分析哲学中“重新恢复作为存在论的形而上学的地位”[48]。

按照奎因本人的解释，存在论研究的是“存在一些什么种类的东西？为了证实某物的存在，存在本身又是什么含义？”[49]或者更简单些，是“何物存在？”[50]这个似乎很简单的问题，千百年来却让哲学家伤透了脑筋。问题不仅在于唯心主义和唯物主义的争论，即事物是独立于人的经验而存在，还是存在于我们的心灵之中、精神之中，或上帝的心灵之中。更在于存在的问题一定和语言表达纠缠在一起，“存在”首先是一个任何存在物均得以表达的基本语词。正因为如此，人们往往意识不到存在与表达存在的区别。在西方存在论传统中，非存在物存在的悖论，其实就是这样产生的。

根据奎因的概括，主张非存在物存在的人有如下两个理由：一是如果某物，例如飞马，不存在的话，那么当我们说“飞马”时，我们就不是在谈论任何东西；甚至这样说都是没有意义的。由于否定一个不存在的东西本身就是矛盾，所以飞马存在。另一个理由稍微精致些，是说：当我们说没有飞马这种东西时，我们其实是在说它没有实在的性质，说飞马不是实在的和说巴台农神庙不是红的在逻辑上是等价的。因此，在这两种情况中，我们都是在说关于一个其存在是无可置疑的实体的某种情况。[51]

认为非实在物存在的主张，从柏拉图以来就屡见不鲜。持这种存在论主张的人的根本想法是，只要能用个体词来命名，被它们命名的东西就是实体（不管是可能的、虚构的，还是其他样式的），就存在，不当下存在，也可以是潜存在。但在奎因看来，不实际存在的东西是无法识别的，没有识别就没有实体。这还只是这种存在论表面的错误，这种存在论主张的根本错误是把意义和命名等同起来，以为只要个体词有意义，它就必须命名某种东西，被个体词命名的东西就一定存在。

我们知道，在弗雷格那里，已经区分了个体词的意义和指称，个体词不必要指称一个对象才有意义。但这似乎还没有根本解决主张非实在物存在的存在论问题。在奎因看来，罗素的摹状词理论可以根本解决问题。也就是说，为了避免使用个体词产生的误解，干脆将有个体词出现的句子改写成一个不再出现那个个体词的句子。例如，我们可以把“飞马”改写为“那个被科林斯勇士所捕获的有翼的马”，“飞马不存在”则可以改写为“并非有个东西而且只有这个东西是科林斯勇士所捕获的有翼的马”，这样，在改写过的句子里，“飞马”就不复出现了。[52]

主张非存在物存在的存在论思想在历史上是从主张共相的存在开始的，从柏拉图到中世纪的实在论者，都主张共相的存在。在这个问题上，奎因的态度是有变化的。在写《论何物存在》时，他否认作为属性的共相的存在。他说：“一个人可以承认有红的房屋、玫瑰花和落日，但否认它们有任何共同的东西，认为这不过是一种通俗而易引起误解的说话方式。‘房屋’‘玫瑰花’和‘落日’这些词对于是房屋、玫瑰花和落日的各式各样个别事物都适用，而‘红的’或‘红的对象’这些词对于是红的房屋、红的玫瑰花、红的落日的各式各样个别事物的每一个也都适用；但此外再没有任何东西（不管它是个别的还是非个别的）被‘红的’这个词所命名，因此也没有被‘房屋性’‘玫瑰花性’‘落日性’所命名的东西。”[53]奎因的理由是，抽象名词不是事物的名称，它们可以被一个谓词所取代。但这个谓词并不指示某类单独的实体。如果我们把它看作是某类事物的名称的话，就混淆了意义与指称。

但是，对于作为数学内容的抽象物——类，或类的类等，奎因还是承认它们是存在的。理由却既不是逻辑的，也不是语义学的，而是实用主义的。在有人问他作为一个物理主义者，如何来解释他相信抽象实体的存在时，奎因回答说：

理由在于，它们对自然科学做出了非直接的贡献。当我们谈到动物学上的种和属时，它们已经以某种方式对分类做出了贡献；它们还以更复杂的方式对此做出了贡献。我们都知道数学对于自然科学的重要性，而数学的作用以及其他抽象的数学实体也是同样重要的，世界的科学系统没有它们就会崩溃。思想家在过去数百年中已经证明，分门别类足以去做数学的、功能性的工作。而这就是为什么我承认满足自然界系统的数学需要的那种分门别类的原因。假定类别与假定分子、原子、电子、中子和其他东西是一样的；所有这些东西——具体的和抽象的——都是由我们借以预测和解释我们对自然的观察的假说网络设定的。我认为自然科学同它所运用的数学是同时进行的，正如我认为所有这些都与哲学同时进行一样。而所有这些加在一起，就形成了我们无所不包的世界体系。[54]

然而，实用与否，归根结底还得有一个“我们对自然的观察的假说网络”为底子。在奎因看来，存在论问题可以分为两个层面，即何物实际存在和我们说何物存在的问题。对于我们来说，何物存在的问题一定要表现为说何物存在的问题，确切说，表现为存在论理论问题。这就是所谓的“存在论承诺”的问题。有什么样的存在论理论，就会认为有何物存在。反之亦然。用奎因自己的话来说，就是“一个理论的存在论承诺问题，就是按照那个理论有何物存在的问题”[55]。“当我们说有大于一百万的素数时，我们便承诺了一个包含数的存在论；当我们说有半人半马怪物时，我们便承诺了一个包含半人半马的存在论；当我们说飞马存在时，我们也就承诺了一个包含飞马的存在论。”[56]

但是，存在论承诺是如何表达的呢？奎因认为，名字和谓词都不能表达我们的存在论承诺。因为名字即使无所指，陈述也可以有意义；

而谓词则不必是抽象东西的名字。能表达我们存在论承诺的，只有现代逻辑讲的“约束变项”。所谓“约束变项”，就是带有量词、有量的约束的变项。如“有个东西”“至少有一个东西”“有些东西”或“每个东西”和“一切东西”就是约束变项。让我们来看奎因自己的例子：

> 例如，我们可以说有些狗是白的，并不因而就使自己做出承诺，承认狗性或白性是实体。“有些狗是白的”是说有些狗的东西也是白的；要使这个陈述为真，“有些东西”这个约束变项所涉及的事物必须包括有些白狗，但无需包括狗性或白性。但是，当我们说有些动物学的种是杂交的，我们就做出承诺，承认那几个种本身就是存在物，尽管它们是抽象的。[57]

这就是说，如果一个理论的约束变项能够指称某些实体的话，那么这个理论就算做出了存在论的承诺。这样，有多少种存在论承诺，就有多少种不同的存在物。但这样一来，奎因对主张非存在物存在的存在论的批驳，岂不是有点无谓？难怪他自己后来出尔反尔，说他赞成共相的实在论，老早就“明白承认类和谓词为对象了”[58]。

奎因并没有提出裁决不同存在论的标准，他自己也承认，“实际上要采取什么存在论的问题仍未解决”[59]，他只能重申实用主义的立场，就是宽容和实验精神。然而，他是否想过，对实验的预期和成功与否的标准也是取决于存在论承诺的呢？由此看来，奎因的存在论思想真是有点虎头蛇尾。

尽管如此，奎因为恢复形而上学和存在论在分析哲学中的地位还是做出了重要的贡献。尤其是他对经验论两个教条的批判，彻底摧毁了逻辑实证主义拒斥形而上学和存在论的理论根据。逻辑实证主义认为，科学只有两种形式，即形式科学（数学、逻辑学）和经验科学，前者的陈述是先天分析的，后者的陈述则是后天综合的。“由于形而上学既不想断定分析命题，又不想落入经验科学范围，它就不得不使用一些无运用标准规定的、因而无意义的词，或者把一些有意义的词用某种方式组合起来，使它们既不产生分析的（或矛盾的）陈述，也不产生经验陈述。在这两种情况下，都将不可避免地产生伪陈述。”[60]因此，形而上学没有科学的合理性。

奎因对经验论两个教条的批判，主要就是针对逻辑实证主义的上述思想的。奎因要批判的经验论的两个教条是：“相信在**分析的**、或以意义为根据而不是依赖于事实的真理，与**综合的**、以事实为根据的真理之间有根本的区别。另一个教条是**还原论**：相信每一个有意义的陈述都等值于某种以指称直接经验的名词为基础的逻辑构造。”[61]

第一个教条，即不以事实为根据的、分析的真理与以事实为根据的、综合真理之间的根本区别的思想，可以追溯到休谟关于两种知识的区别。逻辑实证主义者对此坚信不疑，奉为圭臬。但奎因认为，承认有不以事实为根据的先天分析陈述，是违背经验论原则的，是没有根据的，“是经验论者的一个非经验论的教条，一个形而上学的教条”[62]。什么是“分析的”，传统哲学的定义是有问题的。传统哲学认为，“分析陈述”有两类，一类是逻辑同一律，也就是 A=A，例如没有一个未婚男子是已婚的；另一类是可以通过同义词替换而变成一个逻辑真理的，如“没有一个单身汉是已婚的”。我们如果用“未婚男子”来替换“单身汉”，那么第二个例句就成了第一个例句。

但什么是“同义性”？凭什么说“单身汉”和“未婚男子”是同义的？人们可能首先会想到词典，词典上就是这么说的。但是，“词典编纂人是一位经验科学家，他的任务是把以前的事实记录下来；如果他把‘单身汉’解释为‘未婚男子’，那是因为他相信，在他自己着手编写之前，在流行的或为人喜爱的用法中已不明显地含有这两个语词形式间的同义性关系。"[63]这就是说，同义性关系是先已存在的经验事实，词典的定义不过是对这个经验事实的记录。如果这样的话，那么分析陈述至少是依赖语言用法的经验事实的。并且，词典定义既然只是既存的同义性关系的记录，那么它当然就不能作为同义性的根据，否则会陷入循环论证了。

人们也可能用所谓的"保全真值"的相互替换性来论证同义性，即两个语词在一切场合都可以保全真值地相互替换，它们就是同义的。例如，bachelor 在英语中的意思是"单身汉"，但 bachelor of arts 的意思却是"文学学士"。这里我们如果用 unmarried man（未婚男子）来替换 bachelor，真值肯定就被改变了。当然，在有些句子中，的确可以同义词互换而句子的真值保持不变。例如，在"必然地所有和只有单身汉是未婚的男子"这个句子，我们可以将"单身汉"和"未婚男子"互换而句子的真值不变。但之所以能如此，是因为这两个词语是同义的。也就是说，可互换以同义性为基础，而非相反。因此，"保全真值"的论证也是一种循环论证。

通过对传统的"分析的"的定义的分析，奎因得出结论，传统关于分析性的种种解释都是不能令人满意的，它们根本无法在分析陈述与综合陈述之间划出一道明确的分界线。这就意味着分析陈述与综合陈述的区分是缺乏根据的。

还原论的教条与第一个教条有密切的关系。还原论认为所有有意义的陈述最终都可以得到经验的确证或否定。分析陈述与综合陈述不同的地方就在于，分析陈述是永真的，即不管经验如何，它总是能被确证。奎因认为，还原论的经验证实说实际上是把整个科学体系分解为一个个单独孤立的陈述来加以经验验证的。但他认为"我们关于外在世界的陈述不是个别的而是仅仅作为一个整体来面对感觉经验的法庭的"[64]。

奎因受到法国科学家和哲学家杜恒"整体论"思想的影响，认为我们的知识或信念系统是一个整体。因此，“在确定真理和我们关于真理的知识时，我们不应该把一个个别的句子单独抽出来考虑，而撇开它同处于一个信念的意义网络中的其他陈述的相互关系。在观察材料的挑战面前，受到检验的永远不是一个单独的陈述，而是一个信息的总体网络。因此，甚至那些被认为不会为经验所否定的信息也是脆弱的，并且在彻底的详尽研究和仔细审查之后，也会被修改或代替。这就是说：在**先天**分析陈述和**后天**综合陈述之间没有固定的、截然的区别。”[65]奎因自己这样来论述他的整体观知识论：

> 我们所谓知识和信念的整体，从地理和历史的最偶然的事件到原子物理学甚至纯数学和逻辑的最深刻的规律，是一个人工的织造物。它只是沿着边缘同经验紧密接触。或者换一个比喻说，整个科学是一个力场，它的边界条件就是经验。在场的周围同经验的冲突引起内部的再调整。对我们的某些陈述必须重新分配真值，一些陈述的再评价使其他陈述的再评价成为必要，因为它们在逻辑上是相互联系的，而逻辑规律也不过是系统的另外某些陈述，场的另外某些元素。既已再评定一个陈述，我们就得再评定其他某些陈述，它们可能是和头一个陈述逻辑地联系起来的，也可能是关于逻辑联系自身的陈述。但边界条件即经验对整个场的限定是如此不充分，以致在根据任何单一的相反经验要给哪些陈述以再评价的问题上是有很大选择自由的。除了由于影响到整个场的平衡而发生的间接联系，任何特殊的经验与场内的任何特殊陈述都没有联系。
>
> ……在任何情况下任何陈述都可以认为是真的，如果我们在系统的其他部分做出足够剧烈的调整的话，即使一个很靠近外围的陈述面对着顽强不屈的经验，也可以借口发生幻觉或者修改被

称为逻辑规律的那一类的某些陈述而被认为是真的。反之，由于同样原因，没有任何陈述是免受修改的。[66]

如果说赖尔是用行为主义来解释精神现象，那么奎因就是用它来解释语言。用行为主义研究语言的结果，就是拒绝作为精神实体的意义概念。他说："语言是一种社会技巧，我们大家都只是根据人们在公开熟悉的环境下的明显行为习得这种技巧的。因此意义即那些心理的东西的典型就像行为主义者的磨上的谷子被碾碎完蛋了。"[67]

传统的意义理论不是将意义理解为语词所指称的对象，就是将意义理解为某种精神的实体，或精神的图像。但不管哪种理解，意义总是确定的东西。分析哲学产生的动力之一，就是哲学家想获得确定的意义，或者说，语义确定的语言。但是，如果我们像杜威一样，认为意义主要是行为的一种性质的话，那么，"我们也就承认：在内含于人们公开行为倾向中的东西外，既不存在意义，也不存在意义的相同或差别。对自然主义来说，两个表达式在意义上是否相同这个问题没有任何已知和未知的确定回答。除非这种回答在原则上由人们已知或未知的语言倾向来决定。但如果根据这些标准还有不确定的情况，那么对意义和意义相同这种术语来说，事情也就更加不妙。"[68]这就是说，语言的语义及其使用根本是不确定的和相对的。这种不确定性的极端典型，就是所谓"翻译的不确定性"。

"翻译的不确定性"又叫"彻底翻译的不确定性"，指的是没有任何工具书的帮助去翻译一种自己完全不懂的语言。奎因举了下面这个著名的例子来说明他的思想。假定有一个实地工作的语言学家处于这样一个场景：一只兔子跑过，在场的土著说 gavagai。这个语言学家猜想可能是"兔子"或"哦，一个兔子"，然后把这记下作为暂时的翻译，以待日后进一步检验。以后，他在每个不同的刺激情况下，都问

gavagai，然后问土著同不同意。但是，奎因指出，我们的语言学家是不可能通过这个方法确定 gavagai 的意思就是兔子的。因为土著有可能用 gavagai 一词指兔子的某个生长阶段或兔子的某个组成部分。此外，要确定 gavagai 是否与兔子同义，必然会涉及“同一性”和“数”这样的概念，而这些概念总是相对于某个语言参照系。我们永远也无法确切知道，不同语言参照系或不同背景语言是否严格对等。因此，我们永远也无法确定，gavagai 与兔子是否同义。

正如杜威在他的重要著作《约定性的寻求》中指出的，从柏拉图开始，寻求常住性和确定性就构成了西方哲学的主要特征与目标。一代又一代的西方哲学家为这个目标而奋斗。但是，从尼采开始，人们开始逐渐明白这是一个虚幻的目标，因为没有绝对确定的东西（这也是现代自然科学的结论），知识的对象总是相对于我们的理论坐标和语言参照系而言。奎因的“翻译的不确定性”理论，从语言哲学的角度进一步阐明和肯定了这一点。传统形而上学的根基，就此彻底瓦解。就像没有绝对的位置和速度，只有相对于坐标系的位置和速度一样，没有绝对的事实，只有相对于一个存在论承诺和背景语言的事实。在此背景下，绝对真理的主张亦难以立足。因此，“有意义的不是说一种理论的对象绝对说来是什么，而是说一种关于对象的理论在另一种理论中怎样可加以解释或重新加以解释。”[69]

我们不妨把这种立场理解为一种广义的释义学态度。如果现代哲学最终表明绝对事实或绝对本质只是我们的一种幻想，我们只有在我们的概念系统和知识与信念网络中才能谈论和理解一切的话，那么，独断的真理观岂不应该抛弃？释义学的态度难道不应该是我们的基本态度？奎因的译不准理论也许并未得出这些结论，却是可以为我们所引申出来的。这也是他这一思想的根本意义之所在。

注释

[1]〔英〕赖尔:《心的概念》，刘建荣译，上海译文出版社，1988 年，第 10 页。
[2] 同上。
[3] 同上，第 11–12 页。
[4] 同上，第 13 页。
[5] 同上，第 17 页。
[6] 同上，第 24–27 页。
[7] 同上，第 55 页。
[8] 同上，第 48 页。
[9] 同上，第 55 页。
[10] 同上，第 72 页。
[11] 同上，第 82 页。
[12] 同上，第 83 页。
[13] 同上，第 85 页。
[14] 同上，第 92 页。
[15] 同上，第 80 页。
[16]〔英〕艾耶尔:《二十世纪哲学》，李步楼等译，上海译文出版社，1987 年，第 190–191 页。
[17]〔英〕布莱恩·麦基著:《思想家》，周惠明、翁寒松译，三联书店，1992 年，第 202 页。
[18] J.O.Urmson，“Austin’s Philosophy”，in *Symposium on J.L.Austin*，ed，by K.T.Farm，Trowbridge and Esher，1979，p.24.
[19] J.O.Urmson，“John Langshaw Austin”，in *The Encyclopedia of Philosophy*，vol.1，p.213.
[20]〔英〕艾耶尔:《二十世纪哲学》，李步楼等译，上海译文出版社，1987 年，第 270 页。
[21] Ibid.
[22] Austin，*How to do Things with Words*，Cambridge，Mass.，1978，p.109.
[23] Ibid.
[24] Ibid.
[25] J.O.Urmson，“John Langshaw Austin”，in Symposium on J.L.Austin，ed，by K.T.Farm，Trowbridge and Esher，1979，p.213.
[26] Austin，*How to Do Things with Words*，pp.150–151.
[27] Ibid.，p.143.
[28] Ibid.，p.163.
[29]〔澳〕约翰·巴斯摩尔:《哲学百年 新近哲学家》，洪汉鼎等译，商务印书馆，1996 年，第 513 页。
[30] 参看本书第七讲“罗素”部分。
[31] Cf.John R.Searle，“Peter Fredrick Strawson”，in *The Encyclopedia of Philosophy*，vol.8，p.27.
[32] Ibid.
[33] Cf. Gertrude Ezorsky，“Performative Theory of Truth”，*The Encyclopedia of Philosophy*，vol.6，p.88.
[34] P.F.Strawson，“A Problem About Truth—A Reply to Mr. Warnock”，in George Pitcher，ed.，*Truth*，Englewood Cliffs，N.J.，1964，p.69.
[35] Peter Searle，“Peter Frederick Strawson”，p.27.
[36] Ibid.
[37] 参看〔澳〕约翰·巴斯摩尔:《哲学百年 新近哲学家》，洪汉鼎等译，商务印书馆，1996 年，第 515–516 页。

［38］ Cf. John Searle,“Peter Frederick Strawson”, p.27.
［39］ Strawson,“Analysis, Science, and Metaphysics”, in Richard Rorty, ed. *The Linguistic Turn*, Chicago, 1967, p.318.
［40］ 参看〔澳〕约翰·巴斯摩尔:《哲学百年 新近哲学家》，洪汉鼎等译，商务印书馆，1996年，第572页。
［41］ Peter Searle,“Peter Frederick Strawson”, p.28.
［42］〔英〕布莱恩·麦基著:《思想家》，周惠明、翁寒松译，三联书店，1992年，第267页。
［43］ Cf. *The Linguistic Turn*, pp.324-325.
［44］ Strawson,“Analysis, Science, And Metaphysics”, p.319.
［45］〔英〕布莱恩·麦基著:《思想家》，周惠明、翁寒松译，三联书店，1992年，第241页。
［46］〔英〕艾耶尔:《二十世纪哲学家》，李步楼等译，上海译文出版社，1987年，第276页。
［47］ 参看〔美〕M.K. 穆尼茨:《当代分析哲学》，吴牟人等译，复旦大学出版社，1986年，第418页。
［48］ 同上，第424页。
［49］〔英〕布莱恩·麦基著:《思想家》，周惠明、翁寒松译，三联书店，1992年，第244页。
［50］〔美〕奎因:《从逻辑的观点看》，江天骥等译，上海译文出版社，1987年，第1页。
［51］ 同上，第2-3页。
［52］ 同上，第5页。
［53］ 同上，第10页。
［54］〔英〕布莱恩·麦基著:《思想家》，周惠明、翁寒松译，三联书店，1992年，《思想家》，第253页。
［55］ Quine, *The Ways of Paradox and Other Essays*, New York, 1979, p.204.
［56］〔美〕奎因:《从逻辑的观点看》，江天骥等译，上海译文出版社，1987年，第8页，译文有改动。
［57］ 同上，第13页，译文有改动。
［58］ Quine, *Theories and Things*, Cambridge, Mass., 1981, p.184.
［59］ 参看〔美〕奎因:《从逻辑的观点看》，江天骥等译，上海译文出版社,1987年，第18页。
［60］〔美〕卡尔纳普:“通过对语言的逻辑分析消除形而上学”，转引自《当代分析哲学》，第285页。
［61］〔美〕奎因:《从逻辑的观点看》，江天骥等译，上海译文出版社，1987年，第19页。
［62］ 同上，第35页。
［63］ 同上，第23页。
［64］ 同上，第39页。
［65］〔美〕M.K. 穆尼茨:《当代分析哲学》，吴牟人等译，复旦大学出版社,1986年，第432页。
［66］〔美〕奎因:《从逻辑的观点看》，江天骥等译，上海译文出版社，1987年，第41页。
［67］ Quine, *Ontological Relativity and Other Essays* (New York, 1969), p.26.
［68］ Ibid., p.29.
［69］ Ibid., p.50.

第十讲　意向性与生活世界：胡塞尔

现象学是现代西方哲学中影响很大，持续时间很长的一个流派。它于二十世纪初兴起于德国，然后逐渐传播到全世界，成为一个名副其实的哲学运动。这场运动包括了胡塞尔、海德格尔、谢勒、萨特、利维纳斯、梅洛-庞蒂、伽达默尔、利科等许多重要的现代西方哲学家。这些人的名字几乎就构成了半部现代西方哲学。今天，与现象学同时兴起的分析哲学有衰落之势，但现象学仍充满活力，全世界都有自命为现象学者的哲学家在活动。并且，它的影响已经超出了哲学的范围，而延伸到人文科学和社会科学的许多领域，乃至自然科学的一些领域。这一切足以说明，现象学是现代西方哲学最重要的成果之一。

虽然现象学运动内部观点立场有很大的差异，不同的哲学家对现象学有不同的理解，以至于《现象学运动》一书的作者施皮格伯格称它是“无定形的复杂的现象领域”[1]，但现象学自成一个传统，却是没有疑义的。虽然现象学有今天的局面，决非一人之功，但它得以出现，却是与一个人的贡献分不开的。这个人就是胡塞尔。可以这么说，没有胡塞尔，就没有现象学。现象学在后来的影响的确不能完全归功于胡塞尔，甚至主要不是因为胡塞尔，胡塞尔的影响始终局限在学院内，学院以外很少有人知道他；但现象学的出现，没有胡塞尔却是不可想象的。

胡塞尔及其思想基本出发点

胡塞尔（Edmund Husserl，1859—1938）出生于当时属奥匈帝国的一个叫普劳斯尼茨的小城，父亲是一个受人尊敬的犹太商人。中学毕业后，他先是在莱比锡大学学习天文、数学和哲学（1876—1878），听过冯特的哲学课，冯特 1759 年在那里建立了第一个实验心理学研究所。他的同乡，后来成了捷克斯洛伐克第一任总统的托马斯·马萨里克成了他的导师和朋友。在他的影响下，胡塞尔改宗新教，兴趣也从数学转向哲学。1878 到 1881 年，胡塞尔在柏林大学学习数学与哲学，数学家魏埃斯特拉斯和哲学家泡尔生对他有特别的影响。出于他父亲的愿望，胡塞尔没有在德国大学拿学位，而是在奥地利的维也纳大学获得他的数学博士学位。获得博士学位后他去服兵役，紧接着又听从马萨里克的劝告，于 1884—1886 年在维也纳听布伦塔诺的课。正是在听了布伦塔诺的课后，他打定主意要以哲学为业。布伦塔诺建议胡塞尔到哈勒大学去跟施图姆福（Carl Stumpf，1848—1936）继续学习。正是在施图姆福的指导下，胡塞尔完成了他的申请教授资格的论文《论数的概念》。然后在哈勒当了 14 年的私人讲师（即没有固定工资的编外教师）。1891 年，他的第一部著作《算术哲学》出版。他最重要的著作之一《逻辑研究》则与二十世纪一起面世，狄尔泰将其誉为“从康德的《纯粹理性批判》以来哲学的第一个大进步”。《逻辑研究》为现象学奠定了坚实的基础，却没有为胡塞尔的学术生涯带来明显的好处。二十世纪第一年，胡塞尔去哥廷根大学任副教授，在那里，虽然渐渐有了一批志同道合者，但胡塞尔的学术生涯并不一帆风顺，他申请正教授曾被拒，同事的贬低和自我怀疑一度使他对自己几乎失去信心，但在他影响下，当时德国已经有了哥廷根和慕尼黑两个现象学研究的圈子了。1906 年胡塞尔终于升任正教授，此时他 47 岁。1913 年发表可说是现象学运动的宣言——《作为严格科学的哲学》一文，1913 年《纯粹现象学和现象学哲学的观念》(第一卷)一书出版，由此宣告先验现象学的正式诞生。1916 年，胡塞尔去弗莱堡大学接替李凯尔特的教授职位，1928 年退休，推荐海德格尔接任。

胡塞尔的一生是典型的德国教授的一生：出生，上学，教书，死亡。但作为生在一个艰难时世的犹太人，胡塞尔还是经历了太多的不幸。先是第一次世界大战，战争公债使他失去了在哥廷根的房子，战争使他两个天分很高的儿子一死一重伤。纳粹上台后，他虽已退休，但仍未逃脱纳粹的迫害。他被停职，不许使用大学图书馆，禁止出国开会，禁止进大学，从各种哲学组织中被开除，直到从自己家里被扫地出门。然而，胡塞尔以一个哲学家坚忍的态度来对待这一切，无论环境多么恶劣，坚持自己的哲学思考和研究。他甚至在纳粹禁止他进入大学的禁令反面写下了他的研究笔记，以至于有人将他在生命的最后时刻表现出来的尊严与阿基米德“别碰我的圆”那句话的尊严相提并论。[2]

胡塞尔著作等身，生前出版的著作不算，只死后留下的以速记方式写的手稿就有 40000 页之多。胡塞尔死后，比利时的一个教士海尔曼·列奥·范布雷冒着风险将胡塞尔的手稿从德国偷运到比利时，于 1939 年在比利时卢汶大学建立胡塞尔档案馆。胡塞尔的主要著作除《逻辑研究》(1990—1901)和《纯粹现象学和现象学哲学的观念》(1913)外，还有《内在时间意识现象学》(1928)、《形式和先验逻辑》(1920)、《经验与判断》(1938)、《笛卡尔式的沉思》(1931)、《欧洲科学的危机和先验现象学》(1936)等。

胡塞尔生活的时代是一个危机时代，这个危机不是一般的危机或暂时的危机，而是根本的危机、全面的危机。这种根本的危机，自黑格尔死后，就不断被人感觉到。到了胡塞尔的时代，稍有头脑的人都不否认危机的存在了。在胡塞尔看来，这个危机从表现形式上来看，是科学的危机，即科学失去了基础，但从根本上看，却是欧洲人生活的深重危机，也就是西方文明的危机，欧洲人一度稳定的价值系统为相对主义的各种世界观所取代，人们失去了自己生活的方向。胡塞尔就像公元前五世纪的苏格拉底和柏拉图一样，面对“礼崩乐坏”的世界，想要通过找到确定可靠、普遍的、永恒的东西，来重新给文明奠定基础。对于柏拉图来说，理型就是这样的东西；而对于胡塞尔来说，通过给科学奠定基础，从而找到科学的基础。这个基础，或这个基础所体现的东西，就是那绝对确定的普遍永恒的东西，也就是文明不变的基础。胡塞尔认为：“我们时代的真正的唯一有意义的斗争，是在已经崩溃的人性和尚有根基并为保持这种根基，或为新的根基而奋斗的人性之间的斗争。”[3]

胡塞尔的这个基本想法，支配了他一生思想的发展。他先是要使逻辑和数学免于偶然性和相对性的侵扰，将它们确定为纯粹先天的科学，或者说，将它们奠定在不变的认知形式或意识结构的基础上。然后他逐步展开意识内容的本质，阐明对象性的构成及其与意识的相关性，得出存在的意义和存在的有效性都只是意识的能力所致的结论。这样，以纯粹意识为研究对象的先验现象学就成了哲学的基本科学，成了“第一哲学”。虽然意向性作为意识行为的结构整体在后期胡塞尔那里成了包括自我和对象两极的“生命”，但它的先验主体性并未因后期胡塞尔引入历史概念、它变成历史意向性而有所改变。因为意向性生命的时间，或历史，也是意识的先验先天性所致。“生活世界”概念的提出不是要否定这种先验先天性，而是要进一步肯定它的基础作用，因为胡塞尔在《欧洲科学的危机和先验现象学》中并不是要将多元的生活世界作为基础提出；正好相反，他是要通过先验还原表明，即使是像生活世界这样产生意义的普遍境域，其本身还必须回到一个更隐蔽的不变的基础上去。胡塞尔的现象学就是以这样一种寻找基础和奠定基础的哲学，或基础科学自许。胡塞尔说它是“整个近代哲学的隐秘的憧憬”[4]。就此而言，我们甚至可以说胡塞尔仍属于近代哲学的传统。他以后的著名现象学传统的哲学家，从海德格尔起，很少有人再去追求这个基础了。现象学的现代意义，正是通过那些人才得到彰显和发扬的。

胡塞尔的早期思想

胡塞尔的第一部著作是《算术哲学》，这部著作的副标题是“心理学和逻辑学的研究”。它的目的是要从心理活动中推导出数学的基本概念。这种做法，实际上就是心理主义的做法，即用心理活动来解释客观的思想内容。这部著作遭到了弗雷格的批评。弗雷格批评的主要观点是：数的客观内容不能等同于我们表现数的主观活动。例如，“3”的内容不等于我们伸出 3 个手指数 3。经过几年的思考，胡塞尔自己也得出了同样的结论，但在对问题的把握上，要比弗雷格更为深刻。胡塞尔这些深刻的成果表现为他的《逻辑研究》。

《逻辑研究》是现象学的奠基性著作，也是胡塞尔最重要、最有影响的著作之一。这部著作分为两卷，第一卷叫做《纯粹逻辑学导引》，除了第十一章外，都是用来批判各种形式的心理主义。心理主义实际上是科学实证主义的一种表现，它试图用经验心理学来解释像逻辑和数学这样的形式科学。胡塞尔认为，经验心理学和纯粹逻辑是两门根本不同的科学，它们不但面对不同的问题，而且特点和目标也是完全不同的。心理学是一门事实科学，它只能得到多年被经验证实的事实的规律，也就是自然规律。逻辑学，或者说纯粹逻辑学则不然。在给《逻辑研究》

写的广告上，胡塞尔说："纯粹逻辑是理想规律和理论的系统科学，它纯粹以理想的含义范畴的**意义**为基础，即以基本概念为基础，它们是**一切**科学的共同财富。……在此意义上纯粹逻辑是理想的'可能性之条件'的科学，是一般科学的科学，或概念理论理想构造的科学……**充分**阐明纯粹逻辑……要求非常深刻的现象学（即描述的而非发生学—心理学的）和知识论的研究。"[5] 逻辑学是基础科学，逻辑规律是先天规律。因此，纯粹逻辑不能以心理学的经验为基础，而必须以先天必然的东西为基础。逻辑规律不是像穆勒认为的那样，是从心理活动中归纳得来的一般的思维规律，而是具有必然规范性的规律。从心理活动中归纳得来的规律只有或然性，而没有必然性。但逻辑命题却是普遍必然的。用心理活动来解释逻辑规律，将逻辑规律等同于自然规律，我们就无法将逻辑规律奠基在先天性上，就会导致怀疑主义和相对主义。

胡塞尔对心理主义批判的关键是区分思维的活动和思维内容。心理活动总是主观的，而逻辑形式和规律却是客观的。逻辑学作为科学的科学，或基础的科学，它自己的基础必须是绝对必然的、确定的，而不可能是一个或然的心理过程。因此，对纯粹逻辑的研究不能是发生学—心理学的，而应该是现象学的，即描述和分析的。不是描述和分析心理过程，而是描述和（本质）分析作为逻辑的先天基础的意识的结构，这就是作为方法的现象学的基本任务。胡塞尔的现象学在很大程度上是围绕着这个基本任务展开的。他要用这个方法来为一切科学奠定基础，使哲学成为以此为己任的第一哲学。

《逻辑研究》第二卷由六个单独的研究组成，分为两个部分，分别研究语义学问题、共相问题、整体与部分的关系问题、意义问题、意向性问题和真理问题。一般认为，《逻辑研究》的第五研究，即论述意向性问题的那一部分是此书最重要的部分，虽然胡塞尔自己认为第六研究才是最重要的部分。人们之所以认为《逻辑研究》讨论意向性问题的第五研究是该书最重要的部分，是因为不但胡塞尔自己说，意向性是涉及整个现象学的问题名称，[6] 而且人们也认为意向性理论是胡塞尔对哲学的主要贡献。我们就以意向性问题为线索来论述胡塞尔思想的发展。

德语中“意向性”一词 intentionalität 来自拉丁文 intendere，意思是“指向”或“对准”。一般认为，是中世纪经院哲学家将“意向性”概念引入哲学，但布伦塔诺却一直追溯到亚里士多德。亚里士多德在讨论认知问题时提出，虽然认知者当然不是被认知的事物，但却是被认知的事物的形式。意思是说，事物是怎样的，要看我们以什么方式去认知它。被认知的对象，也就是被意向的对象并不是实在本身，而是在心灵与实在之间起了一种中介作用，或者说是一种透明的符号（亚里士多德把它称为“内在的词”“形式的概念”“被表达的种”），心灵通过它与实在发生关系。不少近代西方哲学家继承了这个思路，也认为认知只是在心灵内部认知事物的表象（它的“概念”或“观念”）；但中世纪的经院哲学家却认为意向对象就是事物本身。布伦塔诺恢复了意向性理论的传统，将意向性强调为意识的基本特征。意识总是对某个对象的意识，但我们意识与之发生关系的对象，不必实际存在。例如，当我意识或意向某一神话人物时，他就不存在。同样，我意向圆的方时，它也不存在。这就是说，意识的内容并不是像自然事物一样，是实在的东西。事物的存在与否，并不影响我们对它的意向。在这个意义上，意向对象就是现象。布伦塔诺以此来说明，心理学的对象与物理学对象不同，它们不能独立于意识而存在，因此，心理学与物理学（自然科学）是性质根本不同的学科。

胡塞尔提出他的意向性理论则根本不是要论证心理学或自然科学，而是要表明一切科学的基础究竟何在。与布伦塔诺不同，胡塞尔并不认为意向对象只是意识内部用来代替所指对象的替代物。相反，他认为，以种种形式表现出来的意向对象与实际事物是一回事，并没有一个意向对象之外的物自体，意向活动意向的就是世界上的事物。当然，这决不是说，不实际存在的事物，如虚构的人物或荒谬的观念，不能成为意识意向的对象。胡塞尔的意向性理论的基本立场恰恰就是：凡是对我们意识呈现出来的东西，作为意向对象，都是同样合理的，都是我们世界的一部分；至于事物是否客观存在，即独立于我们的意识而存在，那是意识走到第二步，即反思意识才会有的问题。胡塞尔并不认为心外无物，但他更关心的是使一切事物（实际存在或不实际存在）得以向我们呈现的意识。毕竟，“独立于我们的意识而存在的事物”或“客观存在的事物”也必须以某种形式在我们的意识中出现（无论是作为一个假定，一种信念，一种想象，或一种知识），否则，它只能是个绝对的无。然而，足够反讽的是，“绝对的无”作为一种想象或纯粹名称也已是我们的意向对象了。总之，离开了意识，世界的一切都无从谈起。就此而言，无论对于科学还是对于我们人的行为，意识都是根本的、基础性的东西。现象学既然以为一切科学奠定基础为职志，意识自然就是它要研究的主要对象，意向性理论实际上就是一种意识理论。

以意识作为研究对象在哲学史上并不罕见，但胡塞尔认为，以往人们研究意识往往不自觉地为各种成见和预设所扰，不能见到原始的意识。再有就是，以往对意识的研究没有区分经验的研究与先验的研究，往往以经验的东西来解释先验的东西，心理主义就是一个例子。因此，胡塞尔明确指出，他的现象学是纯粹科学或先天科学，他不是在经验的意义上，而是在先验的意义上来研究意识。所以，意识在他那里不是作为经验的心理活动过程，而是排除了特殊心理因素的纯粹意识，是作为人的先天认知结构而被研究。意向性既不是指人的主观认知能力，也不是指人经验的认知活动，而是人的意识活动的先天结构整体。这并不是说意向性与经验无关，而只是说，胡塞尔不是从心理学、生理学或其他经验研究的角度对它进行研究。

在《逻辑研究》的第五研究中，胡塞尔提出了如下三个意识概念：（1）意识是经验自我全部实质的（reelle）现象学的持续存在（bestand），是交织在体验流的统一中的心理体验。（2）意识是对自己心理体验的内在觉察。（3）意识是一切“心理活动”或“意向体验”的总称。[7]

从第一个意识的定义可以看到，意识当然与经验的自我分不开，但我们可以现象学地对待它，即切断它与经验自我的关系来把握它。这样，心理学意义上的体验（意识）概念就成了现象学意义上的体验概念，传统认识论经验主体与经验客体的关系便变成了意识内容与意识的关系，或显现的事物与事物的显现的关系。很显然，这里讲的意识，不再是传统认识论意义上的主体，而是统一于意识对象的体验的复合，也就是意识的结构关系整体，或者叫现象学的自我。

胡塞尔明确指出，第一个意识概念起源于第二个意识概念，第二个意识概念比第一个意识概念“更原始”。[8]从表面上看，这个定义似乎说的只是传统的反思意识或自我意识。实际不然。传统的反思意识指的是对内心心理活动的意识。而胡塞尔这里讲的“对心理体验的内在觉察”却不是反思意识，而是意向性。布伦塔诺认为意向性是心理现象的特征，是意识与一个内容的关系。这就是说，意向性不仅仅是意识行动，也包含意识内容。这是对传统意识概念的一大突破。

胡塞尔进一步把布伦塔诺的心理现象概念定义为意向关系，又称它为意向体验，这就更加突出了意向性是意向活动与意向内容的结构整体的意思。胡塞尔特意指出：“一个对象在它们（指意向体验——笔者按）中‘被意指’，‘被对准’，……并非两件事情在体验中显现出来，并非我们体验到这个对象，同时也体验到对准这个对象的意向体验；……而是显现出来的只有一件事，这就是意向体验，它的本质描述特征正是有关的意向。”[9]这就是说，在胡塞尔那里，意向体验（即意识）统一了“我思……”和对“我思……”的反思。此外，在胡塞尔那里，除了认知外，情感也是意向性的，即各种情感，如欲求、喜欢、赞同等，也都有其意向对象或意向内容。胡塞尔承认有非意向性的感受，如触觉感受，它们本身不是意向活动，而是意向对象，却组成了意向活动。传统的意识哲学其实只是研究人的认知意识，而意向性概念则将一切意识都包括在自己的范围内，这就使得意向性研究具有普遍的意义。

意向体验可分为实质的（reell）和意向的组成部分。前者是指对构成意向活动的那部分体验；后者则是指意向内容。意向内容有三个相关的主题：（1）意向对象；（2）意向活动的质料；（3）意向活动的意向本质。在现象学看来，意向活动其实是一个意指活动，当我们意向一个对象时，这对象总是一个特定的“什么”，就是说，任何意向对象都有特定的意义。质料就是意向对象得以区别自身的基本意义，例如，使水成其为水的东西，就是质料，胡塞尔有时把它称为“理解性意义”（Auffassungssinn）。但构成意向活动的不但有质料，还有意向活动的性质。意向活动的性质指的是意向活动的样式，如希望、判断、怀疑等，它们也是事物被给予我们的样式。所谓意向活动的本质就是意向活动的质料与性质的结合，它们共同决定了我们的意指活动。

《逻辑研究》的第五研究尽管极其重要，但它很大程度上还只是一些基本的区分，这些基本的认识论区分既为胡塞尔的进一步分析提供了工具，也为整个现象学研究奠定了基础和方向，但从它的结果看，第五研究还只是一个序幕，是第六研究的一个准备，前面几个其他的研究也可以这么说。因此，胡塞尔说第六研究才是最重要的是有道理的。第六研究不仅篇幅上接近前五个研究篇幅的总和，而且涉及的内容也极为重要。胡塞尔在这里不但系统阐述了现象学的知识论，而且提出了他的真理概念，以及范畴直观、明见等重要的现象学概念，这些概念本身就构成了他现象学的主要内容。

第六研究是围绕着意义意向（Bedeutungsintention）与意义充实

（Bedeutungserfüllung）展开的。前面已经说过，现象学认为，意识是个意指活动。意指离不开语言符号。在《逻辑研究》的第一研究中，胡塞尔曾经区分过标志和语言表达式。标志要么代表它们所标志的东西，如国旗是一个国家的标志；要么指出某种不在场的实在的存在，如烟是火的标志。标志和被标志的东西靠联想联系在一起。而语言表达式则有意义的平面，我们使用它们是在表达意义，或给予意义。意指活动就是给予意义的活动，也就是所谓的意义意向。但是，纯粹使用语言表达式的意指意向还是空洞的，它打开的意义空间有待直观加以充实，这就是所谓的意义充实。意义意向与意义充实之间的关系不是一个概念形式和质料内容静态的相合或一致，而是一个动态的统一。"纯粹意指的活动以一种对准意向的方式在直观行为中得到充实。……我们体验到，在符号活动中'单纯被思考'的同一个对象，在直观中直观地具体呈现出来。"[10]认识就是意义意向的充实。例如，当我们意向或意指一棵树时，这棵树还是纯粹的概念，随着我们对树的种种直观，树的意义得以充实，而它也就得以显现出它的同一性来。由此可见，认识实际上是由表达式、意义意向、直观活动和充实这四个因素组成的一个整体结构。而认识对象也正因为少不了意义给予和意义充实，而被认为是构造的。构造的意思当然不是说意识制造事物，而是说它给予事物以意义。

充实活动是一个上升的过程，也就是不断完善的过程。充实行动将单纯意向越来越直接地带到事情本身，这个上升过程最终就是认识对象充分的自我表现，即思想与事物在直观中完全一致，这也就是对象意义的最终充实，即绝对知识。

讲到绝对知识，就必然要讲真理概念了。如上所述，现象学认为，"**对象之物就是被意指的东西，是现实地'当下的'或'被给予的'**"[11]。因此，真理不能是主观认识与外部事物的符合一致。但是，胡塞尔并未完全放弃意识的对应模式，而是重新现象学地规定它们。胡塞尔把这些模式叫做“明见的体验”。明见（Evidenz）与证据没有什么关系，也没有什么特殊的对象对应于明见的体验。相反，明见是一个事物自我给予的体验，即意向对象在直观中自我显现的体验。真理就是在这种体验中出现的，所以胡塞尔又把明见叫做“真理的体验”。在此意义上，真理首先是对象性的东西，它对应于明见。其次，真理是事物与思想绝对的相应的观念，这观念属于意识活动形式。第三，我们也可把意向理想的充实称为真理、真或存在。胡塞尔的真理概念囊括对象化活动的全部领域，所以存在也包括在真理的定义中。最后，真理是意向的正确性。[12]

胡塞尔在《逻辑研究》第六研究的第二章讨论范畴形式的充实问题。如上所述，意义需要用直观来充实。感性直观比较好理解，但感性直观只能在当下直接的、对某一事物或某些事物的知觉领域中起作用。可是，意识不仅要把握事物，还要把握事态、集合、分离等复杂的情况，这些情况包含了非感性的、范畴的因素，处于一个更高层次的综合。这就需要范畴直观来充实其意义。范畴直观分为形式—范畴直观和质料—范畴直观。前者主要用来发现逻辑真理的意义，而后者则是为了弄清本质的知识，所以胡塞尔也把它叫做本质直观。在《逻辑研究》中胡塞尔主要分析了形式—范畴直观，而对本质知识讲得不多。[13]

然而，本质直观对于胡塞尔的现象学却有关键的意义。布伦塔诺曾提出有从感官经验中产生的直观的一般的知识，胡塞尔把它变成概念直观（Ideation）或本质直观。本质直观是一种认识方式，胡塞尔认为，凡受过现象学训练或进行过现象学还原的人，都会有这种认识方式。本质直观向我们显现先天的东西。对所有人都有约束力的先天之物（Apriori）的概念，康德就已提出；但在康德那里，它只是指先验范畴和直观形式，只是与我们知识的形式有关。但在现象学里，先天之物的概念大大扩大，它不仅与联结的形式有关，也与联结的质料有关。所以直观也可以是范畴的，不但形式可以是先天必然的，质料也可以是先天必然的，可以有以同样方式对所有人都必然而不能改变的内容因素。这是胡塞尔本质现象学（die eidetische Phenomenology）的一大发明，它将西方哲学本质主义的传统推到了极致。这样，现象学不仅可以成为我们自然世界中一切经验内容的根据，而且也是我们一切科学的基础。[14]

但是，《逻辑研究》本身却还不是一个完整的理论体系，它只是一些非常不同的个别主题的集合，它自己都没有一个完整的计划。因此，对于胡塞尔来说，他应该使他的现象学有一个比较完整系统的表述，应该使他的基本立场更加鲜明和彻底，应该使《逻辑研究》开始的主题得到进一步的阐述和发展，应该进一步拓宽现象学研究的问题域，也许正是这些理论上的考虑，促使胡塞尔从本质现象学走向先验现象学。

先验现象学

胡塞尔 1907 年在哥廷根大学作了五次演讲，这五次演讲的讲稿后来以“现象学的观念”为题出版，标志着胡塞尔转向了先验现象学。先验的概念使人想起康德先验哲学。康德的先验哲学是一种理性批判，它关心的不是事物本身，而是我们认识对象的方式，以及认识对象可能性之条件。而胡塞尔现在想要做的，也正是理性批判。在经受了教育部欲任命他为教授，但被他的大学所拒绝的打击后，胡塞尔曾怀疑自己能否是一个哲学家。他觉得：“如果我能够称自己为哲学家，那么我首先提到的是我必须为自己解决这个一般的任务。我指的是理性批判，是逻辑理性和实践理性、普遍价值理性的批判。”[15]但胡塞尔比康德在先验的道路上走得更远，理性不但是认识对象的条件，还是对象的构造者。胡塞尔的理性批判的目标，就是要确立意识的构造性。

人们一般认为，近代西方哲学的主要问题是认识论问题，也就是人的理智与事物的关系问题。这种问题框架，是建立在两个基本概念，即内在与超越上。内在，指的是我们的意识，它是一个封闭的整体，就是说它永远也走不出自己，所以叫内在。超越则是指意识之外的种种事物，它们超越了意识，在意识的彼岸，所以叫超越。也正因为如此，内在是可达到的，超越是无法达到的；内在是确定的，超越则是可疑的，甚至不可知的。解决内在与超越的断裂问题，成了近代西方哲学家的主要任务。

然而，在胡塞尔看来，以往哲学家们对内在和超越的理解是不对的。以往思考哲学是以自然思维来进行的，它以自然科学的方法为楷模，以自然科学的成果为基础。但真正的哲学必须批判自然认识，必须有全新的出发点和全新的方法，必须在原则上与自然科学区别开来。其中最关键的是要有一种全新的方法。这种方法的精神与笛卡尔的方法一样，是怀疑，而它的目的则同样是要通过怀疑达到一个全新的出发点。

胡塞尔把他的方法叫“悬置”（*epoché*）。悬置不是胡塞尔的发明，而是出自古希腊怀疑论哲学家皮浪。皮浪认为，我们实际上无法认识事物本身，我们的意见永远是主观的，因此，对待事物惟一正确的态度就是悬置判断。而胡塞尔引进这个概念，则是要将我们的一切自然信念搁置起来，或括在括号内，以达到一种现象学的态度。他要求：“在认识批判一开始，整个世界、物理的和心理的自然、最后还有人自身的自我以及所有与上述这些对象有关的科学都必须被打上**可疑**的标记。它们的存在，它们的有效性被存而不论。”[16]但这决不是一个消极的否定步骤，决不意味着通过悬置会失去什么，悬置并不否定任何东西。悬置只是态度的改变，即从自然态度转变为现象学的态度。哲学家通过悬置一无所失，世界仍然如以前一样存在，只是通过悬置它变成了现象，这是由自然的世界经验变为现象学的世界经验的第一步，所以这个方法又叫还原。

不管是悬置也好，还原也好，都只是要使我们“回到事物本身”。“回到事物本身”这个口号并不是像它看上去那么简单。首先，这个“事情本身”决不是指自然事物，胡塞尔说的“事情本身”，既指在意识中被意指的东西，也指使这种意指可能和构成被意指物意义的意识的种种功能。[17] 回到事情本身，也就是要突破经验科学自然主义的思维方式的种种成见和误解，回到我们原始的直观经验。**“每一种原初给予的直观都是认识的合法源泉，在直观中原初地……给予我们的东西，只应按如其被给予的那样，而且也只在它在此被给予的限度之内被理解。”**[18] 胡塞尔把这称为“原则之原则”。这样，内在和超越处在了同一个现象学的平面上，它们的区分只是对我们表现的方式不同，而无存在论上的区别。作为现象，它们的地位是一样的。它们都是意向的对象。这样，传统精神与事物，内在与超越的鸿沟，就此消弭于无形。

胡塞尔指出，在日常生活中，我们总是以自然态度去想象、去判断、去感觉、去意愿。我们认为：“这个世界始终是同一的世界，尽管由于其内容组成的不同而改变着。它不断对我‘在身边’，而且我是它的一员。此外，这个对我存在的世界不只是纯**事物世界**，而且也以同样的直接性是**价值世界、善的世界和实践的世界**。”[19] 物质事物既客观存在，又有价值特性和实践特性。但是，现在现象学要求我们把这一切想法都悬置起来，但“这并不是将设定转为反设定，把肯定转为否定；也不是将设定转化为猜测、假想、未定状态和某种怀疑”[20]。而只是将它们悬置起来，对它们终止判断。

在把我们的自然态度和自然信念用括号括起来之后，我们就可以思考本质的世界了。但这还不是胡塞尔的目的，他关心的是意识的本质。他要通过悬置获得一个新的存在领域，这就是先验意识的领域，也就是先验现象学的专门领域。先验意识是悬置过后的现象学剩余，悬置不但要使本质得以在直观中显现出来，而且也要直接导向先验意识。

因此，现象学还原要分两步走：本质还原和先验还原。本质还原是用对事实状态的贴近描述从事实状态回到它的本质结构。这种描述不是对各个事态依样画葫芦，而是描述意识行为及其对象的本质一般性。胡塞尔把现象学者的这种本质方法与几何学家直观其理想对象的类似方法相比。几何学家在纯粹地规定线、面、和球体时，可以脱离一个特定的线、面或球体的具体的空间对象。他在想象中透彻地改变和穷尽个别对象可能被给与的一切可能性。这样，通过自由想象，他在一个具体对象的种种变异中得到了一个不变的常态，其特征内容就是这个具体物的本质。现象学家也是这样来把握事物的本质。

而先验还原则是要把内在与超越最终还原为先验意识和先验主体，意识和存在同属先验意识的领域。一方面，意识与实在，内在与超越是两种基本的存在方式；另一方面，事物是意识意向的统一，尽管它是超越的，但它总是被感知物（被意向物）。超越物的世界不管怎样，只是我们意识的设定，所以说它是完全依存于意识的，是偶然的。内感觉是不可怀疑的，超越的知觉却是可怀疑的。**“一切在有机体上被给予的物质物都可能是非存在的，但没有任何有机体上被给予的体验可能是非存在的。”**[21]这就将一切事物的存在都还原为意识的存在。经过这番先验还原后，剩下的就只有“作为世界消除之剩余的绝对意识”了。绝对的意识也就是绝对的存在，**“内在的存在无疑在如下的意义上是绝对的存在，即它在本质上不需要任何‘物’的存在”**[22]。另一方面，超越的事物总是为意识所规定的。“整个时空世界，包括人和作为附属的单一现实的人自我，**按其意义仅只是一种意向的存在**，因此人仅只有对某意识的一种存在的次要的和相对的意义，它是这样一种存在，它被意识在其经验中设定着，这个意识本质上只可被规定作和直观作某种有一协调一致性动机的复合物的同一物——**除此之外**，别无所有。”[23]这当然不是说胡塞尔愚蠢到不知道没有人的物质存在就不会有意识。我们不应忘记，胡塞尔并不是要质疑常识的观点或自然科学的观点，他是要以现象学的态度，在意向性这个基本事实下来讨论意识的本质。当我们在讲什么什么存在时，“存在”不也是意识的一种规定？没有肉体当然没有意识；但没有意识事物既非存在，也非不存在，就像对于石头来说，人或任何别的东西，包括它自己，既不存在，也非不存在一样。因为“存在”对它来说不存在。

胡塞尔这种极端的先验主义的立场虽使许多早期的追随者不满，却使他得以打开纯粹意识的领域。但要进入这个领域，还要排除一切自然科学和精神科学的构造物，排除超验的上帝，排除作为普遍科学的纯粹逻辑，排除各种实质—本质性学科，**“只运用我们能在意识本身中和在纯内在性中洞见到的东西。”**[24]惟一不被排除的是纯粹的我，也就是纯粹意识，它是还原的目的与终点。还原就是要把它暴露在研究者的面前，使人能对它进行结构分析。

对纯粹意识的结构进行分析对胡塞尔来说就是对意向性结构进行分析。意向性包含我们的一切体验。这些体验可分为两个层面：感性的层面和意向的层面。前者是指感性的体验，胡塞尔把它称为感性的质素（hyle）；后者是指带有意向性的体验或体验因素，它是给予意义的层次，胡塞尔把它叫做直观的形态（morphe）。这个区分有点相当于传统讲的形式与质料的区分。相应于这个区分，意向性结构可以区分为意向内容（Noema）和意向活动（Noesis）两个成分，前者指意向活动所给予对象的意义，后者指给予意义的活动或功能。这个意向内容—意向活动的结构不仅构成感性知觉的领域，也构成判断、情绪和意志领域。不像康德将理性分为理论理性和实践理性，胡塞尔的意向性是一切理性乃至非理性意识的基本结构，因此，它可以成为我们一切活动的基础。但是，胡塞尔认为，一切意识都是设定性的，即总要设定对象，所以情感行为和意志行为也都是“对象化的”。但这决不是说它们是认知行为的相似物，而是说，它们也有对象，并且，它们的对象是由它们构成的。总之，任何种类意识的任何对象都是意识构成的。

在胡塞尔看来，意识是一条意向体验之流，这条体验之流作为一个统一体，就是那个体验主体——我。种种体验都归于我，种种设定和构成都由于我。当然，这个我不是一个经验的我，而是一个先验的我。与康德不同的是，胡塞尔没有把我形式化为一个单纯的我思，它在自然态度中仍然是一个自然的生物，只是经过还原后它才成为“纯粹的我”。换句话说，用自然的态度看，体验之流的主体是作为世界一分子的生物的我；以现象学的态度看，它就是先验的我。意向性没有作为意向主体的先验的我是不可想象的；世界的构造没有构造主体的先验自我也是不可想象的。因此，先验还原以先验主体为终点。“我”和“自我（Ego）”的概念在胡塞尔的现象学中占有重要的地位。

最初胡塞尔只承认经验的我，后来才承认“纯粹的我”，并把它理解成一个“关系中心”。在《纯粹现象学与现象学哲学的观念》第一卷中，胡塞尔仍然把“纯粹的我”解释成“除了其‘关系方式’或‘行为方式’以外，完全不具有本质的成分，不具有可说的内容，不可能从自在和自为方面加以描述”[25]。而在第二卷里，我是在时间中延绵着的我。在题为《第一哲学》的讲座中，“我必然是思维的我，我必然思维着客体，我必然在思维的同时与同一个客体世界发生关系。”[26]但只是在《笛卡尔式的沉思》中，胡塞尔的自我概念才得到了系统的发挥和发展。

在《笛卡尔式的沉思》的第四沉思里，自我不仅被规定为流动的生命，而且还是构成这个流动的生命的东西。在生命中，我们不断地做出种种决定，这些决定以及其他的意识行为，最终成为我们的习性，我们反被它们决定。但不管怎么说，“我却是、并且始终是一个如此这般做决定的我。”[27]我一方面是体验的极，另一方面是习性的基础。习性决定了人的同一性，决定了个人的性格。与作为同一极和习性的基础的我（Ich）这个概念相区别，胡塞尔提出了自我（Ego）的概念，专门指被具体看待的自我，胡塞尔把它叫“单子”。这个概念是对他以前自我概念的一个突破。他以前一般都是把自我理解为一个一般的思维主体，与近代唯心主义哲学的主体概念区别不大。但通过单子的概念，一般的主体概念变成了处在一定的传记和历史处境中的具体的个人。单子性的自我包括全部现实的和潜在的意识生活，这样，历史性与可能性就进入了自我。虽然在胡塞尔之前，黑格尔和狄尔泰的主体概念也已经被这样规定，但对于胡塞尔自己的自我理论来说，不能不说是个发展。

胡塞尔始终没有否认，尽管应该对我进行先验悬置或还原，但我同时与我以外的各种事物一起存在于一个空间世界中的自然人，世界上除了我以外，还有无数其他的人。这样的话，该如何解释我们对世界的构造，或我们对事物和真理的明见的客观性？在《笛卡尔式的沉思》之前，胡塞尔已经处理过这样的问题。他认为事物的客观性在于主体间的承认。例如，一个相对稳定的空间位置对我们的客观感是很重要的，但它很难从一个完全排他的私人视角中产生出来。我们通过逐渐看出一个人的“这里”可能就是另一个人的“那里”，而把我们自己置于一个公共的坐标系中，然后同意某种约定，将所有位置与一个稳定的地点网络联系在一起。[28]这就是一个典型的主体间承认如何达成的例子。

但是，承认事物的客观性，决不等于承认有康德意义上的物自体，“这种认识论与从一种被臆指的内在性中自相矛盾地推论某些被臆指的超越性、即任何一种据称是原则上不可知的‘自在之物’的超越性毫无关系”[29]，因为“任何一种形式的超越性都是在自我内部构造出来的一种存在特征。”[30]设想有人的意识以外的存在是没有意义的。构造不仅对我的自我有效，而且也对被我先验构造的别的自我有效。说别人是我的构造当然意思不是说他们是我们制造出来的，而是说他们以我们意向他们的样式对我们呈现。

但胡塞尔仍不禁要问："当我这个沉思着的自我通过现象学的悬置而把自己还原为我自己的绝对先验的自我时，我是否会成为一个**独存的我**（solus ipse）？……一门宣称要解决客观存在问题而又要作为哲学表现出来的现象学，是否已经烙上了先验唯我论的痕迹？"[31]胡塞尔自己的回答当然是否定的。他认为现象学找到了一条从自我的内在性通往他人的超越性的道路，这条路就是先验的陌生经验理论或移情理论。但这种理论是推己及人的理论，即还是以自我为出发点。

首先是向先验的本己领域还原，即还原到彻底孤立的自我，把自然世界经验中的他人都排除掉。这时剩下的超越之物只有我的身体。这个身体就是所谓先验本真的领域。它不仅是单纯的躯体，也是一个客体，我们直接以它来行动。这些身体行为以肌肉运动的方式进行，因此，我把自己经验为心理物理学的统一体和人格的我。在行动中，他者的经验就出现了。"这样一来，我这个已被还原了的'人类自我'（'心理物理学的自我'），就作为这个'世界'的一员而与多样的'外在于我'的东西一起被构造出来了，但是，我本人在我的'心灵'中不仅构造出了所有这些东西，而且在我之中还意向地拥有了这些东西。"[32]但我们不要忘了，这些话只是就经历了现象学还原的自我说的。在日常生活中，"当自我直接地经历到它自己的世界时，它就把自己视为是这个世界'外部现象'中的一员，并在自己和'外部世界'之间做出区分。"[33]和他人的区分，同样也是如此。总之，"在这个本己者（指先验自我）内部并借助于它，就构造出了一个'客观的'世界，即一个完全不同于它的存在的宇宙，并且在第一个层次中也构造出了具有**另一个自我**样式的陌生者。"[34]

这个"第一个层次"就是经过本真还原以后得到的结果，它是意向性最基础的层次，胡塞尔把它称为"原真世界"。但这个原真世界却不是一个单纯的世界，总有一些东西要作为意向性的间接性表现出来，换言之，它的意向性总是共现的意向性，即总是有什么异己的东西会共同在此（Mit-da），共现出来。这其中就有非本己的躯体。我们将心比心，通过意义递推，发现它也是一个身体，只不过是他人的身体。这个他人和我一样，也能构造他自己，构造我们，也有他的原真世界，他也是一个自我。不难想象，有无数这样的自我，也有无数的原真世界。无数的自我就构成了一个自我共同体，他们共同的主体性就是交互主体性或主体间性，它在主体间构成了一个客观的世界。交互主体性是世界与真理客观性的保证。

胡塞尔在《笛卡尔式的沉思》里所表述的上述思想，容易让人觉得他起了一个名不副实的书名，他实际上已最终超越了主观唯心主义的主体哲学。其实不然。胡塞尔在该书结束语中说："我们的整个沉思基本上实现了它的目的：即把笛卡尔的哲学观念的具体可能性表示为了一门源于绝对奠基的普遍科学。"[35]但是，胡塞尔心目中普遍科学的基础，并不是交互主体性，而是主体性，即先验自我。从我们的上述叙述可以看到，胡塞尔的交互主体性，是从自我的陌生经验构建出来的，它是第二层次的东西，而不是第一层次的东西，即奠基性的东西。没有先验自我，交互主体性就无从谈起。因此，胡塞尔在《笛卡尔式的沉思》中不但没有放弃他的先验哲学的立场，反而加强了这种立场。

生活世界

"生活世界"的理论是胡塞尔最后一个，也是最有影响的理论成果。在某种意义上，它也可以说是胡塞尔的晚年定论。胡塞尔最初将意向性视为意识的本质关系，后来它又成了先验意识的功能概念，特别是自己产生自己的主体性，而在他的后期哲学中意向性变成了"生命"，它包括我极和对象极。这说明意向性概念在向与世界发生感性的具体的人过渡。“生活世界”的理论广义上包括下列内容：意识不是无时间的、永远不变的绝对，而本身就是一个历史的意向性的发生、生命和创造。意向生命的时间就是历史。当下的生命体验的意义来自一个普遍的境域，这个境域就是生活世界。它是一切经验的历史基础，先于科学给我们描述的自然世界，或科学世界。[36]

生活世界是前科学的世界，它是我们原始的感性世界和我们的文化—历史世界的复合体。生活世界在三重意义上先于科学世界。首先，生活世界在历史上先于科学世界。其次，生活世界是普遍给予的，而科学世界则不然，并非所有文化和民族都有近代科学所描述的自然世界。相反，任何文化都有它自己的生活世界和日常实践的事情经验。有近代自然科学的社会和无近代自然科学的社会皆然。生活世界第三重也是更强得多意义上的优先性是所谓创造次序上的优先性。胡塞尔认为，科学所假定的描述世界是通过抽象、概念化，以及对生活世界提供的具体直观归纳而来的一种高层次的建构。因此，如果没有生活世界对我们的生存有效性，科学世界既不能有生存的有效性，也不能那样对我们“存在”；甚至在有效行为中，科学的抽象或理论的存在物都不可能有。因此，生活世界是科学世界的基础。

虽然生活世界的理论胡塞尔在晚年才提出，却是他哲学工作的必然归宿。虽然胡塞尔哲学的确相当学院化，但胡塞尔本质上并不是一个学院哲学家。促使他献身哲学的主要动力是他对欧洲文明，也就是西方文明危机的思考。胡塞尔认为，欧洲文明是一个哲学的文明，自从哲学在古希腊诞生以来，欧洲人就生活在一个科学文化中，这个文化使西方人在自由、理性的理论活动中可以希望最终理解自己和人在宇宙中的位置。但现在科学似乎让我们疏离了我们的世界和我们自己，科学让我们疏离了自己的生命。应该是人类公务员的哲学家，不但没有负起沟通科学和生命的责任，反而唯科学马首是瞻。用米兰·昆德拉的话说，哲学家把表述人对他世界的具体感受的任务让给了诗人和小说家。

然而，就在哲学家跟在科学后面亦步亦趋时，科学自身却陷入了危机。这个危机不是一个内部的危机，而是一个外部的危机，科学危机是生活危机的表现：生活意义的丧失。它的具体表现是自然主义和历史主义。自然主义用量化分析的方法来对待一切，包括人的生命。而历史主义则用偶然的世界观来把一切有永久价值的东西相对化。总之，科学失去了其真正的基础——生活世界。现象学既然是一切科学的基础科学，那么，它就必须揭示这个基础，并将各门科学奠定在这个基础上。生活世界的问题不解决，“我们迄今所从事的全部哲学研究都是缺少基础的”[37]。因此，生活世界的问题不是局部的问题，而是哲学的普遍问题。现象学最终应该是生活世界的现象学。

与以前的研究不同，胡塞尔在论述他的生活世界的理论时，大量使用了论述考察的方法。他以伽利略为线索，追溯了近代科学的形成过程，并总结了其特点。我们今天的人不难发现，科学家告诉我们的自然世界，与我们的生活世界有时都对不上号。胡塞尔认为，这种科学世界与生活世界的脱节，是从伽利略将自然数学化开始的，伽利略忘了科学真理在我们生活世界中的根源，反而认为它们只是量化事物的主观标志。这就遮蔽了我们在生活世界中所感受到的事物对数学对象的优先性。其实，在生活世界中，事物老早以不同的方式呈现给我们了，但现在自然却变成了一种理念。

在将自然数学化时，伽利略很可能是受了纯粹几何学的启发。但几何学很可能是起源于测量和度量的实践技术。人们将所感知到的具体事物的种种形式通过抽象和逐渐理想化从而得到几何学的理想图形。有了这些理想的图形，我们就可以进行精确的数学活动，这种精确性在原始的经验实践中是根本不可能的。等到人们将这种纯粹几何学变成在天文学领域里运用的应用几何学时，人们就有可能以不可抗拒的必然性来计算从来不能经验测量的事件的相对位置，甚至事件的存在。到了伽利略的时代，人们相信："如果形成相应的测量方法，那么整个具体的世界肯定会表明是可数学化的客观的世界。"[38]这就是伽利略将自然数学化的基本想法。但在这么做的同时，他却忽略了：几何学是从被感知事物的性质派生出来的。

在将世界数学化的过程中，几何学的算术化是很重要的一步。笛卡尔发明的解析几何使这一步得以实现。伽利略已经看出，欧几里得几何学现在可以解释为一种一般的发现的理解，而不是限于纯粹形状领域的理论。传统几何学要求论证的每一步都要洞见其理由，代数却只是一种计算技术，它不再要求这种把握，而只要求盲目执行程序的规则。这种事态的发展对理性向工具理性转变也起到了巨大的作用。理性的活动成了适应性活动，它的运作遵循的是机械的因果律，而完全不要直观的洞见。这一方面使科学家可以更好地控制自然，另一方面也导致人们忘记对所感事物的洞见优于技术性技巧。量化的结果必然是个性的悬置，近代科学的自然主义态度要求人们把一切实践的、美学的、伦理学的态度用括号括起；也要求人们将实用的、美和道德的因素从事物本身剔除，以为这才是科学的态度，才能认识事物的真相。殊不知这样一来，事物反而失去了它们的原始面貌，前科学的生活世界被忘得一干二净。

因此，胡塞尔认为哲学最迫切的任务就是要恢复对我们日常关于生活世界的直观理性的信任。我们必须表明科学对自然的叙述总是依赖日常经验的明见，科学方法的应用范围不是无限的，生活世界必须恢复它的基本权利。现象学对人类意识的分析早已表明，科学的量化方法和化约论方法对于真实的生命来说是完全不合适的。只有现象学这个"先验哲学的最终形式"才能克服自然主义和历史主义。

胡塞尔在《欧洲科学的危机和先验现象学》中是想在新的基础上，即生活世界的基础上重新奠定现象学的基础，他在该书的第三部分处理这个问题。但这个重要的部分由于胡塞尔要加以改写而最终未完成，现在出版的只是未定的草稿。

胡塞尔从批判康德哲学开始论述他的生活世界现象学。他分析说，康德哲学是建立在一些未经考察的前提之上，他的理论的确有一些重要的发现，可是却处于隐蔽的状态，因为他对自己理论的前提并不清楚。康德未言明的前提，就是生活世界，"由于康德的提法，我们大家（包括我这个现在进行哲学思考的人）有意识地生活于其中的这个日常生活的周围世界，预先就被假定为存在着的；同样，作为这个世界中的文化事态的诸科学，以及它们的科学家和理论，也预先被假定为存在着的"[39]。生活世界才是一切科学和哲学的前提和基础，现在需要的是一门生活世界的科学。

生活世界的科学是一般科学，而不是专门科学，因此，它有自己独特的科学性，不是客观—逻辑的科学性，而是生活世界本身所要求的并且是按其普遍性所要求的科学性。这不是一种较低的科学性，而是一种较高的科学性。因为科学的客观真理的理念是通过与前科学和科学以外的生活的真理理念的对比而预先规定的。生活的真理的理念在纯粹经验中，在知觉、记忆等的全部样式中，有其最终最深刻的证明。因此，"真正第一位的东西是对前科学的世界生活的'单纯主观的—相对的'直观。"[40]新的科学（即生活世界的现象学）必须以此为基础。从强调本质直观的本质现象学到强调单纯主观—相对的直观的生活世界现象学，胡塞尔的现象学显然有了很大的发展。

但这里讲的主观的东西却不是心理学的对象，心理学是研究主观东西的"客观的"科学，但生活世界的主观的东西不是客观世界的存在者。"后者是一种理论的—逻辑的构成物，是原则上不能知觉的东西的，就其固有的自身存在而言原则上不能经验的东西的构成物；而生活世界中的主观的东西，整个说来，正是以其现实地可被经验到为特征的。”[41]客观科学只是生活世界中一种特殊的实践，它们不管多么观念化，都会与人类的、主观的构成物发生关系。科学的认识以生活世界的明见为基础。科学家也是具体的生活世界中的具体的人。[42]理解了这一点，我们就可以知道生活世界的问题要比具体科学的问题更重要、更普遍和更深刻。

要将生活世界作为哲学的普遍问题来研究，也必须用悬置的方法，先将客观的科学悬置起来，然后再将自然的生活态度悬置起来，“纯粹从自然的世界生活出发，提出关于世界是如何预先给予的问题”[43]。世界如何预先被给予的问题，其实和事物是如何被给予的一样，在胡塞尔那里就是它如何表现出来的问题。而世界和事物如何表现出来的问题，离开主体的意向性是无法解释的。这是现象学的基本立场，胡塞尔的这个基本立场一直没有变。“直接将一切实践构成物（甚至作为文化事实的客观科学的构成物，尽管我们克制自己不对它们发生兴趣）吸收到自身之中的生活世界，在不断改变的相对性中当然是与主观性相关联。”[44]

因此，生活世界的问题最终仍要通过还原到惟一绝对的自我才能得到解释。世界当然在我们之前就存在着，我们无法决定它，而是它能决定我们的生活环境和思想。现实世界及其种种设制，对我们都是有效的。这是常识的态度，或自然的态度。但现象学要求我们通过悬置向前追溯，一直追溯到自我的明见性。这个自我是人类的自我，尽管悬置后他成了先验的自我，成了它的活动，习惯和能力的自我极。它的成就，或者说主体性系统的成就，就是世界。“这个在给予方式的不断变化中永远为我们存在着的世界，是一种普遍的精神获得物，它在作为这样的东西生成的同时，作为精神形态的统一，作为意义的构成物——作为普遍的主体性的构成物——继续发展。这里本质上属于这种构成世界的成就的，就有主体性将自己本身客观化为人的主体性，客观化为世界中的组成部分。”[45]

很清楚，生活世界最终仍只是先验自我的一个成就。因此，生活世界只有相对的历史性和多元性。胡塞尔可以承认中国人、印度人和刚果黑人有不同的生活世界，但他仍认为不同的生活世界有共同的一般结构，这个一般结构本身不是相对的，因为它的根据是普遍的、无历史的先验性。这样，我们就可看到，作为科学基础的生活世界，本身也是相对的，绝对的是那不变的、普遍的先验主体性。胡塞尔最终还是守住了他的先验哲学的立场，却失去了自我超越的可能性。生活世界理论丰富的内涵，只能等待后来的现象学家来发掘和发扬了。胡塞尔要以先验主体性来给科学，甚至世界奠基，其成败的关键在于悬置。他可以悬置科学、自然态度以及逻辑，却不能悬置历史和时间，因为它们是悬置主体的条件。当他将时间与意向体验相提并论时，实际上已经触及了这个事实。然而，当他要以主体性作为世界的绝对根基时，他只能将它也“悬置”起来。但是，历史性和时间性被悬置的先验自我注定没有基础，这就如同生活世界的问题没解决好，哲学就没有基础一样。

从来的先验哲学都是要为知识或世界找基础，但最后都证明自己还缺乏基础。康德的批判哲学是这样，胡塞尔的现象学也是这样。一切先验哲学都会是这样。

注释

[1]〔美〕赫伯特·施皮格伯格:《现象学运动》，王炳文、张金言译，商务印书馆，1995 年，第 39 页。

[2] Vgl. H.Lübbe，*Bewußtsein in Geschichten. Studien zur Phänomenologie der Subjektivität*，Freiburg，1972，s.32.

[3]〔德〕胡塞尔:《欧洲科学的危机和先验现象学》，王炳文译，商务印书馆，2001 年，第 25 页。

[4]〔德〕胡塞尔:《纯粹现象学通论》，李幼蒸译，商务印书馆，1995 年，第 160 页。

[5] 转引自 Kurt Wuchtel，*Bausteine zu einer Geschichte der Philosophie des 20. Jahrhunderts*，Stuttgart；Wien，1995，s.41.

[6]〔德〕胡塞尔:《纯粹现象学通论》，李幼蒸译，商务印书馆，1995 年，第 350 页。胡塞尔直到晚年仍认为意向性是"基础研究最本真的主题"(参看《欧洲科学的危机和先验现象学》，第 22 节)。

[7] Husserl，*Logische Untersuchungen*，Tübingen，1980，Bd.II，s.346.

[8] Ibid.，Bd.2/1，s.356.

[9] Ibid.，s.372.

[10] Ibid.，Bd.2/1，s.32.

[11] Ibid.，s.118.

[12] Ibid.，s.123.

[13] Cf. Elisabeth Ströker，*Husserl's Transcendental Phenomenology*，Stanford，1993，p.36.

[14] Vgl. Kurt Wuchterl，*Bausteine zu einer Geschichte der Philosophie des 20. Jahrhunderts*，s.34.

[15]〔德〕胡塞尔:《现象学的观念》，倪梁康译，上海译文出版社，1986 年，第 1 页。

[16] 同上，第 28 页，译文有改动。

[17] Vgl. Kurt Wuchterl，*Bausteine zu einer Geschichte der Philosophie des 20. Jahrhundert*，s.33

[18]〔德〕胡塞尔:《纯粹现象学通论》，李幼蒸译，商务印书馆，1995 年，第 84 页。

[19] 同上，第 90–91 页。

[20] 同上，第 95 页。

[21] 同上，第 128 页。

[22] 同上，第 134 页。

[23] 同上，第 135 页。

[24] 同上，第 155 页。

[25] 同上，第 202 页。

[26] Husserl，*Erste Philosophie*，Bd.1，Husserliana VII，Den Haag，1956，s.398.

[27]〔德〕胡塞尔:《笛卡尔式的沉思》，张廷国译，中国城市出版社，2002 年，第 91 页，译文有改动。

[28] Cf. Richard Cobb-Stevens，"The Beginning of Phenomenology：Husserl and His Predecessor"，in *Routledge History of Philosophy*，vol. Ⅷ，London & New York，1994，p.24.

[29]〔德〕胡塞尔:《笛卡尔式的沉思》，张廷国译，中国城市出版社，2002 年，第 116 页。

[30] 同上，第 114 页，译文有改动。

[31] 同上，第 122 页。

[32] 同上，第 135 页，译文有改动。

[33] 同上。

[34] 同上，第 137 页，译文有改动。

[35] 同上，第 208 页。

［36］ Vgl. Kurt Wuchterl，*Bausteine zu einer Geschichte der Philosophie des 20. Jahrhunderts*，s.34–35.

［37］〔德〕胡塞尔:《欧洲科学的危机和超验现象学》，王炳文译，商务印书馆，2001年，第159–160页。

［38］ 同上，第52页。

［39］ 同上，第127页。

［40］ 同上，第151页。

［41］ 同上，第154页。

［42］ 同上，第157页。

［43］ 同上，第186页。

［44］ 同上，第210页。

［45］ 同上，第138页。

第十一讲　存在的疑问：海德格尔

海德格尔（Martin Heidegger，1889—1976）是最伟大、最重要的现代西方哲学家，也是有史以来最伟大的哲学家之一，他的哲学极大地影响，甚至改变了现代西方思想，并且将继续产生深远的影响。他的思想既标志着一条旧的道路的结束，也标志着一个新的哲学时代的开始。海德格尔彻底终结了传统形而上学，同时也开辟了新的哲学方向。许多西方著名思想家，无论喜欢还是不喜欢海德格尔，都坦承自己受其影响。福柯认为海德格尔始终是一位最重要的哲学家，他自己全部哲学发展都由对海德格尔的阅读所决定；德里达早年甚至怀疑，他写的东西若不是已被海德格尔思考过，他是否能写出来；布尔迪厄说哲学家中他最喜欢海德格尔；哈贝马斯尽管认为海德格尔是纳粹，但还是承认《存在与时间》也许是黑格尔以来德国哲学最深刻的转折点。总之，海德格尔的哲学吸引了全世界众多的哲学家，海德格尔研究长盛不衰，成为时代难得的思想景观。不仅如此，他的思想影响也已超出哲学领域，在人类文化的众多领域中都留下了鲜明的痕迹。可以说，只要还有人在思考，他的名字就不会被人忘记。

尽管如此，海德格尔也是有史以来最难懂的哲学家之一，甚至专业哲学家也对他望而生畏。原因有二。从内容上说，海德格尔的哲学虽然结合融贯了许多传统的思想资源，但他的哲学无论是主题还是思路都是极为原创的，人们很难用理解传统哲学的方式去理解他的哲学，就像人们无法用理解传统哲学的方法去理解尼采一样。从形式上说，海德格尔是一个对传统的负面影响高度警觉，对自己思想的原创性非常自觉的人，为了不落入传统哲学的窠臼，他刻意使用非常独特的风格、语言和概念来表述。他不但从古希腊语和拉丁语中撷取术语和概念，还常常构造一些非常复杂的词组或短语来表达他的思想；即使是一些很普通的词，到了他那里就有了非常不普通的意义。他对语言的使用也往往不拘陈规，十分随意。为此，被他的老师胡塞尔批评为“天才的不科学性”[1]。可是，奥地利著名作家霍夫曼斯塔尔却这样来看问题：在经历了1914—1918年发生的那些事实后，怎么还可能用陈旧的、磨损了的、虚假的词？这是对海德格尔风格的最好解释。

但是，人们并没有被这一切吓倒，反而以极大的热情投入对他的理解与研究。这当然不是出于逆反心理或好奇，而是被海德格尔思想非凡的深度和洞察力打动。列奥·斯特劳斯曾对罗森茨维格说，与海德格尔相比，马克斯·韦伯在精确性、洞察力和能力方面都像一个“没有父母的孩子”。他听过海德格尔讲亚里士多德，后来在柏林听著名古典学家耶格（Werner Jäeger）讲解同一文本，结论是：“仁慈迫使我将比较限于这个评论：没办法比。”[2]海德格尔决不是像有些人理解的那样，是一个超然物外、高谈玄理、不食人间烟火的玄学家或形而上学哲学家。相反，他之所以吸引了那么多人——哲学家和非哲学家——就在于他是我们时代的思想家，他对这个文明、这个时代，提出了最坚决、最深刻的批判。无论是讲尼采还是讲前苏格拉底哲学家，海德格尔都是在讲当代的问题。他的学生伽达默尔告诉我们，他们那一代人之所以被海德格尔吸引，是因为他使他们明白：哲学传统中发展的思想，只是因为被理解为现实问题的答案才具有生命力。

要理解一个哲学家，必须理解他的哲学观。1919年，海德格尔在弗莱堡大学开了一门叫《哲学观念与世界观问题》的课。在这门课中，海德格尔明确提出了他的哲学观。在海德格尔看来，哲学并不只是一些原理和概念的操作，而是要探索生命本身的问题，因此要回到前理论的生命经验。前理论的生命经验又叫事实性的生命经验，它不是纯粹的认识经验，而是人的现实生活的经验，是人的日常实践经验。具有这种经验的人不是一个认识主体，而是一个历史的自我。对于两千年来的西方哲学传统来说，这是一个真正革命的观念；对于一切学院哲学来说，这也是一个真正革命的观念。海德格尔一生的哲学尽管多有变化发展，却是始终以此为出发点的。探讨存在的意义或存在的历史，只是为了从最原初的层面切入这个问题。虽然我们还不能称海德格尔为实践哲学家，但他思想的实践哲学底蕴却是无可怀疑的。他最出色的学生，像阿伦特、伽达默尔、约纳斯，甚至马尔库塞都是一流的实践哲学家，决不是偶然的。虽然海德格尔没有像他的这些学生那样成为实践哲学家，但对于人类基本问题的关怀，同样是他思想的基本动力。

生平与著作

若不是与纳粹的瓜葛，海德格尔的一生可说是波澜不惊。有人甚至说，从许多方面看，他是个没有生平事迹的人。海德格尔1889年9月26日出生在德国南部的一个小镇麦斯基尔希。父亲是当地教堂的司事，家道小康。在当地小学毕业后，海德格尔由当地的一家基金会资助，被送到康斯坦茨一所由天主教办的寄宿学校学习。1906年秋，海德格尔从康斯坦茨转到弗莱堡的一所文科中学学习，由另一家基金会资助，但资助的条件是被资助人要献身宗教事业。1909年，海德格尔中学毕业，校长在他的毕业评语上说他："有天赋，很勤奋，品行端正。性格已趋成熟。学习中也具有独立性，爱好德国文学，甚至为此牺牲其他专业的学习。他的博学证明了这一点。矢志神职，选择坚定，且有做僧侣的倾向，极有可能申请加入耶稣会。"[3]中学毕业后，海德格尔曾加入耶稣会见习生的行列，后因健康原因被解除资格。在这之后他又进了弗莱堡大学神学院学习神学。四个学期后，他离开了神学院，完全致力于学习哲学。1913年，海德格尔以《心理主义中的判断理论》获博士学位，接着就开始做教授资格论文。1915年，他的教授资格论文《邓司·司各特的范畴和意义理论》在李凯尔特的指导下获得通过，但李凯尔特对他的思想基本上没什么影响；倒是胡塞尔现象学的影响在这篇论文中可以明显看出。

第一次世界大战爆发后，海德格尔也应征入伍，但很快又因身体原因退伍。1916年，胡塞尔接替李凯尔特来弗莱堡任教。此前海德格尔已经对现象学产生了强烈的兴趣，《逻辑研究》更是他反复阅读的书，但仍有很多困惑。根据他自己的回忆，这些困惑直到他认识了胡塞尔本人之后，方始渐渐消除。海德格尔和胡塞尔的关系非同寻常。胡塞尔一开始对海德格尔的确非常赏识，认为他是最能理解他思想的人，甚至说过"现象学，就是海德格尔和我"这样的话。他对海德格尔的提携不遗余力，不仅向别人大力推荐，而且在自己退休时也指定海德格尔作他的接班人。但等到《存在与时间》发表后，他就对海德格尔的哲学持批评态度了。海德格尔自己承认受胡塞尔思想的很大影响，他在《存在与时间》的导论里说，没有胡塞尔奠定的基础，他在《存在与时间》中进行的探索是不可能的，他的《存在与时间》也是题献给胡塞尔的。但海德格尔的哲学与胡塞尔的现象学有根本的分歧，这种分歧是无法调和的。对于两个原创性的哲学家来说，这并不奇怪。让后人叹息的是他们的私人关系。胡塞尔和海德格尔两个家庭在第一次世界大战后期建立了非常密切的关系，经常往来，但是，自从海德格尔回弗莱堡接胡塞尔的班之后，两家的关系就冷下来了，到了三十年代就没有来往了。纳粹上台后，胡塞尔因为是犹太人，受到了种种迫害，其时海德格尔正好担任弗莱堡大学的校长，有些迫害的措施是他签的名。他在马路上遇到胡塞尔也假装没有看见，这让胡塞尔非常伤心。胡塞尔逝世后，他也不去悼念昔日的恩师。凡此种种，至今难以让人原谅。

从 1918 年起，海德格尔在弗莱堡大学一面担任胡塞尔的助手，一面教课。1923 年，在胡塞尔的推荐下，海德格尔去马堡大学任教，直到 1928 年回弗莱堡接胡塞尔的教授位置。在这期间，他不但和布尔特曼、雅斯贝尔斯结下了友谊，而且也遇到了一批日后成大器的优秀学生，如伽达默尔、阿伦特等。1927 年，《存在与时间》出版，海德格尔一举成名天下知，从无名教师成了哲学大师。

1933 年 1 月，希特勒上台。同年 4 月海德格尔当选为弗莱堡大学校长，紧接着加入纳粹党。1934 年 4 月，海德格尔辞去校长职务。第二次世界大战期间，海德格尔开始对纳粹运动有所反思。纳粹对他也不放心，他上课受到监视，战争后期还被征发到莱茵河前线去挖战壕。战后因纳粹统治期间的言行受到占领军当局的整肃，被禁止教课，精神一度崩溃。1951 年，禁令解除，但海德格尔旋即退休。此后他还在弗莱堡大学上些课，但这些课自 1958 年以后就完全是小型指导课了。

海德格尔著作等身，他的《全集》有 102 卷之多，至 2015 年，其中译本已出版到 97 卷，其中最主要的有《存在与时间》《论真理的本质》《哲学论文集》《形而上学导论》《现象学的基本问题》《康德和形而上学问题》《路标》《林中路》《尼采》(两卷)等。

海德格尔与政治

有位美国学者说："一个人如果在读海德格尔时不提出政治性的问题，那他根本就不是在读海德格尔。"[4]这一方面证明海德格尔决不是一个传统的形而上学家；另一方面也说明政治问题在海德格尔研究中的重要性。事实上，海德格尔与政治或海德格尔与纳粹近年来成了海德格尔研究的一大热点。讲海德格尔哲学，不能不讲这个问题。作为一个思想深刻的哲学家，海德格尔的政治行为，不可能与他的思想毫无关系，尽管这决不等于说海德格尔的哲学就是法西斯哲学。因此，弄清海德格尔对待纳粹运动的真实态度和言行，对于深入了解海德格尔的思想，是十分必要的。

1933 年 4 月，海德格尔被选为弗莱堡大学的校长，5 月 27 日，海德格尔发表他的校长就职演说。这篇被许多人认为是海德格尔纳粹思想铁证的校长就职演说，其实只是挪用了一些纳粹意识形态的术语，如"斗争""工作""民族""觉醒"等，但都加入了他自己的意思。虽然里面也充斥了像"谁要是不能坚持战斗，就必须把他打倒"这样的狠话，但校长就职演说基本上是为了表达他的改造德国大学的思想，而不是宣传纳粹主义。

但海德格尔对于纳粹运动的确有一定程度的认同。导致这种认同的原因是多方面的，但最主要的是政治和思想方面的因素。政治上是因为当时德国国内经济严重衰退，政治动荡不稳，已经到了十分危险的时刻。海德格尔对共产主义和资本主义都没有好感，觉得只有纳粹主义才能使德国避免资本主义和共产主义，拯救德国的危难。因此，纳粹上台之初，海德格尔异常兴奋，甚至纳粹的暴力倾向在他看来也是一种解救的暴力。但更重要的则是思想上的原因。德国知识分子从浪漫主义开始，就有批判现代性的传统。第一次世界大战前后，批判现代性更成了德国一流知识分子的主要倾向。德国知识分子对现代性批判主要表现在以下几个方面：强调德意志是一个重精神的、内向的、文化的民族，而不是一个商业的、惟利是图的民族。这个民族负有拯救文明的责任；坚决反对物质主义，反对工业和科技对人及自然的宰制；反对民主制度，批评大众社会；反对职业分化的社会，鼓吹互相帮助的共同体精神；反对阶级划分，主张社会团结；反对官僚体制，主张个人自由；反对千人一面，主张创造性和多元化；反对资本主义，赞成社会主义；反对都市生活，主张回归自然，等等。海德格尔的哲学在相当的意义上是为这些思想奠定基础；他觉得纳粹宣扬的东西不少与这些主张好像相当一致，因而以为纳粹可以作为反现代性的一种现实的力量。他在 1935 年出版的《形而上学导论》中讲的国家社会主义运动“内在的真理和伟大”也表明，他认为不管怎么说，纳粹运动内在的倾向是针对现代性的种种弊病的。这就是他的“内在的真理和伟大”的真正意思。可事实证明这是一个严重的错觉，纳粹不仅不反现代性，而且还是现代性的一种极端表现。但海德格尔只是在付出了沉重的代价之后才看清这一点。

由于上述原因，海德格尔不仅欢迎纳粹上台，而且也觉得像他这样的人都应该“介入”，这样一方面可以“领导元首”，另一方面可以实现自己的政治和文化理想。所以他一度非常积极，发表了大量支持纳粹的演说和文章。他称希特勒是“德国惟一的实在和它的法则”，他致电希特勒，支持纳粹当局对大学的“一体化”改革。他还给当局打小报告，要求开除著名的犹太哲学家赫尼斯瓦尔德（Richard Hönigwald, 1875—1947）。诸如此类的劣迹还有不少，对此，同情海德格尔的人也很难为他辩护。不管是思想的原因还是个人品质的原因，“海德格尔至少有两年时间是纯粹的纳粹分子：他的卷入不是出于宽容、机会主义或者懦弱而是出于确信。”[5] 这个说法，虽不中，亦不远。

然而，从校长位子上下来后，随着事态的发展，海德格尔渐渐对纳粹的本质有了完全不同的认识。他开始把纳粹现象也纳入他对现代性（用他的语言就是“存在的遗忘”）的总体思考中。这一时期他对尼采和荷尔德林的讲解都暗藏机锋，处处以现实问题为参照，经常以纳粹的谬论为批判对象。对此，纳粹并非毫无觉察，现代集权主义者对于自己可能的敌人总是相当敏感的。因此，从1936年起，海德格尔的课就处在有关当局的监视之下。他战争末期被发送到莱茵河前线去挖战壕说明他早已不是纳粹的自己人，尽管他仍是党员。战后占领军当局解除对他的管制时给他的结论是“随大流者”。这个结论并不十分确切，海德格尔这样的思想家是不会“随大流”的。他认同纳粹和批判纳粹都不是出于无知或投机心理，更不是为了捞取实惠，而是出于自己的思想和判断。在这方面，海德格尔和常人一样，也会犯错误。

在那些深恶海德格尔的人看来，海德格尔之可恶还不仅仅在于他在纳粹统治时期甚至之前的言行，更在于他战后对纳粹的罪行始终保持沉默，这比他在纳粹统治时期的表现更不能令人容忍。尤其使许多人愤怒的是，他竟然将纳粹灭绝犹太人和苏联对东部日耳曼人的处置相提并论，说只不过其中一个为全世界所知，而事实上纳粹的血腥恐怖德国人都不知道。在《追问技术》一书未发表的最初手稿上，海德格尔将食品工业，在煤气室和死亡营生产尸体，封锁和饿死一些民族与生产氢弹相提并论，因为这都可以用存在的历史来理解和解释。这就不仅牵涉到政治，更牵涉到哲学了。

海德格尔一生的哲学事业就是要克服西方形而上学的传统。这个传统用他早期基础存在论的话来说，就是忘了存在，以及存在与存在者的区别。在他的后期著作中，他用完全非形而上学的语言表明，这个传统很大程度上就是传统的形而上学人本主义。这种人本主义，海德格尔有时也称人类学，其特点就是“人成了首要的和真正的主体，……他成为那种存在者，一切存在者以他的存在方式和真理方式把自身建立在它之上。人成了存在者本身的关系中心。”[6]忘了存在，就是人一步跨入了主体性，以为他可以操纵一切，评价一切，却忘了他首先为某种存在模式所决定，就像在市场经济的时代，人们自觉地以经济的尺度来衡量和决定一切。

在海德格尔看来，食品工业、种族灭绝和制造核武器是一回事，不是说这些事在道德伦理上是等价的，而是说它们都是现代性（存在的遗忘）的表现。也许海德格尔认为，作为哲学家，他的本分是在哲学上将现代性（包括纳粹运动）在西方思想传统中的根源讲清楚，而不是简单的政治做秀和表态。这也许导致了他战后的沉默。但无论怎么解释，说海德格尔的哲学就是纳粹哲学是没有根据的，他的哲学和纳粹思想根本不是一回事。错将纳粹当作反现代性的同道，他就会和他们搅在一起，会觉得他们的恶也是必要的恶；而一旦认清纳粹的真相，他也就和他们分道扬镳，甚至把他们作为批判的对象。然而，海德格尔的纳粹行为决不会因此得到解脱，这恰恰是因为行为与思想的关系并不是像有些人所想象的那么简单和直接。批评海德格尔的纳粹行为与正确理解和评价他的哲学不应该是一回事。

《存在与时间》

《存在与时间》是海德格尔最主要的代表作之一，也是哲学史上一部划时代的著作，这一点即使连海德格尔的“敌人”也不得不承认。《存在与时间》一书的外观往往会使人产生错觉，以为这是一部典型的德国式晦涩的形而上学著作。事实上它与《纯粹理性批判》这样的著作不同，它不是一部理论哲学的著作，而是一部实践哲学的著作，是关于人最原始的存在经验和存在样式的著作。《存在与时间》让我们看到，那似乎是凌空蹈虚的存在论问题，其实与我们的实际生活内在相关。在这部著作中，通过对人的存在的生存论分析，海德格尔不但颠覆了传统西方哲学的一些最根本的前提，而且也开辟了一个崭新的哲学方向。

一直到他晚年，海德格尔都坚持认为他一生只关注一个问题，这就是存在的问题。这个问题来到他的思想似乎是由于一个偶然的契机。1907年，海德格尔中学老师孔拉特·格律博将布伦塔诺的《论亚里士多德关于存在概念的多义性》一书送给海德格尔。布伦塔诺发现，在亚里士多德那里，存在至少有四个含义：实体、潜在性、现实性和真理。布伦塔诺要在存在概念的多重意义后面找出一个统一的存在概念。二十年后，海德格尔将他对这个问题的思索以全新的方式提了出来。

海德格尔认为，布伦塔诺提出的问题，只有用现象学的方法才能解决，因为现象学是一直可以揭示存在的多样性的哲学。海德格尔认为，是胡塞尔现象学观察事物的角度使他走上了自己的道路。他特别欣赏胡塞尔的三大发现，这就是：意向性、范畴直观和先天。但是，海德格尔也清楚地看到，他必须超越胡塞尔的现象学，才能有所前进。因此，他对胡塞尔的上述三大发现都作了自己的改造。胡塞尔在《逻辑研究》的第六研究中也讨论过存在的意义问题，他一方面同意康德的观点，认为“存在不是一个谓语”；但另一方面却认为存在可以为范畴直观所把握。海德格尔把“存在不是谓语”变成了“存在不是存在者”，这也就是他著名的“存在论区分”。范畴直观在胡塞尔那里只是他先验逻辑的一个因素，而对海德格尔来说，范畴直观就是人在自己的实际生命中领会存在。[7]

正因为如此，追问存在问题就必须从人着手，因为只有人这个存在者能够提出存在的意义问题，能够领会存在；换言之，人与存在有一种特殊的关系，这种与存在的特殊关系也是人的特殊存在方式，海德格尔将人这种特殊的存在方式称为“生存”（Existenz），而将人称为“此在”

（Dasein）。海德格尔之所以将人称为此在，是想强调它是存在论层次上的存在，或者说，是就人特殊的存在方式来规定人，以与传统对人的种种定义（如理性的动物、理性的存在者、劳动的动物等）区别开来。传统对人的定义是从事实性出发，而海德格尔对人的规定则是从可能性出发，因为人的本质就在于“它所包含的存在向来就是它有待去是的那个存在”[8]。既然海德格尔是从人的存在上规定人，那么任何从人类学、生理学、心理学或者人种学的角度去理解他对此在的生存论分析都是错的。此在不是上述任何一种意义上的人，或者说，此在根本不是传统哲学中的人的概念。正因为如此，将海德格尔理解为存在主义哲学家也是完全错的。海德格尔对此在的研究是存在论的研究，这种存在论研究本身不是目的，而只是为进一步研究存在本身打基础，所以叫基础存在论。

《存在与时间》实际上是一部未完成的著作。按照海德格尔的初衷，这部著作应该由两部分组成，每一部分又分为三篇。但海德格尔在发表了第一部的一、二两篇后就再也没有下文了。因此，《存在与时间》现有的内容相应地也可分为两部分：对此在的生存论分析和对此在的整体结构与时间性的研究。我们先从第一部分开始。

对此在的生存论分析，也就是分析此在特有的存在样式。与其他存在者相比，此在的特点就在于它与存在有一种特殊的关系，或者说它必然要超出自己趋向存在，或去存在。因此，海德格尔把此在从本质上规定为超越。这与传统哲学对超越的规定恰好相反。传统哲学认为外在世界才是超越，人是内在。而在海德格尔看来，人的存在特点就是要超出自己而存在在世界上，人的本质，或超越就是在世界中存在。

但是，海德格尔讲的“世界”，并不是通常人们所理解的一切事物的总和，或我们实际生活在其中的那个物质世界，或物理世界、文学世界意义上的世界，而是应在存在论上将它理解为存在后，向我们展示出来的意义整体。海德格尔认为，无论是把世界表述为一切自然物的总体的代名词（世界的自然概念），还是表述为人的集体名称都是错误的。世界是存在者总体的关系，人与事物的关系和人与人的关系，以及事物在这关系总体中所显示出来的意义。

说此在是在世的存在（In-der-Welt-sein），就是说此在已经在世界上了。在传统哲学那里，人不是被规定为主体就是意识，世界是外在于人的。而此在则始终是在世界之中，在世此在是它存在的基本条件。这里，“在……存在”是一种存在论的性质，而不是实在论意义上的“事物在一定的空间中存在”那种意思。“在之中”指的是我们在世界上生活的原始经验：“和某种东西打交道，制做某种东西，安排照顾某种东西，利用某种东西，放弃和浪费某种东西，从事、贯彻、探查、询问、考察、谈论、规定，诸如此类。”[9]这也就是我们的日常实践活动，我们的生命活动。这些活动对我们来说就像呼吸那么自然，我们决不会去问：“今天你要在外部世界做什么”，因为我们在做任何事时总是已经在世界之中了。这里不存在自我与世界如何沟通的问题；而这却是传统哲学的典型问题。

近代西方哲学将世界区分为主体和客体，主体又被规定为意识，因此，主体与客体，或者人与世界的基本关系是认识。但既然我们从一开始就存在于世，我们一开始就已经熟悉了世界的种种，一开始就和世界打交道，我们日常与事物打交道的实践活动（海德格尔把这种活动叫“烦忙”，或“烦”）总是第一位的，我们一定是在已经熟悉了事物以后，才会把它作为一个外在于我，与我没有实践关系的东西来客观观察。例如，我们早上起来，不会先把牙刷拿起来端详（观察）一下，然后再使用它。相反，我们总是在所使用的东西发生问题后，我们才会把它作为一个客观的对象来观察。例如，当我的自行车不能骑了，我才会仔细观察它，检查它的各个部件和功能，也就是说，把它当作一个对象来研究，来考察，理论知识就是这样产生的。客观认识的确是在世存在的一种存在方式，却不是惟一的方式和基本的方式。

事物首先对我们是作为**上手**（zuhanden）的事物出现的，即作为有实用意义的东西或作为器具出现，而不是像传统哲学认为的那样，是作为客观认识对象或自然对象（海德格尔称这种事物为“现成事物”）出现。并且，我们不是在孤立状态中遇到上手事物或器具的，而总是在一个器具总体和指涉关系总体中遇到器具的。例如，一支笔首先不是作为一个现成东西出现在我们面前的，而是作为一个书写工具，它之所以是书写工具，又与纸张、墨水等其他的书写工具联系在一起，也和制造它的种种器具联系在一起。作为器具，它必然要指涉种种别的器具。换句话说，没有器具总体，也就是人的实践世界，就没有器具。认识论意义上的客观性是从这种事物的原始的上手性（即实践性）中派生而来。

另一方面，上手事物既然是器具，就有有用、有害、可利用等诸如此类的存在特点，它们并不是上手事物的性质，而是存在者得以成为上手事物的可能性的条件。海德格尔把上手事物存在的存在论规定称为因缘（Bewandnis）。因缘就是上手事物之间的实践（实用）关系：“例如，我们称之为锤子的那种上手的东西，因其自身同锤打有缘（所以我们称之为锤子）；因锤打，又同修固有缘；因修固，又同防风避雨之所有缘；这个防风避雨之所为此在能避居其下之故而‘存在’，也就是说，为此在存在的某种可能性之故而‘存在’。”[10]器具关涉到的不仅是一个单独的活动，而是存在在世的存在，它们的意义，归根结底由此而来。而我们一开始就能使用器具，知道怎么和它们打交道，也说明我们对世界先已有了一定的领会。

此在在世界上不但要和事物打交道，还要和他人打交道。此在不是孤立的主体，上手事物和烦忙总是要关涉他人。他人既不是现成的也不是上手的，而是与我们共同在此。“此在的世界是**共同世界**。‘在之中’就是与他人**共同存在**。他人的在世界之内的自在存在就是**共同此**

在。”[11]虽然此在首先是在与他人无涉的情况下存在，但只有在共在的基础上才有个人，“独在是共在的一种残缺样式，独在的可能性恰是共在的证明”[12]。但他人的共在本身属于此在的存在，换句话说，他人的共在属于此在的内在结构，人的存在方式就是与他人一起存在。这是对近代原子式个人或主体概念的根本颠覆。

虽然此在存在的特点就是与他人共在，但此在的存在总是我的存在，就像胡塞尔的先验自我一样，它不是“某种现成存在者族类中的一员和样本”[13]。此在就是去存在，此在是自己的可能性，它可以在自己的存在中选择自身、获得自身；也可以失去自身。因此，此在有本真状态和非本真状态两种存在状态。本真状态与非本真状态在这里并没有道德评判的涵义，它们只是指此在的两种此在状态，非本真状态和本真状态一样，是由于此在的存在特性所决定。在此意义上，甚至都可说非本真状态具有一定的合理性。

如上所述，此在不但始终是我的此在，而且内在结构上就与他人共在，哪怕像孤岛上的鲁宾逊，周围没有一个人，他的存在也是共在。共在首先是一种存在论规定，而不是实在情况的归纳。正因为如此，此在不能不和他人共处。在与他人的共处中，我们自然会发现与他人的距离，有了与他人的距离，我们就会以他人的尺度来衡量我们自己。结果，我们发现，我们往往被他人支配，他人从此在身上把存在拿去了。但这个他人不是一个确定的人，而是一个几乎无法把握的中性者，一个不是作为个人出现的众多他人的平均数。海德格尔把它叫做“常人”。这个常人不是什么有魔力的、超自然的东西，而是一切行为方式、制度和观点的总称。它引导此在，构成它的实在。在现今世界，当我们问一个人为什么做某事或这么想，他（她）很可能回答：“大家都这么做（想）”，“因为这很时尚”，“因为这符合（国际）潮流”，或“别人让我这么做（想）”。“常人”就是流行的价值标准、规范和公众意见。它在抽象的一般化的平均基础上，抹平一切特殊存在的可能性。它是此在制度化的此在方式，此在在与事物和他人打交道的时候，基本上是按照常人的要求在做，也就是照章办事，不逾矩，不出格。常人的存在总是庸庸碌碌，甚至都引不起我们的注意，但人们却欢迎它的统治，因为它卸去了此在的存在负担，此在可以把一切存在的选择交给常人而不觉得有任何不安，因为此在首先，并通常一直是常人。非本真状态归根结底是这样产生的。尽管海德格尔认为他在这里只是对此在的存在状况进行客观的描述，而不是什么当时流行的文化批判或道德批判，但是我们还是可以从中听到尼采对现代生活批判的回声。

至此，我们可以看到，人的日常生存样式，或者说人的日常生活实践，构成了海德格尔对此在的生存论分析的基本出发点。在此意义上，他的基础存在论就可以说是人类实践存在论，它彻底结束了在西方哲学中几乎没有争议的理论知识优先的取向，赋予人的生命实践以哲学的基础地位。知识以我们对世界的熟悉和前理论的领会为条件，这种熟悉不是简单地存在于一个已知世界中，而是世界先于一切知识的展开。此在的那个“此”，就是世界得以展开的所在，“**此在就是它的展开状态**”[14]。这个展开状态由三个生存论性质构成，它们是：现身情态、领会和话语。它们是世界得以向此在展开的途径。

“现身情态”（Befindlichkeit）一词由德语动词 befinden 而来。Befinden 在德语中有两个基本意思，首先是空间的意思，如 Sie befinden sich in der Höhle des Tigers！（您身陷虎穴！）；其次是情绪上的意思，如 Wie befinden Sie sich in der Höhle der Tigers？（您在虎穴感觉如何？）当海德格尔讲现身的时候他是兼指这两层意思。前面已经说过，我们决不是作为一个中性的、客观的科学观察者存在于世，而是从一开始即处在与世界的种种原始关系中，这些原始的关系不是科学认识的关系，而是与我们生命直接相关的具有明显前理性的倾向性，充满了我们的种种情绪的关系，世界正是在情绪中向我们展开的，同时展开的还有我们的生存和共在。“秋风萧瑟，洪波涌起”“海内存知己，天涯若比邻”“感时花溅泪，恨别鸟惊心”，诗人们早已向我们揭示了这一点。我们也都知道，幸福的人的世界与不幸的人的世界是不同的。在情绪中向我们展开的不是一事一物，而是世界大全。当我们说“明天会更好”时，不是说明天世界的某一部分会更好，而是表达了情绪与在世存在的全体有关这样一种经验。

应该指出的是，海德格尔在这里讲的“情绪”（Stimmung）不是心理学意义上的、主观的感情和感觉之类的东西，而是我们在世的生命取向，是一种存在论的因素。在现身情态中，我们的存在作为一个无法回避的、既定的事实被我们意识到。我们不能不存在，不能不在世界上存在，我们是被抛在了这个世界上。从这点上来说，我们是完全被决定的，但是，世界（作为意义的整体）如何展开，又有赖于我们的情绪，当金钱拜物教成为人们的基本情绪时，世界当然就以经济的方式向我们展开了。情绪决定了我们和世界打交道的基本取向。所以，情绪与其说是心理因素，不如说是实践因素，人类日常共处的因素。

如果说现身情态是让世界得以向我们展示，那么领会则是展示此在自身存在的可能性。但这两个因素并不是完全没有关系的。只要现身情态以某种方式展示世界，它就一定也是领会；另一方面，领会也总是由情绪确定了的。海德格尔在《存在与时间》中讲的领会，不是方法论意义上的理解，不是理性的认知行为，而是前理性的存在行为。这里的领会指的是一种生存论上的能够，即能存在。这种能不是做具体事的能力，也不是指实现自己种种可能性，而是指此在可以筹划自己的种种可能性。“筹划是使实际上的能在得以具有活动空间的生存论上的存在建构。此在作为被抛的此在被抛入筹划活动的存在方式中。此在拟想出一个计划，依这个计划安排自己的存在，这同筹划活动完全是两码事。此在作为此在一向已经对自己有所筹划。只要此在存在着，它就筹划着。”[15]海德格尔这段话清楚地告诉我们。筹划不是计划，筹划是要开辟一个此在得以活动的存在论的空间。具体而言，筹划是对世界这个意义总体的领会，世界在这种筹划或领会中展开，由此展开的世界当然是此在在其中存在的世界，是此在自己的世界，它决定了此在的活动空间。领会世界，就是领会器具总体结构的因缘关系，领会此在自己。此在作为能在，它的可能性不是无限的，而是为世界本身所规定，有什么样的世界，就有什么样的可能性。因此，筹划世界，就是筹划此在的可能性，筹划意义。意义不是事物的性质，而是一种生存论因素，一种此在的存在方式。例如，“生命的意义”就不是生命的性质，而是生命存在的方式。领会未曾主题化，领会到的东西需要阐释加以主题化。然而，一切阐释活动都已经对有待阐释的东西有所领会。这就构成了一个循环，即所谓的“释义学循环”。但这不是一个坏的循环，而是一种积极的循环。“决定性的事情不是从循环中脱身，而是依照正确的方式进入这个循环。”[16]

海德格尔把话语看得和现身情态与领会同样原初。话语表达可理解性，也就是意义。与现身情态和领会一样，话语也是一个生存论因素。没有话语就没有此在。话语不仅仅是指语言，也包括听和沉默，这种语言思想被海德格尔一直保留到晚年。海德格尔认为，语言表达意义，但它不能在沟通信息的意义上去理解，话语不是作为陈述发生，而首先是作为允诺、回绝、请求和警告等发生。对海德格尔来说，语言首先是一种做事的方式。话语的使用揭示了一个意义整体，而这个意义整体就是我们的生活世界，这与维特根斯坦“生活形式”的思想非常接近。这种偏重语用的语言思想，与海德格尔的实践哲学思想是完全一致的。海德格尔对语言哲学是怀疑的，因为它将语言作为一种有待研究的对象来理解。但语言与此在一样，不是现成的对象，只能从内部才能通达。总之，在使用语言中，甚至在听和沉默中，世界向我们展开。

海德格尔对此在的展开状态（它与存在的关系）的三个生存论因素或生存论环节的分析，虽然由于其内容和形式两方面的原创性，使初看时不太好懂，但有一点是非常清楚的，他不像胡塞尔那样拒绝以人的日常经验作为思考的出发点，而始终坚持还原方法的根本作用；海德格尔不但拒绝还原，而且坚持从人的在世存在，从人的日常经验，从生命实践出发，现身情态、领会、话语不但不是什么生造的东西，而且都是我们存在的原始经验中最基本的成分。海德格尔并不是像许多人误解的那样，是将日常性作为否定的东西提出；相反，日常性与常人一样，是此在的常态——非本真状态。

如果非本真状态是此在的常态，那么上述它本真的存在方式就都有非本真的对应物：领会的非本真对应物是好奇，话语的非本真对应物是闲谈。好奇和闲谈的共同关系构成两可。非本真状态的总体结构或关系叫沉沦。有些人根据“沉沦”的字面意思就想当然地以为这是指资本主义社会中人的异化。海德格尔讲的沉沦其实与异化毫无关系，倒是与被抛和现身情态有关，即与此在的存在方式有关。沉沦是此在展开状态的日常存在方式，沉沦并不是此在的阴暗面。[17]沉沦对此在的本真性毫无亏欠，相反，它甚至以某种方式对此在的本真性还是决定性的。如果我们不能沉沦，我们决不会面对自己。

在非本真状态中，此在是常人，而不是它自己。此在沉溺于它的日常活动而忘了它的整体。但此在的整体是可以在一种特殊的现身情态中向我们展示的，这个特殊的现身情态就是畏。畏这个概念是从祁克果那里来的。祁克果区分了畏和怕，怕总是有具体的对象，而畏则相反。海德格尔保留了这个区分。怕一个东西，我们可以逃避它，但畏没有具体畏的对象，我们甚至都不知道畏什么，这就无从逃避，这就迫使我们面对自己。此在的整体性由此得以向我们展现。海德格尔将此在的整体性结构叫做操心（Sorge）。操心结构表明，即使我们总是已沉沦于世，我们决不会失去我们最本真的可能性，因为沉沦的此在已先行存在了。此在能沉沦于世而不失恢复本真性的可能，就在于此。

说此在先行存在，不仅是说它已经存在这样一种状态，更是指此在始终在前行。能存在就是去存在；去存在就是去死的存在。死是一切可能性中惟一无法回避的可能，是一定要实现的可能，是此在的结束，也是此在的大限。此在因此根本是有限的，也因此是一个整体。无限与整体是不相容的。此在是先行到死的存在，这种事实性并不是消极的，而是积极的，因为它“**揭露出丧失在常人自己中的情况，并把此在带到主要不依靠操劳操持而是去作为此在自己存在的可能性之前，而这个自己却在热情的、解脱了常人幻想的、实际的、确知它自己而又畏着的向死的自由之中**”[18]。如果能直面死亡而不是像在沉沦中那样试图逃避它，那么我们就将重新面对自己本真的可能性，去成为我们自己。

要成为我们自己，必须听从良知的呼唤，它呼唤我们脱离常人，回到我们自己。良知的呼唤是此在自己对自己的呼唤，将良知神学地解释为上帝的声音或心理学、社会学地将它解释为社会的声音，都是错的。良知的呼唤者就是此在自己，它向自己呼唤到自己的能在。同时，良知的呼唤也昭示我们，我们对此有罪责或有责任。愿有良知，就是愿意选择最本己的可能性并为此负责。要选择就要下决心，本真的在世就是下决心，做决断。但这不是单独做某一件具体的事的决心和决断，而是看到自己的终结和整体而决定和选择，是一种先行的决断，此在自己由此才有了真正的自我。

操心是此在的整体结构，而时间性则是操心的存在论意义。这就暗示，时间性也只有在此在的整体结构上才能得到理解。时间性就是此在的存在，“此在的一切行为都应从它的存在亦即时间性来阐释”[19]。此在的整体性根源于此在的有限性，即此在有个终结——死，此在是先行向死的存在，“这一向死存在只有作为**将来的存在**才是可能的”[20]。此在又是筹划自己意义的存在者，筹划蕴含了面向将来。其次，此在总是已被抛入世界。此在对其能在负有罪责（责任），负有罪责就是承担罪责存在或被抛责任，这只有将来的此在已经存在或曾在了才可能。再次，此在存在于世总要和周围的事物打交道，总要让它们来照面，这只有它是某种当前才有可能。所以此在是一个“曾在—当前的将来”的统一体，海德格尔将这种统一体称为时间性。将来、曾在和当前是时间性的“脱出”（Ekstase），是时间性外于自身存在，时间性在其中发生。时间性是源始的时间，流俗的时间概念“过去、现在和未来”是从这源始的时间中导出的。

既然时间性就是此在的整体性，那么，它就和此在的存在状态一样，有本真和非本真之分。本真的时间性是历史性，非本真的时间性叫时间内性。历史性是时间性的一种确定的形式，它指的是“作为在世的存在生存着的存在者”[21]。历史性就是此在的存在方式。日常流俗的历史理解把一切历史只理解为时间内的事件；但作为时间性本身的时间的一种形式的历史自己却不在时间中进行，因为它就是时间。历史学作为此在的一种存在方式，它的生存论源头在此在的历史性。

转向

我们知道，《存在与时间》是一部未完成的著作，海德格尔之所以在完成了原计划的三分之一以后就不继续了，个中原因海德格尔后来在1940年开设的尼采课上作了解释。海德格尔说，《存在与时间》是试图通过存在本身从存在的真理确定人（此一在）的真理，但海德格尔的独特的提问并没有被理解。人们习惯于用近代思维方式，将人理解为主体，将《存在与时间》的思想理解为人类学，例如胡塞尔就是这样。但海德格尔发现，《存在与时间》的做法也是导致不理解的原因。它是一个历史地生长出来的东西（Gewachsenes），从传统的东西（das Bisherigen）发展而来，但没有和它脱离关系，甚至还要它的帮助来说完全不同的东西，这就必然和不断地指向传统的路子。因此，《存在与时间》这条道路在一个决定性的地方被中断了，中断的原因是：尽管并非它的本意，《存在与时间》的尝试仍然会有危险，只是巩固了主体性。[22]

当然，海德格尔的这个认识是在《存在与时间》出版后13年里渐渐形成的。至少直到三十年代上半期，《存在与时间》的主题在它之后的一些著作里仍有反映。海德格尔自己就将《康德和形而上学问题》作为他的基础存在论没有完全摆脱传统哲学影响的一个例子。[23]也有不少论者指出，他的校长就职演说基本上还是《存在与时间》的基础存在论的路子，只不过是此在由个人变成了民族，但它作为存在的展示之处则没变。此在的形而上学仍然建立在本真和非本真的对立上。在《形而上学导论》中，同样是如此。海德格尔在《形而上学》导论末尾对《存在与时间》的肯定，也说明这两部著作的思路是一脉相承的。

但是，将此在变成一个民族的此在，无论是日耳曼人还是希腊人，都没有改变海德格尔给它的本质规定，即此在是存在惟一的揭示者，虽然它生活在日常庸碌中，但可以通过自己的决断重新获得自己。无论是与存在的关系还是与世界的关系，都取决于此在的意愿，取决于它的筹划。不是筹划别的，而是筹划自己。尽管此在的确不是传统哲学意义上的主体，但仍有某些主体性的痕迹。而本真与非本真的区别，不管怎么说，总让人联想起传统西方哲学本质与现象二元论，尽管海德格尔的本真和非本真同属此在的存在方式，毕竟还有回到或重新获得本真这一说。总之，在基础存在论中，存在的意义问题始终只是作为一个问题背景，所有的论述都围绕着此在展开，此在占据了全部的舞台。

随着海德格尔与纳粹的关系渐行渐远，他对《存在与时间》的基础存在论的反思也在加深，结果就是发生在二十世纪三十年代后期到四十年代初，以尼采课为外在标志的“转向”（die Kehre）。现在海德格尔看到，不管我们如何给此在定义，即使从人的日常实践经验出发，此在都不免主体性的归宿，因为主体主义更深的根源在西方思想的人本主义，或者说人类中心论，而人本主义或人类中心论的根源则是西方的形而上学。因此，要从现有的立场“转向”，必须回到形而上学的基础，从它的源头开始批判和反省。形而上学讨论的是存在的意义或存在的真理问题，这两个问题在海德格尔看来是一个问题，存在问题就是真理问题。真理，在前苏格拉底哲学家那里叫 *alētheia*，指的是一个使存在者敞开的过程，但这个过程不是一个同质化的过程，而是始终处于保留和显现的紧张中。这意味着存在一方面给出它自己，另一方面恰恰在这给予的东西中抽身而退。这说明存在本身不是同一的，而是变异的。这也就决定了对应于存在的思也是有限的，它不能完全掌握存在的秘密。

但是，柏拉图不能接受存在的变异，他要确定真理。他要使变异的 *alētheia* 变成永恒不变的真理的本质。在柏拉图那里，真理不是隐藏和展开的相互作用，而只是无蔽。理型是事物稳定不变的原型，真理的本质，或者说无蔽就蕴含在理型的显现中。在一种特殊意义上，知觉是一种“看”。这种看要能正确符合看的东西。真理不再是作为存在者本身的基本特征的无蔽，而是正确的看，它因而也标志着人对事物的态度（就是看的态度）。真理从无蔽变成了正确性，正确性就是认识与事物一致，属于人的认识，在中世纪则属于神的认识。而到了近代，真理则成了确定性。即使到后来尼采把真理当做一种必要的错误时，他仍是认同作为正确性的真理概念的。[24]

真理观念在柏拉图那里的转变，标志着形而上学的开始，也标志着人本主义的开始。既然真理取决于人的看，那么从此思想就总是围绕着人旋转，首先关系到他，一切存在的东西都向他置放。人成了宇宙的中心。在海德格尔看来，真理本质的变化，是哲学、形而上学和人本主义的前提，也是我们当今时代的前提。[25]这样，他的后期思想基本上都是围绕着存在的真理问题展开也就很容易理解了。

正如潘格勒所说，海德格尔对柏拉图的思考也是对他自己思想开端的思考，因为《存在与时间》也为柏拉图完成的那个变化所决定。[26]《存在与时间》虽然指出真理不是此在的产物，真理是存在的真理，它是一切存在者显现的可能性，是一切具体事物的真理的本质和基础，真理是个有差异的同一的辩证过程，等等。但是，真理的存在只有当此在在世存在的基础上才可能。海德格尔用"此在在真理中"这个表达式来指此在本质上处于一个揭示存在者的位置。在《论真理的本质》中，海德格尔一方面明确指出真理是一个无蔽同时又是遮蔽的过程，真理不是由一个人类主体来论断一个客体的正确陈述的特征，而是存在者的揭示，真理和非真理不等于正确和不正确，但事物的遮蔽和去蔽仍与此在的行为有关，就是说，此在仍是真理与否的枢纽。我们将看到，"转向"后的海德格尔，断然抛弃了这些思想。

在海德格尔看来，形而上学从它在柏拉图那里诞生时起，就把固定的在场性看作是存在的根本特征，但存在显然必须始终在场，而惟一能满足这种始终在场的要求的只有神，因此，存在论也是神学，西方的形而上学是存在论—神学（Onto-theo-logie）。它把存在者奠基于存在，又把存在奠基于一个最高的存在者；存在者被根据它们的存在来规定，但存在的真理却没有人询问，这就造成了存在的遗忘。到了中世纪，基督教的经院哲学以它自己的形式改造和加强了柏拉图的基本思想。理智符合事物的真理观变成了事物符合上帝的心灵的真理，但基本思路并没有什么两样。

到了近代，主体成了一切在场物中固定的在场，成了惟一的基础

（西方、“主体”观念来源于拉丁文 *subjectum*，意为“基础”）。主体的内容就是笛卡尔的“我思”，即理性，它是存在者揭示自己存在性的基础。在此基础上形成的主客体关系只不过说明事物现在服从人的我思的规则，但“存在的问题在主客体关系之外”[27]。这就是说，近代思想的基本特征仍然是存在的遗忘。数学被用于近代物理学和笛卡尔及莱布尼茨这些人对“普遍数学”的追求，说明理性现在的功能只是计算和算计，自然则被看作一个巨大的机械，可以由理性加以计算和控制。除了笛卡尔和莱布尼茨外，康德、费希特、谢林和黑格尔也都为遗忘存在的形而上学在近代的主体性的推进做出了贡献。

但是，是尼采把这种形而上学推到了极端，穷尽了它的一切可能性，彻底暴露了它的本质——虚无主义，尼采哲学是西方形而上学的最后完成。因此，对于海德格尔来说，对尼采的探讨就变成对迄今为止一般西方思想的探讨，同时也是对一条新路的探讨，海德格尔期望这样的探讨能使他自己也有“另一个开始”。因此，“倾听尼采本人，和他一起，透过他，同时也反对他，但却是为了西方哲学一个唯一而共同的最内在问题去提问，仍然是重要的。”[28]

尼采把那永久在场的东西叫做权力意志。海德格尔指出，将存在者的存在视为权力意志并不是尼采突发奇想，实际上在此之前近代西方哲学家已经表现出这个倾向了。莱布尼茨将存在的本质规定为知觉和渴望，即表象和意志的统一。康德将理性作为可能性的条件，费希特则用实践理性来重新解释康德。谢林认为除了意志外没有别的存在。黑格尔在《精神现象学》里将存在的本质理解为认识，但认识本质上就是意愿。叔本华就更不用说了。尼采只是这一倾向的最后完成者，由此而将近代主体性带向了它的存在论—神学的顶点。尼采在意志中加进了亚里士多德“能力”“潜能”和“隐德来希”的思想，这就赋予了尼采的权力意志以内在生生不息的动力。

但权力意志作为存在者的存在，不能是永恒的流变，而应该是一种常态。于是，尼采就把永恒轮回引进他的哲学。但永恒轮回的思想并不仅仅是处于哲学的理由，更是为了对付尼采洞若观火的虚无主义。传统价值变成物价值还不是虚无主义的首要标志；当价值一般地被确定为存在者的“自在”，当在柏拉图主义中超感性的东西和彼岸世界被当做感性的东西和此岸世界的尺度，因而感性的东西、此岸世界、生命被取消了价值时，虚无主义已经在场了。尼采看来，虚无主义是全部西方历史的根本特征，是它的规律性和逻辑，它不仅统治了他的世纪，而且还将决定下几个世纪。[29]海德格尔同样认为，虚无主义的本质植根于西方形而上学的历史之中，但用他的话讲，这部历史就是存在被遗忘的历史，或者说存在的真理缺席的历史。因此，西方形而上学就是虚无主义；并且，尼采作为最后一个形而上学哲学家也属于这部历史。

在尼采看来，永恒轮回是克服虚无主义的客观保证，而价值重估则是克服虚无主义的主观措施。价值重估需要有一个执行者，一个主体，这就是超人。但超人却是主体性概念的颠倒。主体性概念是建立在人是理性的动物基础上的，但尼采现在却把身体放在第一位，欲望先于思想，意志先于理性。这样，他就能实现作为存在者之存在的权力意志。但是，这一切在海德格尔看来，只是将传统形而上学推到了极端，而丝毫没有改变它的实质。永恒轮回把西方形而上学的主要设计——存在是固定在场，从而是思想可以支配的东西极端化了。而当这固定在场，并构成万物基础的存在被规定为权力意志时，主体性成了无条件者。永恒轮回思想和权力意志的思想从不同的方面巩固了同样的东西。但是，当尼采把这个柏拉图主义的传统推向极致时，他也就穷尽了它的一切可能性，他注定是最后一位形而上学家。[30]

当海德格尔以尼采思想为线索来追溯西方形而上学历史时，他的兴趣显然不是所谓“学理”的，甚至也不是“哲学”的，如果那样的话，他的思想也将分享形而上学的命运。海德格尔对西方形而上学历史的检讨发生在二十世纪三四十年代不是偶然的。形而上学—虚无主义的弊病通过现代性，此时正以极端的方式表现出来。“海德格尔不仅能从尼采那里理解我们的时代，而且也能从时代的口号‘全面动员’‘全面战争’和去掉战争与和平的区别理解尼采的基本术语。”[31]他的时代使他对西方形而上学—虚无主义的实际危害看得更加深刻和清楚。它不是什么人主张的观点和学说，而是一种历史运动，它的展开能够引起世界灾难。[32]当形而上学把存在理解为固定的在场，而不是暧昧不定的东西时，它就成了可支配的对象；如果连存在都可支配，那么世上就没有不可支配的东西了。在当代，支配的愿望演变成争夺地球统治的斗争。美国、前苏联、纳粹，它们的种种作为，都可以由此得到解释，其实质却表现在现代技术中。

在海德格尔看来，现代技术是形而上学长期遗忘存在过程的最终完成。因此，他对技术的反思，应该被看作是克服形而上学的开始，而不是通常意义的技术批判。他对技术的思考旨在揭示我们与技术的本质关系。海德格尔认为，通常将技术视为达到某种目的的中性的工具的观点并不错。这样来看技术的话，我们与它的自由关系就似乎是怎样掌握技术的问题。这种通常对技术的看法当然是正确的，但并不真，即并不是存在意义上的真理。从存在论上来理解，现代技术也是一种揭示或去蔽。但现代技术的那种去蔽不是古希腊 poiesis（产生）意义上的去蔽。那种去蔽是一种自然的生发。现代技术从来没有发展成这样一种去蔽。支配着现代技术的规则是挑战。挑战就是向自然提出蛮横的要求，要求自然提供本身能被开采和贮藏的能量。挑战使得“农业成了机械化的食品工业。人们设置空气以让它交出氮材料，为矿石而设置土地，为铀之类的材料而设置矿石，为原子能而设置铀，而原子能则可以为毁灭或和平利用的目的而被释放出来”[33]。而以前的农民却不是以这样的挑战态度对待土地，他们播下种子，将它们交付给自然的生长力。现代技术是挑战、安排、操纵、控制和整理自然。它所谓的去蔽，就是把自然中被遮蔽的能量开发出来，加以改变，把改变的东西贮藏起来，再加以分配，被分配的东西又重新转换。开发、改变、贮藏、分配、转换永远没个完。[34]

海德格尔在这里决不是像浪漫主义思想家那样在表达一种对素朴的过去的乡愁和缅怀，而是要揭示产生和挑战这两种去蔽模式的不同。如果我们把现代技术理解为挑战这种去蔽模式，那么就会发现人其实并没有控制去蔽本身，技术不是人可以随心所欲加以控制的手段。相反，倒是人自己被技术这种去蔽安置了。只是因为他比自然能量更原始地受到挑战，即被技术安置，他才没有变成纯粹的常备物（Bestand）。人通过从事技术而参与作为一种解蔽方式的安置。由此他进入一种无蔽（存在）。这种无蔽不是人的单纯制品；相反，它占用了人，人只有被它占用才是人。人只有对它敞开，倾听它的声音，才能看到已进入它的领域。

海德格尔把技术的本质称为格—设（Ge-stell），[35]它是一种不同于产生的去蔽方式。格—设是各种设置的聚集。这种设置设置人，也挑战人，使人用整理安排的方式把实在作为常备物来解蔽。在它的挑战下，人往往一味去追逐、推动那种在布置中被解蔽的东西，并且以此为尺度，结果就封闭了居住在存在的近处的可能性。因此，格—设是最高的危险，它使人不再遇到他自己，即他的本质。更有甚者，它遮蔽了解蔽本身，使得无蔽，即真理无从发生，使得人无法进入，更不用说居住在更原初的解蔽中，从而经验更原始的真理的呼唤。但是，“有危险的地方，拯救也在生长”，海德格尔用荷尔德林的这句诗来说明人类并不是毫无希望。人类还有自由。但自由决不是一个意志主体任意选择的可能性，而是通向真理的道路。“自由与这种解蔽的发生，即真理，处在最近和最亲密的亲缘关系中。”[36]也就是说，人不是存在的支配者和统治者，而本身属于存在，但不是隶属。

海德格尔用人与存在的共属来对抗格—设，海德格尔将这种共属称为 Ereignis，这是海德格尔后期哲学中最重要的一个概念，却不好翻译，海德格尔自己也承认这一点。Ereignis 在德文中是“事件”或“发生”的意思。但海德格尔对它作的语源学诠释表明，这个词的意思的确复杂。海德格尔说这个词有两个来源，一个是 er-eignen。Er 是动词前缀，表示“使……怎么样”，eignen 是“特有”“独具”的意思。那么，Ereignis 就应该是“占有”和“纳入”的意思。Ereignis 的另一个来源是 er-äugen，äugen 的意思是“看”，那么 er-äugen 的意思就是“使看见”。“使看见”从一开始就是海德格尔对真理的基本规定，因此，Ereignis 具有存在之真理的意义无疑。而它的前一个意思显然是指存在将人纳入自己，与自己共属。但这种共属不是一个静止的状态，而是作为存在历史的事件。真理不再是通过此在的筹划而得以彰显，相反，真理只是一种发送，人的任务只是倾听。人与存在的共属就通过这种发送而发生。但 Ereignis（也即存在）在发送的同时又抽身回步（enteignet），所以人与存在既共属，又有别。真理即开放，又遮蔽。

现在，Ereignis（作为真理的存在和作为共属的事件的存在）是主角，此在被写成 Da-sein，意思是存在的此。人倾听存在的呼唤，而不是倾听自己良知的呼唤，他是存在的看护者，而不是它的意义的筹划者。他不意，不执，不固，不必，对存在听之任之（Gelassenheit）。语言不再是人的能力，而是存在的呼唤，它将存在和人聚集在一起。不是人在说语言，而是语言在说人。诗人、艺术家和思想家之所以成为存在的选民，恰恰不是因为他们的创造，而是因为他们的无我，他们从不别出心裁，他们只是回应存在的呼唤。直到最后海德格尔还说：“哲学不能引起世界现状的任何直接变化。不仅哲学不能，而且所有一切只要是人的思索和图谋都不能做到。”[37]

正是这些思想使许多人觉得越到后来，海德格尔越成了一个神秘的形而上学家，他的哲学云山雾罩，不知所云。但只要我们记住到目前为止这里叙述的一切，就可以发现，情况正相反。海德格尔与狄尔泰和胡塞尔一样，认为现代性的危机归根结底是西方文明的危机，是这个文明的核心形而上学的危机。西方形而上学从开始起就走错了路，遗忘了存在，而不适当地突出了人，以为人可以随意支配存在。西方文明，现在是世界性文明的种种问题，根源于此。海德格尔后期谈艺术，论语言，探事物（Ding），究理由，思技术，都是围绕着存在真理的发生在谈问题，目的是要将人纳入存在的真理，成为存在的看护者，而不是支配者。他希望以此来颠覆西方根深蒂固的人本主义（遗忘存在真理）传统，让新的可能性和真理得以向我们显现。既然现代的灾难归根结底都可以用西方形而上学—虚无主义的传统来解释，那么以反对和批判这一传统为己任的海德格尔哲学，其现实意义不是昭然若揭的吗？海德格尔难道不是最具当代意义的哲学家吗？海德格尔属于未来，也属于现在。现代人类面临的种种问题，将使今天和未来的人们不断地想起他来。

注释

[1] Kurt Wuchterl, *Bausteine zu einer Geschichte der Philopsophie des 20. Jahrhundert*, s.434.
[2] Leo Strauss, *The Rebirth of Classical Political Rationalism*, Chicago & London, 1989, p.28.
[3] 〔德〕吕迪格尔·萨弗兰斯基:《海德格尔传》,靳希平译,商务印书馆,1999年,第26页。
[4] 〔新西兰〕朱利安·扬:《海德格尔 哲学 纳粹》,陆丁、周濂译,辽宁教育出版社,2002年,第11页。
[5] 同上,第5页。
[6] Heidegger, "Die Zeit des Weltbildes", *Holzweg*, Frankfurt an Main, 1980, s.86.
[7] Jacques Taminiaux, "Philosophy of Existence I : Heidegger", *Routledge History of Philosophy*, vol. Ⅷ, p.41.
[8] 〔德〕海德格尔:《存在与时间》,陈嘉映译,三联书店,2000年,第15页。
[9] 同上,第66页。
[10] 同上,第98页。
[11] 同上,第138页。
[12] 同上,第140页。
[13] 同上,第50页。
[14] 同上,第155页。
[15] 同上,第169页。
[16] 同上,第179页。
[17] Vgl. Kurt Wuchterl, *Bausteine zu einer Geschichte der Philosophie des 20. Jahrhundert*, s.446.
[18] 〔德〕海德格尔:《存在与时间》,陈嘉映译,三联书店,2000年,第305-306页。
[19] 同上,第457页。
[20] 同上,第371页。
[21] 同上,第439页。
[22] Vgl. Heidegger, *Gesamtausgabe*, Bd.48, Frankfurt an Main, 1986, s.260-261.
[23] Heidegger, Gesamtausgabe, Bd.48, s.261.
[24] Vgl. Heidegger, "Platons Lehre von der Wahrheit", in *Wegmarken*, Frankfurt an Main, 1978, ss.227-231.
[25] Vgl. Otto Pöggeler, *Der Denkweg Martin Heidegger*, Pfullingen, 1983, s.103.
[26] Ibid., s.104.
[27] Heidegger, *Gesamtausgabe*, Bd.48, s.261.
[28] Heidegger, *Nietzsche*, Bd.1, Pfullingen, 1989, s.33.
[29] Vgl. Otto Pöggeler, *Der Denkweg Martin Heidegger*, s.123.
[30] Ibid., s.129-130, 132.
[31] Ibid., s.133.
[32] Heidegger, *Holzweg*, Frankfurt an Main, 1980, s.214.
[33] Heidegger, "Frage nach der Technik", in *Vorträge und Aufsätze*, Pfulligen, 1978, s.18—19.
[34] Heidegger, "Frage nach der Technik", s.20.
[35] Ge-stell是海德格尔后期的一个重要概念。它与Gestell不同。Gestell在德语中通常的意思是"座架"或"支架"。国内一般把Ge-stell也译为"座架",窃以为不妥。海德格尔明确表示,他是在迄今为止人们还完全不熟悉的意义上使用这个词的(Heidegger, "Frage nach der Technik", s.23)。这就是说,他笔下的Ge-stell一词与"座架"这个意义通常没什么关系。为了使人们意识到他的这个概念的非常性,他甚至把它写成Ge-stell。这就表明,

Ge-stell 与“座架”无关，而是与 stellen 一词有关。海德格尔在《追问技术》中对 Ge-stell 有明确的定义：“Ge-stell 意味着汇聚了那种设置（Stellen），这种设置设置人，即向人挑战，让人去以整理安排（Bestellen）的方式将实在解蔽为常备物。”（s.24）鉴于很难找到适当的中文词把它翻译出来，我根据海德格尔的上述定义，也兼采用音译的原则，将它译为生造的“格—设”。“格”为“格局”“格式”义，Ge-stell 有框架、格局之义。“设”即“设置”。

[36] Heidegger，“Frage nach der Technik”，s.29.

[37] Heidegger，“Nur noch ein Gott kann uns retten”，in *Der Spiegel*，No.23，1977. 译文取自熊伟先生的中文译本，《外国哲学资料》，第 5 辑，商务印书馆，1980 年，第 177 页。

第十二讲　激进的现象学家：萨特和梅洛－庞蒂

萨特

从哲学上来讲，萨特和梅洛-庞蒂有许多共同的地方，他们都是法国现象学的代表人物，都不同程度地接受了马克思主义，他们都不愿当个纯粹的学院哲学家，都积极参加社会正义的斗争。但是，不仅与他的老朋友梅洛-庞蒂相比，而且与众多的现代西方哲学家相比，萨特都是独一无二的。萨特不但是一个有影响的哲学家，而且还是一个天才的作家和热情无畏的政论家。他卓尔不群的品格与言行，给悲剧的二十世纪增添了英雄的色彩，也给以后世代的人们，留下了值得珍惜和缅怀的东西。萨特逝世时，法国舆论说，我们失去了我们时代的良心。然而，问题在于，是暂时的失去，还是永远？萨特这样的人是否如每天都在地球上消失的珍稀物种那样，再也不会出现？

萨特与他的时代

萨特（Jean-Paul Sartre，1905—1980）1905 年 6 月 21 日出生在法国巴

黎的一个海军军官家庭，自幼丧父，从小在外祖父家里长大。他的外祖父是个教师，家里洋溢着伏尔泰式的精神气氛。萨特最初在巴黎上小学，他母亲再嫁后，跟他母亲一起去他后父工作地拉罗歇尔，后又回巴黎上中学。1924 年，他考入著名的巴黎高等师范学院，在那里他接受了古典教育，但与当时的学院哲学格格不入。高师的前辈校友柏格森的哲学对萨特有很大的影响，柏格森使他明白哲学并非虚无飘渺的东西，而是与我们的生命相关。可是，影响了萨特一生哲学的，是笛卡尔。甚至在《存在与虚无》中，他还说："我们必须从我思开始。"[1] 1928 年，萨特以一篇论想象的论文从高师毕业，但论文并不成功，名列倒数第一。不过他后来以此为基础写的《想象》一书却并不差。1929 年，萨特通过哲学教师资格会考，并在会考时认识了他的终生伴侣西蒙娜·德·波伏瓦。在服了一年半兵役后，萨特开始在外地当中学哲学教师，于 1937 年回到巴黎继续在中学教书。

萨特是通过他的同学雷蒙·阿隆知道胡塞尔及其现象学的。据波伏瓦回忆，当时阿隆在德国学习了一年以后回来，他们在一家咖啡馆聚会，阿隆告诉萨特，胡塞尔的哲学可以现象地描述像他们面前的鸡尾酒这样的个别对象。萨特当时激动得脸都白了，连夜在巴黎找一家夜间营业的书店，买利维纳斯写的《胡塞尔现象学的直观理论》来看。这个故事说明，现象学之所以能吸引萨特，是因为它能处理最普通、最日常的东西，这与萨特认为哲学应该关心现实世界的问题的想法是一致的。所以他的现象学和海德格尔的现象学更为接近，他们都反对和批评胡塞尔的先验现象学，认为他和康德一样不能避免唯我论，他的现象学没有能还原到世界上来。

在初步了解了现象学之后，萨特接受阿隆的建议，设法申请到了一笔奖学金，去柏林的法兰西学院学习一年。在那里，他不仅读了胡塞尔，也读了海德格尔、谢勒和雅斯贝尔斯的著作。他从现象学那里不但学到用哲学处理日常生活经验的方法，而且，现象学的意向性概念对他固有的笛卡尔主义也产生了积极的影响，将他从内在性原则中解放出来。在柏林期间，萨特撰写了一篇题为《自我的超越性》的论文，回国后才正式发表。这是萨特走上现象学之路的标志。紧接着，《想象》《情绪理论纲要》和《想象的东西》等著作相继发表，奠定了他作为一个现象学哲学家的地位。在这期间，萨特也发表了他的文学代表作《恶心》，他一直认为这是他最好的作品之一。现在，《恶心》被公认是存在主义文学的经典作品，它以极有表现力的笔触描写了面对事物赤裸裸的事实性，自由的无根基和无用，这是还能对生命有所反思的现代人的普遍感受。这部小说的立场是“把资产者作为坏蛋来谴责，并且在努力为孤独的个人规定一个不受蒙蔽的存在的条件的同时企图说明我自己的存在”[2]。

在第二次世界大战之前，萨特是一个彻头彻尾的个人主义者和无政府主义者，他追求的是个人的自由，写作，成名，揭示个人在现代世界的生存困境，如此而已。他并不认为自己对社会有什么责任，也不关心周围发生的事情。他自己后来回忆说：“战前我把自己仅仅看作一个个体，我完全看不到我个人的存在与我生活在其中的社会之间有什么联系。高等师范学校毕业以后，我在这上头建立了一整套理论：我是‘孤独的人’，就是说是一个因其思想的独立性而与社会相对抗的人，这个人不欠社会任何情分，社会对他也不起任何作用，因为他是自由的。”[3]第二次世界大战改变了这一切。

1939 年，萨特应征入伍，不久被俘，在德国战俘营里待了 10 个月后，萨特获释回到巴黎，仍然在中学当教师，但同时参加了抵抗运动。战俘营的 10 个月使萨特看到了一个社会世界，看到“我是由社会形成的，我的文化、我的一些需要和生活方式都是由社会形成的”[4]。这使他告别了原来个人主义的世界，他写信给波伏瓦说他将从事政治。但他也没有放弃自己的写作。在德国战俘营时，他就向德国人要海德格尔的书，德国人给了他《存在与时间》。他边看边开始酝酿《存在与虚无》的有关内容。1943年，长达722页的《存在与虚无》出版，这是“一本关于自由的书”[5]。同年萨特发表了著名的戏剧《苍蝇》，鼓吹为自由而斗争。但战争使萨特懂得，自由不能仅限于个人，自由不但是自己的自由，也是全体的自由，“如果人们不着重他人的自由，那么，一段时间表现在他们之中的自由就会立即被摧毁。”[6]因此，萨特开始积极投身为人类自由而进行的种种斗争中。现在自由不但是他哲学与文学的惟一主题，而且也是他人生奋斗的目标，他为自由倾尽了全力。

1945年，第二次世界大战刚结束，他就和法国的一些著名知识分子一起创办了有名的《现代》杂志，这本杂志对战后法国的精神文化生活产生了重要的影响。战后的法国，存在主义思潮大行其道，萨特被视为存在主义的主要代表和发言人，直到今天，存在主义仍然是与萨特的名字连在一起。其实，“存在主义”的称号最先是法国哲学家马塞尔（Gabriel Marcel，1889—1973）加给萨特的，萨特接受以后，也就以存在主义自命，虽然他晚年也接受了不少马克思主义的东西，但当人们问他究竟是一个存在主义者还是一个马克思主义者时，他的回答是存在主义。

第二次世界大战期间和战后，法国知识分子大都左倾，萨特也不例外。但他并未加入法国共产党，而始终与共产党保持不即不离的关系。而在梅洛-庞蒂因为朝鲜战争而谴责苏联时，他却站出来为苏联辩护。但匈牙利事件使他与苏联和法共彻底决裂，对苏联和法共的批判态度至死都没有改变。但萨特并没有因此向右转，而始终是资本主义和资产阶级最激烈、最坚决的敌人。他反对一切强者对弱者自由的剥夺，反对一切侵略战争，不管是法国在阿尔及利亚的殖民战争，还是美国在朝鲜和越南进行的战争，还是苏联出兵匈牙利和捷克斯洛伐克。他曾应罗素之邀，担任由世界许多知名学者组成的“国际战犯审判法庭”的执行庭长，将美国政府送上了被告席。1968年“五月风暴”时，他挺身而出，支持学生运动。1970年，他出任报纸《人民事业报》的主编，并亲自上街卖报，以保护左派不受当局的迫害。1977年，他公然冒天下之大不韪，去监狱访问被关押的西德“赤军派”首领，并认为当恐怖主义是作为对屠杀的一种回答时，它就是正当的。但他并不认同暴力活动，在他看来，“革命是件很广泛的事情。革命须以思想的改变为前提，甚至要以感觉的改变为前提，同时还要以生产形式和所有制的变革为前提。革命不仅意味着社会和经济的改变，而且也意味着人的改变。”[7]

1964年，萨特被授予诺贝尔文学奖，对这个许多人趋之若鹜的奖，萨特却弃之如敝屣，理由一是他拒绝一切来自官方的荣誉，在此之前，他已在战后拒绝了法国政府授予他的荣誉团勋章。二是他看到在当时，诺贝尔奖已成为冷战的工具，他不愿意因接受这个奖而隶属某个意识形态集团。另外还有一个私人的理由，就是他认为他是超出荣誉之外的，那些授奖的人根本不配给他颁奖，“我无法想象谁有权给康德、笛卡尔或歌德一项奖，这奖意味着现在你属于一个等级。我们把文学变成了一种有等级的实在，在这种文学中你处于这种或那种地位。我拒绝这样做，所以我拒绝一切荣誉。”[8]

萨特一直自认是个社会主义者，他认为社会主义是人类的惟一出路和希望。他把他心目中的社会主义称为“自由社会主义”，它的原则仍是法国大革命倡导的自由、平等、博爱三原则。而苏联式的社会主义在他看来根本不是社会主义，他要的社会主义是能包容个人自由的社会主义，这是他为之奋斗的社会主义。这是一种根本的理想，而不是政治策略。因此，萨特本着这一理想的种种举动，往往让左右各派的人都恨之入骨。名满天下，谤满天下，是萨特生前死后都无法避免的命运。在这个后资本主义时代，人们自然可以以虚伪的资产阶级道德指责萨特的“虚伪”，以实质是窥淫癖的“揭露”来显示自己的高尚。但是，这一切都无法动摇萨特作为“二十世纪人类良心”的地位。他逝世后巴黎5万人为他送葬，就是一个证明。

萨特的逝世是一个时代的结束，人们常常这么说。萨特正在迅速被人否定和遗忘。但是，只有在被彻底遗忘和否定后，萨特才会回到我们身边来。

萨特的主要哲学著作除上述提到的外，还有《辩证理性批判》《马克思主义和存在主义》和《伦理学笔记》。

萨特早期的哲学思想

萨特在哲学上的渊源基本上是三个H加一个D。三个H是黑格尔、胡塞尔和海德格尔；一个D是笛卡尔。虽然萨特受上述四人影响甚大，但对他们却不是毫无批判。相反，他从一开始就有很强的批判意识。他在柏林研究现象学时，就对胡塞尔的先验自我的学说深为不满。他认为胡塞尔的悬置方法并不成功，他没有将自我也悬置起来，而是将自我等同于纯粹先验意识，结果把两个完全不同的东西混为一谈。在他看来，自我并不是像先验哲学所认为的那样，是一个空洞的、形式的意识统一性原则；也不是像心理学家想的那样是实质的欲望和行为的中心。自我其实和事物与他人的自我一样，都是超越的属于世界的东西，因为它并不是原始意识或前反思意识的一部分，而是反思意识的构造。

萨特认为，我们最直接的意识是前反思的意识，前反思的意识是无我的意识。但无我的意识、前反思的意识既是对某物的意识，也是自我意识。这听上去似乎无法理解。萨特真正的意思是这样的：意识总是对某物的意识，但它也能反省地指向自身。当我们意识到某物时，如当我看到一棵树时，这是一个前反思的意识，也就是萨特讲的“反思前的我思”，也就是说，当我意识到一棵树时，我并没有同时意识到“我在意识树”。在前反思的意识中，意识直接指向意向对象，没有“我”什么事。只是到了反思意识时，自我才会出现。如果胡塞尔通过悬置法要达到原始的意向性经验，那么自我显然是多余的东西，应该也被悬置起来。此外，自我不是一个孤立的东西，在反思意识中，自我总是作为世界的相关物与世界一起出现，因此，既不能从自我推出世界，也不能从世界推出自我，从现象学上看，它们是不可分隔的。它们都源出于无我的意识，即非个人的超验意识，它是包容自我与世界的绝对。

与以前的所有唯心主义哲学家相反，萨特认为，先验自我是意识的死亡。因为无我的、非个人的意识是绝对的通透无碍，是一个无。“我”和其他任何东西一样，都是它的意向对象，与它们相比，“我”并没有什么优先性。如果像笛卡尔或胡塞尔那样，将自我确定为一个绝对的原点，那么就会出现自我如何超越自我，以及证明世界的存在这些困扰一切唯心主义的传统问题。但萨特去自我的意识理论的意义决不仅仅是认识论上的，它更深远的意义在于将现象学研究的目标从先验领域转向人的现实存在的领域。非常吊诡的是，萨特将人（自我）从先验领域里逐出正是要在现实世界重新把他找回，“这正是现象学转变为一种研究人的存在的现象学的转折点”，是“萨特对胡塞尔现象学所做的最重大的改造。”[9]

现象学的产生使得以前不为哲学家重视和关注，却属于我们存在的重要因素的东西成为哲学研究的对象，情绪就是其中之一。海德格尔和谢勒都赋予情绪以重要的人类存在意义。萨特在《情绪理论纲要》中也试图探讨情绪在人类存在中的功能。他首先指出，作为事实科学的实证心理学是无法把握情绪的意义的，情绪的意义只有在人存在的整体中才能得到。萨特批判了对情绪的生理学的、行为理论的和格式塔理论的解释，也批评了精神分析理论，认为它们都混淆了象征关系和因果关系，用因果性和事物性来解释情绪。情绪不是被动的东西，它同样是意识自发的活动。情绪实际上不是一种生理现象，而是人与世界关系的一种整体性模式，“情绪意识首先是世界的意识”[10]。但情绪还不是理性的世界意识。情绪是我们对世界的一种特殊的态度，在实践中找不到出路的情况下，这种对世界的态度就会出现。这时，我们希望通过改变与世界的意识关系来改变事物的性质。具体而言，我们通过“魔术般改变”既定的处境来逃避用理性的方法处理问题。人们以为害怕、悲伤、发怒和高兴就可以对付过去，而不需要再认真努力去改变处境。狐狸与酸葡萄的故事就是这样一种情况。狐狸以为只要能让葡萄成为酸的，就可以解决它的问题。这是一种惰性的活动，是一种逐渐变为被动的意识，萨特把它称为“意识的堕落”。

萨特从作大学的毕业论文时起就对想象问题有很大的兴趣。他认为传统对这个问题的处理混淆了知觉和想象，以为它们都是将对象的意象置于心灵之前，区别只在于它们生动性和直接性的程度。萨特不同意这种观点。想象作为一种意向行为，它的对象不是心理内容，而是实在的人和事物，但这些人和事物要么不存在，要么在想象的时候不在场。所以想象的对象并不是作为意象的意象，而是我们想象的人或事。当我想象一个人时，我不是在想象这个人的意象，而是在想象这个人。只是当我们反思我们的想象时，才会说在我们想象中出现的只是一个意象。但我们原始的想象经验是不会有这种区分的。我们通过想象建立起非真实的事态或世界。这表明想象是对真实世界的逃避或否定。这里“否定”的意思不是否认；正相反，想象是要通过想象不存在或不在场的东西来否定它的不存在或不在场。想象的这种否定性是意识的本质特征，是意识自由的另一面。“想象的活动同时是构造、孤立和否定。”[11]因此，想象并不是一种经验的、偶然的能力，而是实现了其自由的全部意识。这个意识本身就是“无”。这个“无”的意思，当然不是绝对的不存在，而是指意识能够与实在保持一定的距离，它没有固定的本质，并且是一切固定的否定，因而是人类自由的渊薮。在萨特的主要哲学代表作《存在与虚无》中，萨特要从存在论上阐明意识的这种“无”的性质，从而为他的自由理论奠定存在论的基础。

自由的存在论

虽然《存在与虚无》及其副标题《现象学存在论》给人纯粹形而上学著作的印象，实际上却完全不是传统意义上的形而上学著作，用萨特自己的话来说，“《存在与虚无》是一本关于自由的书”[12]。萨特在这部著作中用黑格尔和现象学的语言详细探讨了人的生存状况，而论述问题的出发点，却也是传统存在论的传统问题——存在。《存在与虚无》的书名又让人想起海德格尔的《存在与时间》，萨特的这部著作明显受到海德格尔的影响，甚至有人讽刺说，《存在与虚无》是《存在与时间》的法文版。实际上这两部著作有着明显的区别。在一定的意义上，萨特还是个笛卡尔主义者，他认为“没有什么真理能比得上我思故我在了”[13]。《存在与虚无》基本上不是围绕着存在，而是围绕着意识和意识行为展开的，而海德格尔恰恰总是从存在角度来谈问题，萨特因此而批评他压制了意识。海德格尔一再声明他的学说不是人本主义的，他对人（此在）的分析只是为了一般存在论的目的；而萨特刚好相反，他讨论存在论问题是要最终揭示人的生存困境。萨特对一般的存在概念不感兴趣，而海德格尔却抓住存在自身不放。

尽管有上述这些分歧，在现象学和一般哲学的有关问题上，萨特更接近海德格尔，而不是同样深受笛卡尔影响的胡塞尔。萨特一方面肯定胡塞尔的现象学克服了哲学上现象的一本体二元论，而代之以现象的一元论，即现象就是本质，现象后面没有别的东西；但另一方面又批评胡塞尔的唯心主义。按照胡塞尔的意向性概念，意识总是对什么的意识。萨特说这可以有两种理解：一种是说意识是构成对象存在的东西；另一种是说意识就其最深刻的本性而言，是一种与一个超越的存在的关系。萨特认为第一种理解（也就是胡塞尔的理解）不攻自破，因为意识某物，就是面对一个非意识的、具体而充实的在场。当然，人们也可以意识到不在场，但这个不在场必然是作为在场的先决条件显现的。主体性不能走出自己设定一个超越的对象。[14]

不过，这个批评使萨特一开始就以某种方式回到了他所反对的二元论。他一方面坚持只有现象，现象之外别无一个本质或本体；但另一方面又认为，既然存在是它的一切显象的总和，而不能为任何一套显象穷尽，那么存在就有一种超现象的特征，它独立于它的显现，因而是超越的。《存在与虚无》的书名，似乎也暗示了他的二元论倾向。

《存在与虚无》的书名也使人想起黑格尔，黑格尔的《逻辑学》就是从存在与虚无这一对范畴开始演绎的，虽然在他那里虚无（无）是存在的反题，却不是不同的领域，而只是存在的进一步规定。萨特虽然挪用了黑格尔的概念，但结论却大相径庭。萨特也是从分析存在开始。他给存在的基本规定是三句话："存在存在着。存在是自在。存在就是它所是的。"[15]这三句话其实可以并为一句话，就是存在是自在。这自在的意思是说，存在是自足的，而不是从什么东西中派生而来的；它既不与自身发生关系（因为它是不通透的），也不与别的什么不是它的东西发生关系；它没有内外之分，是一个自身完满、整体给定的浑然大块。它是纯粹的偶然性，没有存在的理由，是多余的。自在的存在就是惰性的、机械的物质世界。对于人来说，自在的存在让人恶心，却无法避开它。

而自为的存在即作为意识的人，刚好与自在的存在相反。自为的存在本身是个空无，没有固定的本质。它是潜在性与可能性，是变化不居的。自为在逻辑上和存在论上都不能与自在平起平坐。自为是通过虚无从自在中产生出来的。我们知道，正是意识，使我们能和物质世界拉开距离，能区分意识和非意识的世界。意识靠什么来拉开距离和做出区分的呢？萨特的回答是，通过它的虚无与否定。意识本身就是一个无，说它是个无，是说它不同于它的物质环境，不同于它的身体，它的过去及无论什么东西。它与存在的东西拉开距离，将自己与自在的存在分离开来，等于在自在的存在中捅了一个窟窿。意识的活动是虚无化，是说它通过否定来肯定。例如，当我意识到一张桌子时，我知道我不是桌子，也就是说，否定我是桌子；当我意识到那里有一张桌子时，桌子出现的背景被淡化或虚化了，也就是说我通过虚化桌子的背景否定它是任何别的东西。在这个意义上，我们可以说虚无打开了原本不通透的存在。

但问题是，人存在于世，那个将他与自在的存在拉开了距离，使他暂时得以逃离的虚无又是如何产生的呢？萨特答道，因为他的自由，人的存在就是人的自由存在，而不是人的实在。但自由不是人的一种性质或本质，而属于人的存在结构，“人的自由先于人的本质并使之可能；人的本质悬置在人的自由中”[16]。这就是萨特著名的“存在先于本质”的思想，它也是萨特存在主义和自由学说的核心命题。萨特后来在著名的《存在主义是一种人道主义》中对此命题作了更为通俗详细的阐述：

> 我们说存在先于本质的意思是指什么呢？意思就是说首先有人，人碰上自己，在世界上涌现出来，然后才给自己下定义。如果人在存在主义者眼中是不能下定义的，那是因为人原来是个无。他什么都不是，等到后来才是他把自己造成的那种人。所以人没有什么本性，因为没有上帝提供一个人的概念。人就是人。这不仅说他是自己认为的那样，而且也是他愿意成为的那样——是他（从无到有）从不存在到存在之后愿意成为的那样。人除了自己认为的那

样以外，什么都不是。这是存在主义的第一原则。[17]

一把裁纸刀生产出来后就永远是裁纸刀了，再没有别的可能。而人则不然，人永远是他的可能性，人是还未造成的东西。不是上帝怀着人的本质创造了人，而是人自己造就自己。尽管人总是陷于种种特定的处境之中，但再怎么样他还是有自由选择的可能。例如，对于一个残疾人来说，残疾固然是一个无法改变的事实，但是，他可以选择怨天尤人，自暴自弃；也可以选择坦然面对，自强自立。不同的选择，使他成为不同的人。残疾只是一个事实，但绝非残疾人的本质。残疾人是怎样的人，要看他如何选择。

因此，自由端赖人的选择。并且，选择几乎是人的一种先天的规定，自由是选择的自由，而不是不选择的自由，不选择也是一种选择，即选择了不选择。[18]因此，人注定是自由的，他可以逃避一切，但不能逃避自由。自由是人的责任，人们不得不承担这样的责任。一切奴役和压迫也因此失去了其存在论的合法性。

至于如何选择，那也完全是个人的事，没有任何标准。萨特举了他一个学生的例子来说明这一点。二战时，这个学生的父亲打算去做法奸；而他哥哥已经在战争中阵亡。这个学生发誓要替他哥哥报仇，却又丢不下他母亲，因为他是他母亲的惟一安慰。这时他处于两难境地。萨特分析说，在这种情况下，价值、情感都不足恃，找人商量也无济于事。所以萨特的回答是："你是自由的，所以你选择吧——这就是说，去发明吧。没有任何普遍的道德准则能指点你应当怎样做：世界上没有任何的天降标志。"[19]只是有一条，每个人都必须对他的选择承担责任。

萨特认为，存在主义的核心思想就是"自由承担责任的绝对性质"[20]。自由承担责任的意思，就是在任何情况下人都是自由的，不能把自己是什么样的人归结为遗传或环境等外界的因素。哪怕是随大流的人生态度也不能推卸一点对自己的责任。选择与承担责任是一体的两面，缺一就没有自由。萨特并不是不承认外界条件对我们选择的制约和影响，但是毕竟在同样的条件下可以有不同的选择。如果我们承认外界条件最终的决定作用，那么人就变成了服从机械决定论的物，自由也就是一句空话了。萨特认为："所有的唯物主义理论都使人把所有的人，包括他自己，当做物——也就是说，当做一套预先决定了的反应，与构成一张桌子，或者一把椅子，或者一块石头的那些质地和现象的模式并无二致。我们的目的恰恰是建立一个价值模式的人的王国，有别于物质的世界。"[21]并认为只有这种理论才配得上人类的尊严。

可是，在一个物质主义的时代，很多人是以物质作为一切价值的尺度，因此，尽管作为人，他们不能不赞美自由，实际上却宁可为了别的东西放弃自由。表面上承认自由而实质上放弃自由，萨特把这种现象叫做自欺。自欺与说谎不同，说谎者完全清楚事情的真相，却向别人隐瞒了真相。自欺是对自己掩盖真情。说谎是对别人不真诚，而自欺是对自己不真诚。放弃自己的选择，放弃自由，是自欺的典型。萨特举了一个初次赴约的女子的例子来说明这一点。当那个女子的手被对方握住时，她必须立即决定是否将手抽回。如不抽回，就是同意对方的要求。而要是抽回的话，则意味着事情到此结束。但该女子此时却犹豫不决，因而采取了拖延决定的办法。她不管她的手，而是大谈生活。在这时，她的身体和心灵就完全分离了，她的手成了一个纯粹的物件。她处在自欺之中。她只顾卖弄风情，却逃避选择。[22]

前面已经说过，在萨特那里，自由属于人存在的结构，因此，要深入理解自由，就得深入探讨自为的存在的结构。与海德格尔一样，萨特把事实性作为自为的第一构成要素。事实性当然是指我们总是存在于一定的处境中，受到种种自然与社会条件的制约。但这只不过说明人存在的偶然性和境遇性，并不说明自由是相对的。相反，正是因为有选择的自由，或者说可以筹划自己的自由，我们才可能把事实性变成可能性。事实性不能改变自为是一个欠缺，即人总是有待完成的东西这个更基本的事实。这个事实不是外在的事实，而是人存在的结构性事实。这个结构性事实有它的时间依据。

萨特对时间的分析基本是海德格尔式的，他也区分存在的时间与普通的时间，后者是同质性的，是量化的，是理性的产物。而前者是异质的、质的时间，是理性的出离（ekstatic）。在这种时间中，过去并未消失，未来已经是真实的。但与海德格尔不同的是，萨特并不认为未来与曾在比当下重要。这三个向度是平等的，谁也离不开谁。但萨特自己更偏重当下，因为它最好地体现了自为的否定性。过去是构成我们存在整体的一个部分，它容易变得凝固，所以“过去是被自在重新逮住并淹没的自为”。[23]过去其实就是事实性的存在论基础。与过去不同，现在是一个最活跃的因素，“现在是面对存在的永恒飞逝”。[24]它不断地从过去向未来飞逝。作为现在的自为只在它之外存在，不是在它之后，就是在它之前。自为“不是它所是的（过去），是它所不是的（未来）”[25]这句被许多人视为不合逻辑的诡辩的话，其实只不过是说，人永远不会是固定的什么东西，他永远是一个有待实现的目标，一种可能性。未来的意义就在于它是对这种可能性的筹划。

除了自在的存在（自然）和自为（个人）的存在外，还有第三种存在样式，这就是为他的存在（社会）。为他的存在也就是海德格尔说的与他人共在。在如何在哲学上证明他人的存在的问题上，他不同意胡塞尔和海德格尔的做法，从自我推出他人的存在，不管是通过先验自我分析构造，还是用此在的结构分析来解释。萨特更赞同黑格尔的做法，就是以他人作为自己存在和自我意识的条件。是他人揭示了我的存在；我也需要他人来了解我的存在。萨特举了这样一个例子来说明这一点。假定我们不管出于什么原因把耳朵贴在门上，透过锁孔向屋里偷窥。这时我的意识完全投入到偷窥中，处于前反思的阶段，在这个阶段，根本没有我的意识。但是，突然我听到身后有脚步声：有人在注视我。我立刻觉得羞愧，而这羞愧同时就标志着我思的出现，我意识到我成了另一个意识或主体的对象。他人的意识侵入了我，我通过他的注视不仅意识到自己的存在，也意识到他人的存在。

他人意识和自我意识的产生过程，就决定了人与人的关系从源始意义上就是冲突和斗争的关系。他人既然通过注视来使我成为他的对象，那么我也只有通过同样的办法来使他成为我的对象而恢复我的主体地位。当然，他人马上也会照此办理。循环往复，以致无穷。他人不仅是我们存在的中介，也是永久的威胁。人要么征服别人，要么被人征服，连爱人关系也不例外。爱情是一种特殊的占有，但主要还不是肉体占有，而是意识占有，不使恋人完全丧失自我，由自为变成自在，成为我的对象，成为我自由的话，我就不能把握爱情，也就没有自由。但一旦将情人的自为虚无化后，自己的存在也就随之失去，于是又要重新开始寻求爱情。爱情尚且如此，其他的人际关系就不用说了。这使萨特在他的一个戏剧里石破天惊地喊出了“他人就是地狱”。

在萨特看来，人与人之间的关系不是海德格尔讲的共在，而是无尽的冲突。人无论做什么都无法改变这样一个基本事实。《存在与虚无》的最后结论是：“人是一种无用的激情。”[26]这的确是一个令人沮丧的结论，但萨特并没有因此而放弃他为了一个正义和美好的社会的探索和斗争。这本身就是对他上述理论的一个否定和批判。

萨特的伦理学

在《存在与虚无》的最后，萨特发现书中提出的有关自由的许多问题只能在道德的基础上找到答案，他答应要有一部著作专门讨论这些问题，但萨特的伦理学著作却一直没有完成，只留下了一些伦理学笔记。之所以没有完成，有种种说法，但萨特在接受了马克思主义的许多东西之后，该主义在他思想中造成的内在紧张是最主要的原因。另外，他的个人主义为中心的存在论前提与一般的道德要求难以统一也是一个内在的原因。[27]

在《存在与虚无》中，萨特要求人们不能自欺，不能放弃自己的自由，而要主动地选择并承担责任。但这并不像战后法国有些媒体攻击他的是让人可以花天酒地，胡作非为。萨特讲的选择类似海德格尔讲的筹划，它是一种前理性或前反思的行为，是意识的自发性的典型表现，先于一切原理。它实际上是对我们存在的选择，哈姆雷特的“存在还是不存在”就属这种选择。当然，这种选择总是通过具体行为表现出来，但选择进赌场还是选择进学校不仅仅是对行为的选择，更是对人生的选择，对自己存在的选择。但是，因为自己的存在以他人的存在为条件，所以我所做的选择不可避免要影响到他人，因此，为自己的选择负责同时也就是要为他人负责，甚至要为我选择的世界负责。二次大战中抵抗运动的成员被捕后是投降还是宁死不屈被萨特当做他上述思想的一个极端的例子。[28]

二次大战中的经历和马克思主义使萨特在晚年越来越坚持他在《存在与虚无》中就已提出了的观点，只要还有人被奴役，我们就不可能自由。因此，要对世界负责，就要“介入”，也就是投身于为所有人的自由而斗争。这种“介入”的要求在萨特那里有绝对命令的性质。“当我感知自己的自由是与所有其他人的自由不可分割地联系在一起的时候，人们不能要求我使用这个自由去赞同对他们其中某些人的奴役。因此，不管作家写的是随笔、抨击文章、讽刺作品还是小说，不管他只谈论个人的情感还是攻击社会制度，作家作为自由人诉诸另一些自由人，他只有一个题材：自由。”[29]个人自由与全体人的自由是不可分的，

“写作的自由包含着公民的自由”[30]，因此，写作就是介入。自由实际是萨特伦理学的最高原则。

萨特始终强调，选择没有任何普遍的标准，完全是个人的事，否则自由就将不可能。但另一方面，既然个人的自由与人类的自由不可分割，作为一个自觉介入公共事务，自觉投身社会政治斗争的思想家，萨特不能不提出并承认一些普遍性要求。例如，不但要把自己的自由，也要把别人的自由当做目的；[31]人是目的，而非手段；法国大革命的三原则等。这里明显存在着一种紧张和矛盾。萨特并非不知这一点。他认为这种矛盾是由于人的历史性造成的，“对人来说，这个矛盾是基本的：他为了追求永恒而使自己成为历史的，却在目的为一种特殊结果的具体行动中发现了普遍的价值”[32]。

萨特并非如后现代主义者那样，根本不承认普遍价值；如果那样的话，也就根本没有斗争的必要。但他的确不像康德那样，认为有什么绝对的道德准则。他同意马克思的看法，在阶级社会里，道德只是压迫阶级、维持他们的压迫的一种方式。他在伦理学笔记中写道：“道德态度出现在技术条件和社会条件不容许我们采取阶级的行动方式的时候。伦理学就是一批唯心主义的伎俩，其目的在于使我们能够过那种由资源缺乏和技术不足强加给我们的生活。”[33]对萨特来说，只有伦理学目标或伦理学理想是普遍的，而道德准则应该是模棱两可的。

道德准则之所以是模棱两可，是由人存在的历史性和具体性决定的。道德准则的模棱两可使我们可以根据具体的历史场景做出我们的道德选择和决定，而不至于胶柱鼓瑟，反而失去我们的自由。人们显然应该欺骗纳粹，不让他们搜捕到犹太人；人们显然应该限制种族主义者的自由，以保护黑人；普罗米修斯窃得火种，人们并不以为非；正当防卫杀人，人们并不以为罪。具体的道德准则之所以要模棱两可，就是要能在具体的历史条件下体现具体的正义。它们的合理性是由历史来证明，而不是由先天的抽象原则来证明的。康德的伦理学之所以不能为我们具体的决定提供指导，没有考虑到我们存在的历史性是一个主要原因。

但是，萨特的伦理学思想归根结底是与他在《存在与虚无》中所描述的现象学存在论格格不入的，也就是说，他的伦理学的存在论基础与他的伦理学是矛盾的。这种矛盾是由于他在《存在与虚无》中基本没有从人的历史性来描述人的存在，笛卡尔式的个人仍然是他的基本出发点。这样，就像美国学者宾克莱所批评的："如果必然始终与我冲突、永远与我对立，如果别人总是企图把我搞成他的主体性的对象，因而始终对我的自由形成一种威胁，我为什么要把我的奔赴自由看成同样包含着他的自由呢？"[34]萨特大概回答不了这个问题。

萨特和马克思主义

第二次世界大战后，随着萨特积极投身社会政治运动，他在思想上也向马克思主义迅速靠近，这使他的哲学从对个人的存在状态的描述向社会历史领域延伸，他的又一部哲学代表作《辩证理性批判》就反映了这一点。萨特是在实际的政治斗争中接受马克思主义的。早在上大学的时候，他就读过《德意志意识形态》和《资本论》，但当时并不理解。"开始改变我的是马克思主义的**现实**，是在我眼前工人群众的沉重的存在，这个巨大而又阴沉的队伍在**体验**和**实行**马克思主义，并在远处对小资产阶级知识分子产生一种不可抗拒的吸引力。"[35]

萨特认为马克思主义是我们时代"活的哲学"，只要产生它的环境没有改变，它是不可超越的。但是，马克思主义在发展过程中逐渐与实践脱节，变得僵化教条，马克思主义的知识分子以抽象的普遍性消灭一切特殊性，使马克思主义成了一种"绝对的知识。"在这种"绝对知识"中，既然没有特殊的地位，当然也就没有个人特殊生存的地位。这和当年的黑格尔哲学非常相像。黑格尔也是把哲学当成"绝对的知识”，在这种知识中，没有生命的地位。祁克果坚持生命对思想的不可还原性和优先性，是对黑格尔哲学的一种必要而合理的补充和纠正。在萨特看来，他的存在主义在当代对马克思主义的态度，正是当年祁克果对黑格尔哲学所做的，用个体生存的关怀来填补马克思主义的“人学的空场”。萨特要在马克思主义当中建立起一块存在主义的“飞地”，直到人的生存成为马克思主义这种知识的基础。存在主义要反映马克思主义人性的面貌。等到马克思主义重新发现了人这个维度，存在主义也就没有理由再存在了。

当然，萨特非常清楚，马克思主义与他的存在主义一样，都是以在一定的社会历史关系中的人为对象，都致力于人从一切压迫中得到解放的研究。但是，马克思主义关心的是揭示社会发展的基本动力和一般规律，希望在经济—政治的范畴内来把握人的一切行为和事件。萨特对马克思历史唯物主义的基本原则并无怀疑，但他觉得“当代马克思主义在偶然性方面抛弃了人类生活的一切规定性，并且不保留属于历史整体化的任何东西，只保留有其普遍性的抽象轮廓，结果它完全失去了人的意义”[36]。实际上“马克思主义的研究为描述我们的历史社会而使用的概念——剥削、异化、偶像化、物化等——正是同生存的结构有着最直接联系的概念”[37]。这就是说，马克思主义与存在主义是能兼容的。但存在主义不能取代马克思主义，更不能超越马克思主义，萨特只是要在马克思主义内部用存在主义中和马克思主义。用存在主义中和马克思主义的结果，就是普遍的个别化和个别的普遍化。

为此目的，萨特提出前进—逆溯的方法。他试图通过这个方法来达到上述普遍的个别化和个别的普遍化的目标。前进和逆溯不是在先天原理和经验给定的东西间进行，而是在经验方式的原始性和规定的总体性之间进行。逆溯是要回溯到生命的原始领域，回溯到个人生存，回溯到个体实践；而前进则是要进到一般的结构和全部历史。这是一种双向往复的过程，“在深入了解时代的同时逐渐确定（例如）个人经历，在深入了解个人经历的同时逐渐确定时代。它并不急于把个人经历同时代融为一体，而是将它们维持在分离状况，直至相互包含自行产生。”[38]但个别永远不是一般的体现，而是差异和偏离，个别性是永远不能还原的。

前进—逆溯方法还有一层意思，逆溯指的是对历史结构平面的、静态的分析。例如，我们在研究福楼拜时，就要研究他所处的社会环境及其结构，“通过主宰特殊家庭群体全部结构，我们可以使被研究的阶级总是过于一般化的特征变得更加丰富和具体化”[39]。而前进方法则是要研究历史发展的动力，以便进一步地重建这个过程，同时追寻它的趋向。这也是一个双向往复的运动。萨特以为这种方法可以治疗马克思主义的“实践的贫血”，使它变成一种“具体的人类学”。

萨特认为，马克思主义之所以忽略了个人的存在，是由于它那教条的机械决定论。教条的马克思主义者只看到事物之间、商品和金钱等的抽象关系，他们的方法是单向的，即在历史过程中发现客体，在客体中发现历史过程，用引证原则的抽象论述将一切具体和特殊化约为抽象的必然性。但在萨特看来，“没有活生生的人就没有历史”[40]。而要研究由活生生的人在一定的社会条件下创造的历史，必须运用辩证法，因为辩证法既反映了思想的运动，也反映了思想对象的运动，它们其实是同一运动——历史运动的两个方面。萨特坚决反对恩格斯提出的自然辩证法，因为承认自然辩证法势必从根本上取消人的自由，使人成为自然规律的玩偶；另一方面，也会在人是自然的一部分的理由下将历史自然化，以机械决定论来解释历史。

萨特同意马克思主义的人只能在一定的历史条件下创造历史的看法，但认为那并不等于完全否定人的自由。萨特希望以他的辩证法来证明人服从先有的条件和人创造历史并不矛盾。“辩证法就是整体化法则，这个法则造成了**一些**集合体，**一些**社会，**一部**历史，即一些强加在个人之上的实在性；而同时，它又必须由无数个体行为交织而成。”[41]辩证法，或者说辩证理性将揭示人类实践这个总体化的运动。

但萨特分析的起点仍然是个人实践，因为历史只不过是个人行动辩证的总体化。个人实践本身就是辩证的，它既被环境决定，又作用于环境。人活在世上就需要有食物和住所，这种需要只有诉诸外部自然才能得到满足。但是，自然在满足人的同时，也成为对他的一种威胁。个人的实践少不了要和别人打交道，交换产品，或合作对付自然。但是，比起自然来，他人更是一个威胁。这威胁不是像《存在与虚无》中讲的那样是目光的威胁，而是争夺资源的威胁。人类一开始就生活在匮乏中，“匮乏是我们历史的一种基本关系”[42]，“是人类历史可能性的基础”[43]。这就决定了人只有与环境，与他人斗争才能活下去，这种斗争是历史的基本动力。这里没有任何人道的意味，只有非人性在统治。[44]

> 非人性是人际的一种关系，而不是任何**别的**事物。无疑它可能对某些动物滥施残暴，但是这种暴力的任何惩罚或责难只能根据人类关系来进行。因为谁能相信这个食肉的人种——成千上万地饲养动物，目的却是为了杀死它们或驱使它们劳动，而且出于卫生目的，或者出于自我保护的目的，或者无缘无故地，或者为了取乐，就会系统地摧毁其他人——谁又能相信这个掠夺成性的种类会将它的价值观、它对自身的真实定义放进它同各种动物（除了那些被阉割、被驯化的动物）的关系，而随后又只使用简单化的象征机制为手段？

萨特在这里实际上揭示了人类中心主义的非人性实质。但他好像并没有意识到这一点，对他来说，非人性作为人性的反题只是人类实践辩证法的另一面——实践惰性。

人对他人的暴力引起反暴力，人对自然的作用也引起自然成为“反人”。例如中国农民滥伐森林造成水土流失，结果，洪水一来，一切都荡然无存。自然显示了一种“反目的性”，不但不为人造福，反而对人的实践和人类关系产生消极的影响。类似的例子还有，人发明了机器，却成为机器的奴隶；人创造了商品，却成为商品崇拜者。最后，异化就是他自己成为“反人”。人性本身就包含非人性的因素，人被实践惰性摆布也是被他自己摆布。但辩证法从来不会一边倒，反辩证法中也包含辩证法的因素。所以，人仍然是自由的，他仍有可能否定实践惰性的支配，超越现存的物质环境而创造一个新的社会形式。

在萨特看来，社会也是由匮乏造成的。匮乏必然在人群中分出有和没有的人，消费者和亚消费者，从而分出阶级，产生群体。群体可分为两大类。一类是没有共同事业的人临时在一起的乌合，如在公共汽车站等车的人群，在这里，“谁也不帮谁，人人为自己”。人在这里是一个孤独的个体。另一类是有共同目的的人组成的群体，如攻打巴士底狱的人群。可一旦共同的目的达到，这种群体也就风流云散了。除非大家立下誓约，为未来的共同事业奋斗。誓约建立起来的群体具有持久性，它可以代代相传，形成一种制度。但萨特并不认为这样的群体是一个由个人组成的有机体，可以决定个人，个人只是它的一个微不足道的小零件。群体不是有机体，只有个人才是有机体，是他们以合作的形式构成了群体，群体不能凌驾于个人之上。国家同样如此，国家只是组织者和管理者的群体，它的职能就是保护其他群体和集体。它的正当性在于它能把其他的群体和集体结合在一起，操纵它们，但它并没有至高无上的神圣地位。

但是，萨特始终无法在个人与个人，个人与群体之间看到一种和谐的关系，他在一篇演讲中断言，一个人不能无条件地依靠其他献身于同一事业的人，不能信赖我不了解的人。即使为了一个共同事业，个人也只能依靠自己。[45]正如梅洛-庞蒂批评他的，他的辩证法是“半截子”辩证法，在存在论上，他始终停留在笛卡尔的主体性和无意义的不透明的客体性之间的二元论中，[46]这使他看不到个人间和前个人的总体过程，[47]他的“总体性”概念内在充满了无法消除的裂痕。不仅仅是他的“总体性”概念，萨特的哲学由于上述原因始终充满矛盾和缺乏连贯性，[48]从理论上看，问题不少。但萨特的哲学从根本上说是一种实践哲学，哲学和写作对于萨特来说，就是对这个世界的介入和实践。在这个意义上，萨特的理论是否周延是次要的，重要的是，它表达了人类对于自由的坚持和希望，以及为自由而斗争的决心。

梅洛-庞蒂

在现代西方哲学中有一个有趣的现象，有些被人称为存在主义哲学家，但自己却断然否认；而有的人别人并不看重他的存在主义，他却承认自己是存在主义哲学家，梅洛-庞蒂就是这样的人。尽管如此，梅洛-庞蒂仍然以他的现象学名世，因为有了他，法国现象学才确立了自己的地位，所以他的同胞兼同行利科称他是最伟大的法国现象学家。[49]这绝不是过誉之辞。梅洛-庞蒂和柏格森一样，无疑是最重要、最有创造性的现代法国哲学家之一，他的思想对后来的哲学产生并将继续产生深远的影响。

梅洛-庞蒂的哲学生涯

梅洛-庞蒂（Maurice Merleau-Ponty，1908—1961）1908 年 3 月 14 日出生在法国西海岸罗什福尔的一个笃信天主教的家庭，父亲是炮兵军官。和他后来的同学与朋友萨特一样，他自幼丧父，先是在勒阿弗尔上中学，后转到巴黎，1924 年中学毕业。梅洛-庞蒂很早就对哲学产生了强烈的兴趣。法国的中学有哲学课，他后来回忆说："在我上哲学课的那天我就明白，我要追求哲学。无论当时还是后来，对此都没有丝毫犹豫。"[50] 1926 年，梅洛-庞蒂进入法国高等师范学院学哲学，在那里认识了萨特和西蒙娜·德·波伏瓦。1930 年，梅洛-庞蒂以第二名的成绩大学毕业，随后 5 年在外地的中学里教书。和萨特一样，梅洛-庞蒂在大学时就深受柏格森的影响，尤其是他的《物质和记忆》的第一章。他对十八至十九世纪法国唯心主义哲学家德·比朗（Maine de Biran，1766—1824）也有兴趣；对流行的学院哲学却深为不满。

梅洛-庞蒂接触现象学比萨特要早，还在上大学时，他就听了柏林现象学家古尔维奇（Georges Gurvitch）在巴黎大学（索邦）举行的关于德国现象学的系列讲座。1929 年，他聆听了胡塞尔本人在索邦的著名演讲（即两年后出版的《笛卡尔式的沉思》）。1939 年，他从《国际哲学评论》杂志的纪念胡塞尔专号上了解到胡塞尔的《欧洲科学的危机和先验现象学》一书，当时这部书只发表了第一部分。为了更多地了解这部著作，他去了比利时卢汶的胡塞尔档案馆，在那里他读了《危机》的全部，《大观念Ⅱ》和其他未刊书稿。胡塞尔后期思想对他有极大的影响，构成了他自己现象学的起点。

但梅洛-庞蒂对德国哲学的兴趣并不限于现象学，华尔（Jean Wahl）在 1929 年出版的《黑格尔哲学中的不幸意识》一书对他和他那一代的法国哲学家都有很大的影响。1935 年，梅洛-庞蒂去听了柯热夫的黑格尔课，并与之有密切的个人接触。柯热夫这门课对梅洛-庞蒂那一代法国哲学家影响更大，在一定意义上决定了后来法国哲学的走向。与此同时，梅洛-庞蒂开始研究马克思，尤其是青年马克思的著作。他认同马克思的理想，但苏联对布哈林的审判使他决定永远不加入共产党。

第二次世界大战爆发后，梅洛-庞蒂应征入伍，任法国军队少尉。但比萨特幸运的是，他没有被俘，退役后仍回巴黎教书。他也参加了萨特参加的那个抵抗著作“社会主义和自由”，但并没有终止自己的研究。1942 年，他的第一部著作《行为的结构》出版，这部著作早在战前已经完成。1945 年，他的代表作《知觉现象学》出版。同年，因为这两部著作他获得博士学位。然后去里昂大学任教，1948 年升为正教授。他和萨特与西蒙娜·德·波伏瓦一起在战后创办了著名的《现代》杂志，担任杂志的政治编辑和总编辑，写了许多不署名的社论和署名文章。按照萨特后来的回忆，“这本评论属于他。他确定它的政治取向，我跟着他。”[51] 1949 年到 1952 年，他在索邦教儿童心理学和教育学。

1952 年，梅洛-庞蒂被任命为法兰西学院的哲学教授，这是柏格森曾经担任过的职位，对于法国专业哲学家来说，这是一个最受人尊敬的职位。1953 年 1 月 15 日，他在法兰西学院发表了他的就职演讲《哲学赞词》。在这篇演讲中，梅洛-庞蒂探讨了什么是哲学，哲学家应该是怎样的人。他说，现代哲学家所说的话一开始就进入学术界，这使得哲学家的生活选择弱化了，思想的契机被弄得晦暗不明。哲学家在书本上写下的话只不过是表达得连贯些的话而已，“可是，书本中的哲学停止了对人类进行的拷问。在哲学中存在着的那些非同寻常的和几乎难以忍受的东西被掩藏在宏大体系的审慎的生命中。”[52] 他要人们想想那个从不写作，从不教授（至少不在国家教席上教授），而只对那些他在街上碰到的人讲话，并对流行意见和权力机构持异议的苏格拉底。[53] 在他看来，哲学家首先应该生活在生活和历史中，而不是生活在书本中，真理就在生命与历史中，而不是在虚无缥渺的超验彼岸；哲学家应该和人类共命运。他虽然不像萨特那么积极投入到现实的政治斗争中去，但对于时代的重大问题，他从来也没有沉默。虽然他在学院教书，但他的思想和激情从未被学院束缚。1961 年 5 月 3 日，梅洛-庞蒂因中风猝死，享年

53岁。

梅洛-庞蒂的主要著作除《行为的结构》和《知觉现象学》外，还有《人道主义和恐怖》《意义和无意义》《符号》《辩证法的冒险》《可见的和不可见的》和《世界的散文》。最后那两部著作非常重要，代表了梅洛-庞蒂晚年思想的新发展，可惜都没有写完。

梅洛-庞蒂哲学的出发点

和许多现代西方哲学家一样，梅洛-庞蒂有着清醒的危机意识。他看到，哲学、人文科学和科学本身都已陷入了深刻的危机，这种危机是持久的，它的根源在于近代以来西方学术界所形成的看事物的两种对立的方法。一种是客观主义和自然主义的看事物的方法。这种方法总是从外在事物的角度来看待一切人类现象，认为它们和自然一样是客观自在的，因此，完全可以用自然科学的因果方法来研究。另一种是主观主义和批判主义（指由他的大学老师布伦斯维克代表的批判理性主义）。这种观点总是从内在出发来阐明一切现象，最后归结为纯粹意识。这样，意识与自然活生生的关系就在外在的科学解释和内在的哲学反思之间被撕裂了。自然被外在化为纯粹的自在而意识被内在化为纯粹的自为的结果是：它们成了两个并列而又对立的独立的领域，中间没有任何内在的纽带和联系。与此同时，哲学和科学也分裂了。要解决这种危机不能退回到老的纯粹哲学的立场，而要重建哲学。这种哲学要能够在主体和客体、内在与外在、主动和被动、独立和依赖之间找到一个能将它们融合在一起的第三向度或中间领域。

这种新的哲学就是现象学。在梅洛-庞蒂看来，“现象学最重要的成就也许是在其世界概念或合理性概念中把极端的个人主义和极端的客观主义结合在一起。……现象学的世界不应该被单独放在一边，不应该变成绝对精神或变成实在论意义上的世界。”[54]但是，梅洛-庞蒂对现象学的这个表述与胡塞尔的现象学是有距离的，胡塞尔的先验现象学仍然是偏向意识和主体的现象学，它要将一切统一于主体性。梅洛-庞蒂并不认为现象学就是胡塞尔的现象学，或一种固定的理论体系。相反，他把现象学看作是一种思想方式或风格，认为在黑格尔和祁克果的著作中，在马克思、尼采和弗洛伊德的著作中，都可以找到现象学。因此，虽然胡塞尔，尤其是晚年胡塞尔对他影响很大，但他从来就没有被束缚。相反，他从一开始就对胡塞尔有所批判。

在《知觉现象学》的前言中，梅洛-庞蒂集中阐述了他与胡塞尔的分歧。他说，现象学首先就是描述，描述既不是像科学解释那样寻找一些外在的原因；也不是像哲学的反思分析那样追问内在的原因和可能性条件。因为在这么做之前，在我们能对世界分析之前，世界已经给予了我们。因此，“没有内在的人，人在世界上存在，人只有在世界中才能认识自己”[55]。不是世界的根源可以追溯到人，而是人总是已经在世界中了。梅洛-庞蒂在这里的立场与海德格尔非常相似。事实上，从现象学上讲，梅洛-庞蒂更接近海德格尔而不是胡塞尔，这一点我们会一再看到。

梅洛-庞蒂认为，现象学还原不应该还原到先验意识上去，相反，它应该切断我们对世界的习以为常，这么做不是像胡塞尔希望的那样是为了达到原始的意向性经验，而是要让世界的矛盾性和无理由性得以显现出来。“还原最重要的教训就是绝对还原的不可能性。”[56]这种还原的立场显然不是唯心主义现象学的立场，而是存在生存哲学的立场。

胡塞尔希望通过本质还原来把握本质，但梅洛-庞蒂却认为它只是我们把握我们在世的一种手段。“世界就是我们感知的东西”[57]，因此，探讨本质，就是捕捉我们生动的原始经验，显示反思前所显示的世界，用梅洛-庞蒂的话来说，就是“本质还原是显示在重返我们之前世界之所是的一种解决办法，旨在同等地看待反思和意识的非反思生活”[58]。

与此相应，意向性在梅洛-庞蒂那里不是行为意向性，即我们的判断和我们有意识采取的立场的意向性，而是作用意向性（fungierende intentionalität），它“形成世界和我们生活的自然的和前断言的统一性，它在我们的愿望、我们的评价、我们的景象中的显现比在客观认识中的显现更清晰”[59]。它给我们提供的是原始世界本身，而不是在客观和精确知识中的世界。

最后，梅洛-庞蒂提出了他的现象学的理性概念。理性产生于经验本身，但理性不是主观理性，而是主体间的理性，存在理性。与此相应，“现象学的世界不是对一个先行存在的阐明，而是存在的促成；哲学不是一种先行真理的反映，像艺术一样，哲学是使真理实现”[60]。“真正的哲学在于重新学会看世界。”[61]但这种“看”却不是无偏向的旁观者的静观的“看”，而是实践参与这个世界的“看”，是“一种暴力行为”[62]。很显然，梅洛-庞蒂把现象学推向了人的生存领域，即推向了人的在世。

在讲萨特的时候我们说过，梅洛-庞蒂批评萨特仍然陷于传统的主客体二元论，而他则要通过找到自在与自为，主体与客体之间的中间领域或第三向度来彻底解决这个问题。他从心理学的格式塔（Gestalt）[63]理论得到启发，在结构或格式塔（Gestalt）那里找到了这个第三向度。结构将主观的东西和客观的东西融合在一起，它自己既不是物质，也不是意识，而是介于这两者之间，将它们组织在一起的组织者。无论从存在论上说，还是从逻辑上说，它都与主体和客体一样原始。另一方面。主体和客体一开始就处于一定的结构或格式塔中，所以我们无法直接诉诸实存或直接投入生命过程，而一定是在这个中间领域开始我们的原始经验和活动。这种思想使他的生存哲学与萨特和海德格尔都有距离，却接近了后来的结构主义。

结构的思想也使梅洛-庞蒂有别于主张直觉的柏格森主义，在他看来，直觉不是印象，不是与主体结合在一起的客体，“而是意义，结构，各个部分的自发排列”[64]。直觉并不是完全的澄明，也不是完全的晦暗，而是若明若暗。同样，传统认为外在的东西并不纯粹是外；而传统认为内在的东西也不是纯粹的内。内和外以多种方式相交，任何对它们的区分都是相对的，而它们的相交是绝对的。结构或格式塔则是它们相交的形式与场地，世界就显现在结构中。

抓住结构，从结构入手克服传统主客体分裂、分立的二元论是梅洛-庞蒂哲学的基本思路与出发点。他的两部早期主要著作《行为的结构》和《知觉现象学》就是分别从内外两个方面来展开这条基本思路。

结构和知觉

在《行为的结构》的导言中，梅洛-庞蒂说他的意图是要寻求理解意识和自然的关系，这听上去像是老生常谈，因为近代西方哲学很多都是要思考这个问题。但梅洛-庞蒂的新颖之处在于通过行为这个概念，通过考察行为主义和格式塔心理学对行为的理解，来重新考察上述问题。梅洛-庞蒂发现，行为主义对待行为的方式是纯粹客观主义和自然主义的。行为主义机械地把行为理解为有机体对外界刺激的反应。但是，“真正的刺激并不是由物理学和化学规定的那种刺激；反应也不是这个或那个特殊的运动系列；二者的结合不是两个连续事件的简单符合”[65]。的确，像自然科学那样将有机体孤立起来做实验，如巴甫洛夫对狗做的条件反射实验，行为的确似乎只是对外界刺激的反应。但是，科学观点本身是从生活经验的抽象。在实际生活中，“有机体对某些孤立的物理或化学力并不像对它们形成和它们给整个形势规定的格局那么敏感”[66]。这说明，不能在孤立的环境下理解行为，而要把它放在整个生活世界的语境下才能真正理解它。行为也不是如唯心主义设想的那样，是意识或意志的结果。相反，意识本身作为行为的一种结构化，是从行为发展而来的。行为是有机体与周围世界，人与其世界互动的结果。梅洛-庞蒂把这样的行为叫做实存。“实存表示前意识的行为类型，表示不透明的自在与透明的自为（意识）之间的转变。”[67]

在梅洛-庞蒂看来，“行为既不是物质实在，也不是精神实在，而是结构，真正说来，它既不属于外部世界，也不属于内部生活”[68]。格式塔理论告诉我们，结构和格式塔具有中介的功能，它们不是对经验的被动反应，而是对经验主动的组织。它们形成一个境域，把人和其周围世界包容在一起。这个境域是不可超越的，又是可以超越的。这就是说，结构既是稳定的，但又不是一成不变的。结构中含有意义、意蕴和价值，它是一个有意义的整体。很显然，行为的结构和格式塔就是梅洛-庞蒂要寻找的中间领域或第三向度。行为首先是生命的自组织过程，作为前意识活动，它是自发完成的。

与此相应，意识也不再仅仅被简单理解为主体的性质或功能，而是要从知觉结构和行为结构原初的整体关系，从意识及其多向度的形成过程，从语言意识和陌生意识的特点，从实在关系与真理发现之间的紧张来重新理解。

但是，意识与结构到底是什么关系？意识的结构是否就是结构的意识？也就是说，结构是以意识为基础，还是它自己就是基础？自然主义和唯心主义都会认为结构是意识加以事物和世界的。但是，在梅洛-庞蒂看来，要正确回答这个问题，首先得区分所体验的东西与所认识的东西；区分实际有效的、具体的结构与理智的意义。一个基本的事实是，我们前意识的行为决不是随意乱来，而总是有章法的，也就是说，是有一定结构的。结构意识或对结构的意识实际是次于结构或后于结构的意识。意识固然可以区分结构和它自己，但结构却不是它的产物，而是它的条件；不是像康德设想的那样是它认识论的条件，而是它存在的条件。结构意味着观念与实存间不可分开的结合。它是一个奠基性的实在，不能从事实或观念的条件中导出；相反，它是一切事实和观念的条件。但它本身是存在。在此意义上，梅洛-庞蒂的结构概念有点像海德格尔《存在与时间》中的世界概念。

在梅洛-庞蒂看来，行为是一个勾连和组织的过程，结构和改变结构的过程，以及分化与去分化的过程，这个过程并不限于人的体验。[69]“格式塔是世界的显现本身，而不是世界的可能性条件，格式塔是一个准则的形成，但本身不是按照一个准则实现的，格式塔是外部世界和内部世界的统一，而不是内部世界在外部世界中的投射。”[70]这就更说明结构决不是意识的产物，而是存在本身的一个向度，这个向度不仅可以在生命领域和文化领域里找到，也可以在生物领域和物理领域里找到。这个中间领域不但是中间领域，也是基础领域。这个领域的发现，不但改变了意识的概念，也将改变知觉的概念。

任何一个西方哲学家都不会忽略知觉问题，但是，像梅洛-庞蒂那样将知觉视为“哲学家的绝对知识”[71]的还绝无仅有。一般哲学家谈论知觉，总要谈像感觉材料、感觉、可感性，以及它们存在不存在的问题，可梅洛-庞蒂在《知觉现象学》里却根本不谈这些问题。他甚至也不像胡塞尔那样去处理知觉问题，将知觉视为客体借以具体呈现的活动。在他那里，知觉既不是被动地经历感觉，也不是主动用理性构成客观世界，而是一种前科学的、模糊的存在经验。正如施皮格伯格说的：“梅洛-庞蒂的知觉现象学主要是试图考察我们对先于任何科学说明而被给与的世界的体验中的基本层次。知觉就是我们所特有的进入这个层次的通路。因此主要的任务就是尽可能具体地观察并描述这个世界是如何将自己呈现给知觉的，不忽略它的意义和意义的缺乏，它的明晰性和它的暧昧性。《**知觉现象学**》实际上是关于被感知的世界的现象学，而不是感知活动的现象学。”[72]

知觉之所以是“哲学家的绝对知识”，是因为它不是一般的现象，而是示范性的和奠基性的现象，它的一些特有的性质在人类实存的一切地方都会再现；它也开启了一条通向一切能显现出来的东西的通道；它是一切体验方式和行为方式的基本前提。所以“知觉不是关于世界的科学，甚至不是一种行为，不是有意识采取的立场，知觉是一切行为得以展开的基础，是行为的前提。世界不是我掌握其构成规律的客体，世界是自然环境，我的一切想象和我的一切鲜明知觉的场。”[73]很显然，梅洛-庞蒂在这里讲的“世界”，不是科学认识的世界，而是胡塞尔意义上的生活世界，知觉是这个世界的得以展示的基本方式。也因为如此，没有赤裸裸的感觉材料，感觉材料总是内在地含有意义或意蕴和形式与结构。

梅洛-庞蒂讲的知觉有点像海德格尔的领会概念，它不是一个理性的行为，而是前理性的行为；但它也不是弗洛伊德讲的无意识或本能。它是沟通理性和本能的中间地带，它上通理性，下达本能；而这二者最后都要汇入知觉过程。

身体—主体

虽然知觉不是有意识的活动，不是理性的活动，但它总还是人的活动。传统西方哲学的二元论在一定的意义上，或更深刻的意义上是人与世界对立的二元论，不管这个人被定义为意识、主体、理性动物、劳动者还是别的什么。虽然也有哲学家强调人存在于世界之中，但在海德格尔之前，人们往往还是像理解放在鞋盒里的一双鞋那样来理解人存在于世界之中，即仅仅把世界理解为一个外在于人的物理空间。而把人理解为自然的一部分的唯物主义，也只是把人理解为自然的一个非有机组成部分，即一个没有人的自然是完全可以设想的，人不过是自然中一个有生有灭的物种，它与自然的关系与其他物种与自然的关系一样，不过是“天地一寄旅”耳，仍然是物理空间中的一样没有内在联系的东西。

这样来理解人与世界的关系不可能不造成人与世界、主体与客体、精神与物质等等对立、分裂和分立的二元论。要克服这种二元论，不但要在传统的对立两造之间找到一个第三向度或中间领域，更要对人的概念有新的理解，这才能对克服传统二元论收到釜底抽薪之效。梅洛-庞蒂在《知识现象学》中提出“身体—主体”的概念，就是试图这么做。

在传统西方哲学中，身体一直不受重视，可以说，忽视甚至将身体视为消极的东西，是柏拉图以降西方哲学的一贯传统。这个传统到了尼采才被打破。尼采矫枉过正，将身体凌驾于理性和精神之上，提出用身体来思考。但正如海德格尔说的，形而上学命题的反命题仍是形而上学，尼采的身体概念并没有解决传统的二元论，只是用本能和非理性来占据理性曾经占有的至高无上的地位而已。梅洛-庞蒂则不然。身体并不是本能或非理性的代名词，当然更不是纯粹的自然物，而是主体。但这个身体—主体明显是对传统主体概念的颠覆，因为它不是精神，不是灵魂，不是意识，不是思想，而是身体。但这个身体绝对不是传统身心二元论所理解的身体；它既是精神的，又是物质的。但这决不能自然主义地理解为身体包括大脑，大脑有思维功能，所以身体既是精神的，又是物质的。

身体—主体概念要解决的问题是克服传统二元论。梅洛-庞蒂并不是第一个要克服这种二元论的人，但以前的哲学家往往诉诸还原论，不是用主体来统一客体，就是把主体还原为客体，却并没有真正解决二元论的问题。关键的原因是，他们仍然是在意识的层面谈论主客体关系及其他有关的问题。而梅洛-庞蒂和他之前的海德格尔一样，清楚地认识到，只有在前意识层面才能根本解决这个问题。要正确理解梅洛-庞蒂的身体—主体概念，必须记住它是一个首先属于前意识层面的概念。

在梅洛-庞蒂看来，“没有内在的人，人在世界上存在，人只有在世界上才能认识自己”[74]。这句话听上去“卑之无甚高论”，却讲出了一个由于我们的成见一直被忽视的事实，就是在我们具有反思意识之前，我们已经在这世界上存在，但“在世界上存在”不是说在一个物理空间中存在，在世界上存在的意思是说，我们从一开始就与世界有一种互动或对话的关系，世界对我们是有意义的，而这些意义也决定了我们在世界的活动。在此意义上，世界属于我们，我们属于世界，这两者的区分只是在这个事实性的互属基础上后来才发生的。这种前意识层面的互属性是意识的前提和基础。梅洛-庞蒂把这种前意识的世界称为“知觉世界”，“知觉世界始终是一切理性，一切价值和一切实存预设的基础”[75]。他的知觉现象学就是要探讨这个长期被遮蔽的世界。

在知觉世界中，还没有主体和客体，只有身体—主体与它的环境，身体—主体与它的世界或关系是一种辩证的互属关系，这种辩证的关系不是静态的，人与世界的对话是永远的。一方面，身体—主体给予事物意义，从而构成它的环境；另一方面，它的环境又是它存在的基础。换言之，若无人给予世界意义，世界将是无；若无世界，人也将是无。它们互为条件，共生共存。事物的意义是由事物和人共同决定的；反过来，人的意义也是由人和事物共同决定的。意识的规定，科学的真理，只有在这个基础上才可能。实际上，科学的真理并不是像人们以为的那样客观，所有科学的真理只是在人为选定一个参照系后才有可能。例如，我们谁都不会怀疑太阳从东边升起，在西边落下。但在自然科学看来，这种说法是错的，因为它选择了一个非原始经验的人为的参照系——“日心说”，但“日心说”的前提却是知觉世界。再有，我们都知道，同一事物在不同的光线下其颜色是不同的，可一般人总以为事物的“正常”颜色“应该”是它们在阳光灿烂的晴天所呈现出来的颜色，可为什么别的时候事物呈现的颜色就不算“正常”？这种决定“正常”与否的标准难道不是人为规定的吗？当然，人为规定不等于错，在生活中也有其合理性，但毕竟谈不上是“客观”啊。

但人们往往想不到这一层，而把科学的成见视为天经地义的“常识”，例如，一般人会像生物学家一样，认为身体就与石头、树木一样，是一个纯粹的物质客体，一具臭皮囊。但是，在梅洛-庞蒂看来，“客观身体不是现象身体的真理，也就是说，不是我们体验到的身体的真理，客观身体只不过是现象身体的一个贫乏表象，灵魂和身体的关系问题与只有概念存在的客观身体无关，但与现象身体有关。”[76]将身体视为与灵魂或心灵对立的物体，是一种纯粹的抽象，即梅洛-庞蒂在这里说的“概念的存在”，真正的身体是我们每时每刻体验到的身体，或体验着的身体，但这个身体不能被还原为意识，这个身体，就是梅洛-庞蒂的身体—主体。只有在这个身体—主体的基础上，我们才能区分经验主体和先验主体，或肉体和心灵。

梅洛-庞蒂称身体是“现象的身体”，意思是现象学意义上的身体，这个身体当然是一个自然的我的身体，这个我总是已经在世的我，或者说，是胡塞尔意义上的“前我”（Vor-Ich），它已经筹划了意义结构，但还没有有意识的操纵。身体是自然的身体，而不是先验的构造，它体现了人的前历史。同时，身体也是文化和习惯的身体，它积淀了丰富的历史文化内容。在这个意义上，身体是我自己的先行规定，我就是我的身体。这样的身体—主体是我们大部分意识的、个人的和理性活动的基础。

正因为身体不是一个简单的机械物体，所以我们不能像移动一个空间中的物体那样来移动身体，身体的活动空间不是物理空间，而是生活空间，身体的运动是和知觉的活动密切相关的，它充满着意义。“被构成的身体就在那里。这个空间是所有其他空间的起源，表达运动本身，是它把一个地点给予意义并把意义投射到外面，是它使意义作为物体在我们的手下、在我们的眼睛下开始存在。即使我们的身体不像动物那样，把一出生就规定的本能强加给我们，也至少把普遍性形式给予我们的生命，使我们的个人行为在稳定的个性中延伸。……身体是我们拥有一个世界的方式。”[77]

梅洛-庞蒂虽然不像尼采那样主要从本能欲望的角度来规定身体，但他并没有忽略性的重要作用。然而，他认为性主要不是一个心理学问题或生理学问题，而是我们在世界中存在的一种基本方式。所以，性行为不能还原为自然反应或精神的想象，而是体现了一种特别的性欲意向，一种爱欲知觉，在这种意向或知觉中，一个身体寻找另一个身体，性关系是人与人共存与相连的基本关系。

身体不但把一种意义给予自然物体，而且也给予文化物体。[78]因此，知觉世界不仅是自然世界，更是文化世界、生活世界。“正如自然深入到我的个人生活的中心，并与之交织在一起，同样，行为也进入自然，并以文化世界的形式沉淀在自然中。”[79]我们不仅要感知自然对象，也一定要感知文化对象，感知他人和社会。世界一开始并不呈现为我的世界，我与他人在这个世界中都有自己的位置，但也彼此关联在一起。存在首先是共存。如果我们像萨特那样把另一个身体——他人视为对象的话，我们就无法与他人有真正的沟通和交流。他人是由于被我们的身体感知而进入我们的视野，而不是像胡塞尔在《笛卡尔式的沉思》中所讲的那样是由于我们意识的构造。在梅洛-庞蒂看来，身体首先不是物体，而是行为和能力。因此，身体是意向性的。[80]当我的身体在感知他人身体时，“在他人身体中看到自己的意向的奇妙延伸，看到一种看待世界的熟悉方式；从此以后，由于我的身体的各个部分共同组成了一个系统，所有他人的身体和我的身体是一个单一的整体，一个单一现象的反面和正面，我的身体每时每刻是其痕迹的来源不明的生存，从此以后同时寓于这两个身体中。……在我看来，他人不再是我的先验场中的一个行为，在他人看来，我也不再是他人的先验场中的一个行为，在一种完全的相互关系中，我们互为合作者，我们互通我们的看法，我们通过同一个世界共存。”[81] 梅洛-庞蒂就这样用他的身体概念不但克服了胡塞尔在他人问题上的唯我论倾向，也克服了萨特将他人视为“地狱”的极端个人主义。身体概念不是加强了主体性或个体性，而是像黑格尔一样，使他人和社会存在成了自我的本质规定。身体概念是对传统主体概念的颠覆。

语言哲学

身体不但体现了人类的共存性，它还通过语言开启了人类共存的文化世界。作为行为和能力的身体，首先就是语言行为和能力，没有语言的身体是无法想象的。身体在表现，身体在说话，在与世界和他人的对话中，世界在我们面前渐渐展开。身体概念的根本特征：前主体性、前反思性、意向性、共存性、交往性等在语言和语言行为中得到了集中体现。要真正掌握梅洛-庞蒂的思想，必须理解他的语言哲学。

梅洛-庞蒂认为，传统的经验主义和理智主义心理学都没有正确地理解语言。经验主义心理学将语言看作是一个心理、生理乃至物理现象，语言完全没有自己的主动性。理智主义心理学虽然承认语言的主动性，但仍然只是将语言看作是思想的一个惰性的外壳。经验主义和理智主义都将思想与语言判然两分，这实际上是传统西方思想二元论在语言问题上的反映。而在梅洛-庞蒂看来，语言不是思想的符号，“事实上，言语和思想，一个包含在另一个之中，意义包含在言语中，言语是意义的外部存在”[82]。而意义又内在于身体行为。但这决不是说语言是我们可以绝对控制的纯粹工具或符号系统。恰恰相反，现实的言语（parole）要比我们意识的意向所指更深更广，它的意义是说话者无法控制的。

梅洛-庞蒂对语言的思考重点在言语上，因为言语和表达是身体—主体的一个基本规定。这并不是说他认为身体的任何行为都可以归结为言语行为，梅洛-庞蒂承认有前语言的理解，但是，思想和语言却始终是一体的。言语是身体的一种姿态，它不仅指向一个具体的目标，而且也指向整个世界。它是身体意向性的一个典型例子。语言所记录的不是“我思”，而是“我能”。[83]

说语言始终非使用语言的人所能控制，并不是说语言的使用者对语言毫无办法，只有服从。相反，就像人既为环境所决定，又能改变环境一样，人既受制于语言，又能对语言有所创造。梅洛–庞蒂借用瑞士语言学家索绪尔区分的语言（langue）和言语（parole）这两个概念来表达这个思想。按照索绪尔的区分，言语是个人日常的语言活动；而语言则是言语活动的准则，是一个整体，一套分类原则，一种社会制度。语言是社会的，而言语总是个人的。[84]在梅洛–庞蒂看来，虽然语言体现了人的社会存在，但言语往往能突破现成和给定的东西，创造出新的语言可能性，这就是艺术家、诗人和哲学家经常做的事。

但是，对于梅洛–庞蒂来说，言语不可能是纯粹个人的事，因为言语总是马上就变成一种交流，这是由身体的共存性所决定了的。说话者和听者，作者和读者之间创造着一个将他们联系在一起的共同基础，说和听不是主动和被动的单向灌输过程，而是难分主动和被动的积极的交流过程和对话过程。我并不是仅当我说时才是主动的，倒不如说我在听者那里先于我的思想；当我在听时，我也不是被动的，倒不如说我是根据他人说的东西在说。说也不只是我自己的主动，听也并不是从属别人的主动。因为在对话或交流中不是不同的心灵在发生关系，而是作为言语的我和作为言语的他人在交流。作为说的主体我们在继续，在恢复一个比我们更古老的过程，这就是真理产生和表现的过程。[85]

如果交流或对话是语言的本质的话，那么言语的交往性就根本排除了传统的主体优先性。当我说话或理解的时候，他人在我之中，我也在他人之中。“就我说的东西有意义而言，当我说话时，我对我自己是一个不同的‘他人’；就我理解而言，我不再知道谁在说，谁在听。”[86]实际上，是语言在说，语言在听。语言就是我们，我们就是语言。身体—主体的语言性和语言（言语）本身的交往性不仅彻底消解了传统的主体概念，而且也泯灭了传统我与他人的界限。惟有如此，主体间性的概念才真正得以成立。

越到后来，梅洛-庞蒂越将语言存在论化，在他未完成的晚年著作《可见的和不可见的》中，他称“语言是生命，是我们的生命和事物的生命。”[87]“语言是存在最有价值的见证。”[88]哲学本身也是语言，“这种语言只能从内部，通过它的操作被认识，它由沉默的声音唤起，继续着表达的努力，那就是一切存在者的存在。”[89]

至此，我们可以看到，梅洛-庞蒂的语言思想与海德格尔和伽达默尔的语言思想非常相近，他们都追求一种语言存在论，希望由此解决传统存在论所造成的世界分裂的问题。他们都将语言视为存在的展开和真理的产生过程；他们都认为言语行为是人的基本存在方式；语言证明了人的共存性；语言不但是交往的工具，也是创造的工具，语言对自身的超越就是新的意义的诞生，语言的改变就是世界的改变；人只有听从语言的召唤时他才是人。但是，与海德格尔和伽达默尔不同的是，梅洛-庞蒂最终没有把语言等同于存在，他坚持认为：“没有存在就既没有世界，也没有语言，无论什么都没有；存在就是本质。”[90]

对历史的反思

梅洛-庞蒂在一般哲学上的成就使人往往忽略他的政治理论和政治哲学。其实，他和萨特一样，一生写了不少有关政治和政治哲学的文字，除了《人道主义和恐怖》和《辩证法的冒险》外，其他的著作中也往往涉及政治的主题。从表面上看，他的哲学要比萨特的哲学学术气更浓，更像学院哲学，实际上他和萨特一样，是要“将现象从纯粹意识的水平拉到具体的生活世界中，事实上是试图将现象学在个人实存和社会实存中具体化。”[91]这就注定他会把政治作为自己哲学思考的主题。

其实，梅洛-庞蒂哲学的政治倾向在《知觉现象学》中就可以看出来了，在这部著作的前言中，他就提出了是根据政治，还是根据宗教或经济来理解历史的问题。我们的身体性决定了我们与他人共存于世，任何历史的实践都是社会和文化世界的事件。知觉并不是赤裸裸的生理反应，而是渗透着意义，我们只有在具体的历史的现实中才能理解意义。

我们知道，梅洛-庞蒂早年受到黑格尔《精神现象学》和青年马克思的影响。这两个人都将人类的历史活动作为自己的思考的主题。尤其是马克思，他摆脱了唯心主义和形而上学唯物主义，创建了一门社会存在或实践的理论。梅洛-庞蒂发现，马克思主义既不是主体的哲学，也不是客体的哲学，而是一门历史哲学。他不同意许多人对马克思主义经济决定论的理解，而认为马克思说的是历史不在头脑中运行，历史也不用脚来思考。[92]我们完全可以用另一种语言来表达历史唯物主义。在梅洛-庞蒂看来，历史是多义的，决定历史的因素也是多样的，“某个历史时期可能被认为文化占据主导地位，政治占据主导地位或经济占主导地位。我们的时代的历史在经济方面是否具有主要意义，我们的意识形态在经济方面是否只有派生或次要的意义，这个问题不再属于哲学范围，而是属于政治范围，当人们了解到是经济剧情还是意识形态剧情最完整地包含事实时，人们将解决这个问题。”[93]

第二次世界大战结束后，随着苏联在二十世纪三十年代制造的种种冤案真相大白于世，人们越来越多地以人道主义的名义对马克思主义和共产主义提出质疑和批评。在对待这个问题时，梅洛-庞蒂不像许多人那样感情用事，他反对抽象谈论人道主义问题，反而像黑格尔和韦伯那样从现实政治出发来考虑问题。如果人们道德主义或虚伪地消除了人道主义观念中真实的权力关系，或倒过来，将暴力和权力操作与设定人类目标断绝开来，以为暴力就是暴力，那么对历史负责的行为就将失去基础。历史的行为要由它们的成功或失败来判断，“历史地行动”不可避免要使自己服从对事件的客观判断，在这里，个人意向，无论好坏，都是不相干的。但是，他也拒绝正统马克思主义讲的，历史发展逻辑的“科学理论”可以作为行动的基础，因为政治活动和社会活动在发动时人们无法知道它们究竟是否会与历史的进程合拍。作为历史哲学，马克思主义意识到实践领域的不确定性，它并不能规定具体的行动，但是开启了一种历史的可能性。历史的具体发展虽然不能看透，但历史的一般目标却是清楚的，这就是一个无阶级社会，人只对自然拥有权力，人与人和解了，无产阶级成为历史的“规范”。它的使命就是完成历史，创造人性。

从逻辑上看，梅洛-庞蒂是自相矛盾的。既然人们连具体历史过程都无法确定，或者说，它具有歧义性，那么那个肯定的历史目标又是靠什么来保证的？虽然梅洛-庞蒂在这里没有谈到目的论，实际上他像所有认定历史目标的哲学家一样，不能不在他的历史哲学中悄悄引入目的论的因素。但是，这与他整个哲学的暧昧性原则是不相容的。这里，其实不是逻辑的问题，而是信仰和希望的问题。这种矛盾的历史哲学反映了梅洛-庞蒂对于人类未来的信仰和希望。

在《辩证法的冒险》中，梅洛-庞蒂根据他越来越明确的模糊性和歧义性原则修正了早先的一些看法，使他的历史哲学与他的整个哲学更加一致。他认为，历史中的任何东西都既是运动，同时又是惰性，革命一旦固定下来和体制化以后，就不再是它作为运动所是的东西了。历史行动本身都有暧昧性和惰性，因此，历史的任务不可能作为直接的目标出现，而只能以大致的形态标示出来。实践有一种无法参透的历史深度，直接与事物打交道只是一种梦想。除了在某些瞬间，所有与历史的接触都是间接的，所有的行动都是象征的。历史不再明确地趋向一个统一的目标，意义不在于一门心思对准某些目标，而在于明确地提问，我们根据这些提问来衡量我们的进步和退步。进步不是真理的积累，进步是多样的，相对的和多义的，新的进步总是提出新的问题。普遍历史是不可想象的。辩证法并不像萨特说的那样提供一种目的性，即使分别存在于各个部分的整体呈现；而是提供了一个全面的、原始的经验场的总体结构，在这总体结构中每一个因素都对其他因素开放。辩证法只是人们相互交往和与存在交往的经验的表达或真理。它是一种思想，本身并不构成总体，但处在总体之中。[94]由于人类活动原始的暧昧性，具体的辩证法总是为双重意义，可逆性、不断产生和计划与秩序的多样性留下余地。[95]甚至一切最终解决都是模棱两可的。历史并不按照一个模式来运作，它只是意义的来临。

梅洛-庞蒂对历史的暧昧性解释只是瓦解了教条和独断的总体性历史概念，但并没有使他陷入市侩式的相对主义。他仍然相信："即使马克思主义的辩证法没有掌握我们的历史，即使我们无论何处都看不到无产阶级作为统治阶级出现，这个辩证法继续啃啮着资本主义社会，它保持它作为否定的全部价值；一个无产阶级不算数的历史不是人的历史，这仍然是正确的，将永远是正确的。"[96]

暧昧性原则和梅洛-庞蒂哲学的最后发展

梅洛-庞蒂的哲学从一开始就被人称为"暧昧性的哲学"[97]，"暧昧"的确是梅洛-庞蒂哲学的一个鲜明特征。在这里，"暧昧"不是一个贬义词，"暧昧"指的是异质性东西相反相成，指的是矛盾存在的合理性，指的是事物的辩证关系，指的是世界及其事物的不确定性。在他之前也有哲学家多少已经指出，最著名的当属黑格尔，但像他那样将暧昧性视为存在的根本特征的还不多见。

从前面的论述中我们已经可以看到，从最简单的现象知觉到人类历史，都有明显的暧昧性。在《知觉现象学》中，梅洛-庞蒂明确指出，知觉是模棱两可即暧昧的，“荒谬的体验和绝对明证的体验相互蕴涵，是难以分辨的。”[98] 历史更是如此，“历史的意义每一步都受到步入歧途的威胁，不断需要重新解释。主流决不是没有逆流或混乱。它甚至从未被给定为一个事实。它只是通过不对称，残余，转向和倒退来揭示自己。……历史没什么意义，更多的是消除无意义。”[99]

尽管如此，梅洛-庞蒂还是提醒人们要区分好的暧昧和坏的暧昧（他称为歧义 équivoque），[100] 坏的暧昧是对事物认识不清楚，或混同有限性和普遍性，内在性和外在性，是应该消除的。而好的暧昧不是偶然的认识不清，而是知识积极的不可消除的特征，也是存在本身的特征，从知觉结构的建构，到身体运动机能的多面性；从性欲的微妙到感情世界的暧昧；从体验的时间性到行为处境的无法统览，无不体现了这种存在的暧昧。“在意识的实际生活中，人们不能说**一切东西都有一种意义或一切东西都没有意义**，而只能说**意义是有的**。”[101] 当然，这意义本身是开放的，多少是不确定的，因而是多义的。“这种模棱两可不是意识或存在的不完全，而是它们的本质规定。”[102]

如前所述，梅洛-庞蒂认为，传统的主体和客体之间，还有一个存在自组织的过程，这个自组织过程是原始的，即无前提的，它属于所谓的第三向度。这样出现的世界无所谓可证明的真和假，可证明的真和假总是有前提的，而这个原始的世界本身是证明的前提，它不再有前提，它既不真也不假。而寻常人们说的那种真理及其证明，只有在这个基础上才有可能。梅洛-庞蒂的这个思想让人想起了尼采的谱系学和海德格尔关于真理的思想。这也意味着意义不是由主体构造，它的发源地在一个前世界和匿名的前我，它是前谓语、前个人、前反思的形成的。但这个过程也是可逆的，即人们接受意义，也改变意义。“感性事物把我提供给它的东西还给我，但这是我从它那里得到的东西。”[103]“我们选择了我们的世界，世界选择了我们。”[104] 这种循环的过程表明主动和被动的区分在存在论的层面是暧昧的。

可以说，暧昧性思想贯穿了梅洛-庞蒂哲学的始终，这也使得他的哲学异乎寻常的深刻。越到后来，他对暧昧性越自觉。针对萨特的纯粹否定的“坏的辩证法”，他要创造一种“好的辩证法”，他把它叫做“超辩证法”。“我们称为超辩证法的东西是一种……能达到真理的思想，因为它无限正视关系的多样性和被称为暧昧性的东西。”[105] 梅洛-庞蒂认为存在既不能被定义为自为，也不能被定义为自在，他要重新发现在反思意识造成存在的分裂之前的存在，这种发现既不能在我们之外，也不能在我们之内，而只能在内外两种运动的交叉点。这个交叉点，就是身体。

但身体如果是内外两种运动的交叉点，它就不能再是《知觉现象学》的身体—主体意义上的身体了。梅洛-庞蒂发现，《知觉现象学》的术语，如知觉和被知觉仍然是旧二元论的残余。他现在要寻求的是身体—主体与其环境对话不可见的基础。身体的概念被去人类化地扩大到世界，它同时是事物世界的一部分，是能看和感受事物的事物。身体既是可见的东西，又是观者，即所谓不可见的。这里“不可见”的意思，并不是通常意义的无法看见，而是世界本身的一种缺席形式，是“这个世界的不可见”。“不可见”是自身隐藏的存在，存在是可见的东西不可见的那个向度。[106] 在这个意义上，身体不再是身体，身体是主体和客体自己形成的环境，是身体间性（intercrporéité），是“世界的肉”。这使得梅洛-庞蒂可以说：“我身体的经验的他人的经验本身是同一存在的两个方面。”[107]“我身体是由像世界同样的肉构成的，……世界也有我身体的肉，世界**反映**它，占用它，它也占用世界，……它们是侵越或重叠的关系。”[108] 这就是说，我、他人和世界是一体的，而不是对立的，这个一体由共同的材料——肉（*la chair*）来保证。

但是，“肉”这个概念按照传统思维方式是不好理解的，因为它既非物质，亦非精神，而属于梅洛-庞蒂要找的第三者。梅洛-庞蒂说，要指称它，我们只有求助前苏格拉底思想家用的古老术语“元素”。在古希腊，“元素”指水、气、土、火等一般事物，是时空个体与理型之间的中间地带，是一种给任何存在一种存在风格的实体化原则。肉就是在这个意义上是存在的元素。[109]我们无法用感官来感知这个肉，但它表现在世界的各种结构中，可以为我们意识到。梅洛-庞蒂提出肉这个概念当然不是要生造一种实在，而是要指出在传统主体与客体，精神与物质的二分后面，还有一个更原始的实在（但不是实体）。肉是对这个原始实在的现象学描述。实际上，肉或世界的肉是他的新存在论的基础，所以我们有时也不妨将这个“肉”解读为存在。

虽然梅洛-庞蒂没有完成他的新存在论的全部论述就突然去世，但是这新存在论的基本倾向还是十分清楚的。不可见的存在是可见的知觉世界的基础，它不是结构，而是结构所处的域。它是世界的差异统一的最终基础。梅洛-庞蒂一定认为，这个存在论如果得以建立的话，传统二元论将被彻底克服。由于这个存在论没有最终完成，我们很难对它下什么结论。但有一点是可以肯定的，如果传统二元论的确错了的话，梅洛-庞蒂的存在论应属最有创造力和想象力的克服方案之一。

注释

[1] Sartre, *Being and Nothingness*, New York, 1956, p.74.
[2] 〔法〕萨特:"七十自画像",《萨特研究》,柳鸣九编选,中国社会科学出版社,1981 年,第 89 页。
[3] 同上。
[4] 〔法〕西蒙娜·德·波伏瓦:《萨特传》,黄忠晶译,百花洲文艺出版社,1996 年,第 451 页。
[5] 同上,第 415 页。
[6] 同上,第 416 页。
[7] "可怕的处境——关于访问巴德尔问题与萨特的谈话",《外国哲学资料》,第 5 辑,商务印书馆,1980 年,第 251 页。
[8] 〔法〕西蒙娜·德·波伏瓦:《萨特传》,黄忠晶译,百花洲文艺出版社,1996 年,第 287 页。
[9] 〔美〕赫伯特·斯皮格尔伯格:《现象学运动》,王炳文、张金言译,商务印书馆,1995 年,第 692 页。
[10] Jean-Paul Sartre, *Outline of a Theory of the Emotion*, New York, 1948, p.51.
[11] Jean-Paul Sartre, *Philosophische Essays 1931—1939*, Reinbek, 1982, s.282.
[12] 〔法〕西蒙娜·德·波伏瓦:《萨特传》,黄忠晶译,百花洲文艺出版社,1996 年,第 415 页。
[13] 〔法〕萨特:《存在主义是一种人道主义》,周煦良、汤永宽译,上海译文出版社,1988 年,第 21 页。
[14] Cf. Jean-Paul Sartre, *Being and Nothingness*, New York, 1956, pp.21-22.
[15] Ibid., p.29.
[16] Ibid., p.60.
[17] 〔法〕萨特:《存在主义是一种人道主义》,周煦良、汤永宽译,上海译文出版社,1988 年,第 8 页,译文有改动。
[18] 同上,第 24 页。
[19] 同上,第 16 页。
[20] 同上,第 23 页。
[21] 同上,第 21 页。
[22] Cf. Jean-Paul Sartre, *Being and Nothingness*, pp.96-99.
[23] Ibid., p.175.
[24] Ibid., p.179.
[25] Ibid.
[26] Ibid., p.784.
[27] Vgl. Bernhard Waldenfels, *Phänomenologie in Frankreich*, Frankfurt an Main, 1987, s.102.
[28] 参看〔美〕L.J. 宾克莱:《理想的冲突》,马元德等译,商务印书馆,1983 年,第 248 页。
[29] 萨特:"为什么写作?",《萨特研究》,柳鸣九编选,中国社会科学出版社,1981 年,第 23 页。
[30] 同上,第 24 页。
[31] 参看〔法〕萨特:《存在主义是一种人道主义》,周煦良、汤永宽译,上海译文出版社,1988 年,第 27 页。
[32] 萨特:"答加缪书",《萨特研究》,柳鸣九编选,中国社会科学出版社,1981 年,第 49 页。
[33] 转引自《理想的冲突》,第 263 页。
[34] 同上,第 255 页。
[35] 〔法〕萨特:《辩证理性批判》(上册),林骧华等译,安徽文艺出版社,1998 年,第 18-19 页。

［36］同上，第 71 页。
［37］同上，第 139 页。
［38］同上，第 109–110 页。
［39］同上，第 116 页。
［40］同上，第 108 页。
［41］同上，第 170 页。
［42］同上，第 264 页。
［43］同上，第 265 页。
［44］同上，第 270 页。
［45］参看〔美〕L.J. 宾克莱:《理想的冲突》，马元德等译，商务印书馆，1983 年，第 254–255 页。
［46］参看〔美〕赫伯特·斯皮格尔伯格:《现象学运动》，王炳文、张金言译，商务印书馆，1995 年，第 743 页。
［47］Vgl. Bernhard Waldenfels，*Phänomenologie in Frankreich*，s.114.
［48］参看〔美〕约瑟夫·祁雅理:《二十世纪法国思潮》，吴永泽等译，商务印书馆，1987 年，第 94 页。
［49］Vgl. Bernhard Waldenfels，*Phänomenologie in Frankreich*，s.142.
［50］Ibid.，s.143.
［51］Jean-Paul Sartre，“Merleau-Ponty”，in *Situations*，London，1965，p.283.
［52］〔法〕莫里斯–梅洛–庞蒂著，杨大春译,《哲学赞词》，2000 年，第 21 页。
［53］参看〔法〕梅洛–庞蒂:《哲学赞词》，杨大春译，商务印书馆，2000 年，第 21–22 页。
［54］〔法〕梅洛–庞蒂:《知觉现象学》，姜志辉译，商务印书馆，2001 年，第 16–17 页。
［55］同上，第 6 页。
［56］同上，第 10 页，译文有改动。
［57］同上，第 12 页。
［58］同上，第 12 页。
［59］同上，第 14。
［60］同上，第 17 页，译文有改动。
［61］同上，第 18 页。
［62］同上。
［63］格式塔是德语词 Gestalt 的音译，该词意为“形态、格式”。
［64］同上，第 88 页。
［65］Merleau-Ponty，*The Structure of Behavior*，Boston，1963，p.99.
［66］Merleau-Ponty，*The Primacy of Perception and Other Essays on Phenomenological Psychology*，*the Philosophy of Art*，*History and Politics*，Evanston，1964，p.4.
［67］〔美〕赫伯特·施皮格伯格:《现象学运动》，王炳文、张金言译，商务印书馆，1995 年，第 765 页。
［68］Merleau-Ponty，*The Structure of Behavior*，p.197.
［69］Vgl. Bernhard Waldenfels，*Phänomenologie in Frankreich*，s.160.
［70］〔法〕梅洛–庞蒂:《知觉现象学》，姜志辉译，商务印书馆，2001 年，第 91 页。
［71］〔法〕梅洛–庞蒂:《哲学赞词》，杨大春译，商务印书馆，2000 年，第 9 页。
［72］〔美〕赫伯特·施皮格伯格:《现象学运动》，王炳文、张金言译，商务印书馆，1995 年，第 768 页。
［73］〔法〕梅洛–庞蒂:《知觉现象学》，姜志辉译，商务印书馆，2001 年，第 5 页。
［74］同上，第 6 页。
［75］Merleau-Ponty，*The Primacy of Perception and Other Eassay*，p.13.

［76］〔法〕梅洛-庞蒂:《知觉现象学》，姜志辉译，商务印书馆，2001年，第540页。
［77］同上，第194页。
［78］同上，第300页。
［79］同上，第438页。
［80］参看〔法〕梅洛-庞蒂:《哲学赞词》，杨大春译，商务印书馆，2000年，第56页。
［81］〔法〕梅洛-庞蒂:《知觉现象学》，第445-446页。
［82］同上，第237页。
［83］〔法〕梅洛-庞蒂:《哲学赞词》，第50页。
［84］参看〔瑞士〕索绪尔:《普通语言学教程》，高名凯译，商务印书馆，1982年，第28-37页。
［85］Cf. Merleau-Ponty，*The Prose of the World*，Evanston，1973，pp.143-144.
［86］Merleau-Ponty，*Signs*，Evanston，1964，p.97.
［87］Merleau-Ponty，*The Visible and the Invisible，followed by Working Notes*，Evanston，1968，p.125.
［88］Merleau-Ponty，*The Visible and Invisible*，p.126.
［89］Ibid.
［90］转引自〔美〕祁雅理:《二十世纪法国思潮》，吴永宗等译，商务印书馆，1987年，第76页。
［91］〔美〕赫伯特·施皮格伯格:《现象学运动》，王炳文、张金言译，商务印书馆，1995年，第784页。
［92］〔法〕梅洛-庞蒂:《知觉现象学》，姜志辉译，商务印书馆，2001年，第16页。
［93］同上，第227页。
［94］Merleau-Ponty，*The Adventure of Dialectic*，London，1974，p.204.
［95］Ibid.，pp.203-204.
［96］Ibid.，p.228.
［97］参看〔美〕赫伯特·施皮格伯格:《现象学运动》，王炳文、张金言译，商务印书馆，1995年，第748页。
［98］〔法〕梅洛-庞蒂:《知觉现象学》，姜志辉译，商务印书馆，2001年，第375页。
［99］Merleau-Ponty，*The Adventure of Dialectic*，p.39.
［100］〔法〕梅洛-庞蒂:《哲学赞词》，杨大春译，商务印书馆，2000年，第2页。
［101］〔法〕梅洛-庞蒂:《知觉现象学》，姜志辉译，商务印书馆，2001年，第375页。
［102］同上，第420页，译文有改动。
［103］同上，第275页。
［104］同上，第568页。
［105］Merleau-Ponty，*The Visible and Invisible*，p.94.
［106］Cf. Frederick Copleston，*A History of Philosophy*，vol. Ⅸ，p.410.
［107］Merleau-Ponty，*The Visible and Invisible*，p.225.
［108］Ibid.，p.248.
［109］Ibid.，p.139.

第十三讲　意义的追寻：伽达默尔和利科

伽达默尔

伽达默尔是当代最有影响的德国哲学家之一，也是哲学释义学的主要代表人物。他不但将释义学变成了普遍的哲学理论，而且通过阐发释义学的实践哲学底蕴为实践哲学在当代的复兴奠定了基础。他对古典哲学的创造性诠释恢复了传统大师的活力，使得它们成为今天人们思考当代问题的现实背景。他多方面的研究成就对当代思想产生了不可忽视的影响。他将和他那些伟大的前辈：康德、黑格尔、尼采、胡塞尔、海德格尔一样，在哲学史上占有一席之地，虽然不会像他们那么显赫。

伽达默尔的哲学之路

伽达默尔（Hans-Georg Gadamer，1900—2002）1900 年 2 月 11 日出生在德国马堡一个知识分子家庭。他父亲是化学教授，基本上讨厌一切书本知识，伽达默尔自幼时就想了很多办法来使他对自然科学感兴趣，但都失败了。伽达默尔从一开始就对人文之学情有独钟。但直到他步入大学的校门，他都没有想到他最终会走上哲学的道路。

1918 年，伽达默尔从布列斯劳圣灵文科中学毕业，进布列斯劳大学学习，师从新康德主义哲学家 Richard Hönigwald。第二年转学马堡大学，投在新康德主义马堡学派的代表人物那托普门下，同时也跟尼古莱·哈特曼学习，1922 年，他完成了题为《柏拉图对话中乐趣的本质》的博士论文，但这篇论文写得很糟。当时流行的学院哲学丝毫不能引起他的兴趣，倒是哈特曼对他的影响更大一些。1923 年与海德格尔的相遇改变、决定了伽达默尔一生的哲学方向，当时他去弗莱堡参加海德格尔关于亚里士多德伦理学的讨论班。海德格尔使他能从原始的世界经验出发去思考古希腊哲学，使他明白哲学传统中发展的思想只是因为被理解为现实问题的答案才有力量，柏拉图和亚里士多德的问题实际是我们自己的问题。这就决定了释义学和希腊哲学是伽达默尔一生哲学的两个中心。

为了更好地掌握古希腊哲学，伽达默尔去攻读了古典语文学，于 1927 年通过国家考试。1929 年，伽达默尔的教授资格论文《柏拉图的辩证伦理学》获得通过。之后他先后在马堡大学和基尔大学以编外讲师的身份教书，1937 年升为教授，1939 年去莱比锡大学任教。在纳粹统治期间，伽达默尔采取了远离政治的态度，一头扎进古典研究中，这其实就是一种态度。他认为，在这样的时代，一个国家最好的人如果不想被政客左右的话，就应进入他们不感兴趣的领域。1934 年，他发表了一篇题为《柏拉图与诗人》的论文，在论文的开头他引了歌德的一段话："进行哲学思考的人都不会同意时代的想法。"他以这种方式表明了他对这个时代的态度。

第二次世界大战结束后，伽达默尔当上了莱比锡大学的校长。1947 年他离开当时的东德到法兰克福大学任教，于 1949 年去海德堡大学接替雅斯贝尔斯的教授位置，直到退休。在写完他的教授资格论文后，除了一些论文外，伽达默尔基本上没写什么东西。到了海德堡后，虽然他除了教学外还担任哲学系主任的行政工作，但他开始写他的传世杰作《真理与方法》，该书于1960年出版，获得巨大成功。伽达默尔1968年退休，退休后又去美国教书，让他感受到了“第二青春”。伽达默尔活了一个多世纪，而他的哲学工作也一直延续到他生命的最后一息，他晚年的文章和报告依然充满了思想的活力和魅力，在这个意义上说，伽达默尔自身就是一个奇迹。

伽达默尔在晚年越来越多地把目光投向我们这个时代的一些根本问题，如技术对人的宰制、科学的负面效应、国家理性对社会生活的影响、不同文化的相互理解等。作为二十世纪人类种种罪恶与灾难的见证人，伽达默尔尤其关心人类的团结。冷战结束后，他没有像某些目光短浅的人那样，以为天下从此太平，再也不会有什么危险了。相反，他认为贫富差距不断扩大，南北矛盾不断加剧，生态危机日益严重，不同文化不能相互理解，这些问题如果不解决的话，人类会陷入更大的灾难。2000年他100岁时，德国《明镜》周刊对他做了一个采访，当记者问他在哲学中希望实现什么时，他回答说，如果我们最终开始使世界各宗教重新相互对话的话，那会是一件美妙的事。

伽达默尔著作等身，除了《真理与方法》(1960)外，还有《短篇著作集》(4卷)(1967)、《黑格尔的辩证法》(1972)、《科学时代的理性》(1976)、《柏拉图和亚里士多德的善的理念》、《海德格尔的道路》(1983)、《赞美理论》(1983)、《欧洲的遗产》(1989)、《释义学的筹划》等。此外，他的《全集》(10卷本)在他在世时已出版，但收罗很不全。

伽达默尔对释义学的理解

可以说，伽达默尔是以他的哲学释义学走上哲学舞台，并为人所知的。在讲狄尔泰时，我们已经讲过，释义学是一门古老的学问，已有数千年的历史。最初是指对各种文献的注疏解释。施莱尔马赫在把它改造后将它引入哲学。狄尔泰系统研究和阐发了释义学思想，使释义学真正成了哲学的基本方法和理论，为哲学释义学奠定了基础。海德格尔年轻时深入细致研究过狄尔泰，狄尔泰的释义学思想对他有重大的影响，释义学成了他在《存在与时间》中分析生存论的基本方法，他的基础存在论又叫事实性的释义学。当然，海德格尔将释义学进一步存在论化，它无关正确解释，而只关系此在自身可能性的展开。领会不是认识论的操作，而是我们生存的基本方式。领会体现了我们能存在，领会是我们筹划意义，筹划我们存在方式的过程。海德格尔的释义学构成了伽达默尔哲学释义学的起点。

在《真理与方法》二版序言中，伽达默尔明确表示："我认为海德格尔对人类此在的时间性分析已经令人信服地表明：理解不属于主体的行为方式，而是此在本身的存在方式。本书中的'释义学'概念正是在这个意义上使用的。它标志着此在的根本运动性，这种运动性构成此在的有限性和历史性，因而也包括此在的全部世界经验。既不是随心所欲，也不是片面夸大，而是事物的本性使得理解运动成为无所不包和无所不在。"[1]因此，对于伽达默尔来说，释义学基本上不是一个人文科学方法论的问题，不是主体认识客体的主观意识活动，而是人类基本的存在活动，所以，"理解文本和解释文本不仅是科学深为关切的事情，而且也显然属于人类的整个世界经验"[2]。

尽管伽达默尔对他的出发点阐述得十分清楚，却经常遭到误解，误解他的不但有批评他的人，也有同情他的人。在一些批评者看来，《真理与方法》的书名应该改为《真理或方法》，批评伽达默尔将真理与方法对立了起来，以为不需要方法就可以达到真理。的确，伽达默尔正是要通过他的释义学表明现代科学方法的局限，以及超越这种方法的正当性。他在《真理与方法》一开头就表明了这个态度："本书探究的出发点在于这样一种对抗，即在现代科学范围内抵制对科学方法的普遍要求。因此本书所关注的是，在经验所及并且可以追问其合法性的一切地方，去探寻那种超出科学方法控制范围的对真理的经验。”[3]

所谓科学方法当然有种种表述，但归根结底都是以人为先验设定的假设、程序和检验标准来检验结论的对错，当然，对错的最终标准总是“客观事实”，而所谓的“客观事实”总是预设了一个能认识和判断“客观事实”的主体，或“主观”自我意识。它是方法理性的最终基础，它可以在主客体对立分裂的基础上认识所谓“科学真理”，但它却无法达到存在的真理，而存在的真理才是伽达默尔的释义学要追求的目标。因此，只有抛弃流行的科学方法，而以释义学作为达到真理的进路，这是海德格尔谈论释义学的初衷，也是伽达默尔释义学的初衷。因此，哲学释义学首先关心的不是提供一套正确理解的原则，不是如何消除误解，而是如何释义学地展开我们原始的世界经验，同时揭示我们世界经验的释义学性，从而使我们看到方法理性或工具理性使我们无法看到的更为根本的东西。

但是，这决不是说，伽达默尔完全拒绝方法。相反，他说哲学的作用就是使我们意识到学问和方法在人类生存整体及其理性中有其有限的地位。[4]但是在释义学经验中方法基本无用武之地，因为这里要展示的恰恰是一个前方法、前主体的世界，这里进行的是存在论的活动，而不是认识论的操作。领会对象其实不是对象，而是领会者自己。无论是对传统的领会还是对艺术作品的领会，都不是对象性领会，而是前理性的世界真理之显现和展开。领会的过程是世界自我展开的过程，而不是主体认识客体的过程。当然，除了原始的存在论意义上的领会外，也可以有认识论意义上的技术性的理解，这时方法论就可以派上用场了。例如，当我们听一首莫扎特的乐曲时，一旦我们领会了的话，我们会完全忘我地进入音乐给我们展开的世界，完全与之融为一体。陶渊明的

“此中有真意，欲辨已忘言”恰恰就是对这种状态的描述。但是，人们也完全有另一种做法，像现在流行的做法那样，由专家像解剖一具尸体那样来分析这首乐曲，主题、旋律、和弦等等，然后告诉你乐曲如何一步步展开，作者要表现什么，哪些地方特别值得注意等等，甚至还可以利用现代的音响设备把乐曲五马分尸般地一点一点分割开来听。

没有人会怀疑这种“理解”[5]的正当性，但伽达默尔却要确立超出这种“理解”的正当性，这却使很多人无法理解。人们因为伽达默尔讲的领会不是这样的技术性理解，因而委屈了科学方法来责备他。科学方法成了对存在经验与真理的禁锢，这正是伽达默尔的哲学释义学所要质疑和否定的。要正确理解伽达默尔的释义学，必须牢记他的基本问题和出发点。

审美意识批判与艺术经验

虽然伽达默尔和海德格尔对释义学的基本理解是一致的，但他们对释义学的阐发却有很大的不同。海德格尔只是停留在分析领会的生存结构上，而伽达默尔则要从我们的审美经验和历史经验着手来展开他的思路。伽达默尔认为，我们之所以无法直面原始的生存经验，是因为我们通过中产阶级教育接受的意识形式——审美意识和历史意识，都是我们真正的历史存在的异化形式，它们以歪曲的形式支配了我们的基本经验，使得真理无法出现。因此，《真理与方法》首先从审美意识批判开始，“试图从这个出发点开始去发展一种与我们整个释义学经验相适应的认识和真理的概念”[6]。

“美学”是近代主体主义思潮的产物，它之所以能作为一个独立的领域存在，是由于通过主体的抽象，撇开作品作为其原始审美关系而生根于其中的一切东西，撇开了一部作品存在于其中并在其中获得其意义的一切宗教的或世俗的影响，一句话，撇开作品的世界经验背景，将它作为一个纯粹的审美对象。审美对象与非审美对象的根本区分就是后者是在世界中的，而前者是没有世界的。这样，审美领域自然与知识和真理无关，与实际生活更无关，而只是和感性的愉悦有关的孤立、独立的领域。

相应于这种对审美对象的区分和规定，艺术也被解析为形式和内容。艺术只关形式，不关内容，艺术家只是用形式表达感情和提供感官愉悦。但是，这显然与我们的艺术经验是不符的。当我们接触到一件伟大的艺术作品时，我们通过它看到的首先是一个世界，就像海德格尔在《艺术作品的本源》中分析梵高画的农夫的鞋时所指出的。我们首先看到的不是形状、色彩和线条，而是这双鞋所展示的世界，以及和这世界一起出现的知识和真理。我们在读李白或杜甫的诗时，我们一般不会首先想到它们的形式，而是它们将我们带入的世界。当我们感同身受时，可以说我们进入了它们的世界，也可以说它们成了我们的世界的一部分。它们给我们的首先不是审美的愉悦，而是生命的丰富和充实。它们将存在的真理呈现在我们的面前。我们不会区分审美的和非审美的，而只会觉得世界就是这样的。艺术的经验就是我们存在的经验。

当然，如果我们不从原始经验出发，而从知性的认知经验出发的话，那么我们会说艺术品表现的东西都是“假的”，我们应该保持超然的审美距离去欣赏它们，单纯地看，单纯地听。但是，伽达默尔指出：“单纯的观看，单纯的闻听，都是独断论的抽象，这种抽象人为地贬抑可感现象。”[7]当我们自以为高雅地将艺术作品作为“审美对象”时，我们在它们那里的确除了感性（审美）愉悦外什么也得不到。但是，在伽达默尔看来，艺术的正当性不是它给予感性（审美）愉悦，而是它揭示了存在。[8]

如果我们不把艺术作品看作是审美对象，而是存在真理揭示自身的媒介的话，我们就不能，也不是像认识科学对象那样来把握这真理的。存在的真理需要领会，这种领会不是领会与己无关的东西，而是自我领会，“探讨艺术真理的问题尤其有助于准备这个广泛展开的问题，因为艺术作品的经验包含这领会，本身表现了某种释义学现象。”[9]这就是说，艺术作品的经验表现了释义学经验，对艺术经验的研究有助于释义学问题的深入与展开。

根据我们的艺术作品的原始经验，艺术作品最重要的并不是形式或内容，而是它展现给我们的真理。我们真正进入诗给我们展示的世界时，我们不会去区分诗的素材和诗的表现手段，只有在将自己从这个世界中撤出，作为一个像实验室里的科学家那样的“客观的研究者”时，我们才会去考虑这些东西。同样，“在某人面前所表演的悲剧或喜剧的场面究竟是在舞台上还是在生活中出现——如果我们只是观赏者，那么正如我们所看到的，这一问题对于这种经验内容来说，甚至是无关紧要的。我们称之为创造物的东西，只是这样一种表现为意义整体的东西。这种东西既不是自在存在的，也不是在一种对它来说是偶然的中介中所能经验到的，这种东西是在此中介中获得其真正的存在。”[10]艺术作品既不属于博物馆，也不属于音乐厅和剧院，它们属于我们的存在和历史。为了说明艺术的这种存在论性质，伽达默尔特意考察了“游戏”这个现象。

“游戏”是近代美学的重要概念，但是，当伽达默尔将“游戏”作为他说明艺术经验乃至释义学经验的概念时，他首先要去掉这个概念在康德和席勒那里所具有的主观意味。他说：“如果我们就与艺术经验的感性而谈论游戏，那么游戏并不指行为，甚而不指创造活动或鉴赏活动的情绪状态，更不是指在游戏活动中所实现的某种主体性的自由，而是指艺术作品本身的存在方式。”[11]这就是说，游戏首先不是主体的活动，而是存在的一个事件。游戏的特点就是它有它中介的动力和目标，游戏者对之只能服从，而不能操纵，否则游戏就无法进行。我们只能参与游戏，却不能主宰游戏。“游戏的存在方式不允许游戏者像对待一个对象那样去对待游戏。”[12]游戏的主宰者是游戏本身，它的魅力就在于它能使我们忘我地投入到其中。当然我们可以选择游戏，但一旦选了之后，我们就必须服从游戏的规则。

艺术作品的存在方式与游戏的存在方式是一致的，“艺术作品决不是一个与自为存在的主体相对峙的对象，……艺术作品其实是在它成为改变经验者的经验中才获得它真正的存在。保持和坚持什么东西的艺术经验的‘主体’，不是经验艺术者的主体性，而是艺术的作品本身。”[13]可以说，艺术是一种特殊的游戏，它的动力与目标，就是现象学意义上的“事物本身”，是作为事件的存在的真理。“审美意识根本不能把握一部文学艺术作品的本质真理。文学艺术作品和所有文字文本一样，用它的内容意义向我们说话。”[14]这种说与我们的倾听和领会就是艺术作品产生真理的事件。因此，艺术作品与游戏一样，不是一个静止的对象；对艺术作品的领会也不是主体认识客体的模式，而是超主体的融入和参与一个过程。艺术经验改变经验者，就像游戏支配游戏者一样。而这些都是释义学的领会的最重要而基本的特征。

领会的历史性

释义学问题从一开始就是与历史问题密切相关的，而哲学释义学无论是在狄尔泰那里还是在海德格尔那里，都是在历史性概念的背景下展开的。在伽达默尔这里同样如此。在海德格尔那里，释义学的历史性，或者说领会的历史性首先体现在领会的前结构。前面已经说过，在海德格尔看来，领会就是对意义的筹划，筹划意义就是把事物当做什么或作为什么。解释就是要弄清这种“作为”结构。但解释从来不是从一张白纸开始，或在真空中进行，在解释之前，我们已经对待解释之物有所领会了。这种解释前对事物的有所领会，海德格尔称之为“前有”

（Vorhabe）。解释前我们总要有一个先行的解释角度或取向，海德格尔把这种先行的解释取向叫“前见”（Vorsicht）。解释光有前有和前见还不行，还需要对事物预先有一种概念上把握。他把这种先行的概念把握叫做“前把握”（Vorgriff）。前有、前见和前把握构成所谓的领会的前结构，它是解释的基础和条件。它表明我们存在的历史性。

伽达默尔发现，由于近代主体主义哲学，近代的历史意识与审美意识一样，偏离了我们的存在经验。在这种历史意识看来，人存在的历史性不但不是获得真理的条件，而且是获得真理的障碍。这种历史意识的主要代表是古典释义学和德国历史学派。在他们看来，人存在的历史性使得人必然具有他所生活的那个时代、传统和文化的各种成见，这种成见使我们无法对与我们有不同存在背景的理解对象有客观的理解，因此，为了获得关于理解对象的客观知识，我们必须尽量克服我们的成见，即克服我们的历史性，像没有成见的自然科学家对待他们的研究对象那样来对待我们的理解对象。

但是，在伽达默尔看来，既然我们承认理解对象的历史特殊性，那么就应该也承认理解者的历史性，读者（理解者）和作者（被理解者）的历史性是同样无法克服的。我们没有理由只承认作者的历史性而否定读者的历史性。历史性是人类存在的根本特征和基本事实，无论是领会者还是文本，都内在地嵌于历史之中，真正的领会不是去克服历史性，而是去正确地评价和适应这一历史性。因此，我们的历史性产生的种种成见不但不是消极的东西，反而是一切领会必要的组成部分，它们属于海德格尔讲的领会的前结构。“如果我们想正确对待人类有限的历史的存在方式，那么我们就必须为成见概念根本恢复名誉，并承认有合理的成见存在。”[15]

“对成见的成见”是近代启蒙运动的产物。启蒙运动反对成见，实际是要反对一切权威与传统。但权威未必等于盲从和控制，可以有合理的权威，如学生承认老师的权威，外行承认内行的权威等。启蒙运动实际上自己有一个非常不合理的成见，就是认为人可以不通过权威和传统直接与“实在”接触。但传统却是不管我们愿意不愿意就先于我们，并且是我们不得不接受的东西，它是我们存在和理解的基本条件。不仅我们始终处在传统中，而且传统始终是我们的一部分，是传统把领会者和被领会者不可分割地联系在一起。我们不可能走到传统之外，以一个纯粹主体的身份去领会一个对象。

传统并非像想象的那样只是保存旧的东西。即使是最彻底、最坚固的传统，也不是靠一度存在过的东西的惯性来维持的。传统无论对生活起好的或是坏的作用，都同传统的所有人对传统的态度有关。传统需要肯定，需要接受，需要培养。传统确实是保存，但却是有计划的保存。否则就难以理解为什么历史上有的东西历久弥新，有的却早已湮没不见了。据此，伽达默尔得出结论：不管怎样，保存与破坏和更新的行为一样，是一个自由的行动，是一个理性的活动。[16]这个活动就是在传统中创造传统的活动。

历史意识的根本问题是以主体—客体对立的模式将人从他的存在与历史中割裂出来，用这个模式来看到我们的历史经验。历史不是人的存在与世界统一的整体过程，而是以一个个主体为起点的单向扩张。时间不是存在的内在条件，而是领会外在的障碍和制约。理解主体如果和理解对象不同时代，那么它们之间的时间间距显然就是正确理解的障碍。但如果领会不是主体与客体之间的外在关系，而是自己与自己的世界的自我领会的内在关系，那么时间间距就不是一个为了达到正确理解而必须加以克服的障碍，而是领会积极的、建设性的可能性。意义的发现是一个无限的过程，这个过程就是通过时间间距来实现的。时间间距还有一种过滤我们自己不知的对于领会对象的成见、预设及功利性看法的功能。例如，对于同时代的一些艺术作品的真实内容和意义，人们往往很难做出确定的判断，因为人们总是带着自己无法控制的成见去研究它们，以致无法确切的认识它们。只有当它们的同时性逐渐消失之后，对它们才会有权威的、普遍的理解。

伽达默尔用“效果历史”这个概念来概括他的领会的历史性的思想：“真正的历史对象根本不是对象，而是自己和他者的统一体，或一种关系，在这种关系中同时存在着历史的实在和历史领会的实在。一种名副其实的释义学必须在领会本身中显示历史的实在性。因此我把所需要的这样一种东西称之为‘**效果历史**’。领会按其本性乃是一种效果历史事件。”[17]效果历史是伽达默尔对近代历史意识的纠正。

伽达默尔明确反对建立在主客体分裂基础上的历史客观主义。在他看来，历史并不是一个历史学家可以置身在外加以客观研究的对象。历史不是一堆历史学家或解释者重新发现或复制的东西。领会不是一个复制过程，领会者总是以自己的成见去领会的，所以无所谓历史的本来面目。同时，我们领会历史实际上也已经参与了历史，所以不存在作为客观对象的历史。另一方面，伽达默尔也反对黑格尔和狄尔泰等人对于历史的主观主义态度。尽管同别人相比，他们具有强烈的历史感，但最终还是让主观反思的意识占了支配地位。在伽达默尔看来，历史先于我和我的反思，在属于我之前，我先属于历史。历史既不是客观对象，也不是绝对精神或生命的自我表现，历史是主客体的交融和统一，它既不是主观的，也不是客观的，而是一种涵盖一切的过程。

我们在领会历史时，总是有自己的视域，即对意义和真理的预期。但视域总是开放的，由于这种开放性，我们在领会时总要碰到许多不同的视域。领会者和他要领会的东西都各有自己的视域，但领会并不是像古典释义学所要求的那样，抛弃自己的视域而进入别人的视域。领会一开始，领会者的视域就进入了它要领会的那个视域，随着领会的进展不断地扩大、拓宽和丰富自己。我们在同过去接触、试图领会传统时，总是同时也在检验我们的成见。我们的视域是同过去的视域相接触而不断形成的，这个过程也就是我们的视域与传统的视域不断融合的过程，伽达默尔称之为“视域融合”。但是，这种融合不是同一或均化，而只是部分重叠，它必定同时包括差异和交互作用。视域融合后产生的新的融合的视域，既包括领会者的视域，也包括文本的视域，但已无法明确区分了。它们已经是你中有我，我中有你，融为一体，成为我们置身于其中的新的传统了。新的视域超越了它们融合的视域的最初问题和成见，给了我们新的经验和新的领会的可能性。

释义学经验

视域融合揭示了释义学经验的基本特征。伽达默尔对近代哲学中的经验概念深为不满，认为它是我们所有概念中最模糊的概念之一。在伽达默尔看来，经验的本性不在于它能被重复，像它在自然科学中那样；而恰好相反，在于经验能不断成为新的经验。经验应该是辩证的，即不断向新的经验开放。“经验的辩证运动的真正完成并不在于某种封闭的知识，而是在于那种通过经验本身所促成的对于经验的开放性。”[18]

经验的这种开放性意味着人的领会和经验总是有限的。人始终扎根于历史世界，以一种独特的方式置身于这个世界。尽管他的视域和他的经验不断变化和发展，但他决不能得到无限的领会和完全的知识。他的知识总是临时的，总是趋向一个更大、但仍是有限的领会。忘记了知识的临时性，就歪曲了事物的真理。“真正的经验就是这样一种使人类认识到自身有限性的经验。”[19]而人的有限性又是因为他的历史性。因此，真正的经验是人自己的历史性经验，这也就是人的存在经验。

开放性和有限性构成了经验的一般结构，释义学经验就反映了这种结构，它体现了经验内在的历史性，这种历史性是经验的开放性和有限性的基础。伽达默尔提出释义学经验来重新解释经验概念不是要否定科学的经验概念，他只是要把科学的经验概念限制在一定的合理的范围内，不让它扩展成人类生活最基本的经验。对他来说，最原始、最基本的经验无疑应该是释义学经验，因为它同我们存在的历史经验相一致，体现了我们世界经验的最一般的特征。

伽达默尔认为，释义学经验既不像科学那样是独白式的，也不是像黑格尔的普遍历史那样是辩证的，它有一种对话模式。对传统开放就是和传统对话，领会是一个对话事件。对话使问题得以揭示出来，使新的领会成为可能。对话具有一种问答逻辑的形式。

在伽达默尔看来，一切经验都有问题结构，我们不可能不问问题就有经验。认为一个对象是不同的，不像我们最初所想的那样，显然就包括了它是这还是那的问题。释义学经验决定了领会的逻辑结构是问答逻辑结构。

历史文本成为解释对象意味着它问了解释者一个问题，答案就在文本中。为了回答文本提出的问题，我们自己必须开始问问题，也就是在我们的视域内重新构造文本提出的问题。我们重新构造的那个问题不可能不超出那个问题的历史视域，我们通过问问题的构成寻求文本提出的那个问题的答案。一个重新构造的问题的答案不可能停留在历史视域内，它的视域一定是提问题的人的视域。问答过程实际上就是视域融合的过程。在重新构造文本或历史提出的问题时，我们的视域必然要进入历史的视域，从而发生两个视域的融合。重新构造问题的过程也就是突破这两个视域，产生一个新的更大的、永无穷尽的视域的过程。传统在不断地变化，我们存在的历史性也使我们无法达到一个完满的领会，一个答案意味着又一个问题。我们的后人必然与我们有不同的领会。一个问题可以有不同的提法，更会有许多不同的、可能的答案。因此，文本的意义的可能性是无限的。在这个意义上，无所谓正确的领会。过去不是一个被动的研究对象，而是一个无穷无尽的意义源泉。因为“提问就是进行开放（ins offene stellen）。被提问的东西的开放性在于回答的不固定性（Nichtfestgelegtsein）。”[20]

伽达默尔对释义学经验的论述实际是对人的生存经验的描述。人与世界的这种前反思的问答关系或对话关系，就是人的原始经验的基本特征。然而，近代科学影响下形成的常识，却使人们看不到这点，反而以为释义学经验是人类的又一种认识经验。这就必然会把释义学理解为人文科学的方法论。要理解哲学释义学的精义，必须理解释义学经验的原始性和基本性。否则不免对它产生种种误解。

释义学的语言哲学

释义学经验的问答性质已经暗示了语言对于释义学的根本意义。问答即是对话和交流，对话和交流没有语言是无法想象的，更不用说我们领会的东西有很大部分是语言文本。所以施莱尔马赫早就说：“释义学的一切前提不过只是语言”。伽达默尔在《真理与方法》一书专门讨论语言问题的第三部分一开头便引用施莱尔马赫的这句话，自然是表示赞同。因为很显然，“**语言就是领会本身得以进行的普遍媒介。**”[21]但是，语言对释义学之所以重要和根本，还不仅在于此。

伽达默尔晚年在回顾自己一生的哲学道路时说，海德格尔在批判形而上学传统时，发现他自己“在语言的路上”，这给他指出了一条新的道路，作为以新的方式提出存在问题的准备，这就是语言的道路。这条路不是像分析哲学家那样做判断和检验它们主张的有效性，而是不断地使语言自己保持对整个存在的开放。[22]语言不是主体可以任意使用的工具，而是存在真理表现的场所，这是海德格尔对语言的规定，著名的“语言是存在的家”[23]说的无非是这个意思。而伽达默尔接着老师说：“**能领会的存在就是语言**”[24]，则使语言的存在论性质更加明确。从这种存在论的语言观出发，伽达默尔自然对将语言仅仅视为符号或工具的近代流行的语言观持坚决的批判态度。

伽达默尔认为，符号论或工具论的语言观很大程度上是由于科学的影响。科学要求精确的指称和明确的概念。将语言视为纯粹的符号就是认为我们可以任意规定语言的意义和使用。人是语言的主宰。而实际上语言并不是空洞的由人操纵的符号，也不是由人造出来给予他人的符号，“语词以一种谜一般的方式同‘被描摹的对象’相连结，它附属于被描摹对象的存在”[25]。语言深深扎根在逻各斯之中。“在科学的单一指称的理想旁边尚有语言本身的生命未加改变地继续存在着。”[26]

我们并不是先有经验，然后通过反思活动把语词加于经验；经验、思维和领会都是彻头彻尾语言的，经验本身就要求语言的表达，而语言本身就是我们的世界经验。这当然不是说世界就是语言的世界，或者像一些后现代主义哲学家认为的那样，除了语言，一切都不可知；更不是说人通过语言创造世界。伽达默尔的意思只是说，人通过语言拥有世界，而“拥有”的意思是“世界对于人的这个此在却是通过语言来表述的”[27]。但语言不是反思思维的创造。正如领会不能归结为个人的主观意识活动一样，作为领会的普遍媒介的语言也不能归结为个人的主观意识，语言有其独立于语言共同体个别成员的意识的生命，语言真正的存在是它说的事情（die Sache）。

由此可见，伽达默尔并不提倡一种语言唯心主义，他不是说语言之外无事物或一切都能还原为语言。释义学的语言理论并不否认非语言经验的意义。相反，它通过主张这种经验原则上总是能在语言中表达出来而肯定了它的意义。释义学既反对工具论语言观，也反对语言封闭论。它认为语言不是单纯的表达思想的工具；也不是像后现代主义那样，认为语言无法超越自身。

伽达默尔当然不会否认大家都会承认的语言的一般功能，如交际、表达、指称，等等，但从存在论的角度看，语言最基本的功能是它揭示了一个世界，即胡塞尔意义上的生活世界，或海德格尔讲的世界。伽达默尔指出，之所以只有人有世界，动物没有世界，就是因为人有语言。有世界的意思是人能超越外在的环境，而对事物保持一定的距离和空间。是语言使我们有这样超越的能力。“语言所表达的是事态。一个具有如此这般情况的事态——这种说法就包含在对其独立他在性的承认，这种他在性以说话者与事物的距离为前提。以这种距离作为基础，就可以有某些东西作为真正的事态而衬托出来并成为某种陈述的内容，这种陈述是其他人也能理解的。”[28]可见，正是语言打开了我们的世界，使得事态得以呈现出来，人与人之间得以交流，社会得以形成。所以伽达默尔说：“语言性完全表现了我们人类世界经验的特征。”[29]另一方面，“语言的原始人类性同时也意味着人类在世存在的原始语言性。”[30]

在这个意义上，我们生活的世界也可以叫语言世界。这个世界其实是一个人类活动和事物呈现的境域，是存在真理显现的境域，因此，它决不是一个封闭的领域，而是一个完全开放的领域，对新的事物开放，也对异己的世界开放：

> 人所生活于其中的真正的语言世界并不是一种阻碍对自在存在认识的栅栏，相反，它基本上包含了能使我们的观点得以扩展和提升的一切。在某个确定的语言和文化传统中成长起来的人看世界显然不同于属于另一种传统的人。因此，在历史过程中相互分离的历史“世界”显然互相不同，而且也与当今的世界不同。不过，在不管怎样的流传物中表现之间的却总是一种人类的世界，亦即一种语言构成的世界。每一个这样的世界作为语言构成的世界就从自身出发而对一切可能的观点并从而对其自己世界观的扩展保持开放并相应地向其他世界开放。[31]

人类存在的历史性保证了这种开放性。作为人最基本的原始经验的领会是一个历史过程，伽达默尔效果历史的概念其实已经指明了这一点。语言性作为人的世界经验的基本特征，它本身必然也是一个历史生命过程，体现了人类历史生命的延续："通过语言媒介而进行的、因而我们在解释文本的情况中可以称之为谈话的乃是一种真正历史的生命关系。理解的语言性是**效果历史意识的具体化**。"[32]

在对语言性作了上述论述后，伽达默尔得出结论说，因为人类的世界关系绝对是语言性的并因而是可理解的，所以释义学就不只是所谓精神科学的方法论，而是哲学的一个普遍方面。[33]但这个普遍方面最终不是通过他的语言哲学来体现，而是通过他的实践哲学来体现的。

实践哲学

对于伽达默尔来说，实践哲学并不是后来才有的想法。海德格尔的亚里士多德伦理学讨论班，无疑给他播下了实践哲学的种子，他思想形成时期的第一篇文章（1930）就是以"实践知识"为题。他认为，近代在科学方法论方面的混乱，即把自然科学模式的方法视为能达到知识和真理的惟一方法，是由于实践概念的衰亡。"实践概念在科学时代以及科学确定性理想的时代失去了它的合法性。"[34]而以追求"一种不是科学的知识"[35]为己任的哲学释义学，当然必须恢复实践智慧的地位。

在《真理与方法》中，伽达默尔指出，在古典释义学家兰巴赫那里，释义学就有三个不可分割的因素：领会、解释和应用。领会总是包含解释，而解释总是包含应用的因素。领会一个文本包含将它应用于解释者的处境，应用是释义学过程一个不可或缺的组成部分。[36]伽达默尔由此表达了一种不同于近代科学的知识态度：真正的知识不是客观地表象或反映，而是改变事物。在这里，伽达默尔公然以亚里士多德的实践哲学作为他的榜样，追求能指导人们行动的实践知识。这种实践知识（phronesis）并不追求数学那种永真和普遍有效的知识，而是追求将普遍的东西应用于具体、特殊的情况，或者说，将普遍的东西特殊化。伽达默尔认为："依靠实践哲学传统能帮助我们用这种方式免受近代科学概念的技术自我理解观的影响。"[37]

伽达默尔认为，我们这个世界面临的最主要问题是：随着技术对人类生活的全面统治，实践与实践的智慧正在逐渐丧失。这将导致人们不再有自己的观点可以交流，不再需要自己运用实践理性来做出个人的决定，因为你不会不服从技术的逻辑。这样，民主社会就名存实亡了。他认为人类在此危急关头最需要的莫过于团结一致。团结一致要有个落脚点，这就是人与人之间自由、充分地交换意见和对话。为此，他特别强调修辞学的作用，不仅说它是释义学的基本方法，甚至说它是哲学的惟一方法。

修辞学和哲学一样，起源于古希腊。修辞学自古以来就倡导一种真理观，主张保卫似乎是真的、可能的、能说服日常理性的东西，反对科学的可证明性和明确性的要求。科学只有通过它才能成为生活的一种因素。[38]将修辞学作为哲学的惟一方法，显然有强调生存实践自有它独特方法的意思。但更重要的是，将修辞学作为哲学的惟一方法，清楚表明了伽达默尔哲学根本的实践性。

《真理与方法》完成后，伽达默尔一直致力于实践哲学的发展，主要思路是围绕着"人类团结"这个主题。他发现，语言的普遍性和共同性还不足以证明人类的共存性。或者说，仅仅停留在语言哲学的范围，还不足以使人类的共存性成为一个基本的主题。于是，在《真理与方法》之后，伽达默尔开始转向一个比语言性更广阔的方向。他仍然从最易使我们回到原始经验的审美经验开始。在 1977 年出版的《美的现实性》中，他提出了"节日"的概念。这个概念显然具有古希腊的背景。节日的特点就是人们共同参与、游戏、狂欢。没有这一点，也就不成为节日。节日显然彰显了共同体或共存的经验。伽达默尔说："如果有什么与一起过节日的经验联结在一起，那就是不允许人与他人分隔开来。节日就是共同体的经验，就是共同体自身以其最完美的形式来表现。节日总是一切人的。"[39] 显然，伽达默尔试图用节日这个概念来揭示人类原始的共存性。

到了二十世纪九十年代，伽达默尔又提出了"仪式"的概念来进一步阐发他这方面的思想。比起"节日"的概念，"仪式"这个概念有更明显的人类学色彩。从人类学角度看，仪式比节日的涵盖面要广阔得多。不知是否是这个原因，伽达默尔对这个概念更为重视。和节日一样，仪式也是一个共同体所有成员都参与的活动。它可以没有语言，或者先于语言，例如葬礼可以是完全无声的。实际上，语言是仪式的一部分，而不是相反。但仪式的语言不是对话，而是表述性行为，如进行婚礼、做出承诺、宣布裁决，或通过判决等。仪式规定了行为必须遵守的规则和程序，它就像游戏概念一样，被伽达默尔用来作为揭示人类原始实践生活的范型。

仪式是比语言更深的实践层次，因为它不仅像语言或对话那样，要遵守学到的规则或达到规定的目标，而且它实际上还培养了人的正确感。在一个仪式中出错就是无礼，仪式中养成的行为的分寸感就是所谓正确性的基础。这种正确感不是什么圣人先验的规定，也不是当局有意的灌输，而是在生活实践中自然产生和形成的生存习惯。正是这种在人类相互关联、相互影响的共同存在模式中产生和形成的合适感或正确感，使人得以克服和压制动物无法克服的本能，能够相互合作地共存在一起，而不是像动物那样，仅凭本能乌合（Mitsamt）在一起。这是人类团结的基础。对话只关系到两个人，而仪式则关系共同体所有成员。仪式从存在论上显示了人类的共存性。

通过对仪式的现象学描述，伽达默尔揭示了人类团结的存在论基础。当然，不同文化传统有不同的仪式，这些仪式也许是千差万别，无法通约的；但是仪式作为人类学和生存论的普遍特征，却是毋庸置疑的。有了这个本质的共同点，人类为什么不能通过无穷的对话来增进相互理解，避免同归于尽的悲剧？这大概就是伽达默尔一生这些思考的最终政治指向。伽达默尔的指向释义学是一种实践哲学，也由此得到了进一步的证明。

也许，对于现下那些开口闭口谈政治正确的意识形态主义者来说，伽达默尔仍然是在回避现实政治问题；而对于老于世故的施密特主义者来说，伽达默尔简直幼稚得可笑，根本不懂政治的真谛。的确，在对话、节日和仪式这样的隐喻或意象中，我们是看不到现实政治（Realpolitik）的刀光剑影，听不到强权政治的隆隆炮声；人们从中看到的只是希望之乡的温暖色彩，听到的只是坚韧不拔的团结呼声。在这个日益残酷的世界上，伽达默尔也许真的很天真，尽管见证了我们时代的一切罪恶，仍然相信人类团结的可能。现在，这个天真的老人去了，留下了一个简单而困难的问题：我们该怎样对待世界？怎样对待哲学？

利科

如果释义学确实有哲学释义学给它的那种普遍意义，那么它除了有存在论的基础外，对方法论和认识论问题也应该有积极的态度。它不应抛弃它那源远流长的方法论作用和它独到的认识论见解，而应把存在论、认识论和方法论结合在一起，这样才能为哲学本身，为西方哲学提供一个新的方向。当代哲学释义学的另一个代表人物——法国哲学家利科，在某种意义上正是朝着这个方向努力的。

利科的生平

利科（Paul Ricoeur，1913—2005）1913 年 2 月 27 日出生在法国普罗旺斯的一个教师家庭。不幸的是，他和萨特、梅洛-庞蒂一样，自幼失怙，他父亲于第一次世界大战时战死于马恩河之役。利科由祖父母抚养长大，而与母系亲属，包括他母亲断绝了往来。他后来不无心酸地说，“妈妈”两字是他的孩子们叫的，他从未叫过。利科接触哲学是在雷恩上中学的时候，他在老师 Roland Dalbiez 的引导下，读了狄德罗、伏尔泰和卢梭，卢梭对他有强烈的影响。他觉得哲学打开了一个广阔的新世界，中学的哲学课使他最终走上了哲学道路，为此他把 Dalbiez 看作是他第一个导师。但刚开始他还是想学文学，可他写的所有论文都被老师批评为“太哲学”了，只好改变方向。他本来也准备考著名的高等师范学院，但他的老师根本就没让他们准备那种类型的考试，结果名落孙山，只好进雷恩大学学习。但他在大学的最后一年有幸转到巴黎大学索邦学院，在那里以第二名的成绩通过了教师资格考试。

法国哲学家马塞尔对利科有重要的影响。利科是在 1934 年准备教师资格考试时认识马塞尔的。从那时起他们就一直保持着密切联系，利科定期去拜访马塞尔，直到他 1973 年去世。最初利科是参加马塞尔在家举行的著名的“星期五之夜”的哲学沙龙，在那里，讨论的主题都是选定的，马塞尔始终要求发言的人从例子开始，分析这些例子，只是从各种学说中寻找支持自己立场的手段。马塞尔“苏格拉底式”的教学方式对利科帮助很大。马塞尔受雅斯贝尔斯和海德格尔影响很大，利科通过他发现了雅斯贝尔斯，后来他的第一本书就是和杜夫海纳合写的《雅斯贝尔斯与生存哲学》（1947）。也是在二十世纪三十年代中期，利科开始从英文读胡塞尔的《纯粹现象学和现象学哲学的观念》。

1937 年，利科在服了一年兵役后，开始在布列塔尼地区的一所中学任教。这时，他对德国哲学的兴趣越来越浓厚，专门到慕尼黑参加德语强化班学习德语。在这期间，他也花了大量的时间读马克思和其他自由社会主义思想家的著作，加入了左翼的人民阵线。

1939 年 9 月第二次世界大战爆发，利科被征召入伍，法国战败后被俘，在现属波兰的波美拉尼亚战俘营一呆就是 5 年，直到战争临近结束才获自由。也就是在战俘营里利科开始翻译胡塞尔的《观念Ⅰ》，没有纸，他就把译文写在原书页边的空白上。除此之外，他还通过红十字会的人搞到胡塞尔和雅斯贝尔斯的书，有些好心的德国军官还到大学图书馆去借书给他读。在战争快结束的混乱日子里，利科开始写他的关于意志的论文。能在德国人的战俘营里不受外界环境左右，潜心研究哲学，的确非常人所及。但哲学对利科并非一切，他说："我不相信哲学就是生活的一切。人必须也能爱。"[40]

战后最初几年，利科在法国国家科学研究中心边教些书，边翻译胡塞尔的《观念Ⅰ》。1948 年，利科被斯特拉斯堡大学聘为教授，接替离去的伊波利特。在斯特拉斯堡的 8 年是利科一生最愉快的 8 年，无论是学校环境还是家庭生活都使他满意。1956 年，利科被任命为他母校巴黎大学（索邦）的哲学教授。但他对那里的环境很不满意。一是学生太多，他的课往往连窗台上都坐满人，却因为学生多而无法和学生交流，连一个学生都不认识。二是同事关系冷淡，索邦的哲学系当时群英荟萃，聚集了一批知名教授，但彼此老死不相往来，更不用说互相切磋讨论了。而在利科看来，大学应该是一个由教授和学生组成的关系密切的共同体，在这个共同体里，人人平等，讨论与对话是基本的行为方式，真理是惟一的判断标准。但索邦离此甚远。因此，有一天当他听说在南特要新建一所大学时，他马上决定去南特。他希望在南特说明任何能从技术、政治和教授三个方面去干预现实生活，从而为建立更好的社会铺平道路。[41]

虽然南特大学草创，许多条件都不理想，但人际关系比索邦好得多，哲学系也不见得弱多少，除了他之外，还有著名的现象学美学家杜夫海纳和利维纳斯。利科感到特别骄傲的是引进了三个没有教师资格文凭（*agrégation*）的教授。在南特的最初两年，利科非常愉快，觉得那儿有点接近他的大学理想了，但 1968 年的学生造反粉碎了他的这个梦想。作为前人民阵线和左翼劳工运动的成员，利科从来就没有站在学生的对立面。但学生运动发展到最后，却超出了任何人的控制。1969 年，利科当选为南特大学的校长，这就使他不能不面对学生的冲击。当学生问他“什么是你有而我们没有的？”时，他的回答是：“我读的书比你们多。”他觉得此时的学生运动已经有了反智主义的倾向，故这么回答。在违背他意愿的警察进校园后，学生与警察发生了冲突，他自己也遭到被学生用字纸篓扣在头上的攻击，在这种情况下，利科宣布辞职，旋即去美国芝加哥大学任教。此后他一直在法、美两国轮流教书，直到退休。

利科被公认是最重要的在世的现象学家，但他的思想决不限于现象学，利科治学融生存哲学与现象学于一炉，旁及心理学、神学、历史学、文学、语言学、人类学和符号学等诸多学问门类，体大思精，著作等身，主要的有《马塞尔和雅斯贝尔斯》（1948）、《历史与真理》、《意志哲学》（1960）（二卷本，第 1 卷《有意与无意》；第 2 卷《有限性和有罪性》，包括《罹罪之人》和《恶的象征论》两个分册）、《论解释——弗洛伊德研究》、《解释的冲突》、《活的隐喻》、《解释理论：话语和意义的增附》、《行动语义学》、《圣经解释论文集》、《释义学和人文科学》、《历史过去的实在》、《时间与叙事》（三卷）、《意识形态与乌托邦》、《作为他者的自我》、《释读集》（三卷）等。

利科的早期思想

从利科的生平我们可以看到，他有两个思想渊源，即生存哲学和现象学。他对《观念Ⅰ》的翻译加上他的评注，对法国现象学的发展有很大的贡献，现象学也给利科提供了哲学研究的基本洞见和方法。但是，马塞尔和雅斯贝尔斯生存哲学的影响又使他一开始就对现象学有一定的保留。生存哲学的视角使他产生了这样的印象，就是现象学只是研究意向性表现这一方面，而整个实践的领域，像感情和痛苦的问题，罪恶与邪恶意志的问题，都没有加以探讨。他想要通过他的意志现象学填补这一空白。

这当然不是纯粹外在的增加新的现象学研究领域，而是想以此突破先验现象学的唯心主义藩篱，将现象学延伸到存在论。利科认同的现象学是本质现象学，他认为本质描述是现象学的真正形式，体现了现象学的优点。但本质不能是柏拉图理型意义上的本质，而是体现在个别之中的本质。本质不是一个实体，而是事物内在不同性质的辩证关系或循环。例如，有意和无意这两个意志本质结构的互补因素就构成了这种循环。同样，身体也有两个方面：我们活着的身体和客观的肉体。利科认为，我的身体既不是在客观性的意义上构成的，也不是在先验主体的意义上构成的，而是与这对立没有关系。胡塞尔的现象学描述使他看到，客观性完全不能被贬低为实在性，也不能取消生存的秘密，这就有可能、也需要用本质现象学来解决生存哲学的问题，或者说，把现象学变成生存现象学。但这个生存现象学还不是最终目的，而只是通向存在论的一个阶段。

正是在这里，利科与胡塞尔的先验现象学分道扬镳了，意识的优先性变成了身体的优先性，因为它体现了自由与自然的整体关系。在利科看来，胡塞尔的先验还原使得对象失去了当下性，主体失去了具体性。身体的当下性被抽空后，世界的存在和个人的我就消失了。所以他要用本质还原和纯粹描述来消解胡塞尔的先验构造学说，用对具体自由的忠实描述来消解“先验自我的幽灵”。总之，利科是要通过现象学的方法将主体去中心化，而将存在置于基础的地位。研究意志，其实就是要以实践意义的意志来取代原来意识哲学中表象的优先性。当然，意志本身要受到无意的牵制。但不管怎么样，利科提出他的意志理论是要在描述层面上瓦解思辨抽象意识的唯心主义前提。有意与无意在实践活动中的交互性使得传统独断专行的先验主体不可能再具有那样一种绝对的功能。在我看和我认识中其实就有一个我要。意向性之“意”应该是意志的“意”，而不是意识的“意”。

但这决不是说利科是要以一种意志主义来取代胡塞尔或传统的意识哲学，但可以说他要通过“第二次哥白尼革命”将哲学引向生存（存在）领域和实践领域。他对意志、感情、恶和罪的研究只是要揭示意识哲学一向忽视的行为的前反思的条件和内在的复杂机制，结合神学、神话学和人类学的研究成果来表明人的现实生存的内在幽暗和异质性，从而间接证明：那个以各种形式出现的我思其实只是一个没有生存根基的虚构。

由于利科的意志哲学在目标和性质上与传统的意志主义根本不同，它不是从主体出发而是从去主体出发，因此它的切入点就不局限于意识和无意识，而是诸如神话、语言、象征等都成了基本的研究对象，这就必然会出现释义学问题。一开始利科认为释义学是研究关于象征语言解释的特殊问题的。在《恶的象征论》和《论解释》中，他用象征论和释义学互为定义。他当时只是把释义学看作解释象征语言的一种纯粹的方法论。后来他逐渐不再把释义学只是看作发现象征语言的隐藏意义，而是把它同书面语言，同文本等更一般的问题联系起来。他逐渐把兴趣从意志的结构问题转到了语言本身。法国的结构主义和英美的日常语言哲学对他的这种转变有很大的影响。

利科认为，索绪尔创立的结构分析的方法对于理解人类表达方式是重要的，因为它确定了在它们中运作的逻辑。但结构分析也有局限：只注意形式研究而忽视内容研究，这就无法突破语言，达到实在；它只关心观念的意义，而不管语言所指的语言之外的东西，从而排除了语言和外在世界的关系。结构分析只能客观分析一个神话，却不能解释它的意义，不能从表层结构回到深层结构，不能突破中介，进入本原。此外，由于它只是对系统进行形式研究，许多重要的想象就看不到了。总之，纯粹的结构主义只是一种科学方法，而不是一种哲学。然而，结构主义的方法对于真正的反思哲学来说是必须接受的，它们是逻辑自我和存在的一个有效的、抽象的、客观的要素，结构分析方法可以作为存在解释的一个阶段被纳入释义学。

英美语言哲学对利科的哲学释义学的最终形成起了相当重要的作用。利科认为，日常语言哲学虽然不是哲学问题的最后定论，但它“至少是哲学探讨必要的最初阶段”[42]。它证明了日常语言不能、也一定不会按由逻辑学家和数学家构造的理想语言模式行事。语义值的多样性，它们对于上下文的敏感性，这些都不是一种人工语言可以消除的毛病，而是日常语言发生作用的永久的、富有成效的条件。利科看到，日常语言词汇的多义性正是象征语言的基本条件。维特根斯坦和奥斯丁的语言分析方法使利科认识到，把语言分析嫁接到现象学上，可以治疗现象学的毛病，使它恢复生气。这种语言现象学既避免了结构主义纯粹语言分析的无能，又避免了现象学关于生活经验的直接直觉的主张的不可证明性。利科还认为，不仅现象学，而且释义学也可以得益于对日常语言功能的精确探讨。在象征语言的功能和我们日常词汇的多义结构之间，显然存在着一种关系。“因此，认识到它植根于日常语言本身的功能中，就能更新全部文本解释的问题。”[43]

利科对释义学的一般看法

通过对结构主义和日常语言哲学的对话，利科形成了他自己的哲学释义学思想。释义学不再是一种单纯的解释象征语言的技术，也不是一种纯粹的方法，而是以存在论为基础的非主体的意义理论。另一方面，释义学也是一种为存在论服务的方法论，它的主要任务就是文本解释。因此，利科对于海德格尔和伽达默尔的释义学理论基本是赞同的。

但是，利科也有不同于他们的看法。他认为无论是海德格尔还是伽达默尔，都忽略了方法问题，像伽达默尔甚至将真理与方法对立了起来。这不但不利于哲学和各人文学科对话，而且也使一些具体的释义学问题，如解释的有效性问题无法得到解决。利科认为，正如黑格尔说的，真理没有捷径，只有通过弯路才能达到，领会的存在论也只有通过方法论的探讨，经过认识论的层面，方能最终达到。领会的存在论与解释的方法论不是非此即彼，势不两立的。而要把这两者统一起来，就只有与海德格尔的“捷径”相反，走一条文本分析的漫长道路。这也就是要把作为方法论的古典释义学和作为存在论的哲学释义学在存在论基础上统一起来。

与伽达默尔相比，利科释义学分析的重心在文本。他认为读者与文本的关系并不像对话者之间的关系。他不同意将对话视为一切领会的例子。他说：“对话模式并没有给我们提供阅读的范式。”[44]利科的理由是，语言一旦通过书写形成文本后，语言就具有了作者无法控制的含义，从作者那里获得了解放。[45]因此，在文本中，作者的意图与文本的意义并非一致，而在对话中，说话者的意向与他所说的东西多少有些重合。这也就是为什么读者能比作者更好地领会文本。但利科这里对伽达默尔的质疑是站不住的。因为伽达默尔同样认为文本的意义超出了作者的意图，他正是以此来批评古典释义学和赫斯、贝蒂等人主张以作者原意为准来理解。伽达默尔说的对话不仅是一个历史事件，也是领会的基本结构。阅读文本就是和文本对话，一个答案就意味着一个新的问题，答案无穷，问题无穷，文本的意义也无穷。问答表面上看起来好像是读者一人所为，但我们不要忘了，伽达默尔一直坚持对话由问题（die Sache）支配，而不是由任何一个对话者支配。

利科还批评伽达默尔将与理解对象保持距离看作是需要克服的否定的因素，因为它会造成人文科学的对象化，即不是将人文事物作为我们自己和我们世界的一部分，而是像自然科学那样把事物视为与研究主体对立的对象。它将破坏我们属于和参与世界及历史实在的原始关系。也就是说，在伽达默尔的释义学里，其实存在着这样的非此即彼的选择，即要么我们采取认识论的态度，而失去我们与世界的一体化关系；要么我们采取真理的态度，拒绝人文科学的客观性。[46]而利科则拒绝并要克服这种选择。

利科认为，我们也可以有一种积极的保持距离的观念。例如，如果我们使文本与它最初的语境保持距离，那么它就有了一种“自主性”，它可以不断在新的语境中重新实现自己。利科把这种重新实现叫做“占用”，“占用”在这里的意思就是使从前异己的东西成为自己的东西。[47]读者的作用就是去实现文本的意义，没有读者将它重新实现，文本的意义始终是“不定的”。所以说“阅读是实现文本意义的具体行动。”[48]但与此同时，读者也被文本改变。在阅读过程中，我们经历了胡塞尔讲的自由想象的变更，自我被大大丰富和扩大了。“理解不是把自己投进文本；它是从领会提出的世界中接受一个扩大的自我，这些世界是解释的真正对象。”[49]虽然读者在利科的释义学中占有一个重要的地位，但不是像主体在传统意识哲学中所占的那种中心地位。理解也是读者自我改变的过程。“文本解释在一个主体的自我解释中达到顶点，他从那时起更好地理解他自己，不同地理解他自己，或只是开始理解他自己。”[50]但理解自己是通过解释世界实现的，而不是相反。

文本理论

利科的文本理论是通过与对话的对照展开的。利科认为，在说的语言中，说话者总是要说他要说的东西；而在写的言词和文本中，说话者的当下性不存在了，只有文本和它的意义，文本成了独立的东西。“文本表明的东西不再与作者意谓的东西一致；因此，文本的意志和心理的意义具有不同的命运。”[51]一旦摆脱了说话者的当下性，文本就可以超出由说话者—听话者这种语境所有的种种历史的、心理的、社会学的限定。说话者不在了，重点就落在了文本及它说的东西上，而不是作者要说的东西了。但是，也不能因此把作者和作者的意向完全排除在解释的过程之外。利科在这个问题上采取的是一种中立的立场。虽然在文本中已没有了作者的当下性，但文本并不是完全没有作者的。问题是作者的意义不能像浪漫主义释义学主张的那样，在文本之外，如作者的传记或心理中去寻找，而应在文本中寻找，因为它也是文本的性质。利科认为作者的意义和文字的意义具有一种辩证关系，它们互相依赖。

在说的语言中，听者是预先由对话关系决定的，而写的言语是面向求知的读者，潜在地面向任何能阅读的人。因此，文本同它产生的社会历史条件无关，人们对它可以有无限多的阅读。然而，文本与它的读者并不是完全脱离的。文本的意义和重要性是从与它的读者的辩证关系中派生出来的。如果一个文本是为公众写的，那么公众对文本的反应决定了社会对它的接受与它在社会中的地位。

最后，文本不受直指指称的限制。我们知道，意义可分为主观意义和客观意义。前者指说话者想说的意思，后者指言语本身的意思。利科引用分析哲学的先驱——德国逻辑学家弗雷格对意义的区分，把意义的客观方面再进一步区分为含义和指称。在口语中，指称最终受对话处境限制，例如，说话者可以用手势、面部表情等指出他说话的指称。但文本却没有对话处境这种当下性。因此，文本指称就不像口语的指称那么确定。如在文本中的“这”“那”“现在”等都远没有像它们用在口语中那么确定。在文本中，直指指称实际上被悬置起来，文本的指称不再是直指指称。总之，口语的指称总是一种既定事实，而文本的指称却是一种可能性。文本的指称域和口语的指称域不同，它在解释过程中展开。文本不受直指指称的限制，使人们可以从一个既定的世界进入一个可能世界——文本世界。

但利科不是后现代主义式的文本主义者，对他来说，文本的世界不是纯粹的符号或象征的世界，而是胡塞尔讲的生活世界或海德格尔讲的在世存在。文本展示的可能世界就是一种可能的存在模式。换言之，它是一个读者可以居住的世界。通过为我们打开一个新的世界，文本向我们提供了我们在世的新向度；它向我们暗示了我们可能的、新的不同的存在方式。文本不断增殖的意义，乃是我们自身种种的可能性。因此，“解释就是阐明文本前展开的在世存在的类型”[52]。这样，利科将行动也纳入文本的范畴就是很自然的事。

利科对释义学理论的一大贡献就在于他将文本作为社会科学研究对象的范型，如果社会科学的对象都有文本的基本特征，那么它们也就是文本，如果它们是文本，那么当然释义学对它们也完全适用，或者换句话说，社会科学也就是释义学的科学。要证明这一点，关键在于证明行动也是文本，因为人的行动是社会科学的基本对象。

利科分析文本有四大特征，这四大特征行动也都有。文本与口语相比最显著的特征就是它被文字固定化了，因而能被对象化而成为科学的对象。从表面上看，行动第一条就通不过，因为行动是一次性的事情，发生过就消失了，无法加以固定。但利科不这么看。利科提醒人们，不要忘记人的行动都是有目的的，也就是有意义的。具体行动固然发生过后就消失了，但行动的意义却不这样。通过某种类似写作中发生的固定化，行动也可以被对象化，通过这种对象化行动不再是一次性的活动，而成了可以根据其内在联系来解释的型式。具体而言，我们可以像分析语言行为的结构那样分析行动的某些内在特性来将它对象化。换句话说，我们可以像分析语言行为的结构一样把行动的意义与行动的事件相区分。总之，行动的固定化不是问题。

文本的第二个特征是它有自主性，即它的意义并不依赖于作者。利科认为，行动同样如此，行动并不等于行动者的意图，行动的后果更是它的执行者无法控制的，在此意义上，行动具有和文本一样的自主性。人类行动的这种自主性构成了行动的社会向度。我们之所以区分行动者主观意图和行动的社会效果，就是因为这两者是不可能完全重合的。所以自主性对于人类行动也不是问题。

文本的第三个特征是它的意义和重要性与最初的语境无关，或者说超出了它与最初语境的相关性。这一点似乎行动很难满足，因为行动总是为了当下的某个目的。其实不然。重要的行动发展出来的意义可以在并非行动发生时的那个形势下实现后完成。换言之，重要的行动的意义超出、克服和超越了产生它的社会条件，可以在新的社会语境下再制定。也就是说，它的重要性使它有延续的相关性。在某些情况下，它具有全时间的相关性。[53]

文本的第四个基本特征是它不但对当下的读者说话，而且也对任何能阅读的可能的读者。判断文本的不是文本的当代人，而是历史本身，如黑格尔所说，世界历史就是世界法庭。行动与文本一样，也是一件开放的作品。因为它的意义是悬置起来的，它不断开拓新的所指，又从它们得到新的相关性。人类行动需要不断的解释，而这些解释决定了它们的意义。所有重要的事件和行为就这样通过当前的实践对这种实践的解释开放。所以利科说人的行动也是对任何能读的人开放，当代的解释并没有什么特权。[54]

社会科学的正当对象是各种社会秩序。它们是人类行动的结果，但未必是人类刻意设计的结果。因此，它们超越了传统主客观的范畴。利科提醒人们，做事情的的确是个人，但行动只有在公共世界中才是有意义和可理解的。社会科学的最终目标与文本解释没什么两样，就是理解我们在世存在的意义。

叙事与历史性

利科认为，人类现象，文本也好，行动也好，都有支配其构成的内在动力，这也就是它们的逻辑。文本解释的任务，就是要解释这种内在的动力或逻辑。但这必须将具体的阐述方法结合进广义的解释性原理中才能办到。为此，利科提出一种新的释义学方法：叙事。他认为要理解人类现象，必须假定一种叙事形式。人类行动的特点是其具有目的性，目的就相当于叙事的情节结构。叙事赋予原始素材以情节，而它们的意义也由此而产生。讲故事是叙事的基本模式；而理解就像是听故事。

利科说，听故事就是去理解一连串的行动，思想和感情显示了一个特定的方向。我们总是受故事发展的推动，期待这个过程的结果和高潮。在此意义上，故事的结局是整个过程的吸引点。但它既不能推演，也不能预言。除非我们的心由于成千的偶然老是悬着，否则就不会有故事。所以我们必须听到故事的结尾。故事的结局必须是可以接受的，而不是可以预料的。从结局回头看导致结局的种种情节，我们必须说这个结局需要这些事件或者一连串的行动。[55]

很显然，行动理论和叙事理论也可以引申到历史领域，那里同样有理解和解释的问题。一方面编史工作是一种叙事，因而是一种文本；另一方面既然历史是关于人类行动的，我们在它那里可以发现理解和解释的同样结构。通过叙事，关于历史中过去事件的语句进入只有史学家知道的结局中。时间组合的连接关系完全不同于行动者自己认为的连接动机和意向关系。这不是说史学家认识得更好，而是说他不像行动者那样认识。史学家的这种可能性说明历史的意义也具有与文本意义相似的独立性，所以也需要理解和解释，以把握其意义；而另一方面，意义也在此过程中得到增殖。

讲故事是叙事，写历史也是叙事，它们是否有共同的结构？在利科看来，答案当然是肯定的，因此，叙事理论就应该包括这两种叙事。但是，在深受实证主义思潮影响的一般人看来，这两种叙事有根本区别，前者是虚构，而后者是叙述事实，它们的所指根本不同，除了表面相同的叙事形式外，它们的结构怎能一致？利科的回答首先是，它们都是围绕着情节展开叙述，这就证明了它们在意义或结构层面上的家族相似。至于说它们的所指根本不同，那是由于实证主义的影响而形成的皮相之见。

在实证主义认识论看来，历史的任务就是要发现历史事实。但实证主义完全忘了叙述在历史中的作用，叙述总有情节，情节规定了叙述的角度和思路，规定了任何叙述都是一种构造。现代文学批评中的叙述符号学引进历史，使人们看到历史其实也是“文学的人造物”，历史与文学一样是“现实虚构的再现”。这一点其实我们想想中外许多史学名著，就不难明白。历史既是虚构，又是现实的再现。它展现的也是“作品的世界”，但对真实世界的事件有效。[56]

另一方面，虚构的叙事也不是纯粹的虚构，而是对现实的模仿。虚构与真实的再现之间并没有断裂。利科这里讲的“模仿”，不是通常意义上的“模仿”，而是亚里士多德在《诗学》中提出的“模仿”（*mimesis*）概念。亚里士多德在《诗学》中说，诗的目的是模仿人的行动。但这“模仿”的意思不是照抄应该已经存在的模式，而是一种创造性的模仿。

它模仿的不是事件的效果，而是它们的逻辑结构，它们的意义。亚里士多德在《诗学》中说悲剧试图把人表现得比他们实际上更好。悲剧的模仿使实在或人的活动重新充满活力。在此意义上，模仿（*mimesis*）是一种现实的隐喻。[57]

如果是这样的话，那么虚构叙事的所指与历史叙事的所指本质上应该是一样的。虚构叙事的人物和故事固然并没有现实世界中的对应物，在这个意义上纯属子虚乌有，但它们并不是自足的东西。它们是正常的指称功能的颠倒，是日常语言指称主张的悬置。虚构不是简单的再现，而是创造性的想象。它指涉实在不是为了复制它，而是要指示一种新的读法。所有的象征系统都有一种认识价值，它们使实在以如此这般的方式显现出来。虚构的叙事是人类行动世界形象的扩大。[58]虚构的指称不是具体的实在，而是实在的本质，我们在世存在的历史性。

正是在人类经验基本的历史性上，历史叙事的指称和虚构叙事的指称交会了。这当然并不是否认它们各自有不同的指称模式，前者是通过遗迹、文件和档案间接指称；后者是通过悬置日常语言的指称。它们的指称都不具有实在主义认为的那种实在性，又都指称一种根本的实在，就是我们生存经验的历史性。如果叙事话语是一种语言游戏的话，那么与它相关的生活形式就是我们的历史性。我们在讲历史或讲故事时，历史性就借助语言表达了出来。在这种经验中，主客体关系的模式被超越了。作为讲故事的人，作为小说家，作为史学家，我们是历史领域的成员。在讲故事或写历史之前，我们就属于历史。讲的游戏包括在被讲的实在中。[59]

在西方语言中（中文其实也一样），“历史”是一个有歧义的词，它既指实际发生的事，又指在对这些事件的叙述。利科一点也不觉得这是坏事。相反，他觉得这正证明我们的语言保留了叙述历史的行动和在历史中存在的事实之间某种互属性。[60]而叙述和历史性之间的基本关系，构成了当然的释义学主题。

利科决不是一个埋头书斋的理论哲学家，他的释义学与伽达默尔的释义学一样，最后的归宿都是实践哲学，这一点在他晚年的重要著作《作为他者的自我》中表现得尤为明显。对于利科来说，理解和解释文本的最终目的是理解和改变我们自己，而不是单纯地解读古代文献或自己与异己的传统。一句话，释义学首先是我们历史经验的基本方式，而不是解读文本的技术，尽管为了理解我们需要方法。从存在论上理解释义学，是最不容易的，但又是最重要的，它将使我们真正回到我们的生命世界，而不是作为一个无根的主体，自以为是地做出关于人类和历史的种种苍白无力的判断。

注释

[1] 〔德〕伽达默尔:《真理与方法》(上册),洪汉鼎译,上海译文出版社,1992 年,第 6 页,译文有改动。
[2] 同上,第 17 页。
[3] 同上,第 17–18 页。
[4] Gadamer,"Reflection on My Philosophical Journey", in *The Philosophy of Hans-Georg Gadamer*, ed. by Lewis Edwin Hahn, Chicago & La Salle, 1997, p.27.
[5] 在这一讲里,为了表明哲学释义学讲的领会和它所反对的那种以主客体对立模式为基础的理解的区别,我将在西文里本是同一个字的 Verstehen 根据不同的上下文,分别写作"领会"和"理解",请留意。
[6] 〔德〕伽达默尔:《真理与方法》,洪汉鼎译,上海译文出版社,1992 年,第 19 页,译文有改动。
[7] 同上,第 117–118 页。
[8] Cf. Richard E.Palmer, *Hermeneutics*, Evanston, 1969, p.168.
[9] 〔德〕伽达默尔:《真理与方法》,洪汉鼎译,上海译文出版社,1992 年,第 129 页,译文有改动。
[10] 同上,第 152 页。
[11] 同上,第 130 页。
[12] 同上,第 131 页。
[13] 同上,第 131–132 页。
[14] 同上,第 213 页,译文有改动。
[15] 同上,第 355 页,译文有改动。
[16] 同上,第 361 页。
[17] 同上,第 384–385 页,译文有改动。
[18] 同上,第 457 页。
[19] 同上,第 459 页。
[20] 同上,第 466 页。
[21] 同上,第 496 页,译文有改动。
[22] Cf. Gadamer,"Reflection on My Philosophical Journey", p.37.
[23] Heidegger, *Wegmarken*, s.311.
[24] 〔德〕伽达默尔:《真理与方法》,洪汉鼎译,上海译文出版社,1992 年,第 606 页,译文有改动。
[25] 同上,第 532 页。
[26] 同上,第 554 页。
[27] 同上,第 566 页。
[28] 同上,第 569 页,译文有改动。
[29] 同上,第 583 页。
[30] 同上,第 566 页。
[31] 同上,第 571 页。
[32] 同上,第 497 页,译文有改动。
[33] 同上,第 607 页。
[34] 同上,第 739 页。
[35] Gadamer,"Reply to My Critics", in *Hermeneutic Tradition: From Ast to Ricoeur*, ed. by G.L.Ormiston and A.D.Schrift, Albany, 1990, p.273.

[36]〔德〕伽达默尔:《真理与方法》，洪汉鼎译，上海译文出版社，1992 年，第 395 页。
[37] 同上，第 740 页。
[38] Vgl.Gadamer，*Gesammelte Werke*，Ⅱ，Tübingen，1986，s.236–237.
[39] Ibid.，Ⅷ，Tübingen，1993，s.130.
[40] *Metzler Philosophischen Lexikon*，Stuttgart，1995，s.742.
[41] 参看〔美〕伊・库兹韦尔:《结构主义时代》，尹大贻译，上海译文出版社，1988 年，第 82 页。
[42] Paul Ricoeur，*The Rule of Metaphor*，London，1978，p.321.
[43] Ibid.
[44] Paul Ricoeur，*Hermeneutics and the Human Sciences*，Cambridge，1981，p.210.
[45] Ibid.，p.139.
[46] Ibid，p.131.
[47] Ibid.，p.185.
[48] Ibid.，p.164.
[49] Ibid.，pp.182–183.
[50] Ibid.，p.158.
[51] Ibid.，p.139.
[52] Paul Ricoeur，*Hermeneutics and the Human Sciences* ，p.141.
[53] Ibid.，p.208，
[54] Ibid.，pp.208–209.
[55] Ibid.，p.277.
[56] Ibid.，pp.290–291
[57] Ibid，p.292.
[58] Ibid.
[59] Ibid.，p.294.
[60] Ibid.，p.288.

第十四讲　文明的批判：三个批判理论的代表

这一讲讲的是法兰克福学派的三个主要代表人物霍克海默、阿多诺和哈贝马斯。法兰克福学派指的是1930年霍克海默担任了成立于1923年的法兰克福社会研究所的所长后，在那里工作或工作过的一些志同道合的哲学家和社会科学家所形成的群体，他们大都信奉马克思主义，秉承黑格尔—马克思批判现代性的传统，结合了尼采、弗洛伊德和犹太思想等种种资源，从各个方面对现代性及其种种表现展开批判。法兰克福学派代表了现代西方哲学中激进的一翼，他们从政治、经济、社会、文化、心理等方面对现代性的全方位批判，对现代西方思想文化产生了重要而深远的影响。上个世纪七十年代以后，随着阿多诺和霍克海默的相继去世，法兰克福学派日趋衰微。今天，法兰克福社会研究所还在，但已不复当年的激情与锋芒，而越来越像现代学术工业体制内的一个纯学术研究机构了。

霍克海默

霍克海默虽然不是法兰克福社会研究所的创始人，但他领导该所二十余年，奠定了法兰克福学派基本的方向，铸造了该所的研究风格。可以说，他的一生，就是法兰克福学派发展的一个缩影。我们就从他的一生说起。

霍克海默的一生

霍克海默（Max Horkheimer，1895—1973）于1895年2月14日出生在德国斯图加特郊区一个富有的犹太工厂主家庭，中学没毕业就去父亲的工厂当学徒。到了第一次世界大战爆发时，他已成了他父亲工厂的领导人和代理人，起初可以免除服兵役，但随着战局的发展，他也不得不穿上军装，但没有上前线去厮杀。1918年11月发生在巴伐利亚的革命使当时在慕尼黑的霍克海默第一次看到了马克思主义的力量。

第一次世界大战结束后，霍克海默参加了中学毕业考试的补考，因为他想进大学学习。在慕尼黑大学学了一学期后，他转到法兰克福大学学心理学，辅修哲学和国民经济学。汉斯·科内利乌斯是他在法兰克福的老师。科内利乌斯不但是一个哲学教授，也是一个天才的画家和音乐家，他曾私下教霍克海默作曲。在科纳利乌斯的建议下，霍克海默去弗莱堡听了一学期胡塞尔的课，胡塞尔对他说："你是有哲学头脑的。"这一学期在弗莱堡的课使霍克海默对法兰克福大学流行的新康德主义深为不满，他在一封给友人的信上这样说："我越深入到哲学中去，就和今天大学里讲的哲学越有距离。我们要探求的并不是那些从根本上来讲全然不重要的形式上的认识法则，而是关于我们的生活及其意义的物质表述。"[1]

在弗莱堡，当时还是讲师的海德格尔也给他留下了深刻的印象，在上述那封信中霍克海默说："我认为，海德格尔是对我谈过话的那些最重要的人物之一。我是不是肯定他是正确的呢？我应该怎么说呢？因为对于他，我肯定知道的只有这一点，那就是他认为哲学思维的动机不是出于智力虚荣心和一种先定的理论，而是每天都有新的东西从人们自己的经历中出现。”[2]从上引霍克海默在大学求学时关于哲学说的这些话可以看出，哲学对他来说首先不是学术的事业，而是生命的表达和需求。这就注定了他无法成为循规蹈矩的学院派教授。

1923年，霍克海默以优异的成绩获哲学博士学位。1924年，霍克海默通过了他的大学授课资格论文《论康德〈判断力批判〉——理论哲学和实践哲学的联系环节》，然后就在法兰克福大学任编外讲师。1930年，霍克海默被任命为法兰克福社会研究所所长。他一上任就推动哲学家、社会学家、国民经济学家、历史学家和心理学家之间的合作研究，在他的努力推动下，社会研究所大规模的合作研究成绩斐然，如对德国工人阶级状况的调查，对权威和家庭结构的研究，对独裁者心理结构的研究等，都可圈可点。与此同时，霍克海默还设法在国外涉猎研究所的分支机构创办了著名的《社会研究杂志》。研究所的成员也都是一时之选，如阿多诺、本雅明、马尔库塞、弗洛姆、洛文塔尔和波拉克等。

1933年3月，社会科学研究所被纳粹当局以反国家倾向的名义关闭，霍克海默亡命瑞士日内瓦，研究所的其他成员也都离开了法兰克福。虽然日内瓦有个社会研究所的分支机构，但终非长久之计，于是在一年后，霍克海默将社会科学研究所迁至纽约。他本人则在1940年离开纽约去了加利福尼亚。

“二战”结束后，法兰克福市和法兰克福大学建议霍克海默将研究所迁回法兰克福，一开始霍克海默没有明确的答复，等到1948年他回到法兰克福受到热情欢迎后，才决定将社会研究所迁回德国。1951年，新的研究所大楼落成，同年，霍克海默当选为法兰克福大学校长。1953年卸任。1954年，霍克海默被聘为美国芝加哥大学的客座教授，1960

年退休，1973 年 7 月 7 日在纽伦堡去世。

霍克海默著作除了与阿多诺合作的《启蒙的辩证法》外，重要的还有《资产阶级历史哲学的起源》《黄昏》《理想之蚀》《批判理论》《工具理想批判》等。

批判理论

法兰克福学派的理论被称为“批判理论”，出处是霍克海默在 1937 年发表的著名论文《传统理论和批判理论》。这篇文章的真正价值，不在于它亮出了“批判理论”的旗号，而在于它阐明了批判理论的性质和根本特征。早在 1932 年，霍克海默在为《社会研究杂志》撰写的短序中就已指出，批判理论的目的是试图“按照每一种可能的理解水平来把握社会生活的进程”[3]。这就是说，批判理论是一种以社会生活进程为目标的实践的理论，而不是所谓的纯粹理论。而传统理论正好相反，不管有多少种不同的定义，有一点是相同的，就是都认为理论指建立在经验基础上的普遍化的自洽的系统。这个自洽的系统最终能还原为几条基本原理，我们根据这些原理，按照次序层层推进，就可以达到任何科学的目标。这种理论概念以数学物理学为范本，要求社会科学也以此来为自己定义。

自然科学的特点就是把程度不等的普遍规律应用于全新的事实，而且逻辑工具只是简单的因果性，现在却同样地用在历史上。但是，理论应用于事实不仅仅是科学内部的过程，而且还是一个社会过程。传统的理论概念，归根结底是近代科学和近代工业的产物。但问题在于，这种理论概念却以纯理论的面目出现。“它不谈理论在人类生活中意味着什么，而只谈理论在它由于历史原因而产生于其中的孤立领域中意味着什么。”[4]“实际上，科学这个行当只是劳动或人的历史活动过程中的一个非独立的环节，……”[5]传统理论概念实际是将科学从其历史语裂出来后产生的看法，它将理论缩小为一个无历史的封闭自足的系统，它不但产生自己，也产生对象。它所追求的永恒的逻各斯或永恒的真理都不过是一种经过伪装的乌托邦。“可实际上，当代人的自我认识并不是一种自称为永恒的逻各斯的、关于自然的数学知识，而是本来意义上的社会批判理论，是时时由对合理生活条件的关心支配着的理论。”[6]这就是说，批判理论关心的不是根本不可能的永久真理，而是人类生活状况的改善。因此，它不像传统理论那样标榜自己是纯理论，而是直觉的实践的理论。

传统理论不但追求的目标有问题，它假设的那个理论主体或认知主体也有问题。人不能脱离社会历史而生存，不能脱离世界而生存，他本身是社会历史的产物。因此，他的知觉方式，甚至他的感觉器官，都是长期历史的产物，都积淀着社会历史内容，它们都不是纯粹自然的东西。所以，人并不像经验主义或实证主义认为的那样，首先是一个被动的接受者，让自然在他这块白板上任意涂抹。人在认识活动和实践活动中原初的主动性，先验哲学已经以唯心主义的方式表达了。而在当今的资本主义社会，人的这种原始的主动性主要已不再表现在普通的个人身上，个人早已成了无个性的齿轮与螺丝钉，是转到了“在各个层次上控制着经济和政府的、互相冲突的全国性和国际性领导集团”[7]。主动性丧失的一个主要表征就是理论兴趣和思想能力的衰退。

虽然传统理论将自己定位在与实际生活无关的纯理论，但它们并不是没有社会作用，它们的那些概念和判断不但在专业活动中起作用，而且也在普通人的心中起作用，它们其实是当代文化总体的一部分，因而必然具有这个文化总体的时代特征。它们决不是没有时代或超历史的，它们属于现存社会秩序并有助于使这种秩序成为可能，虽然它们肯定也是专门科学的实例。[8]因此，对这种理论的批判必然是对时代文化总体批判的一部分。

批判理论同样属于时代文化的总体，但它却是它否定的部分。“尽管它本身产生于社会结构，但它的目的却不是帮助这个结构的任一要素更好地运行；……相反，当较好的、有用的、恰当的、生产性的和有价值的范畴被人们在现存社会秩序中加以理解时，它怀疑它们，并拒绝承认它们是我们对之无能为力的非科学的先决条件。”[9]这个世界是我们自己的世界，又不是我们自己的世界，而是资本的世界。批判理论在社会认同上的紧张表明了它自己的否定立场。

传统理论总是把事实看作外在于理论思想本身的东西；而在批判理论看来，事实不是外在的东西，“就知觉给予的客观实在被认为是原则上应该由人类控制的产物，或至少在将来会实际上由人类控制的产物而言，这些事实已经失去了纯粹事实的特征。”[10]

与这两种理论对待事实的态度相应，传统理论的主体是一个孤立的自主自我。而批判理论的主体是“处在与其他个人和群体的真实关系之中的、与某个阶级相传统的、因而是处在与社会整体和与自然的关系网络中的特点个人。这种主体与资产阶级哲学中的自我不一样，他不是一个数学点；他的活动构成了当前社会”[11]。“在真正的批判思想里，解释不只意味着一个理解过程，而且也意味着一个具体的历史过程。在这个过程里，整个社会结构和理论家与社会的关系都发生了变化，即主体和思想的作用都发生了变化。”[12]在批判理论看来，批判的理论活动本身就是历史实践的一部分，而不是单纯的理论。批判理论家的职业是斗争，“是把他知觉的思想作为一个组成部分的斗争，而不是某种自给自足、可以脱离斗争的东西”[13]。“思想上的顺从主义和基础思想是社会整体中的一个固定行业、一个自我封闭的王国的观点，都背叛了思想的本质。”[14]

传统理论和批判理论在逻辑结构上是不同的。从表面上看，这两种理论在达到逻辑必然性时是相似的，“但是，一旦我们从逻辑必然性转到现实的必然性，转到在实际次序中的必然性，区别就会出现”[15]。这区别就在于，传统理论只满足于对事实的推理和描述，在传统理论看来，必然性与人为了自己的目的去控制事物无关，而只与人预言可能出现的事件有关。[16]而批判理论的每一组成部分都以对现存秩序的批判为前提，都以沿着由理论本身规定的路线与现存秩序作斗争为前提。[17]

总之，传统理论是单纯的理论又不是单纯的理论，它是力求维持现状的意识形态的一部分；而批判理论则既是理论又不是纯粹的理论，“该理论的目的绝非仅仅是增长知识本身。它的目标在于把人从奴役中解放出来”[18]。这是批判理论的根本宗旨。

然而，霍克海默很快就从这个将理论理解为改变现实的实践行动的立场上往后退了，因为他觉得在现代强大的权力构制面前，理论是无能为力的，它不能决定世界的未来，就像它无法在现实中实现自己一样。但它至少可以反思现代性问题的关键，理性本身的问题。西方人习惯把自己的文化看作是理性的文化。文化的危机对于他们来说实际上就是理性的危机。我们这本书里涉及的许多哲学家都是这样想的，霍克海默也不例外。但是，霍克海默和法兰克福学派的许多人一样，没有因此而放弃对理性的信心，仍然坚持理性是人类惟一的希望。

霍克海默公开承认，批判理论是德国唯心主义的后代，[19]黑格尔的辩证法给他和批判理论家们提供了锐利的思想武器。康德在晚年已经提出了理性在历史中实现自己的思想，黑格尔更是将这个思想发挥到极致。霍克海默和他的朋友如阿多诺则将辩证法用于这个思想本身。理性的确是要在历史中实现自己，这种实现却要通过否定的变形，即理性在实现自己的过程中变成了自己的对立面，变成了非理性。现代性就是一部理性的《变形记》。所谓启蒙的辩证法，就是理性自身复杂的变形故事，就是理性的辩证法。

启蒙的辩证法

《启蒙的辩证法》是霍克海默在上个世纪四十年代与阿多诺合写的一部著作。早在1938年，霍克海默就想写一部关于启蒙的辩证法的书，[20]后因种种原因耽搁了。他与阿多诺合写的这部《启蒙的辩证法》，当属对现代性批判得最深刻的著作之列，可说是现代性批判的经典之作。

启蒙是现代性的主要基石，启蒙的原则就是现代性的基本原则。对启蒙的剖析与批判，就是要从起源上分析现代性的本质。但是，任何对启蒙和现代性的批判，都不能是外在的批判，而必须是内在的批判，因为启蒙与现代性早已构成了我们存在的条件和否定我们存在的条件。因此，启蒙的批判者与启蒙的关系不能不是一种内在紧张的关系。而启蒙的辩证法本身，是一种理性的非理性和非理性的理性，这表明启蒙本身的紧张。承认这种双重紧张，是《启蒙的辩证法》的作者与后现代主义者的根本区别。

通常人们都认为启蒙是一个韦伯所谓的世界的"去魅"过程，或者说是去神话的过程。启蒙就是要用理性的阳光照亮一切黑暗；而神话是人类幼稚时代的产物，只是代表愚昧和迷信。但霍克海默和阿多诺通过对启蒙的谱系学研究，表明神话和启蒙决不是势不两立、有你无我的关系，相反，"神话已经进行了启蒙，启蒙也一步步地越来越与神话学交织在一起"[21]。但启蒙却以为它是神话的死敌，它从神话中吸取养料是为了摧毁神话。但是，启蒙用以反对神话的原理，却是神话本身的原理。这个原理就是内在性原理，把一切发生的事解释为重复的原理，启蒙却用了这原理来反对神话的想象力。[22]在这条原理的指引下，启蒙和近代科学把自然界的一切都变成可以重复的抽象，从而可以将其数学化。

将事物抽象的前提是主客体分离，但这不是平等的分离，而是建立在主体对客体的绝对支配权上的分离。这样的分离，在古代就已有了。神话的基本特点，就是神人同形同性论，用主体的设想来解释自然界。[23]但是，在把事物抽象化和数学化的同时，主体本身也被虚无化了。“他把自己规定为事物，规定为统计的因素，规定为成功或失败。他的尺度就是维持自我生存，是他的机能及为这机能设定的模式能否成功适应客观性。所有别的东西，观念和犯罪行为，都遭受从学校班级到工会等集体的力量。但是，甚至那个威胁性的集体本身也只是属于骗人的表面，在它之下隐藏着把它作为强暴的东西来操纵的种种权力。”[24]

在古代，神话要用巫术来控制自然，而在近代，启蒙要用科学来控制自然，控制的意图是一样的，但科学比巫术要有效得多。科学明确地要自然听从人的意志，它发明了技术来做到这一点，技术将科学理论的设想变为现实。知识的目的不在于概念和思想，“人们想从自然界学到的东西，都是为了利用它以完全控制它和其他人。没有别的”[25]。所以方法论在近代大行其道，效益成了知识的标准。但是，这并没有使启蒙远离神话，它实际上更彻底地显示了神话学的原则。“认识局限于重复，思想只是同义反复。思想越是从属于存在的东西，它就越是盲目地再现存在的东西。从而启蒙精神就倒退为神话学，但它也从未想到要摆脱神话学。因为神话学在其形态中反映了现存事物的实质：作为真理的世界的循环、命运和统治，却放弃了希望。”[26]从表面上看，启蒙似乎允诺一个前所未有的美好世界，但当它将它的理想抽象化和普遍化后，它实际上放弃了人类的希望。冷战后有些人鼓吹的“历史结束论”正表明了这一点。

西方有个流行的说法，就是西方文化是崇尚开拓、追求、创造的文化，决不安于现状，普罗米修斯的神话就象征着西方文化的这个特征。这个说法也为我们中国人广为接受，从五四运动起就不断有人用这个说法来批评中国的传统文化。但是，在霍克海默和阿多诺看来，情况正好相反。无论是普罗米修斯的神话还是奥德修斯的神话，都不过是透过个人遭遇的棱镜再现了将一切置于人的控制之下和对于恒常的渴望。“思乡之情约束住了奥德修斯去进行冒险，主体性通过冒险摆脱了史前时代，《奥德赛》则描述了主体性的史前史。”[27]回家，就是回到熟悉的环境，回到恒常。

启蒙运动许诺要消除一切未知的东西，以及由于它们而产生的恐惧。诡论的是，启蒙在成功消除未知事物的同时，不但没有消除恐惧，反而使恐惧变本加厉。“启蒙是变得极端的神秘的恐惧。实证主义的纯粹内在性，它的最终产物只不过是一种似乎普遍的禁忌。它根本不再允许任何东西在外面存在，因为纯粹在外面的概念就是恐惧的真正源泉。”[28]就像神话一样，启蒙不能允许有自己无法控制的、外在于它的东西。只有将一切纳入它的囊中，它才能高枕无忧。而要做到这一点，不但要依靠内在性，还要靠把人提高到上帝的地位。启蒙用人取代上帝，成为宇宙的主宰，人本主义遂成西方文化的主流。

然而，同样诡论的是，人在成为上帝的时候，却失去了自己，他异化为他的对象，一个可以和任何别的东西一样控制的东西，人在把自然对象化的同时，也在把自己对象化，主体就像康德所表示的，只是一个形式的我思。而在他失去自己的本性的同时，似乎被他控制的自然却开始对他报复。“正像他以后所有真正的小说的英雄那样，奥德修斯为了赢得自己却仿佛扔掉了自己；他所造成的与自然的疏离，是通过委身于他在每一次冒险中都要与之打交道的自然而实现的；反讽的是，当他作为一个无情的人回家时，他所掌握的那种无情的力量，他所逃避的那种权力的继承人，却作为法官与复仇者取得了胜利。”[29]荷马笔下的奥德修斯，不仅象征着现代人的命运，而且也表明启蒙与神话的内在关联。奥德修斯的故事是西方文明的一个预言。

在《启蒙的辩证法》的作者看来，启蒙根本没有实现它的诺言，反而回到了野蛮。启蒙不可能消除神话，因为它自己就是神话。启蒙在现代回到了赤裸裸的野蛮，奥斯维辛和别的许多现代悲剧都证明了这一点。然而，高举理性旗帜的启蒙怎么会仍然是神话？怎么会最终回到了野蛮？这是霍克海默和他那一代法兰克福学派同人着意要探讨的。在他们看来，问题恰恰就出在理性本身。理性在历史过程中走向了它的反面。这个过程并不是从启蒙才开始，荷马就已经把自我保存当作理性的对象。而到了启蒙时代，理性更是变成纯粹自我保存的手段和工具，这是理性成为工具理性的根本原因。

工具理性也叫目的理性，它无关人生的意义，只关心以合适的手段达到一定的目的。因此，它是无道德是非的，或中立的。但现代人并不是根据理性来确定自己的目的，而是根据非理性的理由，如自我保存来确定自己的目的，因此，“因为目的不再是用理性的眼光来决定的，因此也就不能说某种经济制度或政治制度（不论它们是多么残酷和专制）比另一种制度更不合理。从形式理性来看，专制、残暴、压迫不是自在的就是坏的；没有一个明智的主管部门会同意对专制独裁做出判决，如果它的代言人是想从中牟利的话”[30]。

启蒙运动高扬的理性其实已经是工具理性，而不是存在理性或实践理性了。“启蒙心目中的系统是知识的形态，它能最好地对付事实，有效地支持主体统治自然。它的原则是自我保存。未成熟就表现为没有能力维持自我生存。在奴隶主、自由企业家、关联者这连续的形态中出现的市民，是启蒙的逻辑主体。”[31]这个主体擅长的是数字管理，以计算（算计）的态度来处理事情。“一切东西都可以变成可以重复的、可以代替的过程，变成体系概念模式的单纯例子，个人也是如此，更不用说动物。”[32]但是，在这种建立在平面化和划一基础上的数字管理里，是没有个别和特殊的地位的。

技术和科层制或官僚制是工具理性或计算理性的两个变形，前者控制自然，后者控制人。工具理性是片面的理性，它只有控制的功能，却没有理性否定的功能、批判的功能，更谈不上对人类问题提出历史解决了。工具理性的典型表现就是实证主义。实证主义是工具理性的意识形态表达，它构成了启蒙的终点。[33]实证主义的意识形态的社会功能就是通过只准理性在事实性的基础上运作否认它的批判功能，把它变成支持社会秩序的工具。[34]

在霍克海默看来，实证主义强调事实性的意图就是让哲学服从社会秩序。[35]康德和黑格尔在哲学上有很大区别，但都认为应该区分现象和实在、事物与本质。但到了实证主义那里，现象是存在惟一的基础，事实是惟一可知的东西，事实就是事物本身。既然如此，对事实的批判就不可能了，因为事实不能批判自己，对事实的批判只能从非事实出发，即从理想和应该出发，实证主义却用事实性堵死了理性批判的空间。理性只是事实的记录员和见证人。实证主义的胜利结果是真正的主体性的丧失，哲学随之也失去了自己的社会功能。所以霍克海默说："在它实现的时刻，理性变得非理性而愚蠢。"[36]

理性的这种非理性和愚蠢是指工具理性除了自我保存之外没有别的目标，它把情感和宗教与艺术一样，从自身排除出去。自我生存成了行动最偶然的准则。早期资产阶级政治哲学家是看到了这里所隐含的破坏因素，所以都极力阐发和鼓吹社会的和谐一致。但"随着私人集团统治经济机构的经济体系的发展，人类分裂了，由理性统一坚持的维持自我生存，个别资产者对象化的欲望，证明是与自我毁灭完全无法分开的自然暴力。它们模糊不清地互相转化。纯粹理性成为非理性，成为没有错误和没有内容的行事方式"[37]。理性在启蒙创造的时代彻底走向了其反面。

但是，霍克海默和法兰克福学派的其他人都没有对理性丧失信心而走向非理性。他们始终坚持理性本身的辩证法足以使理性恢复它健全的批判的功能，批判工具理性正是为了这个目的。

对文化工业的批判

文化批判是霍克海默这一代法兰克福学派批判实践的重点，也是他们的批判理论影响最大的一个方面。他们的文化批判开了现代文化批判的先河，成为后来一切文化批判宝贵的精神资源。霍克海默在这方面的贡献也相当突出。

法兰克福学派的许多人都有相当的艺术造诣，霍克海默也不例外，他始终对艺术有浓厚的兴趣，喜欢写小说。因此，他对于艺术及其相关的问题有足够的敏感。他发现，艺术的性质在现代发生了一个重大的变化，这就是美感获得了独立的地位，变成纯粹的东西，只是与个人主观的趣味有关。这样的话，艺术活动就是纯粹个人的事，但与艺术家的社会责任无关。[38]这才会有“为艺术而艺术”的口号。

但是，在霍克海默看来，艺术从来就不是与社会人生无关的“审美对象”，它是人类自由的体现，具体而言，艺术体现了人类要否定现实和超越现实的渴望，体现了人类否定现状的渴望。艺术的确有它的独立性，但“既然艺术已经是独立自主的，它保留了由宗教升华出来的乌托邦”[39]。“艺术作品在使被践踏的人们强烈意识到自己已绝望的同时，还使他们感到义愤填膺的自由。”[40]人类可以凭借艺术向压迫他们的现实表示愤怒和反抗。“反抗的要素内在地存在于最超然的艺术中。”[41]

但是在今天，人类已经失去了构造一个不同于现实世界，而代表人类希望的艺术世界的能力。这当然不是因为人的主观能力的退化，而是因为人类的生存环境发生了根本的变化，在现代的生存条件下，即在资本主义生活条件下，“无论‘精英’还是大众，都服从于一种在任何给定的情况下，只允许他们做出一种单一反应的机制。他们那些尚未开掘出来的本性因素不可能得到可以理喻的表述”[42]。之所以如此，是因为资本已经按照它的逻辑重新组织了人类存在的方方面面，包括艺术生产。自由的艺术创造变成了文化工业的机械复制，艺术的自由本质就此被扼杀了。

文化工业是现代工业社会的产物，它还不能简单地等同于艺术的商业因素。艺术作品可以用于商品交换并不始于现代。新鲜之处并不在于艺术是商品，而在于今天它处心积虑地承认它是商品；艺术放弃了它的独立性而甘愿与一般消费品为伍，这才是值得注意的新现象。人们理直气壮地把文化作为产业来发展，而文化本身则必须服从这个原则，不能产业化的东西就不能发展。艺术的自由是与商品经济的前提联系在一起的。纯粹艺术品也同样是商品，它们对商品社会的否定不过是它们服从自己的规律。文化工业特殊之处是将艺术完全纳入市场的规则与逻辑，再没有别的原则。贝多芬虽然在病危时把司各特的小说扔掉，气愤地说：“这家伙就是为钱写作”，但他自己在处理最后一批极端拒绝市场的四重奏时证明他也是一个有经验的、顽固的商人。这表明资产阶级艺术的独立性与市场的对立统一。但在当代社会，艺术品已完全失去了其艺术的独立性。唯心主义美学的原则是没有目的的合目的性，而资产阶级艺术在社会上必须遵循的原则，却是市场宣布的为了某种目的的无目的性。但最终在娱乐与放松的要求中无目的王国在目的中被耗尽了。[43]现在，可用成了艺术品的全部原则，艺术的独立性已不复存在，艺术品也就成了艺术商品。艺术的无用性被艺术的有用性废除了。文化产品的使用价值被交换价值取代，消遣成了娱乐工业或文化工业的意识形态。艺术品完全可以像其他产品一样，成为工业生产的一个门类，可以购买，可以代替。艺术品生产的目的除了消遣外，还有利润，这是一切商品生产的共同目的。

文化工业除了其经济目的外，还有其意识形态意味，有其维护现存秩序的社会功能。消遣和商业真正的意义是为社会辩护，因为快乐就是赞同。消遣就不要去思想，忘记痛苦和忧伤。消遣是一种逃避，不是逃避恶劣的现实，而是逃避最后一点反抗的思想。在文化工业营造的虚幻世界里，似乎一切真实的不平等都消除了，每个人都成了类本质，可以随便替换另一个人。真实的痛苦通过想象的置换被真实地掩盖了起来，或暂时治愈。心酸的泪水变成了自慰的微笑。世界是美好的，希望在明天，这就是文化工业最终要告诉人们的。可实际上它一直在欺骗它的消费者，它允诺的其实只是一个永远也无法兑现的幻象。

在文化工业中，不但它允诺的东西是一个幻象，而且个人也是一个幻象。这倒还不是因为生产手段的标准化，而是因为它制造、规训和控制了人们的需要。个人不再是他们自己，而只是各自一般倾向汇聚的中心。虽然文化工业制造了许多伪个性，如明星的发式或新的消费方式，但在资本主义社会中，个性化永远也无法获得。以阶级形态出现的自我保存使每个人都停留在类存在的阶段。个人表面上是自由的，实际是经济和社会机制的产物。文化工业能成功处理个性的惟一理由就是后者总是复制了社会的脆弱。[44]

谁都知道个性与自由对于艺术的重要性，但是，文化工业既然是批量生产，就必然要消灭这些东西，它的风格就是对风格的否定。在一般与特殊、规则与主题的特殊要求之间再没有丝毫紧张。跟风和赶潮流成为惟一的风格，模仿成了绝对的东西。“与后期自由主义阶段相比，大众文化阶段新的东西就是排除新的东西。”[45]“今天，美学的野蛮完成了已经威胁精神创造的东西，既然它们已经聚集在一起作为文化并被中立化。谈文化始终已经是反文化。”[46]文化工业不容任何反对，无论是反对它，还是反对它复制的世界。人们要么加入它，要么被抛弃，没有别的选择。[47]文化工业证明是一种匿名的控制手段，在它的控制下，人们不但丧失了头脑，也丧失感觉，心甘情愿被塑造成划一的文化消费者。

霍克海默和阿多诺对文化工业的批判，不是一般意义上的文化批评，而是政治文化批评，批评的锋芒直指产生文化工业的那个社会存在。半个多世纪过去了，他们的批评基本仍然有效，而且随着时间的推移，越来越多地得到证明。但是，一个明显的事实是，接受文化工业的人也越来越多，是人类真的已彻底丧失了批判能力？还是文化工业已经完成了对人的改造，使“个人对命运和对由此而产生的东西的愚钝的漠不关心和冷淡在起着支配作用”[48]？

晚年的悲观

在《哲学的社会功能》中，霍克海默写道：“我们的任务是继续斗争，防止人类由于目前的可怕事件而彻底沮丧，防止人类对社会的有价值的、和平和幸福的倾向丧失信心。”[49]霍克海默在这里说的“目前的可怕事件”显然是指纳粹肆虐。作为一个犹太人，作为一个现存社会的批判者，霍克海默对时代的压力有深切的感受，正如他自己说的：“自由的勇士并未找到其内心的宁静，他们的哲学即政治学。他们的目标并不是让他们的灵魂在恐怖面前不动声色；同样，他们经历的畏惧也不能构成阻止他们前进的证据。”[50]

但是，在霍克海默的思想中，从一开始就有悲观主义的因素。他从走上哲学道路的那天起，就深受叔本华的影响。他晚年写道：“我一向喜欢形而上学的悲观主义，即每一种真正唯物主义思想所隐含的因素。我第一次认识哲学要归功于叔本华的著作；我和黑格尔及马克思学说的关系，我要理解和改变社会现状的意愿，都没有抹去我对叔本华哲学的体验，虽然我与他在政治上是对立的。”[51]但是，一直到第二次世界大战结束，我们在霍克海默的言论里基本上感受不到他的悲观主义，甚至纳粹统治都没有使他有任何明显悲观的表示。

然而，到了晚年，霍克海默的悲观主义却伴随着他对体制的某种认同越来越明显地表现出来。在写《启蒙的辩证法》时，他明确把教会、俱乐部、专业协会这类东西看作是社会控制的工具。[52]但自从他在“二战”结束荣归故里后，现存社会对他的尊重和给他的荣耀使他很快就融入体制，既接受来自官方的职务，也接受来自官方的荣誉。与此同时，他也越来越肯定现行体制的合理性。

当然，促使霍克海默思想转变的更重要的原因是当代世界的现实。他在社会主义革命那里同样看不到人类解放的希望，斯大林主义和法西斯主义在他看来都导致了压迫。另外，资本主义社会并没有崩溃，“包含了文化领域崩溃的历史过程并没有使统治解体。封建专制的、资产阶级的社会形式……向不再是两个阶级的制度的结构过渡，当然并不能把这设想为是向自由王国的过渡”[53]。东西方的社会都在向技术社会过渡，这个历史过程的结果一方面是人类的物质欲望将得到愈来愈大的满足；另一方面是人类的自由和自发性也失去得愈来愈多。这是因为：“公正和自由完全是辩证的概念。公正愈多，自由愈少；自由愈多，公正愈少。自由、平等、博爱，这是奇妙的口号。但如果您想得到平等，那您就必须限制自由，而如果您想让人有自由，就不会有平等。”[54]

因此，“历史的未来的抉择或者是自由和压迫，或者是公正和全面管理的世界。自由和力量的发挥是必然同矛盾和压迫联系在一起的。公正和平等则是和倒退，和那个不承认现状的多余的精神联系在一起的。安宁和秩序，适当的管理，按最后状态来协调所有功能，看来都是人类合理的和悲观主义的目标”[55]。话是这么说，悲观主义使这个早年的“自由勇士”现在对自由已失去了信心：“个人可能有自由，可能得到解脱。然而人类在大自然中从来就是用控制、剥削、杀戮和奴役其他生物（必要时是自己的同类）而维持下来的。人类是已知世界中最血腥、最残酷的一种动物。对人类来讲，没有什么东西是神圣得不能把它当作权力的工具来加以利用的，真理和宗教也不能例外。”[56]

在这种情况下，反抗也没有用。“早在国家社会主义时代就已可以看到，绝对的控制并不仅出于偶然，而是社会过程的一个标志。技术的完善、交通和联系的扩大、居民的增加都促使它严密地组织起来。这当然遭到了不顾一切的反抗，但反抗本身也被纳入它本来要加以改变的事物发展过程之中。”[57]那么，在这种情况下，批判和批判理论还有什么用？

在早期，霍克海默认为，批判本身就是改变现状的历史活动。但到了晚年，一直坚持的哲学二元论使他认为理论与实践完全是两回事。理论只能反思社会发展的倾向，理论与实现社会理想没有关系。这样，“在晚年霍克海默那儿，批判理论的财富即公平意志只表现为对过去的思考和对德意志人和犹太人的关系的思考、评价，但也表现为对批判理论和犹太教的神学基本冲动的共同点的新的发展。这种新发现的共同点几乎在不知不觉中使社会理论变成了隐蔽的神学，变成了关于不幸意识的历史哲学”[58]，变成了历史宿命论。

但批判理论的奠基者最后走向的神学不是通常意义上的神学，而是一种超越理性的渴求。从理性上看，现存制度是无法克服的，但是，我们仍要“渴求杀人凶手不再能战胜无辜的牺牲者”[59]。这是霍克海默最后的立场。这种渴求固然能够表明渴求者的愿望，但对于杀人凶手是不会起作用的。

阿多诺

阿多诺是法兰克福学派中最重要的哲学家，托马斯·曼称他是当今产生影响最精妙、最敏锐和最有批判深度的头脑之一。霍克海默曾说，在我们这个过渡时代如果有哪个有才智的人应该有天才这个名称的话，那就是阿多诺。阿多诺不但是伟大的哲学家，而且也是伟大的社会学家、心理学家、音乐学家和文学批评家。他在法兰克福学派里的地位是无人可以代替的。

阿多诺的生平

阿多诺（Theodor W.Adorno，1903—1969）1903 年出生在德国法兰克福一个富裕的犹太酒商的家庭，阿多诺是他母亲的姓，他父亲姓威森格伦特。阿多诺的母亲是个有成就的职业歌唱家，而一直住在他们家的一个未婚姨妈则是一个钢琴家，阿多诺从小就受到了音乐的熏陶，长大成人后音乐成了他的第二专长，他不但专门去音乐之都维也纳学过音乐，会作曲，能出色地演奏钢琴，他弹奏的贝多芬《第十一奏鸣曲》曾让托马斯·曼深受感动。他写的有关音乐的评论和论文更是脍炙人口，构成了他思想重要的一部分。

阿多诺自幼聪慧，曾在学校里连跳两级，1921 年，他以班上第一名的成绩通过文科中学毕业考试。阿多诺 15 岁时就开始接触哲学，当时他认识了比他年长 14 岁的克拉考尔（Siegfried Kracauer），此人后来是魏玛共和国最著名的文化批评家和主要的电影理论家，两个人每星期六下午在一起读康德的《纯粹理性批判》。他后来回忆说，他从这种阅读中比从任何学院老师那里得益都大。1921 年，阿多诺进法兰克福大学学习哲学、音乐学、心理学和社会学。给他影响最大的老师也是霍克海默的恩师科纳利乌斯，霍克海默当时是科纳利乌斯的助手。1924 年，阿多诺以《胡塞尔现象学中的事物与意向内容的超越性》一文获哲学博士学位，但这篇论文基本是他老师科纳利乌斯的观点。1921 年，阿多诺已经知道卢卡奇的《小说理论》和布洛赫的《乌托邦的精神》了，这两个人对他后来思想发展产生了影响。1923 年，阿多诺认识了本雅明，他使阿多诺最终摆脱了学院哲学的影响。1925年，阿多诺去维也纳跟阿尔班·贝格学习音乐，并认识了勋伯格及其周围的人。他在为一些音乐杂志撰写的文章中高度评价了他们的表现主义。但那些人，包括他的老师贝格并不喜欢他，于是，他在1927年又回到法兰克福继续他的哲学学业。他向科纳利乌斯提交了《先验心灵学说中的无意识概念》一文，作为他的大学授课资格论文，但由于缺乏创见和独立性而被科纳利乌斯拒绝。阿多诺只好重起炉灶，另选主题。1931年，阿多诺在蒂利希指导下完成了题为《祁克果：美学的建构》的大学授课资格论文，这次顺利通过了。但他的授课资格在1933年9月11日被纳粹当局取消了。

这时，霍克海默和法兰克福社会研究所的许多人先后离开德国，移民美国，而阿多诺还存有幻想，以为纳粹统治长不了，迟迟下不了移民的决心。1934年，阿多诺去英国牛津大学默顿学院从事研究工作，但还常常回德国。在这期间，他完成了《认识论的元批判》一书的初稿。1937年6月，阿多诺应霍克海默之邀去纽约访问，于1938年正式移民美国。"二战"期间，他在美国与霍克海默密切合作，写出了著名的《启蒙的辩证法》。除了这部著作外，他还在美国完成了《现代音乐哲学》《最低限度道德》和《电影作曲》(与人合作)等三部著作。1949年，阿多诺和霍克海默一起返回德国，重建社会研究所，担任副所长，5年后接替霍克海默任所长。1952年至1953年，阿多诺去美国担任了一年哈克基金会的学术领导人。1953年，他回德国后再也没有去美国。1961年，他和波普之间爆发了著名的"实证主义论争"。1966年，阿多诺的主要哲学著作《否定的辩证法》问世。

阿多诺一生坚持批判现实，1968年爆发的学生运动却把他也当成了冲击对象，他与学生的关系处于对立之中。1969年1月31日，当进入他在社会研究所办公室的学生几次敦促都不离开时，阿多诺叫来了警察。他在那年夏季学期的课多次被干扰，直到最后三个女生赤裸上身冲上讲台羞辱他，他的课再也无法继续下去了。4个月后，阿多诺因心脏病猝然去世。

阿多诺的著作已编成23卷本的《全集》，其中最主要的有《启蒙的辩证法》（与霍克海默合著）、《认识论的元批判》、《否定的辩证法》、《最低限度的道德》、《棱镜：文化批判与社会》、《美学理论》等。

对同一性的批判

阿多诺是法兰克福学派中哲学造诣最深的人之一，他对同一性的批判，既抓住了传统哲学的根本缺点，也开启了新的哲学方向，但其意义并不仅限于哲学。

我们知道，西方哲学从柏拉图区分理型和现象世界开始，就陷入了根深蒂固的二元论，这种二元论在不同的历史时代以不同的形式出现，包括近代哲学主客体对立的二元论，却从来没有真正被解决。可是，西方哲学家一般认为这种二元论是人的有限性使然，是应该消除的。所以，在这种二元论的背景下，西方哲学又以追求同一性为根本特征，思维与存在、主体与客体、精神与物质、心灵与身体、理论与实践，都应该是同一的，也的确有不少人认为它们就是同一的。唯物主义和唯心主义只是在同一的基点上有分歧，对同一本身并没有任何异议。

在近代哲学中，同一性首先是个人的同一性，所有我们上面讲的这些同一性都以这个同一性为基点。阿多诺说，在现代哲学中，“同一性”一词是多义的，首先它是指个人意识的统一性，即康德的“始终伴随我的表象的我思”。然后是指在一切有理性的存在者那里都合法地同样的东西，作为来讲普遍性的思想；还指每个思维对象的自我相同性，简单的A=A。最后，在认识论上它指主体和客体就像它们始终也是被中介的那样，是相合的。[60]阿多诺认为，康德并没有严格区分同一性的前两种意思，没有区分心理的东西与逻辑的东西，他的“我思”只是个人的统一因素，却总是要求超个人的逻辑普遍性。个人—我只是因为数的统一性原则的普遍性才是一；意识的统一性是逻辑同一性的反思形式。个人意识只有在逻辑排中律的前提下才是一。就此而言，为了成为可能，它的单一性必须是超个别的。单一性和超个别性谁也没有对于另一个的优先性。没有同一的意识，就没有特殊之物的同一性，也不会有普遍性，反之亦然。[61]

由于混淆了同一性概念的不同意义，思维具有了超个人的逻辑普遍性，一切东西都可以纳入其下，被它同化。哲学成了总体性的哲学，如黑格尔的哲学那样，一切都被纳入同一性的轨道，一切个别性、特殊性和他性都没有丁点地位。总之，同一性规定非常符合传统哲学的理想，符合传统所谓的先验结构和存在论，[62]实际是传统西方哲学最根本的特征和要求，因此，阿多诺对同一性哲学的批判，实际上是对传统西方哲学的根本批判。

在阿多诺看来，纯粹的同一性是由主体设定的东西，是从外部带来的东西，而不是事物自身的特征，事物自身恰恰是异质性的，包含了种种不同于他物的特性。将千姿百态的不同事物贬为它们的种或类的例子，这显然是主体人为操作的结果，但传统哲学家恰恰认为由此得到的普遍性，证明了主体操作或功能的客观性，如康德就是这样的思路。

对这种同一性哲学进行批判的哲学家一般认为，同一性哲学的产生是由于人们对普遍性的渴望，特殊性和个别性之所以在同一性哲学中被抹去，自然科学的思维方式和方法论思想起了很大的作用，例如，维特根斯坦就是这样想的。但阿多诺考虑得更深一些。既然主体从外部把同一性强加给事物，那么从事物内部来批判它也就意味着从外部来批判它，即从主体以外来批判同一性。这就是说，将同一性仅仅视为是一个主观的错误是远远不够的，“社会先于主体”，[63]同一性哲学有它的社会底蕴。马克思交换关系的概念给阿多诺分析同一性问题提供了独特的思路。

阿多诺这样来解释同一性的社会根源：市场经济的交换原则需要将人类劳动还原为社会平均劳动时间的抽象的一般概念，这实际上就是同一性原则在起作用。商品交换是这一原则的社会模式，没有这一原则就不会有商品交换。正是通过交换，特殊个体与成就成为可通约的和同一的，资产阶级法权理想不能容忍任何质的差异。这一原则的扩展使世界成为同一的，成为总体性。但我们并不能因此而否定交换原则的历史合理性。如果我们因此而否认它的合理性，那我们就只好听任巧取豪夺，听任垄断集团的暴力和特权了。可是，当我们把交换原则作为思想的同一性原则来批判时，与上述承认它的历史合理性的立场并不矛盾。现代的平等交换在批判理论看来是既平等又不平等，对那种平等中的不平等的批判旨在最终实现超越商品交换的自由和公平交换。[64]

也许在某些学院哲学家看来，阿多诺对同一性的这种批判就像马克思的批判一样，根本不是哲学的批判，而是政治的批判、社会的批判或意识形态的批判。阿多诺会毫不犹豫地承认他的批判是意识形态的批判，但他不会同意把意识形态批判与哲学截然分开，在他看来，意识形态就是哲学的核心：批判基本意识本身。[65]如果我们承认人的历史存在的第一性的话，那么任何哲学思想中的意识形态因素都是无法否认的，而且越是基本的思想，其意识形态的因素就越明显，就此而言，阿多诺关于意识形态批判是哲学的核心的思想加深了我们对哲学的理解，更为重要的是，它是学院哲学的有效解毒剂。

当然，这并不是说意识形态批判就是哲学的全部，意识形态批判可以代替哲学的批判。阿多诺并没有放弃传统意义上的哲学批判，对他来说，意识形态批判是通过哲学批判来进行的。阿多诺并没有因为意识形态批判而放弃对同一性的哲学批判。在他看来，除了社会历史起源外，同一性当然还有它在思想中的起源。思想内部包含着对立的性质，思想也能感到这种对立的性质，但思想又是用概念来思维，矛盾对立对于概念来说是无法想象的，因此，思想沉湎于追求某种超越矛盾的东西的观念，这就是同一性的观念。但这决不是说同一性观念是一个思想的错误。相反，同一性有其相当的合理性。谁都知道，没有同一性我们就不能思维，任何规定性都是同一化。同一性也能实用地帮助我们控制自然，如柏格森和实证科学向我们表明的那样。所以，阿多诺认为，不应该简单地抛弃同一性的理想。[66]

但是，同一性只是主观的构造，而不是事物与其概念的符合；也不是事物本身的同一。事物本身是矛盾的，这种矛盾不是主观思维的缺陷，对于古希腊的辩证法的来说，这是非常清楚的。可是，人们甚至可以接受主观的矛盾，却无法接受矛盾的客观性。黑格尔的辩证法被人嘲笑就是因为人们无法理解矛盾的客观性。但是，在阿多诺看来，黑格尔的辩证法仍然属于同一哲学范畴，虽然他是第一个正视矛盾的人，但他的否定之否定等于肯定是同一化的精髓。我们在黑格尔那里可以看到最正宗的同一哲学的传统。所以阿多诺说："在黑格尔那里，一种反辩证法的原则在辩证法最核心之处占了上风。"[67]

在阿多诺看来，否定之否定并不会使否定走向肯定，而只是证明这种否定不是充分的否定，辩证法的经验内容和力量不在否定之否定等于肯定这个原则，而在于他者对同一性的抵制。[68]辩证法是事物本身的性质，而不是主体的产物，不是什么思维的规律。如果我们把它视为思维的规律，那么辩证法最终一定会变成一个总体性的封闭体系，就会变成反辩证法。黑格尔极力将非同一性吸纳进同一哲学，用非同一性来规定同一性，实际上带有将非同一性以被压抑和被破坏的形式永存下去的迹象。实际上，"绝对同一性的原则是自相矛盾的"[69]，同一性总是以非同一性为前提。同一性是从反对同一化的非同一物中抽象出来的。

我们前面已经说过，同一哲学实际是建立在主体意识的同一化功能基础上的，同一哲学总是以意识来使世界同一。因此，同一哲学与主体哲学有着内在的关联。在同一哲学那里，主体是绝对自为的，它不但具有绝对的优先性，而且也不承认任何与它不同的东西，非同一性的任何一点残余对它而言都是一种绝对的威胁，非把那些东西都变成它可以控制的对象不可。而批判同一性就是要恢复客体的优先性，但这并不是说让客体去占据主体以前占据的那个“皇位”。批判思想要废弃传统的等级制，即一定要在主体和客体之间分出高低来，不是主体支配客体，就是客体决定主体。阿多诺和霍克海默一样，认为思想里的这种等级制不过是社会等级制的一种投射，要反对社会的等级制，就要反对思想的等级制。主体和客体在存在论上地位是平等的，客体的优先性不过是说主体就其本性而言首先就是客体。我们可以说主体就是客体，却不能说客体就是主体，没有客体性的要素，主体便是十足的无。[70]

但阿多诺决不追求将主体融入客体，以客体来同一主体，他甚至也不是像许多现代西方哲学家那样，追求主客体的和谐统一。相反，他要保持主客体的区别；不但要保持主客的区别，还要保持一切其他的区别，如理论与实践的区别。他要不惜一切代价维护差异和不同的权利。“异己东西的幸福就在于它在允许的接近中，也在异质性和独特性的彼岸保持疏远和不同。”[71]但差异和不同不等于不同的事物之间没有内在的联系，相反，不但不同的事物有内在的联系，而且差异和不同（非同一性）也内在于事物本身。在这里形式逻辑的规则就碰上了它们的界限。我固然可以理直气壮地说“我就是我”（A=A），但只要我们再追问“我”的含义或“我”的同一性（identity）时，我们就会和休谟一样发现这个尴尬的事实：我们不知道怎么去抓住这个“我”，“我”似乎消失了。只有无视实际存在和发生的种种不同，我们才能找到那个似乎不成问题的同一性。

当然，坚持事物的差别不能理解为坚持事物的对立，而是要在承认事物不同的情况下，取消某一事物（主体）的统治地位，让不同的事物能够和平相处：

> 那么主体与客体的无差别统一或它们的对立的敌视就都简直是不可想象的了，相反，有差别的事物的交流才是可能的，交流概念作为一个客观概念才获得自己应有的地位。甚至从认识论的角度来看，在其合适的位置上，主客体的关系将取决于人们之间以及人类与他们的对立面之间的和平的实现。和平就是那种没有支配而只有差异者相互渗透的独特状态。[72]

很显然，阿多诺对同一性的批判决不是学院哲学式的批判，他的批判不但揭露了传统西方哲学在同一性上的根本错误，而且还有积极的理想指向。如果同一性并不仅仅是唯名论意义上的哲学概念，而是有着社会历史底蕴的思路，那么对同一性的批判当然要指向对产生同一性思想的社会实践的纠正和克服。但是，阿多诺在坚持事物的区别时，却没有充分说明不同事物的互动关系。即使我们应该坚持主体与客体、特殊与普遍、理论与实践的不同和自主性，但它们之间的密切关系是无法否认的。令人遗憾的是，阿多诺对有差异者“没有支配的相互渗透”谈得并不多；但这是任何非同一哲学必须解决的问题。

文化—社会批判

有人认为：“如果要指出阿多诺最有可能引起我们及后代人的注意的方面，那么这就是他那些关于各种意义上的文化的异常丰富而多样的著作。”[73]与霍克海默不同的是，阿多诺始终与政治保持一定的距离，他的批判理论偏重于文化批判和社会批判，而不是直接的政治批判，但这并不是说他的文化批判和社会批判没有政治含义，恰好相反，文化批判和社会批判是他政治批判的一个主要手段。阿多诺批评资产阶级的文化："即使在其最好的瓦勒里那里，也是附和于保守主义的。这是因为它无意识地坚持晚期资本主义的文化观念，力求一种稳定的、独立于股市浮动的财富形式。"[74]而他的文化批评恰恰是反其道而行之。

文化批判和社会批判之所以成为阿多诺理论工作的主要形式，与他自己的理论信念和理论风格有关。阿多诺从一开始就反对唯心主义，也反对卢卡奇的总体性概念，他认为无论是理性本身还是某个概念，都不可能从总体上把握实在，因为现实本身是经过种种中介，瞬息万变，历史性的谜一样的存在。任何总体性概念或体系都是可疑的。因此，我们在阿多诺那里找不到肯定的宏大叙事，只有否定的批判；并且，他的批评风格是从小处着手，通过分析常人不太注意的细节进行细致入微的微观分析，来揭示曲折投射在其中的时代与社会的病症。对他来说，哲学家的任务不是要找到任何普遍的、超历史的真理，而是要建构不连续的、暂时的特殊之物的组态（Konstellation），[75]使得它们产生某种现象的制造者并未想到的历史真理的尺度。"因为心灵的确不能产生或把握整个实在，但它可以深入细节，小规模地戳穿大量存在的现实。"[76]通过对从动物园到离婚模式，从走路到失眠，从智商测试到神秘主义占星术的犀利剖析，阿多诺揭示了现代社会的根本病态。

他写的大量的音乐评论和音乐批评也是一个例子。他在魏玛文化的客观主义音乐中看到了现代理性化过程造成的历史变化。斯特拉文斯基或辛德米特这些人人为地抑制个人表达，表明他们完全认同自我在最发达的工业经济中的异化。在它的作曲方式和再生产方式中，客观主义音乐表明同样的"在音乐外社会和经济发展中人们所经历的对……自由的限制和同样的趋向技术化和理性化。机器的完善和机械力取代人的劳动力在音乐中同样成为事实”[77]。与此形成对照的是贝多芬的音乐，“（贝多芬音乐）与回荡其中的资产阶级自由意志主义的关系是一种能动地展开的总体的关系。他的各个乐章都按自己的规律，不注意外部情况的自我形成并形成整体，自我否定并否定整体，自我确证并确证整体等，而处于相互适合的状态之中，正是在这种状态中，那些乐章最终就类似于那个用力推动它们的世界了，但它们并不是借助于对那个世界的模仿而做到这一点的”[78]。现代音乐的发展与现代资本主义的发展平行，从竞争资本主义到垄断资本主义的发展在使社会更理性化的同时，使社会秩序更不理性。个人的自由和自主性完全被社会的理性化过程（资本的逻辑）吞没。

虽然阿多诺的文化批评始终指向文化对象的社会—历史含义，它却不是机械唯物论的还原论，阿多诺并不认为有一个可以将一切文化现象和文化产品还原到它的基础，无论它是生产方式还是别的任何东西。阿多诺在哲学上是反基础主义者，他的否定的辩证法不允许他承认任何存在论意义上的基础。相反，在他看来，任何事物都是非同一的，都是经过中介的，说的通俗点，就是任何事物都既是自己又不是自己。所以他坚定地拒绝从任何基础上派生出实在。他对贝多芬和客观主义音乐的上述分析只说明社会历史过程投射在音乐创作中，而不说明资本主义历史发展是现代音乐的根本原因。文化与社会—历史是相互投射和渗透的关系，而不是简单的因果关系。

在阿多诺看来，主体与客体、整体与特殊或自然和历史，都谈不上谁为主谁为从，它们每一个都处在充满张力的力场中，都不会失去自己而成为对方的一部分。“辩证法是始终如一的对非同一性的意识。它并不预先采取一种立场。它不可避免的不充分性，它在它思考的东西上的过失将思想推向了它。”[79]事物从内在结构上就是中介，这就是说，他者对事物有根本性的影响，事物之间的关系都是内在的。

但是，当代社会却越来越成为一个没有中介的、没有空隙的同一性之网。个人出于自我保存的本能，自愿顺从经济和政治的支配，自愿异化。爵士乐就以文化产品的形式表明了这一点。在阿多诺看来，爵士乐根本不是在表达解放，而是要缩短异化的个人与其肯定的文化之间的距离。“爵士乐并不超越异化，而是加强异化，爵士乐是严格意义上的商品。”[80]“无论爵士乐中的非洲因素看来多么确定，它的倔强的东西从一开始就被整合进一个严格框架中，其造反姿势随着盲目的奴颜卑膝，与分析心理学描述的施虐—受虐狂现象非常相象。”[81]阿多诺对爵士乐的批评也许是有偏见，但他通过对爵士乐的批评所要指明的现象却不是无中生有。

阿多诺认为，资本主义发展到了管理资本主义，也就是当代资本主义，独立自主的资产阶级主体性已经被各种经济和社会力量更为混乱的作用几乎完全勾销了。科层制和经济贸易结构所需要的抽象的、形式的平等和可交换性越来越占主导地位，这就使得个人越来越同一化，成为一个没有特别意义的统计单位。另外，面对无法控制的外部力量，个人也心甘情愿放弃自己。阿多诺利用弗洛伊德的理论来说明这种自我放弃的心理原因：“根据弗洛伊德，大众心理学的问题是与一种这个经济时代特有的新型的心理苦恼密切联系在一起的，由于种种经济—社会原因，它见证了个人的衰落和他其后的虚弱。虽然弗洛伊德并不关心社会变化，他还是在个人单子范围内展现了它深刻危机和愿意服从强有力的外部集体力量的种种迹象。”[82]

甘愿放弃自己为法西斯主义和集权主义的上台铺平了道路。“法西斯主义的心理是由操纵产生的。……这显示了一种取消老的自由主义意义上的心理动力的倾向。……法西斯主义通过利用社会控制剥夺无意识来使依赖永久化。……在弗洛伊德那里‘向客体放弃自己’的自我的心理枯竭预见了形成各种法西斯集体的后心理学的去个人的社会原子。”[83] 当然阿多诺并不是要用心理学来解释法西斯主义的兴起，他要说明的恰恰是非心理的原因助长了心理的倾向，而法西斯主义则利用了人的这种心理。

阿多诺和霍克海默一样，面对当代的管理资本主义是悲观的，他们都认为它几乎是不可动摇的，因为它已超出了人类的控制。惟一的希望不在现实，而在乌托邦的世界。“在绝对无力中揭示自己的东西的魔法中，在既完美又虚无的美的魔法中，全能的幻觉被否定地反映为希望。它已经躲避了一切力量的考验。完全无目的性拆穿在支配的世界里有目的的总体性的虚伪，只有凭借这种否定……迄今存在的社会才会意识到另外可能的东西。”[84] 这就是说，美学的幻想和想象给我们提供了另一种生活的希望。

美学理论

虽然阿多诺的《美学理论》一书在他去世时还未最终完成，但有人认为，“其成就甚至比《否定的辩证法》还要高”[85]。这种看法是否确当暂可不论，但阿多诺的美学理论在他的思想中的确占有非常重要的地位。

“美学”（Ästhetik）一词是德国哲学家鲍姆嘉登在十八世纪的发明，在鲍姆嘉登那里，美学既是一般的、形而上学的美的学说（相当于我们现在通常理解的“美学”），也是感性认识的学问。从德国浪漫派开始，德国哲学家大都不把“美学”视为纯粹培养审美趣味和研究美的学问，而是从美学一词的希腊文词根 *aisthesis*（知觉、感觉、感情）出发，将美学视为哲学摆脱近代理性主义哲学传统困境、恢复生命经验的首要性的基本途径。在德国古典哲学家那里，美学都是哲学最重要的一个部分。而现代哲学家对于美学的这种哲学的解放功能有更清楚的认识，美学在他们那里往往就暗示了新的哲学方向。杜威的《作为经验的艺术》就是一个典型的例子。海德格尔虽然从不谈美学或艺术哲学，但他对荷尔德林诗歌的阐释和《艺术作品的本源》等著作的解读清楚地表明他不仅属于上述美学的传统，而且是其重要的代表。

阿多诺的美学理论之所以重要，不仅是因为它也属于这个传统，更是因为他给这个传统注入了新的社会批判的内容。从德国浪漫派开始的美学传统，最关键的立场有二：一是艺术是一种不同于科学的知性的认识样式；二是艺术与真理有关，艺术揭示事物的真理。阿多诺完全接受了这两个基本立场，但他加上了艺术是对现实的颠覆和批判。与以往的哲学家不同，阿多诺的美学理论是有政治意味的，“这是因为他深信，真正的艺术含有乌托邦的要素，这种要素指向某种未来的政治与社会的转变”[86]。

在阿多诺看来，现代社会是一个制度严密的管理社会，一切都被理性化和格式化，成了韦伯所谓的“铁盒子”，人要自我保存和生存下去，不能不服从这个社会的种种比铁还严酷的逻辑。但艺术似乎是这个理性化到极致的管理社会中的异数。它仍然能保持它的自主性，尽管它也不能不商品化，不能不服从市场的逻辑，尽管即使最伟大、最天才的艺术作品，在这个时代也都是商品。艺术之所以能保持它的自主性，当然与它自身的特点有关。

虽然现代文化工业像生产一切其他商品那样大量复制同一的艺术产品，但艺术品自身的根本特征是“以特有的方式有意识地模仿经验存在物”[87]。上一讲在讲利科的叙事理论时已经讲到，模仿概念出自亚里士多德的《诗学》，它的意思不是照相机式的复制或临摹，而是对事物本质的把握和表现。阿多诺模仿概念完全继承了这一思路。在他看来，艺术就是模仿，但这模仿是表现，而不是“表现某物”，换句话说，它表现的是它创造的东西，而非现成的东西。通过表现，艺术得以与经常想要吞没它的为他者存在的因素保持距离。[88]

阿多诺和德国浪漫派一样，并不否认艺术提供的只是虚幻的东西，但艺术对现实的批判功能，正是来自它的这种虚幻品性。这个世界相信一切东西都可以交换，而艺术却以其虚幻性，无形中否定了这一占主导地位的现代性原则，使人们相信这个世界上存在着不能交换的东西。并且，“鉴于艺术代表不能交换之物，所以一定能唤醒一种对充满可交换物世界的批判意识”[89]。比起这个处处讲究实际、实用和实在的世界来，艺术的确是虚，但恰恰是艺术的这个虚，给人们留下了批判现实的空间。

但艺术的虚幻品性决不等于艺术的超越性，相反，阿多诺虽然坚持艺术的自主性，甚至说艺术作品是“没有窗户的单子”，但他也同样坚持艺术作品是社会事实。“只有在与外界张力发生关联时，艺术中的张力才有意义。”[90]更直白地说，艺术只有在对现实的否定与批判时，才是艺术，才有意义。因此，阿多诺坚决反对“为艺术而艺术”。从表面看，“为艺术而艺术”正是要和现实保持一定的距离，避免商业化或各种意识形态的侵蚀，维护艺术的自主性，实际上却因此抽空了美的内容，艺术与现实的对立不是真实的，而是抽象的、柔顺的，使得美最终成了一种人工装饰。阿多诺指出，在今天的社会，“如果艺术抛弃自主性，它就会屈从于既定的秩序；但如果艺术想要固守在其自主性的范围内，它同样会被同化过去，在其指定的位置上无所事事、无所作为”[91]。艺术要摆脱这种两难，就必须表现，“表现揭示出艺术作品是受社会攻击困扰的产物；表现是附加在作品自主性外观上的社会酵素。这个方面的范例当推毕加索的绘画《格尔尼卡》：这幅画与现实主义准则水火不容，通过非人性的构图获得了表现力度；最后，这种表现呈现出非常鲜明的社会抗议的外形”[92]。

阿多诺不但反对“为艺术而艺术”，也同样反对其反面——受操纵的艺术。艺术的政治意味或功能并不等于它沦为意识形态的工具，为了自以为正确的政治目的服务。艺术表现社会内容要能够“入乎其内又出乎其外”，政治操纵艺术将会导致艺术的灭亡。“艺术只有具备抵抗社会的力量时才会得以生存。”[93]“艺术的社会性主要因为它站在社会的对立面。但是，这种具有对立性的艺术只有在它成为自主性的东西时才会出现。通过凝结成一个自为的实体，而不是服从现存的社会规范并由此显示其‘社会效用’，艺术凭借其存在本身对社会展开批判。”[94]因此，阿多诺认为的策兰的遁世诗要比所谓的现实主义作品好得多。

艺术的自主性来源于精神，但这不是人的主观意识或主观精神，而是客观的否定的精神。艺术的独立性和批判性实际是展示了精神的独立性和批判性。精神是幻象，也是真理。艺术的使命就是“抵制强加的秩序，将自然的必然性连同偶然的无序一起抛开”[95]，从而揭示事物内在的真理。艺术作品的真理与哲学概念的真理是一样的，但艺术作品表现真理的方式与哲学有很大的不同，甚至可以说反其道而行之。艺术既无概念，也无判断，艺术“是从那些在精神意义上属间接性的、因而也是准逻辑性的种种现象中，……取得自己的结果”[96]。在日常生活中，我们受到工具理性的束缚，但是在艺术中，工具理性成了批判和否定的对象。艺术不是简单地从概念上否定它，而是彰显被它压制的东西。

但是，阿多诺并不像通常人们以为的那样，艺术与哲学的区别在于前者用主观，而后者靠抽象思维。相反，由于艺术创造的是一个与经验生活及其意义相对立的领域，它不能是主观的。“如果艺术是彻头彻尾的直观的东西的话，那么艺术就将成为它本想抛开的经验生活了。”[97]艺术作品都是谜，需要解释。“如果断言艺术中没有什么东西可以解释的话，如果认定艺术只是单一地存在的话，那就等于抹杀了艺术与非艺术之间的界线。”[98]在这里，阿多诺仍然坚持他的中介性原则，指出：

“真理的内容不能直接被认出。它本身是被中介的”[99]，艺术真理靠明确的否定的中介才能达到。

前面已经说过，在阿多诺看来，艺术是幻象，艺术通过将现实虚幻化使主体从现实世界的逻辑和感性经验的领域中解放出来，获得了批判的空间和自由，从而能对习以为常的事物进行新的阐释，以对抗流行的需要。“艺术中的客体与经验现实中的客体是两个截然不同的东西。在艺术中，客体是人工的产品，包含着经验世界的要素，但与此同时又改变着这些要素的组态，成为一种分解和重构的双重过程。”[100]现代艺术的荒诞与难懂正是艺术的这种自主性本性使然。例如，卡夫卡的《变形记》写的似乎是常识与经验根本无法接受的东西，那种可怕的荒诞使主体震撼，使人们能因此看到被现实的合理性所掩盖的根本的非理性。艺术的确是一种认识形式，却不是那种反映式的认识，而是展现式的认识，“艺术把握住了现实的本质，迫使现实露出真面目，与此同时又使这种真面目与其表象相对立”[101]。

但是，艺术不是主观的建构，艺术决不是像唯心主义哲学家所以为的那样是主观的东西，艺术从内容到形式，从素材到题材，都不是主观的，当然也不是完全客观的。阿多诺认为：“一种辩证的美学既批评主观主义，同时也批评客观主义：批评前者，是因为它只考虑个体的鉴赏力（不顾这位个体是否是以超验的方式或偶然的方式构想出来）；批评后者，是因为它毫不在意主体对艺术的思索。一件艺术作品中的主体既非审视者，也非创造性的艺术家，或某种绝对精神。它在一定程度上是精神，也就是在它被嵌置入客体，并且凭借客体得以传达和表演的程度上，它是精神。”[102]这段话听上去有点唯心主义的味道，实际上如果我们将“精神”置换成“真理”的话，那么阿多诺其实并不是唯心主义，他要说的与海德格尔或伽达默尔的思想非常接近，就是艺术展示真理，决定艺术的是客观的真理，而不是艺术家的主观意图或任何主观的东西。所不同的是，在阿多诺这里，真理始终是有历史和社会内容的。艺术通过对现实的批判和否定来显示真理。

从德国浪漫派开始，许多试图以艺术来救治近代理性主义哲学弊病的思想家，往往都认为艺术是前理性或非理性的东西，而阿多诺认为这种观点从一开始就是站不住脚的。在他看来，“艺术是不能克服而能批判自身的理性之物”[103]。艺术作品有它的理性，它是组织和构成统一体的因素，“这种理性虽然与支配外在世界的理性不无关系，但并不复制外在世界的概念性秩序”[104]。艺术一方面要揭示貌似理智的外在世界的隐藏的非理性；另一方面它要揭示存在的深层的客观理性。人们指控艺术是非理性，无非是因为艺术从工具理性的桎梏中解放了出来，不受寻常逻辑的约束，但它本身服从客观理性—客观真理，所以它也有逻辑。阿多诺最大程度地消除了浪漫派或海德格尔给予艺术的那种神秘性，使它明确成为社会批判的一种主要方式。

人们完全可以同意阿多诺的批判美学，同意他对艺术的批判性质的揭示，艺术的确是一种特殊的认识方式，它展示了非实证主义意义上的真理，展示了存在的真理。但是，我们可以承认卡夫卡的小说或贝克特的戏剧是对现存社会最尖锐的批判，但这种批判对于现实的改变无能为力。阿多诺实际上也清楚这一点，他和霍克海默其实都认为现存的制度是无法改变的，他们思想中根深蒂固的悲观主义和神学因素归根结底起因于此。阿多诺说到底是书斋里的批判家，尽管他的批判并不肤浅，也不平庸，许多地方击中了现存社会的要害，但正如马克思说的，批判的武器不能代替武器的批判，物质的力量只能用物质来摧毁。阿多诺的批判有助于人们对现存社会的否定性认识，但不能改变它。然而，这不足以为阿多诺病，和任何事物一样，理论是有限度的，理论不是万能的，柏拉图无法改变雅典的政治状况，丝毫也不影响《理想国》的价值。不管怎么说，阿多诺至死没有认同他所处的社会，而法兰克福学派第二代的领军人物哈贝马斯就不一样了。

哈贝马斯

哈贝马斯是当前国际学术界的明星，影响早已超出德国而遍及全世界。他几乎每年都有新著问世，而研究他的著作更是层出不穷，他被公认是当代德国最重要、最有影响的哲学家。哈贝马斯之所以引起人们的高度关注，一方面固然是因为他的思想能不断与时俱进，不断吸纳别人的研究成果，并将它们纳入他的体系；另一方面也是因为他的思想十分敏锐和活跃，总是能抓住西方思想的一些热点问题做文章，使他自己一直处在重大的学术论争的中心。要了解西方的思想现状，就不能不了解哈贝马斯的思想。

哈贝马斯其人

哈贝马斯（Jürgen Habermas，1929—）1929 年 6 月 18 日出生在德国北莱茵—威斯特法伦州一个叫 Gummersbach 的小镇的一个中产阶级家庭，祖父是神学院院长，父亲是当地的商会会长。虽然哈贝马斯在纳粹统治下度过了他的童年和少年时代，但这段生活对他没有什么影响。第二次世界大战结束时哈贝马斯 16 岁，纽伦堡审判和其他陆续公布的纳粹罪行的材料使他深为震惊，在对德国黑暗的过去深痛恶绝的同时，他对战后德国的政治道路完全赞成，认为这是惟一正确的政治道路。因此，与第一代法兰克福学派不同，哈贝马斯基本接受西方现行的制度，尤其是政治制度，他的批判理论有别于第一代批判理论，这是一个重要的原因。

哈贝马斯在家乡上中学的时候就已接触到马克思主义，1949 年，哈贝马斯进哥廷根大学学习哲学、历史、心理学、德国文学和经济学，后来先后转学苏黎世大学和波恩大学。在波恩大学他第一次读了卢卡奇的《历史与阶级意识》。他后来回忆说，勒维特和卢卡奇指引他学习和研究青年马克思的著作。1954年，哈贝马斯大学毕业，以一篇相当传统的关于谢林的论文获波恩大学博士学位。大学毕业后，在当了一段时间记者后，他进入法兰克福研究所当阿多诺的助手。1961年，哈贝马斯的大学授课资格论文《公共领域的结构嬗变》被阿多诺拒绝，却在马堡大学教授阿本特劳特（W.Abendroth）支持下获得通过。随即应伽达默尔之聘去海德堡大学哲学系任副教授，直到1964年。1964年，哈贝马斯返回法兰克福大学任哲学和社会学教授。二十世纪六十年代中期哈贝马斯写了大量的政论文章，对青年学生产生了很大的影响。

1968年学生运动初起时，哈贝马斯参与学生运动，他和阿本特劳特等几个教授一起成立了社会主义联合会，以支持学生。但是他对学生运动表现出来的暴力倾向不以为然，并且认为学生运动走过了头，通向不现实的方向，无论在政治上还是思想上都是危险的。他甚至发明了“左派法西斯”这样的说法，激怒了许多学生，被学生领导人宣布为“文化革命的叛徒”。1968年12月，造反的学生占领了他领导的社会研究所近10天，这标志着学生与他的矛盾是根本性的。学生完全否定现存的制度；而哈贝马斯认为再怎么说，联邦德国政治、经济和社会制度总的来说是好的。这不但与左派学生的立场有天壤之别，也与老一代批判理论家的立场有明显的距离。

1971年，哈贝马斯离开法兰克福大学去巴伐利亚的斯坦堡与科学家冯·魏茨泽克一起领导新创立的马克斯·普朗克学会科技世界里的生活条件研究所，但与冯·魏茨泽克龃龉不断，终于在1981年4月辞去该研究所所长的职务，到马克斯·普朗克学会的社会科学研究所做研究。1983年，哈贝马斯回到法兰克福大学继续任哲学和社会学教授，1994年退休。

哈贝马斯著作等身，重要的有：《公共领域的结构嬗变》、《理论与实践》(1963)、《社会科学的逻辑》(1967)、《知识与旨趣》、《作为意识形态的技术与科学》、《文化与批判》、《晚期资本主义的合法性问题》、《重建历史唯物主义》、《交往行为理论》、《道德意识和交往行为》、《近代的哲学话语》、《后形而上学思想》(1988)、《商谈伦理学诠解》、《事实与规范》、《包容他者》等。

哈贝马斯理论的出发点

虽然哈贝马斯在政治立场及有关的许多问题上与第一代法兰克福学派诸公有明显的不同，但在理论的社会功能与实践作用这一点上，他是秉承了他们的传统。对于他来说，理论不是智力的操练，而是对现实问题的分析与思考，并且这种分析与思考应该与生活世界密切相关。哈贝马斯的思想之所以影响大，与其说是有多少创见，不如说它始终抓住了现实中最重要的一些问题。

但是，虽然哈贝马斯也被称为批判理论家，他对霍克海默和阿多诺这些人的批判理论是不满意的，他认为他们的批判理论没有扎实的理论根基，他们把理性简单等同于工具理性，在批判工具理性的同时忽略了对理性本身的研究，这就使他们的批判缺乏规范的、理性的基础。而他的批判理论可以说是以一种理性理论为基础的思想体系，哈贝马斯始终要确立理性的先验的普遍必然性地位，以为只有这样才能保证知识和规范的有效性。因此，虽然他从黑格尔那里获益良多，但他本质上是一个康德主义者。他的理性理论不能说毫无建树，但在将它作为知识与规范的基础与标准这一点上，他终究未脱近代理性主义传统的窠臼。

理性是现代性的核心预设，在许多人眼里，是现代社会区别于传统社会的基本标志。现代社会的理性化是一个不争的事实，现代性以理性的名义扫荡一切异己因素是它得以迅速展开的基本前提，这一切都使得任何对现代性的批判都不能不对理性本身进行批判。无论是韦伯对目的理性的揭示还是霍克海默和阿多诺对工具理性的批判，都表明了这一点。但是，在哈贝马斯看来，如果我们认为人的行为模式只是主体—客体的认知关系，那么必然会将理性看作是目的理性或工具理性，但人的行为模式或类型其实不只这一种。

我们知道，亚里士多德在他的《尼各马可伦理学》当中区分过人类的三种活动类型，这就是实践、理论和生产，相应于这三种活动类型，有三种不同的知识，即实践之知（*phronesis*）、认知（*episteme*）和技艺之知（*techne*）。到了近代，随着近代科学的兴起，这三种知识的格局发生了很大的变化。在古代，理论几乎是沉思的代名词，而技艺是不含理论的，但是，近代的理论概念却越来越与沉思无关，而隐含对事物的预见和技术的应用。如果我们掌握了理论，那么我们就能预言未来，也能有适当的技术可以应用于现实。技术是理论的运用，它的基础是理论。实践之知也经历了相似的变化，霍布斯就把人的行为看作一门人、社会和国家的科学的素材。随着实证主义思潮深入人心，人们越来越相信只要掌握人性的规律，就能建立起合理的社会秩序。实践的智慧被协调人际行为的技术所取代。这样，古代的三种知识到了近代变成了一种，即以自然科学知识为蓝本的技术性知识。

随着知识的单一化，理性也变得十分狭窄，成了技术理性或工具理性，它的惟一职能就是认识对象和计算达到目的的手段和方法。它不管价值判断，只管经验事实，这就有了“事实与价值”“是和应该”的区分。理性只管手段，不管目的；只问事实，不问价值。目的、价值、规范这些人类生活至关重要的东西，所有实践（亚里士多德意义上的）问题都留给了非理性和主观的东西，留给了独断论和意识形态，工具理性价值中立的结果是价值无政府主义，高扬理性主义旗帜的现代性自身的非理性，于此可见一斑。

而这些变化的动力，乃是来自现代工业社会自身的逻辑，来自西方文明的科学化。发达的工业社会要生存下去，必须不断地扩大技术对自然的控制，必须用社会组织来管理人类和他们的相互关系。这样，科学、技术、工业和行政管理就纠结成一个循环的过程。在这个过程中，理论与实践的关系只能是经验科学确定的对技术的目的理性的应用。[105]这样导致的最大问题是实践的问题和实践的领域在理性眼前消失了。但是，"一个科学化的文明也不能免于回答实践的问题；这就出现了一个特别的危险……人们并不试图在公民那里对在实践上把握他们命运取得理性的一致。而是试图代之以通过完善社会管理来技术控制历史"[106]。在哈贝马斯看来，有关人类的命运问题，有关生活实践的问题，有关价值和目的的问题，是应该通过人类理性讨论达成一致决定的，但技术概念的理性使这根本不可能实现。出于效益至上的原则，技术理性必然要把一切决定交给少数专家，交给政客。

哈贝马斯的第一部主要著作《公共领域的结构嬗变》其实就揭示了随着西方文明科学化和公众的去政治化，西方民主日趋衰落的过程。他在那部著作里讲的"公共领域"（Öffentlichkeit）一词主要含义是公众舆论。俱乐部、沙龙和咖啡馆是公众自由发表意见和讨论社会政治问题的场所。今天，这些场所还在，公众舆论却已变质了。它已经不再是十八世纪那种公众舆论了。造成这种转变的，是随着资本主义的发展，国家与社会的关系的改变，私人领域与公共领域的界限越来越模糊，传媒的商业化。而在这背后，则是日益加强的权力和资本的技术管理和操纵。现在的舆论不再是人们自由意见的结果，而是由拼命向公众灌输的专家和盲目接受的消费大众组成。"在操纵的公共领域里，随时准备欢呼的情绪，一种舆论氛围取代了公众舆论。受到操纵的主要是社会心理学上计算好的提议，这些提议诉诸潜意识倾向，唤起预定的反应，同时又没有以某种方式使赢得民众赞同的人承担任何义务。"[107]由此可见，技术理性或工具理性其实隐含反民主的因素。哈贝马斯要重建理性理论，首先是出于实践哲学的考虑，而不是出于理论哲学的考虑。

哈贝马斯重建理性理论是从区分技术目的行为和交往行为开始的，而他之所以能做出这种区分，是由于汉娜·阿伦特的著作使他注意到亚里士多德对实践和劳动（或生产）两种行为类型的区分；而黑格尔在耶拿哲学中提出的“相互作用”的概念，也对他的区分起了重要的作用。

哈贝马斯认为，科学技术本身并没有错，错在人们把它当作理性和行为的全部，把它普遍化。人们要掌握保存，要从物质必然性中解放出来，就需要科学技术，需要技术理性。问题不是要与技术理性决裂，而是要将它适当地放入一个广泛的理性理论中。哈贝马斯认为，人的基本行为模式可以分为两大类：劳动或目的理性行为和社会交往（或交往行为），这两类行为谁也代替不了谁，相互间也不能归约。劳动根据技术规则行事，而交往根据有效规范行事。人类的发展基本是一个技术和制度、文化发展的过程。但技术进步并不等于政治解放，它们并不是同步发展的关系。理性化并不等于人类的解放，生产力和管理有效性的增长并不导致一个建立在自由交往基础上的社会组织。

在《作为意识形态的技术与科学》中，哈贝马斯对“劳动”和“交往”作了如下规定：

> 我理解“劳动”或**工具理性行为**不是工具行为就是理性选择，或它们的结合。工具行为由以经验知识为基础的**技术规则**控制。在任何情况下它们都意味着对可观察事件的经验预测，物理的或社会的。这些预测可以证明是正确的或不正确的。理性选择的行为是由以分析知识为基础的策略控制。它们意味着从偏好规则（价值系统）和一般准则推演；这些命题不是正确推演出来的，就是不正确地推演出来的。目的理性行为实现给定条件下确定的目标。工

具行为组织各种手段，它们根据有效控制现实的标准而合适或不合适，而策略行为只在于正确评估可能的不同选择，这种评估是通过借助价值和行为准则的推论产生的。

另一方面，我理解**交往行为**是通过符号中介的相互作用。它受具约束力的**大家都同意的规范**控制，这些规范规定彼此对行为的期待，它们必须被至少两个行为主体理解和承认。社会规范是通过制裁来强制执行的。它们的意义客观化在日常语言交往中。技术规则和策略的有效性在于经验上真的或分析正确的命题的有效性，而社会规范的有效性仅以相互理解意向的交互主体性为基础，由普遍承认义务来保证。[108]

很显然，如果上述两种行为有明确的性质区分，那么支配它们的理性当然也一定是不同的。除了工具理性之外，还应该有支配交往行为的交往理性，这应该是没有疑问的。目的理性行为和交往行为的区分，奠定了哈贝马斯理性理论乃至他的全部理论的基础。他的主要代表作《交往行为理论》就是围绕这一区分系统展开的。

在他讨论知识问题的重要著作《知识与旨趣》中，这个区分作为基本的思想背景在延续。《知识与旨趣》的问题背景是，理性在近代单一化和狭隘化为目的理性或工具理性后，实证主义哲学随之兴起，传统认识论被方法论取代。在实证主义看来，世界是由独立于认知者的纯粹事实组成的客观领域，科学的任务就是尽量用科学的方法排除一切主观的因素，客观地规律性地描述事实世界。哈贝马斯认为这是“客观主义的幻想”，因为我们的认知活动始终受我们理性的认知旨趣的引导和支配，它们决定了我们的探究对象、探究方法和探究目的。

哈贝马斯认为，人类有不同的行为类型，就有不同的认知模式。相应于再生产物质生活资料的行为模式即劳动，是经验—分析科学的认知模式，它包括自然科学和社会科学，它的任务是帮助人类控制自然，支配它的认知旨趣是技术旨趣。但人除了生产维持自己生存的物质资料外，还要进行人际交往，参与社会活动，即除了目的理性行为外，还有交往行为。相应于这种行为模式的认知模式是历史—释义学科学，它包括各种人文科学，它的任务是在生活行为中确保和扩大人们相互理解和自我理解的可能性，支配它的认知旨趣是实践的旨趣。除了上述两种认知或探究模式外，哈贝马斯还提出了第三种探究模式，就是批判反思的模式，它包括弗洛伊德的精神分析和马克思主义的意识形态批判，它的任务是使人们从一切伪自然的束缚中得到解放，支配它的旨趣是解放的旨趣。与它相对应的行为类型哈贝马斯没有明确说，但无疑应该是交往行为。

虽然认知旨趣是我们认知活动或探究活动的先天条件，但它们本身不是先验的，而是在人类的自然史中有其人类学的基础。认知的主体其实不是胡塞尔讲的先验自我，而是研究者群体，它本身又是人类社会文化演化的产物。在哈贝马斯看来，人类的旨趣结构在其根源上是同社会组织的确定手段：劳动、语言和控制（Herrschaft）连在一起的，旨趣是与一个通过学习过程使自己适应它的外部条件的自我的种种功能联系在一起的。[109]旨趣结构是人类一切研究活动在生活世界中的先天参照系，旨趣对于探究的引导作用证明实证主义的“客观主义幻想”是完全站不住脚的，同时也表明了认识论的生活世界基础。

然而，哈贝马斯区分不同的行为类型、不同的探究模式、不同的旨趣，并不是要提出一个多元主义的认知理论或多元主义的理性理论，相反，他是要提出一个统一的理性理论。近代西方哲学发展的一个结果就是理论与实践，“是”与“应该”的分裂。法兰克福学派第一代成员就试图克服这种分裂。哈贝马斯的一个主要理论目标，也是要克服这种分裂。他的知识论与传统知识论最大的不同就在于他要把陈述的真理与真实的生活的意图联系在一起。[110]他的交往理论很大程度上就是要解决这个问题。

普遍的语用学和对话伦理学

其实，哈贝马斯从一开始就极为关注和重视交往的主题，在他的早期著作中，交往已经是一个关键的主题了。“哈贝马斯的全部计划，从批判当代科学主义到重建历史唯物主义，都在于说明交往的可能性，这种说明既是理论的又是规范的，超越了纯粹释义学又不能归约为严格的经验—分析科学。”[111]美国哈贝马斯研究专家麦卡锡的这段话说出了哈贝马斯交往理论的意图特征。哈贝马斯希望它既能给真实论奠定基础，又是一种社会理论；既是一种普遍的理性理论，又是一种统一的真理论；既是理论哲学，又是实践哲学；总之，是一种广义的、基础的、统一的理论。

交往在哈贝马斯理论的语境下有广义和狭义之分，广义的交往大致相当于亚里士多德意义上的实践；狭义的交往则主要是指人与人之间的语言交流和对话。哈贝马斯把狭义的交往，更确切地说，把自由讨论与对话作为广义的交往的原型，一切关于交往的分析和阐述都是从这个原型出发。这么做的原因是哈贝马斯向来认为，交往是有符号中介的活动，而语言是人类最基本的符号系统。哈贝马斯是一个对当代学术动向极其敏感的人，他早就看出：“今天语言的问题已经代替了传统意识的问题；对语言的先验批判已经取代了对意识的先验批判。”[112]语言，确定地说，实际使用的语言和语言的使用，也就是索绪尔意义上的言语，是交往的核心因素。

因此，哈贝马斯无意于“语言学转向”以来英美的那种语言哲学，他首先不是从知识论的角度去讨论语言问题，而是从实践哲学的需要出发去探讨语言。传统的语言学和语言哲学关注的往往是语法学和语义学，而哈贝马斯关心的却是语用学，或者说普遍语用学。它研究的不是语句，也不是语境，而是语言的表达和由此达到的理解。“普遍语用学的任务就是辨认和重构可能理解的普遍条件……我把以达到理解为目标的行为类型当作是基本的。”[113]这里讲的“以达到理解为目标的行为类型”指的就是狭义的交往行为，也就是以对话为基础的交往。这种行为之所以是基本的，是因为它是普遍真理及其有效性的基础。

哈贝马斯认为，真理并不是像实证主义以为的那样，是陈述与事实的符合或一致，一致论的真理观既没有考虑陈述的理论预设，更不能处理价值领域的真理问题。哈贝马斯称真理是“有效性主张”，真理之为真理就在于它被普遍同意，“当且仅当任何其他能与我讨论的人也能将同一个谓语归于同样的对象时，我才有资格将一个谓语归于一个对象。……陈述的真理的条件是每一个他人潜在的同意”[114]。不仅事实陈述是这样，价值陈述也是这样。

但这每个人的同意当然不能是由于强迫，而应该是理性地自由讨论的结果。在这里，哈贝马斯显然是受了皮尔士的影响，皮尔士认为，绝对真理是一个可以无限趋近的目标，研究者群体通过理性自由的讨论最后达成的一致，就是真理。当然，这种不受任何干扰，绝对理性自由的讨论与对话只能是一种想象中的理想状态，在现实中几乎是不可能的。但哈贝马斯认为，我们至少应该在理论上肯定它的合理性，不管怎么说，它是言语得以可能的根本条件。[115]皮尔士讨论真理问题时，基本上没有涉及价值和美学判断的领域，而哈贝马斯恰恰认为在价值和审美问题上，我们也可以通过对话和讨论取得最低限度的一致。

以为人们之所以认为在这些问题上没有普遍真理可言，多少是由于主客对立的认识论传统的影响，以为在任何价值判断和审美判断背后都有不同的价值体系和文化传统，而它们是无法通约的。哈贝马斯也承认文化价值观不具有普遍性，只能在特殊群体的文化和生活世界中有效，但这不等于说人类无法在价值与审美问题上取得最低限度的一致，人类无法彼此理解。美国语言学家乔姆斯基主张普遍主义的语言观，他的理论根据就是人的语言能力（linguistic competence）是普遍的，哈贝马斯把他的语言能力理论发展为交往能力理论，即人都具有使用语言与别人交流沟通和理解别人的能力。普遍语用学就证明了人的这种能力，普遍语用学的使命就是揭示在日常语言交往中达到理解的可能性，哈贝马斯的普遍语用学实际上就是交往能力理论。

并且，我们最好不要从单纯语言学的意义上去理解哈贝马斯的普遍语用学，他的普遍语用学以语言行为为对象，目标却是要给一个普遍的社会行为理论奠定基础。语言行为是人类生活特有的和普遍的中介，因此，交往能力的理论对于人文科学来说就是基础研究，它要研究社会文化生活的基础结构，目的是要提出一个统一的社会理论和理性理论。所以，普遍语用学在哈贝马斯的理论体系中也只有中介的地位。

但这决不是说普遍语用学不重要，正相反，由于它的奠基作用，它对于哈贝马斯的整个理论体系非常重要。哈贝马斯思想的根本预设是真理是普遍的，理性是统一的。而所有这些预设最终都要靠语言行为可达成一致来证明。在哈贝马斯看来，达成一致或理解是言语内在的目的与功能。换言之，语言内在本质就决定了它是一个“普遍必然的”有效性主张的系统。当然，也有的语言行为并不是要达到理解，而是为了别的目的，像欺骗、撒谎、误导、操控等，哈贝马斯将这类语言行为叫做策略形式的交往，但它们是派生的，即它们也要以取得一致的语言行为为前提。语言（言语）这种内在的能取得一致是普遍真理和统一理性的根本保证。普遍语用学通过对语言（言语）这种内在性质和规范基础的证明和重构，为哈贝马斯理论的进一步发展奠定了基础。

哈贝马斯的交往伦理学或对话理论学，就是以普遍语用学揭示的语言的内在性质、语言的合理性为理论的基本依据。他认为道德和政治问题同样可以用理性，通过更好的论证来决定，尽管实践的论证和理论论证的逻辑是不同的。人们在道德和政治问题上同样可以从理性出发，通过理性的讨论和辩论，得到一致的结论。因此，实践问题也是有真理的，而不是像实证主义认为的那样，完全是出于任意的决定。正确的规范可以像真陈述一样有根有据。

哈贝马斯既不同意古典自然法理论认为规范陈述与描述性陈述以相同的方式有真理，也不同意近代唯名论和经验论认为规范陈述完全无真理可言。实践对话取得出于理性的一致的逻辑条件不同于理论对话，但在能取得理性的一致这一点上是一样的。就像普遍语言学对取得一致的言语行为的条件的分析所表明的，正确性的主张（道德真理）隐含在一切不同的交往形式中。

在理论话语中，假设和证明之间的逻辑鸿沟是由各种归纳的原则来沟通的，而在实践话语中，相应的功能由可普遍化原则来完成：“只有那些在其应用领域里被普遍承认的规范才是允许的。这种原则不是用来容许一致，而是排除所有内容与有效性范围都是特殊的规范。”[116]可普遍化原则当然不是哈贝马斯的发明，而是由康德首先提出。康德在他的实践哲学中要求人们永远按照这样的行动准则行事：我们同时也愿意它成为一条普遍的法则。但哈贝马斯批判康德的可普遍化原则说，康德的这个原则是从孤立的主体出发，似乎只要道德法则在我看来是普遍的，那它们就必须被认为是对一切理性的生物都有效。结果，在这样的法则下的相互作用就变成了单个自主的主体们行动，它们每一个都好像是惟一存在的意识那样行动；同时每个主体都能肯定他所有在道德法则下的行为都必然和从一开始就与所有可能的别的主体的道德行为合拍。[117]在哈贝马斯看来，行为准则的普遍性和理性不能这样独白式地来决定，而应该是通过对话和讨论达成的理性的一致。

反对有普遍道德的理由最常见的就是需要和利益都是主观的，即使人们能在规范的有效性方面取得某些一致，也不是出于理性，而是出于竞争的、最终是不可调和的自我利益之间的偶然的妥协。哈贝马斯承认有特殊利益，但除此之外还有共同利益或“能一般化的”利益；实践对话的功能恰恰是去检验哪些利益是可以通过交往共有的（可以达成一致），哪些则不能（最多可以通过谈判妥协）。只有在充分了解种种条件与后果，参与者真正知道他们“真实的利益”的基础上，才有可能达成一致，出于理性的一致。所以，虽然利益和价值可以纯粹是主观的，但它们也能被一般化，成为共有的欲望和共同的愿望。[118]

利益和价值的一般化和普遍化靠论证性的实践对话来完成。哈贝马斯的对话伦理学并不规定任何道德内容，而只规定一种达成实践问题一致的程序：实践对话。[119]在此意义上，哈贝马斯一再强调他的伦理学是形式的。理性的同意只是指在协调满足需要的机会的规范上的一致，内容则要看当时当地社会存在的潜力与条件，要看历史的环境。所以哈贝马斯觉得黑格尔对康德形式主义伦理学的批评——具体的行为规范不能从纯粹的理性形式产生对他的对话伦理学不管用，因为它只是一个“证明原则是正当的原则”[120]，于内容上毫无规定，也不想规定。但对于任何伦理学来说，这都不可能彻底做到，因为伦理学毕竟与价值有关，否则就不是伦理学。因此，哈贝马斯不能不说他的对话伦理学超越了康德的纯粹正义概念，而包含“善的生活”那些结构的方面，这些方面可以通过一切交往的社会化的普遍视点与特殊生活形式的具体的总体性分开。[121]他不能不承认：“每一种普遍主义的道德都依赖于善于适应新环境的生活方式。它要求与社会化和教育的实践有某种一致，这些实践强烈地内在控制了青年人的道德心，要求相对抽象的自我认同。一种普遍主义的道德也要求与政治和社会制度有某种一致，法律与道德后传统的表现已经体现在它们中。”[122]如果是这样的话，这种“普遍主义的道德”就不会是那么普遍，而黑格尔对康德的批评同样也可以用于哈贝马斯的对话伦理学。

哈贝马斯的现代性理论：交往行为理论

哈贝马斯与第一代法兰克福学派成员根本的分歧在于他们对待现代性的态度。批判与反对现代性，是第一代批判理论的根本出发点，而哈贝马斯对待现代性的态度却是暧昧的，他也批判现代性，但更是要维护现代性，这是他理论的根本出发点。发表于1981年的《交往行为理论》就清楚地证明了这一点，这部著作在批判和诊断现代社会病理的同时，也试图证明现代总的来说是社会进化不可避免的阶段，具有内在合理的机制，作为尚未完全的启蒙的计划，现代性不管怎么说是合理的，有希望的，能够维护、也值得维护的。

在哈贝马斯看来，法兰克福学派老一辈成员之所以把现代社会看得一团漆黑，毫无希望，是因为他们以为理性到了现代完全窄化为工具理性，连哲学思维自身都被它控制，那就没有什么力量再可让人类凭借以克服现代性的种种弊端。然而，哈贝马斯觉得，如果这样的话，他们的批判理论岂不是也没有什么正当的理由了吗？如果理性只是工具理性，而工具理性又为霍克海默和阿多诺辈彻底否定，他们批判的尺度或标准在哪里呢？哈贝马斯决心通过重建一种新的理性理论来给予批判理论一个规范的基础。哈贝马斯认为，霍克海默和阿多诺之所以不能有一个全面的理性概念，是因为他们还没有摆脱意识哲学的窠臼，他们不关心经验科学的研究成果，只是凭概念进行批判，他们的结论与意识哲学的结论一样，是无法经验证实的。虽然霍克海默在1931年就提出，批判理论应该是一个结合社会哲学、社会研究和历史发展理论的跨学科的研究纲领，但他并没有将哲学与经验社会科学真正结合在一起，而哈贝马斯现在要让批判理论与之相结合。他的交往行为理论就体现了这个意图，既是哲学，又是社会理论。哈贝马斯的理性概念使他的这一意图得以可能。

交往行为理论的核心和基石是哈贝马斯的理性理论，这种理性理论是他维护现代性的最终理由。他需要它来证明理性不完全是工具理性，现代化的发展就是理性化的发展，但理性化（Rationalisierung）并不像它的发现者韦伯认为的那样只是一个日益非人化的工具理性宰制的过程，而是一个矛盾而复杂的多样发展过程。如果理性不仅仅是人的主观能力或意识状态，而是人行为的基本特征，并且还表现为社会发展过程即理性化，那么理性理论不能只是纯粹的哲学理论，而应该也是一种行为理论和社会理论。哈贝马斯的理性概念贯穿了《交往行为理论》的四个基本主题：理性理论、交往行为理论、理性化理论（社会理论）和现代性理论，[123]构成这部书基本的理论背景。

在哈贝马斯看来，将理性狭隘地仅仅理解为工具理性，就一定也会把世界狭隘地仅仅理解为物理的对象世界。实际上除了物理的对象世界外，还有内在经验的主观世界和规范的社会世界。相应于这三个世界，有三种不同的行为模式：相应于物理对象世界的是目的理性行为模式（这种行为模式可以进一步分为工具性的策略行为和陈述性的语言行为）；相应于主观世界的是戏剧化行为模式；相应于社会世界的，则是规范协调行为模式。一般人们会认为只有第一种行为模式才谈得上理性，后两种行为根本不是受理性支配的，但哈贝马斯认为这恰恰是现代的幻觉。这三种行为模式固然有别，但它们都受理性的支配，都是理性的行为，只不过出于不同的理性类型，所以它们都有各自的有效性主张（真理要求）。第一种行为模式要求真实；第二种行为模式要求真诚；第三种行为模式要求正确。但理性本身有着内在的统一，理性的这种统一体现在交往行为的模式中。

我们已经说过，哈贝马斯是以言语行为即对话作为他的交往行为的分析原型的。交往行为至少在两个人之间发生，人们进入对话这种互动关系，为的是要协调他们的行为以达到理解。在以言语为中介的交往活动中，说话者可以说他说的都是真的，他的行为是正确的，他的意图的表达是真诚的。听者当然可以从不同的方面对此做出自己的判断。但这一切都是在交往中发生的，这就是说，交往行为其实统一了上述三种不同行为类型（理论的，道德—实践的和美学—实践的）的世界关系，在此意义上，它是一种最为基本的行为模式，普遍语用学的分析其实已经表明了这一点。而在交往活动中表现出不同的有效性主张，表明有一种可以包容真实、正确和真诚的广泛的理性体现在交往行为中，这就是交往理性，它是理性统一性的基础。

对于哈贝马斯来说，交往行为首先是社会行为，它的参与者不是主观地、目的理性地协调他们的行动计划，而是要通过相互理解来达到一致而协调他们的行动计划。交往行为的参与者通过对话和辩论最后相互承认一些信念为有效，这就是所要达成的一致，它是完全出于理性，而不是出于强迫、欺骗或利诱。在哈贝马斯眼里，交往行为的根本特征就是追求达成一致，非此就不能算交往行为。为了达到主观目的，巧言令色的策略行为只是寄生性地在利用交往，而不是真正的交往。这样的规定却使我们发现，虽然哈贝马斯在语用学的层面上对交往行为作了大量细致的分析，但他的交往行为概念更多的仍是哲学的理想建构，而不是社会学的经验描述，虽说他可能的确是在哲学与社会学的双重角度来处理交往行为和交往理性的问题。[124]

将交往行为定位为社会行为，从社会学的角度去处理它，目的当然不在交往行为本身，而在于要以此为线索切入现代性的基本问题——理性化。“理性化”这个概念首先由韦伯提出，在韦伯那里，理性化主要指两件事：一是宗教失去了以往的魔力；二是指摆脱了传统的一切束缚和感情冲动的目的理性在社会生活领域（经济、国家）的制度化。在理性化的背后，是价值取向的根本转换。现在，宗教神圣的东西和传统规范都不再有任何束缚力，相反，被人弃之如敝屣，人们现在一切从主观利益出发，现代的种种制度都是为此而设计。目的理性的主要功能是算计，如何最经济地达到个人的最大利益。但人为此也付出了重大的代价，社会制度日益理性化的同时却是社会生活日益非理性，人们得到了物质满足，却失去了意义和自由。这就是韦伯指出的现代性的悖论。

但是，在哈贝马斯看来，韦伯是按照意识哲学的主体—客体关系来建构他的行为理论，所以他对理性化的理解过于狭窄，理性化并不仅仅表现在目的理性行为上，它在道德—实践领域和审美—实践领域都有表现。在这方面，哈贝马斯受到了美国哲学家米德和法国社会学家涂尔干的启发。米德发现了由规范引导、由语言中介的交互行为。哈贝马斯认为，虽然米德还没有摆脱意识哲学，但他已经提出了一个交往行为的模式，根据这个模式，语言的一大功能是协调人的行为，语言中介的交互作用也使米德看到人与人的关系是由规范支配的。涂尔干则使哈贝马斯宗教意识实践的观点，发现了其如何起到了社会整合的功能，导致集体意识的产生。这当然也是通过语言交往完成的。在涂尔干看来，法律起源于宗教，法律的发展是一个从原始社会的机械一致到现代社会有机一致的过程，这个过程是通过批判不断侵蚀传统的过程，也是道德和法律规范普遍化的过程和不断个体化的过程。“最初由仪式实践完成的社会整合和表达的功能转给了交往行为，神圣的权威逐渐由有理由保持的一致的权威所取代。”[125]米德和涂尔干的理论，使哈贝马斯得出了不仅在社会生活领域，而且人的生活世界都越来越趋向理性化的结论。[126]

因此，哈贝马斯提出，我们要同时把社会设想为系统和生活世界，[127]理性化是在这两个层面同时进行，而不是像韦伯认为的那样只在社会行为领域发生。生活世界体现了文化再生产（传统的继承，知识的自洽和理性）、社会整合（稳定集体认同，团结）和社会化（留传行为能力，以个人生活与集体生活形式相和谐）。生活世界事关文化、社会和人格的再生产，生活世界的失败就导致意义的丧失和无所适从，失范和没有社会团结，以及种种心理病症。[128]而系统就是韦伯讲的社会制度的理性化，它的运作有它自己的逻辑，非个人所能决定，也没有规范的协调。

生活世界的理性化就是传统不断遭到批判和更新，政治形式依赖于形式的证明程序，人格越来越独立。我们与传统的关系，各种制度，社会化进程的种种内容越来越是反思和批判的。[129]这一切都是通过交往行为进行和完成的。而系统的整合（物质再生产）刚好相反，交往行为对它无能为力。因此，生活世界的理性化和系统的理性化（哈贝马斯把它叫做系统复杂性的增强）是分离和脱节的。在现代社会，生活世界越来越受到系统的挤压，沦为众多子系统中的一个。系统越复杂，生活世界就越空洞。在生活世界里，行为是由规范来协调的；而在各种系统中行为是由作为操控手段的金钱和权力来调节的。金钱和权力的领域越凌驾于秩序之上，生活世界对于协调行为就越没有意义。

哈贝马斯认为，是生活世界本身的理性化使系统复杂性的增强得以可能。然而，在当代社会，后一个过程却大大超过了前一个过程，系统的机制已经开始取代以达到理解为目的的社会整合，深入到了文化传统、社会整合和教育的领域，在所有文化、社会、人格领域竟然也是权钱说了算。哈贝马斯把这种现代性的畸形现象叫做“生活世界的殖民化”[130]。钱和权的机制代替了人类相互理解协调一致的机制，社会整合的种种形式遭到彻底的歪曲和扭曲，物化就是这样产生的。协调行为的不再是主体们，而是钱和权这两种操控手段。受这两种操控手段摆布的相互作用不可能产生任何建设性的东西，而只是在执行系统的命令。人被剥夺了主动性、机会和通过交往取得一致的行动。

但是，这一切并不是像霍克海默或阿多诺那样认为是普遍历史意义上不可避免的，因为理性不仅仅是工具理性，理性化过程也让我们看到了理性本身的潜力，这种潜力不会完全被工具理性吞没，理性可以在理性化的过程中实现自己。再者，从社会进化的角度看，原则上可能人类有一天达到这样的学习水平，能有意识地避免系统复杂化的进一步增强；但另一方面哈贝马斯又认为要承认资本主义系统分化水平不断提高有它自己的权利。[131]

哈贝马斯对现代性的批判并没有说出比第一代批判理论家更多的东西，而他要给批判理性奠定基础的交往理性，按照他自己的说法是纯粹形式的，即只有程序的意义而无价值的意义，因而也不能对具体的生活形式和整个时代做出判断。哈贝马斯的批判理论尽管还勉为其难对现代性做出了它的病理判断，但对于改变它却是一筹莫展。

其实哈贝马斯对于现代性并不像第一代批判理论家那么基本否定，他也不想根本改变它；相反，他的交往行为理论实际上是要证明现代性是社会进化的一个阶段，交往理性的潜能实际上在这个阶段得到了展开。交往行为理论要告诉人们，资本主义社会的结构潜力远没有耗尽，现代性的基本观念和基本制度可以使理性化的过程朝着没有支配的交往关系方向前进，现代性的政治制度能够使内在于交往行为的理性得以展开，因此，只要遵循交往理性的原则，就可以在现有制度下建立理性的社会状态。[132]

哈贝马斯的这个基本立场在他最早的著作《学生与政治》中已可见端倪，而在他最近 20 年陆续发表的著作中表现得越来越明显，《事实与规范》基本是试图证明而不是批判现代性及其制度的合理性，而他对科索沃战争的支持则是他基本立场的必然结果。2001 年，哈贝马斯获德国书业奖时德国媒体称他是“联邦德国的黑格尔”，其实早在 20 多年前就有人把他看作是“当代的黑格尔”了。与黑格尔不同的是，哈贝马斯在否定中看到的是肯定，而黑格尔刚好相反。

注释

[1]〔德〕H. 贡尼 R. 林古特:《霍克海默传》,任立译,商务印书馆,1999 年,第 15 页。
[2] 同上,第 15–16 页。
[3]〔德〕H. 贡尼 R. 林古特:《霍克海默传》,任立译,商务印书馆,1999 年,第 26 页。
[4]〔德〕霍克海默:《批判理论》,李小兵等译,重庆出版社,1993 年,第 189 页。
[5] 同上,第 191 页。
[6] 同上,第 191 页。
[7] 同上,第 196 页。
[8] 同上,第 197 页。
[9] 同上,第 198 页。
[10] 同上,第 200 页。
[11] 同上,第 201 页。
[12] 同上,第 202 页。
[13] 同上,第 206 页。
[14] 同上,第 229 页。
[15] 同上,第 216 页。
[16] 同上,第 220 页。
[17] 同上,第 217 页。
[18] 同上,第 232 页。
[19] 同上。
[20]〔美〕马丁·杰:《法兰克福学派史》,单世联译,广东人民出版社,1996 年,第 289 页。
[21] Horkheimer und Adorno, *Dialektik der Aufklärung*, Frankfurt am Main, 1969, s.18.
[22] Ibid., s.18
[23] Ibid., s.12.
[24] Ibid., s.35.
[25] Ibid., s.10.
[26] Ibid., s.33.
[27] Ibid., s.85.
[28] Ibid., s.22.
[29] Ibid., s.54–55.
[30] Horkheimer, *Zur Kritik der instrumentellen Vernunft*, s.39f.
[31] Ibid., s.90.
[32] Ibid., s.91.
[33] Horkheimer, *Zum Begriff der Vernunft*, Frankfurt am Main, 1952, s.9.
[34] Ibid., s.13.
[35] Horkheimer, *Eclipse of Reason*, New York, 1974, p.60.
[36] Ibid., p.128.
[37] Horkheimer und Adorno, *Dialektik der Aufklärung*, s.97–98.
[38]〔德〕霍克海默:《批判理论》,李小兵等译,重庆出版社,1993 年,第 258 页。
[39] 同上,第 260 页,译文有改动。
[40] 同上,第 265 页。
[41] 同上,第 289 页。
[42] 同上,第 263 页。
[43] Vgl. Horkheimer und Adorno, *Dialektik der Aufklärung*, s.166–167.

［44］ Ibid.，s.163-164.
［45］ Ibid.，s.142.
［46］ Ibid.，s.139.
［47］ Ibid.，s.156.
［48］〔德〕霍克海默:《批判理论》，李小兵等译，重庆出版社，1993 年，第 257 页。
［49］ 同上，第 257 页。
［50］ 同上，第 237-238 页。
［51］ Horkheimer，*Kritische Theorie*，Frankfurt am Main，1968，Bd.1，s.13.
［52］ Vgl. Horkheimer，*Dialektik der Aufklärung*，s.158.
［53］ Horkheimer，*Zur Kritik der Instrumentellen Vernunft*，s.237.
［54］ Horkheimer，*Die Sehnsucht nach dem ganz Anderen*，Hamburg，1970，s.86.
［55］〔德〕H. 贡尼 R. 林古特:《霍克海默传》，任立译，商务印书馆，1999 年，第 93 页。
［56］ Horkheimer，*Zur Kritik der Instrumentellen Vernunft*，s.341.
［57］ Horkheimer，*Kritische Theorie*，Bd.1，s.11.
［58］〔德〕H. 贡尼 R. 林古特:《霍克海默传》，任立译，商务印书馆，1999 年，第 83 页。
［59］ Horkheinmer，*Die Sehnsucht nach dem ganz Anderen*，s.62.
［60］ Adorno，*Negative Dialektik*，Frankfurt am Main，1975，s.145.
［61］ Ibid.，s.146.
［62］ Ibid.，s.148.
［63］ Ibid.，s.132.
［64］ Ibid.，s.149-150.
［65］ Ibid.，s.151.
［66］ Vgl. Adorno，*Negative Dialektik*，s.152-153.
［67］ Ibid.，s.161.
［68］ Ibid.，s.162-163.
［69］ Ibid.，s.312.
［70］ Ibid.，s.187.
［71］ *Adorno*，*Negative Dialektik*，s.192.
［72］〔德〕阿多诺:《主体—客体》，转引自〔美〕马丁·杰:《法兰克福学派的宗师——阿道尔诺》，胡湘译，湖南人民出版社，1988 年，第 72-73 页。
［73］〔美〕马丁·杰:《法兰克福学派的宗师——阿道尔诺》，单世联译，广东人民出版社，1996 年，第 137 页。
［74］ Adorno，*Prisms*，London，1967，p.22.
［75］ Konstellation 是阿多诺从他的好朋友本雅明那里借用的一个概念，用来表明真理不是由线性因果性决定的东西，而是由各种特殊的因素形成的一个作用场，一种比结构更模糊和更不稳定的态势。认识事物不是线性单向地认识一个孤立的东西，而是要在它的组态中，认识它的历时性的中介过程。决定事物真理的不是一个本质，而是众多因素的组合，就像打开保险箱靠的不是一个数字，而是一组数字的组合。（Vgl. Adorno，*Negative Dialektik*，s.166.）
［76］ Adorno，"The Actuality of Philosophy"，*Telos*，31，Spring 1977，p.133.
［77］ Adorno，"On the Social Situation of Music"，*Telos*，35，Spring 1978，p.148.
［78］ Adorno，*Introduction to the Sociology of Music*，New York，1976，p.209.
［79］ Adorno，*Negative Dialektik*，s.17.
［80］〔美〕马丁·杰:《法兰克福学派的宗师——阿道尔诺》，单世联译，广东人民出版社，1996 年，第 214 页。
［81］ Adorno，*Prisms*，p.122.

[82] Adorno, "Freudian Theory and the Patterns of Facist Propaganda", *The Essential Frankfurt School Reader*, New York, 1977, p.120.
[83] Ibid. pp.135–136.
[84] Adorno, *Minima Moralia*, London, 1974, pp.224–225.
[85] 〔美〕马丁·杰:《法兰克福学派的宗师——阿道尔诺》，单世联译，广东人民出版社，1996 年，第 57 页。
[86] 同上，第 197 页。
[87] 〔德〕阿多诺:《美学理论》，王柯平译，四川人民出版社，1998 年，第 501 页。
[88] 同上，第 197 页。
[89] 同上，第 149 页。
[90] 同上，第 9 页。
[91] 同上，第 406 页，译文有改动。
[92] 同上，译文有改动。
[93] 同上，第 387 页。
[94] 同上，第 386 页，译文有改动。
[95] 同上，第 202 页，译文有改动。
[96] 同上，第 239 页。
[97] 同上，第 171 页。
[98] 同上，第 224 页。
[99] 同上，第 226 页。
[100] 同上，第 441 页，译文有改动。
[101] 同上。
[102] 同上，第 287 页。
[103] 同上，第 97 页，译文有改动。
[104] 同上，第 98 页。
[105] Vgl. Habermas, *Theorie und Praxis*, Frankfurt am Main, 1982, s.308.
[106] Ibid., s.308–309.
[107] 〔德〕哈贝马斯:《公共领域的结构转型》，曹卫东等译，学林出版社，1999 年，第 251 页。
[108] Habermas, *Technik und Wissenschaft als "Ideologie"*, Frankfurt am Main, 1969, s.62–63.
[109] Ibid., s.162.
[110] Ibid., s.167.
[111] Thomas McCarthy, *The Critical Theory of Jürgen Habermas*, Cambridge, Mass., 1979, p.272.
[112] Habermas, *Zur Logik der Sozialwissenschaften*, Frankfurt am Main, 1970, s.220.
[113] Habermas, *Communication and the Evolution of the Society*, Boston, 1979, p.1.
[114] Habermas, *Vorstudien und Ergänzungen zur Theorie des Kommunikative Handelns*, Frankfurt am Main, 1984, s.107.
[115] Ibid., s.126.
[116] Habermas, "Wahrheitstheorie", in *Wirklichkeit und Reflexion: Festschrift für Walter Schulz*, Pfullingen, 1973, s.251.
[117] Vgl. Habermas, *Technik und Wissenschaft als "Ideologie"*, s.20–21.
[118] Cf. Thomas McCarthy, *The Critical Theory of Jürgen Habermas*, pp.314–315.
[119] Cf. Habermas, *Moral Consciousness and Communicative Action*, Cambridge, 1990, p.103.
[120] Cf. Thomas McCarthy, *The Critical Theory of Jürgen Habermas*, p.328.
[121] Habermas, "Moral und Sittlichkeit", in *Merhus* 39, 12 (Dec. 1985), s.1046.
[122] Ibid., s.1048.

[123] Vgl. Evelyn Gröbl-Steinbach, "Jürgen Habermas : *Theorie des Kommunikativen Handelns*(1981)" , in *Hauptwerke der Philosophie. 20. Jahrhundert*, Stuttgart, 1992, s.362-363.

[124] Vgl. Evelyn Gröbl-Steinbach, "Habermas : *Theorie des Kommunikativen Handelns*", s.376.

[125] Habermas, *Theorie des Kommunikativen Handelns*, Band 2, Frankfurt am Main, 1988, s.118.

[126] Ibid., s.169.

[127] Ibid., s.183.

[128] Cf. William Outhwaite, *Habermas.A Critical Introduction*, Cambridge, 1994, p.87.

[129] Ibid.

[130] Habermas, *Theorie des Kommunikativen Handelns*, Band 2, s.488.

[131] Ibid., s.548.

[132] Vgl. Evelyn Gröbl-Steinbach, "Habermas : *Theorie des Kommunikativen Handelns*, s.389-390.

第十五讲　结构与解构：四个法国当代哲学家

这一讲中要讲的四个哲学家一般被称为结构主义或后结构主义的哲学家，但他们除了列维–斯特劳斯外，似乎都不太愿意被人这么称呼，因为他们都是最强调多样性和差异的哲学家，他们深知任何主义的标签都会抹杀他们思想的复杂性，所以我们也就不给他们什么标签，而只是就他们的思想展开论述。

列维–斯特劳斯

列维–斯特劳斯（Claude Lévi-Strauss，1908—2009）严格来说不是哲学家，而是人类学家，但他的人类学不是经验主义实证科学意义上的人类学，而是理性主义人类学，他的思想在相当程度上也可以看作是哲学思想，并且对当代法国哲学有相当的影响。因此，我在这里主要从哲学而不是人类学的角度来叙述他的思想。

列维–斯特劳斯 1908 年出生在比利时首都布鲁塞尔，出生两个月后父母携他回到巴黎。他的父亲是个普通画家，一直不走红，所以日子过得并不富裕。列维-斯特劳斯的童年适逢第一次世界大战，那 4 年他是在凡尔赛的外祖父家度过的。上高中时，列维-斯特劳斯就接触了马克思的著作，后来他把马克思主义视为他思想的三个主要渊源之一（另两个是地质学和弗洛伊德理论）。不像梅洛-庞蒂或利科，他在中学的哲学课学得很差劲，却热衷左翼政治活动，上大学时担任过社会党大学生联合会的总书记。中学毕业后，列维-斯特劳斯参加了一个高等师范学校的文科预科班，当时他的哲学老师对他说："你不是学哲学的料，学点与哲学相近的还可以。"于是他就学了法律。但在巴黎法学院学法律的同时，他还在索邦攻读哲学学士学位。大学毕业后，他和许多学文科的大学生一样，参加了中学教师资格会考，得了第三名。在会考前的实习中，他认识了西蒙·德·波伏瓦和梅洛-庞蒂。获得中学教师资格后，列维-斯特劳斯没有马上去中学教书，而是服了 4 个月的兵役，然后再进外省的一所中学教书。1935 年，列维-斯特劳斯经人举荐去巴西任圣保罗大学社会学教授，但这时他的兴趣已完全转到人种学上来了，他和他的学生搞起了人种学研究。1938 年，他辞去了圣保罗大学的职务，在法国政府资助下去巴西中部考察。

第二次世界大战爆发后，列维-斯特劳斯应征入伍，法国投降后，由于犹太人的身份，他在法国待不下去了，就去了美国，在社会科学研究新学校教书。第二次世界大战结束后，列维-斯特劳斯在美国又担任了一年法国驻美国大使馆的文化参赞，于 1947 年底回巴黎。先是在全国科学研究中心当了几个月从事研究的教师，之后又当了人文博物馆的副馆长。在两次竞争法兰西学院的教授职位失败后，列维-斯特劳斯终于在 1958 年被任命为法兰西学院社会人类学系主任。1968 年，他获得了法国最高科学荣誉奖——全国科学研究中心金质奖章。1973 年，他被选入法兰西科学院，1982 年退休。列维-斯特劳斯的主要著作有：《亲族关系的基本结构》《热带的忧郁》《结构人类学》(二卷)《野性的思维》《神话学》(四卷)等。

一般认为，列维–斯特劳斯是最正宗的结构主义者，而一般讲述结构主义的书，总是从索绪尔，从结构主义语言学讲起；并且，也总忘不了提醒人们，结构的思想从柏拉图开始就有了。而根据列维–斯特劳斯自己的说法，他天生就是一个结构主义者，在他还不会走路，更谈不上识字时，他就在童车里对他母亲说，肉店和面包店招牌上的头三个字母大概表示的就是“bou”，因为它们在这两种情况下都是一样的。[1]这当然是有点传奇色彩的故事。真要了解列维–斯特劳斯的思想，我们还须从他的三个思想“情侣”讲起。

在列维–斯特劳斯看来，地质学家和精神分析家是用某种模型把物质世界和心理世界的基本属性表现了出来，而马克思主义与地质学和精神分析学一样，是把一种类型的现实还原为另一种类型的现实；真正的现实并不是许多现实当中最明显的一个，因为问题总是归结为理性与感性知觉之间的关系。[2]列维–斯特劳斯从地质学、精神分析学和马克思主义那里学到的首先是决定具体现象的整体的隐性(无意识)结构或模型的思想。

当然，他从结构语言学中则得到了对于他的人类学工作的直接启发。现代结构语言学的创始人特鲁别兹科依在一篇纲领性的文章中曾经总结了结构语言学的四个基本理论特征：(1)结构语言学把对有意识语言现象的研究转变为对其无意识底层结构的研究。(2)它不把项目看作是独立的实体，而是把分析项目间的关系作为自己的基础。(3)它引入了系统概念。(4)结构语言学以发现一般规律为目标，既通过归纳法，也通过演绎法，从而使这些规律具有绝对的性质。[3]在列维–斯特劳斯看来，人类学与语言学，尤其是音位学，在其研究形式和研究目标上是基本一致的：“如音位一样，亲属称谓是意义的元素；亦如音位一样，只有当它们整合到系统中去之后，它们才获得意义。‘亲属制度’像‘音位系统’一样，是由思维在无意识思想的水平上建造起来的。最后，散见在世界各地和根本不同的社会中的亲属关系模式、婚姻法则、在某些亲属关系类型之间的相似的规约态度等等的重复出现，使我们相信，在亲属问题上和在语言学中一样，可观察的现象是由那些一般的但是潜隐的规律的作用造成的。因此问题可以被归纳为：虽然亲属关系现象与语言现象是属于**不同种类的实在**，但它们是属于**相同的类型的**。”[4]因此，列维-斯特劳斯认为：“我们所讨论的并不是两个类似的现象，而是同一个现象。”[5]这个现象就是结构及其作用。

结构不是什么新鲜的东西，普通人也经常会说到结构，因为结构是事物最普遍的因素；但列维-斯特劳斯所说的结构不是一般的结构，而首先是整体和系统意义上的结构，结构是由一个符合以下几个条件的模型组成的：首先，结构展示出一个系统的一些特征。它由几个要素构成，其中没有哪一个要素是能够经历一种变化而不在所有其他要素中引起变化的。其次，对于任何一种给定的模型，应当有一种能安排一系列变形的可能，其结果是导致一组同样类型的模型。再次，上述性质使得做出下述预言成为可能：如果一个或一个以上的要素作了某种改变，这个模型将会如何反应。最后，模型应当这样被构成出来，使得全部观察到的事实成为直接可以理解的东西。[6]

很显然，结构不是人为的构造，而是无意识的世界的基本模型。它决定世界的意义和形态，包括人的意识，而不是相反。如果说有什么主体的话，不是意识，而是结构才是主体。所以，列维-斯特劳斯关心的是如何从意识向无意识转化，弗洛伊德的精神分析学之所以成为他的思想渊源之一，也是因为他能用诸如防御机制、压抑、反应形成、替代、阻滞这些弗洛伊德的概念来解释从逻辑到非理性、从意识到无意识的结构转换。列维-斯特劳斯认为：人类学家的任务就是“超出人们所持有的那些有意识的和变幻无常的想象，去把握全部无意识的可能性。这些可能性并不是无限制的，并且相互之间皆有联系的一些相容或不相容的关系为历史提供了一个逻辑框架；这个框架虽然也许是不可预见的，但决不是任意的”[7]。无意识的结构在列维-斯特劳斯那里既是主体又是客体，人类学研究的目的是要通过对人类文化与社会现象的研究把握这种无意识结构，人及其种种创造只是这个模型的因素。列维-斯特劳斯坦承他是要把人的事物分解为非人的事物。[8]所以福柯说列维-斯特劳斯以“人之死”完成了尼采的“上帝之死”。

列维-斯特劳斯讲的结构和模型决不是惟一的，却是有限的。它们既可产生相互关系，也可以进行形式上的转换。英国人类学家利奇在他写的《列维-斯特劳斯》中曾举过一个这样的形式转换的例子。我们都知道，交通标志由绿黄红三种颜色的信号灯组成，绿表示通行，红表示停止，而黄表示过渡。人们之所以这样安排，是因为在光谱中黄色处于绿色和红色之间。绿黄红颜色的排列和“通行—告诫—停止”指令的排列是同样的，这就是说，它们有同样的结构，其中一个是另一个的转化。自然结构转化为文化的逻辑结构。实际上这两种结构是一致的。[9]

结构或模型的形式可转换性表明，结构主义的方法在某种意义上是还原的方法。例如，在研究亲属关系的时候，列维-斯特劳斯把婚姻规则和亲属关系系统还原成了妇女流通，这样，不同文化看似非常复杂的婚姻制度与亲属关系就都可以用妇女流通来理解，正如用语词的流通来理解口语一样。这又使列维-斯特劳斯得出进一步的推论：虽然语言和亲属关系是同一社会中的交往体系的不同类型，但它们很可能就是由同一的无意识结构引起的。“如果是这样的话，我们就肯定能得出一个真正基础性的公式。”[10]这就是不同层面、不同领域、不同规模的交往形式实质的类同性。

列维-斯特劳斯认为，在任何社会里，交往总是在三个层面上完成的：妇女的交往，商品和服务的交往，以及信息的交往。它们是在自然和文化这两个层面上展开的，形式上有很大的差别，但是，它们基本成分的结构关系却是可转换的，它们形式的多样性与差异并不妨碍它们可以还原为一些基础的结构关系。“一旦社会生活的各个方面——经济、语言等被表达为一些关系，人类学就将成为一种关于关系的一般理论。这时将有可能根据这个关系体系的不同的特征表现来分析各个社会；正是这些关系体系决定了这些社会的面貌。”[11]可见，在列维-斯特劳斯的心目中，人类学不是一门研究人类文化形态的经验科学，而是关于人类社会的基本科学。

对于列维-斯特劳斯来说，重要的不是具体的现象，而是人类共同拥有的各种基本结构。正因为如此，他对原始人思维的研究并不是像法国人类学家列维-布留尔研究原始思维那样，是要证明原始人有着文明人没有的特殊思维方式——前逻辑的思维方式，虽然这种特殊思维方式并不比文明人的思维方式——逻辑思维方式低。相反，他要证明，人类拥有跨时空的共同的思维模式。在他看来，“野性的思维在与我们思维相同的意义与方式上是合乎逻辑的，即使它像我们自己的思维一样，只有当它用于这样一个世界的知识时才是合乎逻辑的，在这个世界中它同时辨认出物理的和语义的特征”[12]。

因此，神话和图腾制度中同样有逻辑，只是那是一种不同类型的逻辑。“图腾制度要求在自然生物的社会与社会群体的社会之间有一种逻辑的等价关系。……这种关系存在于构成个别机体的部分与构成社会的功能类之间，这就是说，社会本身被看成是一个机体。在每一种情况下，自然划分与社会划分是同态的，而在一种秩序中选择一种划分就意味着在另一种秩序中采取与之对应的划分，至少是作为一种优先的形式。”[13]当原始人说“我是一只熊”时，并不是说他相信自己真是一只熊，也不是说他与熊有任何相似，而是“关于世界，关于个人在世界上的地位，他与世界上其他所有事物和人的关系的说明”[14]。“我是一只熊”这句话并不是非逻辑的，而是表明西方意义的那种特殊种类逻辑的局限性，图腾和神话的逻辑是一种缺乏概念性工具的逻辑。[15]

说神话和图腾也是逻辑，只是一种特殊的逻辑，是因为它们表现了一种无意识的精神结构，这种精神结构对于所有人都是共同的。尽管神话与科学有明显的不同，但它们具有同样的形式结构，这种结构仅仅是形式的，而不是内容的，它制约着神话与科学的内在思路，也制约着全部人类生活与文化。人类学的任务就是要揭示这样的人类精神生活与社会生活的形式基础，“人类科学的最终目的不是去构成人，而是去分解人……”[16]这里说的“分解人”，意思就是要深入到上面所说的无意识结构。将人的精神、社会和情感生活还原为无意识的形式结构并不是否认前者的真实性，而是要用一个统一并表现在一切现象中的复杂结构来理解社会与文化现象的种种形式的复杂性；但并不能从这个结构中先天地推出这些现象。[17]

也因此，列维–斯特劳斯的思想虽然可以说是还原论的，却并不是绝对普遍主义的。他固然要探讨人类共同的无意识结构，但他并不主张有普遍的文化与生活方式。无意识结构就像荣格讲的原型，是纯粹形式的，但具体的生活样式和文化却是多种多样的，这种内容的多样性是不能归约或还原的。对于列维–斯特劳斯来说，区别是认同的条件。他把卢梭尊为人的科学的奠基人。卢梭在《论语言的起源》中说：“当一个人想研究人的时候，他必须看到他自己的周围；但当他想研究一个人的时候，他就要首先学会看到远处；而为了发现特征，他必须首先看到区别。”[18]这实际上是现代西方哲学差异优先原则的滥觞。列维–斯特劳斯把这一原则概括为：“为了使一个人得以被其他人所接受……，人们必须首先否定他自己身上的自我。”[19]他认为“这是赖以建立人的科学的基础的惟一原理。”[20]

差异优先的原则与他人是自我的条件的原理是互相支持的，“我是他人”这个著名公式深刻地表明了这一点，后来黑格尔在《精神现象学》中相互承认的学说实际上也是以此为基础，只是黑格尔最终还是走向了同一哲学。近代西方的主体哲学认为，从一个同质性的主体出发，就可以把握整个世界，自我认同是认识世界的基础。而在卢梭看来，识别他人是认同自我的基础，只有在这个基础上，才能区分人性和兽性，我的自我和他的自我。列维-斯特劳斯认为：

> 卢梭的革命预先设计并开创了民族学上的革命，其内容是拒绝被迫的认同，无论是一个文化与另一个文化的认同，或是一个文化的一个个别成员与这同一个文化试图加在他身上的一个角色或社会功能的认同。在这两种情形下，文化和个人都要求自由认同的权利，而这只能在人连同所有活着的、并且因而在受苦的东西**之外**来实现；这也是在功能与角色**之前**的一种与一个尚未形成、但是已知的存在的认同。于是，免除了只有哲学曾有心激发的对抗，自我和他人发现了它们的一致性。[21]

可是，主体主义哲学却使西方人从自我出发来区分自我与他人，人性与动物性，把自我利益普遍化，人是目的实际上却是我是目的。然而，在列维-斯特劳斯看来：“在一个组织起来的社会中，可能只有一项人所无法补偿的罪行是不可原谅的：自信其拥有永久的或暂时的优越性，以及对待他人如同对待物体一样，即使这是在种族、文化、征服、传教，或仅仅是方便适用的名义下。”[22]然而，在今天的世界上，人类正在犯这种“无法补偿的罪行”。“所有的文明，只要其不将自己封闭起来，会一个接一个地承认它们中间有一个优越的文明，这便是西方文明。”[23]

但是，且不说现代西方文明是以其他文明直接或间接的解体或毁灭为条件，我们更应该看到，“所谓的不发达社会与机械化文明之间的陌生关系，主要是由于这种机械化的文明到它们中去寻找它自己的创造物；或说得更确切些，它让自己的对手毁灭是为了去实现它自己的存在。……人们不能忽略，几个世纪以来，它在侵犯、压迫和消灭中表现着自己。”[24]资本主义的扩张总是带来差异的忽略与消失。尽管现今越来越多的人把这种文明当作人类的福音，列维-斯特劳斯却看到：“资本主义制度不过是把西方人原本对付土著居民的那一套用来对付西方人而已。”[25]在现代发达社会中，多样性同样正在消失。

其实，一旦一种文明被赋予或被承认绝对的优越性，牺牲差异性和多义性，不顾一切向它看齐就是不可避免的。然而，列维-斯特劳斯却不禁要问：“难道我们这个行星将以全盘西化而告终，其多样性只是俄国和美国那样的吗？是否将出现混合的形式，如人们在伊斯兰世界、印度和中国的西方化所感觉到的可能性那样？或者，最后这股潮流是否已经达到了它的顶峰，它是否会缩聚成一个点，在此西方世界接近于屈从（像史前巨兽那样）可保证其存在的内在机制不相容的肉欲？”[26]

在列维-斯特劳斯看来，出路在于保留文化的差异性和多样性。但这并不是偏爱某种传统，使之苟延残喘，不是保留每个时代赋予它的历史内容，而是要保留多样性这个事实，“鼓励隐秘的潜在力量，唤醒历史上保留下来的各行各业的人共处同存。对于一切新的、必定要出现的社会表达形式，不论其如何不寻常，我们要准备做到不惊、不厌、不抗。宽恕不是一种只把宽容给予过去和今天的纯思想的立场，它是向前看的一种能动的态度，是对于希望成为的东西的理解和促进。人类文化的多样性在我们的后面、四周，也在我们的前面。我们对它所能有的惟一要求……是：每方都给以他方提供更大宽容的方式来实现其自己。”[27]

这话说得的确非常之好。但是，人们如何宽容一种将使多样性和宽容本身归于消灭的“社会表达形式”？究竟宽容是多样性的条件还是相反？换言之，宽容的条件在哪里？是在人的心态，还是在多样性的社会存在？

巴尔特

在我们这一讲所讨论的这些法国思想家中，巴尔特是很难在专业上被界定职业的，我们当然可以说他是哲学家，但更多的人把他看成是文学批评家，也有人把他看作是社会学家或符号学家，但无论把他归在什么名目下，似乎都不太确切；虽然在他教书的法兰西学院，他愿意人家称他“文学符号学教授”。他自己在《罗兰·巴尔特谈罗兰·巴尔特》中说：“……他无法容忍自己的任何固定形象，他一遇到命名，就备感痛苦。”[28]既然这样，我们就权且把他当作一个现代西方哲学中的另类来处理吧。

巴尔特（Roland Barthes，1915—1980）1915年11月12日出生在法国瑟堡的一个海军军官家庭，还在孩提时代，他父亲就死于第一次世界大战的一次海战中。然而，自幼丧父的经历并没有影响他的童年，他仍认为他的童年是快乐的。这指的是他处在周围亲人的关爱之中。实际上他父亲死后，他母亲是在物质条件和经济条件极其困难的情况下把他养大的。巴尔特9岁随母亲移居巴黎，中学时期就喜欢文学艺术，学习成绩优秀。1934年，巴尔特中学毕业，本打算进入有名的巴黎高等师范学院深造，不幸染上了肺结核，只能先去治疗。一年后回到巴黎，在索邦学习古典文学。第二次世界大战爆发时，巴尔特由于身体原因被免除兵役，在比利亚茨和巴黎的中学工作。1941年肺病复发，他去阿尔卑斯山的一个疗养院疗养，一待就是4年。康复回到巴黎后，又修养了一段时间，然后出国教法语，先是在罗马尼亚的布加勒斯特，后来在埃及的亚历山大。在埃及期间，受一个同事的影响，开始涉猎现代语言学。1950 年，巴尔特离开埃及，回到法国，先是在外交部的一个处理有关去国外教书事务的部门工作了两年。之后他陆续申请到一些奖学金，从事专门的研究和著述。一直到 1960 年，巴尔特才算有了固定的工作，他被任命为高等研究实验学院第 6 系经济与社会科学专业的研究负责人，两年后又被任命为“符号、象征与表象社会学”专业的研究导师。1976 年，巴尔特被聘为法兰西学院的教授。1980 年 2 月，巴尔特在巴黎遇车祸，4 个星期后与世长辞。

巴尔特的主要著作有《写作的零度》《米莱舍自述》《神话学》《论拉辛》《批评论集》《符号学原理》《批评与真实》《时装系统》《S/Z》《符号帝国》《萨德、傅立叶、洛耀拉》《新批评文集》《文本的乐趣》《罗兰·巴尔特谈罗兰·巴尔特》《恋人语丝》《在法兰西学院任文学符号学教职就职讲演》《作家索莱尔》《意象，音乐，文本》等。

巴尔特在中学时代就倾向社会主义，从疗养院里出来后，他认定自己是“马克思主义者和萨特派”，在政治上只能“以马克思主义方式思考问题”[29]。虽然有人怀疑他可能只读过几页马克思，几页萨特，[30] 但马克思主义对他思想的影响是明显的，尤其在他的早期著作中。可是，在当代学术工业的从业者笔下，巴尔特似乎是一个玩弄复杂而无聊的符号游戏的人的形象，他的思想像法国时装一样时髦而怪诞。似乎他和萨特是截然不同的，一个始终关注现实，始终站在现实斗争的第一线；另一个却只写些少数智力卓越者才能看懂的东西而自得其乐。就像晚他一月去世的萨特有五万人为他送葬，而巴尔特下葬时只有区区十来人陪伴一样。的确，巴尔特不参加游行，不散发传单，但他让我们从充斥的种种符号中看到这个社会被遮蔽的意义，看到那些似乎是天经地义的东西但实际只是人为的神话。

就像他同时代的许多法国知识分子一样，黑格尔—马克思的历史思想对他们有根深蒂固的影响。巴尔特醉心于符号的研究，但对于他来说，符号并非超历史的封闭系统，它们其实渗透着历史的意蕴。文学写作并非作家率性而为的事，也不是少数天才纯粹想象和创造的产物，文学写作完全无法避免历史的强大磁场。“历史迫使作家按照他无法掌握的诸可能因素来意指文学。”[31]“作家并未被赋予在一种非时间性的文学形式储存库中去进行选择的自由。一位作家的各种可能的写作是在历史和传统的压力下被确立的。”[32]表面上写作似乎是完全自由的，实际上写作体现了时代和阶级对写作的隐性要求和支配。因此，写作并不是超历史的事情，相反，它的形式和理想是随着时代的不同而不同的，因而存在着写作史。

巴尔特用对古典写作和现代写作的发现来说明他的这个思想。法国古典作家不讨论写作的种类和意义，更少讨论语言结构问题，他们所讨论的只有修辞学，也就是按照一种说服的目的而考虑的话语秩序。明晰性是古典写作的普遍价值，但实际上它并不是适用于一切时代和一切地方的一种语言通性，而只是某种话语的理想的附属物。明晰性理想的后面是一种本质主义哲学，它认为语言是透明的，可以毫不歪曲地描写现实。现实是惟一的，语言也是惟一的，以惟一的语言明晰地描写惟一的现实实际上就否定了一切不稳定和可能的东西。古典写作想要让人们看到的是资产阶级秩序是自然的、不可避免的。资产阶级把自己的语言变成了普遍的语言以证明它的意识系统的普遍性。[33]巴尔特认为，这种写作“是一个庞大计划的组成部分，根据这个计划，资产阶级生活的所有方面都将悄悄地披上自然性、正义性、普遍性和必不可免性的外衣。但是资产阶级的**写作**不是天真无邪的。它并不简单地反映现实。事实上，它以自己的形象**塑造**现实，作为资产阶级生活方式和价值观的合法传递人、传播者或者编码人”[34]。

因此，在古典写作中，并没有写作的多样化的问题。只是到了十九世纪中叶以后，当资产阶级意识到它自己塑造的一统性只是一个神话时，写作才变得多样化，形式和风格才成了作家首先关心的问题。与古典作家不同的是，现代作家不再相信文学的神话，他们看到平民世界才是真正的自然，这个自然在说话，在发展着一种将作家排除在外的活生生的语言。而他只掌握了从历史中继承来的写作方式，这是一种装饰性的和有危害的工具，但他别无选择。这是文学的僵局，也是社会的僵局。“正如整个现代艺术一样，文学的写作既具有历史的异化又具有历史的梦想。作为一种必然性，文学写作证明了语言的分裂，后者又是与阶级的分裂联系在一起的；作为一种自由，它就是这种分裂的良知和超越这种分裂的努力。”[35]因此，无论是左拉的现实主义还是加缪的零度写作，都没有超出历史的限制，他们的种种努力恰恰折射出时代的困境。

马克思曾经说过，每个时代的占统治地位的思想只是统治阶级的思想，统治阶级总是把他们的特殊利益说成是普遍利益。这也就决定了他们会把自己的思想说成是普遍的、自然的东西，以维持现状不变。巴尔特在《写作的零度》中不但要指出写作的历史制约性，更要揭露资产阶级写作所伪装的这种虚假的普遍性。他把将特定价值说成是普遍价值叫做“神秘化”（mystification），对付这种神秘化的惟一办法就是去神秘化。他的《神话学》就是他去神秘化努力的一大成果。

毫无疑问，《神话学》讲的那个“神话”与上述“神秘化”有密切的关联，它完全不是寻常意义上“神话”的意思。让我们来看看巴尔特自己是如何来定义“神话”的。在《神话学》中，巴尔特说：“神话在形式上是定义这个社会的意识形态转化的最适合的工具。”[36]这就是说，神话是意识形态的表现形态。事实上，《神话学》的确很容易使人想起马克思的意识形态批判。略有不同的是，马克思的“意识形态”

更偏重于意识、思想、观念；而巴尔特的“神话”则更形而下，更具体。神话的根本原则是把历史转化为自然，[37]换言之，“它将本身的历史掏空，并且用自然填充它，它已从事件中移开它们的人性意义，而使它们能意指作用人类的无意义”[38]。

在讨论神话时，巴尔特借用了符号学的概念和符号学的方法。他认为神话是一个符号学系统，但是一个第二秩序的符号学系统。第一秩序的符号系统是神话言谈的素材，如语言、照片、图画、海报、仪式、物体等。这些东西本身也是有意义的，但只要它们受制于神话，它们的意义就是表面意义，它们是神话的能指，[39]而神话的所指则是它的能指表现出来的第二级的意义。例如，在拉丁文语法书上有一句来自《伊索寓言》的句子“因为我的名字是狮子”。这句句子当然有它的字面意思或表面意义，但它的第二级意义是“我是一个文法实例”。再如，《巴黎竞赛画报》上有一张穿着法国军服的年轻黑人在敬礼的照片。它的表面意义一目了然。但它的第二级意义是要告诉人们：法国是一个伟大的帝国，她的所有子民，没有肤色歧视，忠实地在她的旗帜下服务。[40]

巴尔特感兴趣的是这第二级意义，神话之为神话，就在于这个二级意义。神话的概念不是隐藏事物，而是扭曲事物，而二级意义就体现了这种扭曲。在巴尔特看来，资产阶级的意识形态不是什么“假意识”，而根本就是对事物的扭曲。而扭曲的目的，则是使现状正当化、自然化，使它永世长存。“由于神话的最终目的是要使这个世界难以动弹，它们就必隐含且模仿一种彻底固定拥有物阶层的宇宙性秩序。因此，人每天都受神话阻拦，凭借指出这个不动弹的原型，他安分地活着，用一种巨大内部寄生虫的态度使他窒息，并且分配给他狭隘的限制，他在其中可以不影响世界的受苦受难：中产阶级假自然原理对人而言，完全是一种反对发明自我的禁止。神话不过是无尽的、不疲惫的诱取，邪恶而无弹性地要求所有人以这个形象认知自己，不朽但有期限，拥有一天就像一辈子。”[41]因此，对于知识分子来说，分析神话乃是采取政治行动的惟一途径。[42]

无论是《写作的零度》还是《神话学》，巴尔特都是着重文学或文化现象产生的历史条件和现实的政治和意识形态指向，但这决不意味着他用简单的因果决定论模式来处理这类问题。他认为这种简单的做法无法回答为什么属于同一个社会、同一阶级的作家却用那么不同的语言。因此，在《论拉辛》中，他就坚决反对把拉辛的悲剧与当时詹森派的意识形态联系在一起的做法。他认为现实主义是艺术的大敌，它把语言纯粹作为工具，以为它能毫不变样地表现现实。实际上“现实主义……不是一种对现实的复制，而是对现实的（虚假的）复制的复制：人们常说的现实已经变得越来越模糊，越来越难以接近，……因为在人们用词语来表达现实之前，现实就已混乱不堪了：符码加符码，这就是现实主义”[43]。也因此，巴尔特反对用作者来解释作品，反对心理学的批评模式。“如果有人想写文学史，他就必须放弃作为个人的拉辛，胸有成竹地转向技巧、规则、仪式和集体心态的层次上去。”[44]

神话对事物的扭曲使我们不能满足事物的表面意义，神话是一种双重系统，它不是象征，而是意指作用，它把意义转化为形式。因此，去神话或去神秘化必须从形式着手，从意指作用着手。巴尔特这样来说明其中的道理：假定我们在火车上透过窗子看风景，我们可以任意地看风景或看窗棂。在某一时刻里，我们抓住了玻璃的存在和风景的距离；在另一时刻，则是玻璃的透明度与风景的深度；但这交替的结果是恒常的；玻璃虽存在，但对我们而言是空洞的，风景虽不真实，却是完满的。神话的能指也是同样的情形：它的形式空洞却存在，它的意义空缺却完满。[45]因此，形式、意指作用对于巴尔特有头等重要的意义。

巴尔特的符号学从一开始就与他的社会批评是联系在一起的。他在担任法兰西学院的文学符号学教授的就职演讲中说："在我看来，似乎一门符号科学能够激励社会批评，而且似乎萨特、布莱希特、索绪尔都能够在这一事业上团结起来。"[46] 在他看来，语言是意义的基石，符号学是语言学的一部分，符号学家可以通过研究语言对世界的表述模式揭示种种社会现象和文化现象的深层意义产生的过程。他的《时装系统》为他的符号学研究提供了一个典型的例子。

在这部历时 6 年的著作中，巴尔特并不研究真实的时装，而是研究时装的书写系统。他要通过这项研究表明："在像我们这样的社会里，神话和仪式采取**理性**（raison）的形式，即最终采取话语的形式，人类语言不仅是意义的模式，更是意义的基石。"[47] 在这部著作中，巴尔特不厌其烦地研究了众多流行服饰的文字说明，这些文字的效果是似乎时装的流行就像季节的更替那样是自然而然的事，这正是神话将人为变成自然的功能。因此，服饰符码同样是一种神话系统。但此时巴尔特更关心的是构成神话的意象系统是如何从语义中不断地衍生出来的，虽然他也不忘同时指出语义衍生意象系统后面非语言的社会动力。[48]

这样，从符号学研究过渡到文本理论似乎是很自然的事。文本事关写作。巴尔特认为，写作者可以根据他们对待写作的态度分为两类，一类是把写作当成手段，是达到其他目的的工具，他们要把我们带到作品以外的另一个世界，他们的写作是及物的。巴尔特把这一类人叫作者（écrivant）。另一类写作者则相反，他们的写作是不及物的，他们不关心语言以外的东西，他们只是就语言来工作，对技巧和技术精益求精。换句话说，他们只关心形式。但"这并不是为艺术而艺术的美学设想出来的那种纯粹的'形式'，而是更为激进，认为这是惟一为从事写作的人开放的领域"[49]。巴尔特把这类人叫作家（écrivain）。对于作家来说，作品就是目的本身。但作家并不是在象牙塔里浑不管人间冷暖的精神贵族，"作家终究还是要把世界**为何**如此的问题彻底带入自己**如何**写作的问题中去。在文学发展的每一个阶段里，这种自恋行为从来没有停止过追问世界，这真算得上是个奇迹……”[50]

与作者和作家的区分相应，文本也可分为读者的文本和作者（作家）的文本。读者的文本要让我们通过它来观察预先规定的“真实世界”，它体现了现实的“既定”看法和“既定的”价值框架并使之永远存在。而作者的文本则相反，它指向未来的假设和可能性，而决不预设什么东西，它要让读者和作者一起创造，而不是把读者降为一个被动的消费者。

读者的文本非常好读，不需要读者花费太多的脑筋，这种文本的思路、语言、价值观念、审美趣味都是已有文化固有，而为读者早已习惯了的，因此，读者只要跟着作者的叙述走就是了，一路到底，酣畅淋漓，没有任何精神或肉体的阻隔，传统的（古典的）文学作品或畅销书就是读者文本的典型。在阅读读者的文本时，读者得到的是快乐（plaisir）。

而作者的文本正相反，它“是把一种失落感强加于人的文本，它使读者感到不舒服（可能达到某种厌烦的程度），扰乱读者历史的、文化的、心理的各种假定，破坏他的趣味、价值观、技艺等的一贯性，给读者和语言的关系造成危机”[51]。先锋派文学的文本，像乔伊斯的《芬尼根守灵夜》就是这样的文本。它完全不符合我们的阅读习惯，简直无法卒读，但它能带来狂喜（jouissance）。

作者的文本与读者的文本根本不同之处在于，作者的文本不是一个确定的对象，而是一个方法论的场。它不止于文学，不属于任何文体的分类系统。它无限拖延它的所指，它有一种意义的多样性，一种不可归约的多样性。这不是说它有几个意义；而是说文本是意义的推移。决定文本意义的并不是作者，而是仰仗读者的参与，读者就像一个音乐演奏者那样再创造文本。总之，“文本是**社会**空间，它不让任何语言是安全的和不被触动，它不允许阐述的主体有审判者、教师、分析家、忏悔者或解码者的地位”[52]。

巴尔特认为，传统认为作者决定文本的意义，能指和所指之间存在着种种肯定的关系的看法其实是政治现代性的一种表现，是对“个人化”的资产阶级秩序的肯定。这种社会秩序反过来又从政治上和经济上维护和巩固这个基础。“这种社会秩序的文学界（它的批评家）和文学界的‘原材料’（它的文本）都是这一过程的重要工具。通过把特定的一系列‘经典’作品作为制度固定下来，并把教育体制（它加工了社会的全体成员）中对这些作品的合理‘解释’作为制度固定下来，这样也就把一种对现实的特定看法作为制度固定下来，它显然就作为一股潜在的使一切‘标准化’的力量起着作用”[53]。

但作者的文本通过它的反常规写作将其颠覆了，读者的一切历史的、文化的、心理的成见，他的习惯的趣味和价值观都被动摇。这也证明说“巴尔特转而研究文本表示他的进一步的非政治化倾向”[54]是缺乏根据的。

认为作者是文本意义的决定者在哲学上是主体主义的产物，但以读者来代替作者，是否仍然是主体主义呢？从表面形式上看，似乎是。

实际上巴尔特却用“身体”概念颠覆和偷换了传统的主体概念。他说：

> 当我试图对给我带来快乐的那个文本进行“分析”时，我所碰到的不是我的“主体性”，而是我的“个体”，这个既得物使我的身体与别人的身体分离开来，并且使痛苦或快乐来适应它：我所遇到的是我的享乐的躯体。而且这个享乐的躯体还是**我的历史性主体**；因为它是生平的、历史的、社会学的和精神神经性诸因素（教育、社会阶级、童年阶段等）融合在一起的一个复杂过程的结果，我把（文化的）快乐和（非文化的）狂喜之间带有矛盾性的那种交互作

用加以平衡。[55]

以身体作为主体或代替主体，实际上是要打通被传统哲学加以隔绝的感性和理性，意识和无意识，并且将后者置于绝对优先的地位。不仅如此，巴尔特还要彻底颠覆传统主体主义哲学主客体分离分立的定式，认为当我们遇到文本时，我们进入了文本（请记住，在巴尔特看来，文本不是一个在书店里可以买到的具体的作品，而是一个方法论的场），并且是作为身体进入文本，我们遇到文本也就是遇到身体，这样，狂喜甚至会带来性交的快感。这个“身体”当然不完全是生理学意义上的身体，它是一切非主体的物质性的集合，或为欲望和无意识照亮的主体。[56]

在《罗兰·巴尔特谈罗兰·巴尔特》中，巴尔特对他的思想历程作了这样的回顾：

> 在作品的源头，各种社会关系处于昏暗不明之中，那是一种虚假的自然；于是，第一步就是剥去神秘外衣；然后，当这种非神秘化做法由于多次重复而变得僵化时，就必须加以取代：符号学**科学**（继而被提出来）力图提供一种方法来使神话学的姿势或姿态活泼、生动、有所凭依；可是这门科学反倒被满满的意象库绊住了手脚：符号学科学的目标就被（常常是非常严格的）符号学家们的科学所取代；因此，人们必须使自己和符号学科学一刀两断，必须把欲望的织体（texture，作者加）、身体的要求引入这个理性的意象库：这就是**文本**，这就是**文本**的理论。但**文本**也面临着瓦解的危险：它在毫无光彩的文本中重复着自己，伪装着自己……**文本往往**堕入空谈。下一步该往何处去呢？这就是我现在的处境。[57]

巴尔特显然看到了他的文本理论有空洞化的危险，这种自觉意识恰恰表明他自始至终不是故弄玄虚的学术工业的从业者，而是一个真正的思想家。

福柯

与巴尔特一样，福柯的身份也很难用专业来定义，他固然担任过法国一些大学的哲学教授，但他在法兰西学院是思想系统史的教授，而他的著作也的确介乎哲学和思想史之间。更麻烦的是，按照布尔迪厄的说法："没有什么比把一种如此敏锐、复杂和非凡的哲学限定在教材的表述中更危险的了。"[58]然而，福柯在当代西方思想中的重要性，又使得将他排除在我们讨论的范围之外是无法想象的。我们就勉为其难谈一谈吧。

福柯（Michel Foucault，1926—1984）1926年10月15日出生在法国维埃纳省省会普瓦蒂埃的一个富有的中产阶级家庭，父亲是个外科医生。福柯还不到4岁就跟着他的姐姐一起上小学，从小学到中学，他都一直是优秀生。1942年，福柯进入了中学学习的最后一个阶段——毕业班。按照法国的教育制度，毕业班设哲学课，福柯初次接触哲学，就表现出强烈的兴趣。1943年，福柯顺利通过中学毕业会考，进入法国高等师范学院文科预备班，准备进高等师范学院的考试。然而，福柯尽管异常努力，却没有通过1945年的入学考试。

1945年秋，福柯来到巴黎，进入著名的亨利四世中学，准备再次报考高等师范学院。在这里，他遇到了著名的黑格尔研究者伊波利特。伊波利特显然是一个极其出色的哲学教师，福柯后来回忆说，在他的《精神现象学》的课上，"我们听到的不仅仅是一位教师的声音：我们听到的是黑格尔的声音，或者说听到了哲学本身的声音"[59]。虽然他只在亨利四世中学教了两个月的书，却给福柯留下了巨大的、终身的影响。伊波利特去世7年后，福柯在给伊波利特夫人寄去的他的《规训与惩罚》一书的题词是这样写的："敬赠伊波利特夫人，并怀念我的老师——我的一切应归功于他。"[60]

1946年，福柯再次参加高等师范学院的入学考试，这次一切顺利，以第四名的成绩进入高等师范学院。在高等师范学院学习期间，福柯依然表现出色，是有名的学习狂，但脾气暴躁，行为怪诞，性格孤僻，喜欢独来独往，故不为同窗所喜。但他和时任高等师范学院哲学教师的阿尔都塞相处很好，在阿尔都塞影响下，福柯加入了共产党。后因对苏联与法共不满而在1952年退出了共产党。在高等师范学院时，福柯在哲学上主要读黑格尔和海德格尔的著作，他承认："海德格尔的著作对我的整个哲学形成产生了决定性的影响。"[61]梅洛-庞蒂在高师的课，福柯一堂也没缺席过。1948年，福柯在索邦获哲学学士学位，第二年获心理学学士学位。

1950年，福柯参加教师资格考试，但没有通过。次年再考，终于通过。1952年，经人推荐，福柯到里尔大学任教。在这期间，他应阿尔都塞之邀，在高等师范学院任兼职教师，教授心理学，听讲的学生有布尔迪厄和德里达。1955年8月，福柯应聘去瑞典乌普萨拉大学任教。1958年10月，从瑞典去波兰华沙，在华沙大学教法语。1959年，福柯又从波兰去德国汉堡任法语研究所所长，1960年夏回法国。在国外期间，福柯除了教学之外，还埋头写他的博士论文。1961年，他的博士论文《疯癫与非理智——古典时期的疯癫史》答辩获通过。从1960年秋到1966年春，福柯在法国中部的克列蒙-费朗大学任教。1966年9月，他离开法国去突尼斯教书。1968年底福柯回法国，任万森大学哲学系主任。1970年，他进法兰西学院任思想体系史教授。1984年，福柯死于艾滋病。

福柯是一个杰出的教师，他的课始终受到学生的欢迎。在法兰西学院，300 人的讲堂总是挤了 500 多人，即使提前 40 分钟，也只能坐在窗栏杆上。福柯勤于著述，直到最后病重期间还拼命写作。但他不是一个不问世事的书呆子，而是人类自由的斗士。从 1969 年起，福柯积极参加各种政治抗议活动，不懈地为正义而斗争，成为仅次于萨特的法国左派知识分子的旗帜。正如福柯的传记作者所说的："福柯曾标志着一个时代，他也会永远标志这个时代。这个时代就是我们的世界，在这个世界中，福柯的形象似乎会被长久铭记，不容抹杀，并不像福柯在《词与物》一书结尾时所说的那些沙滩上勾画出的图画，随着海水涨潮或死亡的突然来临而消失。[62]

福柯的主要著作有：《精神病与心理学》《疯癫与非理智——古典时期的疯癫史》《临床医学的诞生》《词与物》《知识考古学》《规训与惩罚》《性经验史》等。

福柯虽然出生在富贵之家，他的青少年时代却始终感到压抑威胁和恐怖。他父亲为了锻炼他的勇气，把他带进医院手术室看截肢手术，血腥的场面给一个孩子的惊骇是不言而喻的。他家乡当地有一富人的女儿因未婚先孕，孩子出生后被溺死，她本人被宣布精神失常，先后被送进医院和修道院，最后被关在一间黑屋子里。这些可怕的事情对福柯一生的思想都有潜在的影响，他一生的思想和行动都是要反抗这种渗透在我们生活中的压迫和恐怖。他的第一部著作《精神病与心理学》和他的博士论文《疯癫与非理智——古典时期的疯癫史》就是在这方面最初的努力。

福柯在 1952 年曾获得精神病理学文凭，嗣后他长期在精神病院观察医治精神病的实践，并在巴黎高师开精神病理学课。但他的这两部著作不是从心理学或病理学的角度，而是从社会和历史的角度，也就是社会权力和压迫的角度来探讨精神病的问题。在他看来，我们关于精神病和疯癫的知识恰恰说明"所有的知识都与残忍的本质形态具有联系”[63]。

福柯指出，疯癫与理性的对立和分裂不是天然的，而是近代产生的特殊现象。在古希腊和中世纪，疯癫并不与理性处于截然对立的位置，相反，正是在疯癫的陪衬下理性才达到了一定的深度。在中世纪，麻风病曾被视为对社会秩序的最大威胁。但到了文艺复兴时期，随着麻风病被控制，疯癫代替了原来麻风病的角色。但最初，人们对疯癫的态度还是暧昧的，疯癫既是威胁，也是达到某些真理的通道。“疯癫在人世中是一个令人啼笑皆非的符号，它使现实和幻想之间的标志错位，使巨大的悲剧性威胁仅成为记忆。它是……理性的流动。”[64]

但到了古典时代，疯癫变成了一种需要用禁闭所来对付的完全的破坏力量和威胁，“文艺复兴使疯癫得以自由地呼喊，但驯化了其暴烈性质。古典时代旋即用一种特殊的强制行动使疯癫归于沉寂”[65]。而这与所谓理性的时代几乎是同步的，“为文艺复兴所谙熟的无理性的理性（unreasonable reason）与理性的无理性（reasonable unreason）的经验此时都被排除了”[66]。但这不仅仅是一个观念的改变的问题，而也是资产阶级要将所有对它无用的人和有威胁的人驱逐到另一个世界，禁闭不仅是一种经济措施，也是一种社会防范措施。“如果说，在古典时期的疯癫中有什么指涉着另外的地方，‘另外的东西’，那么其原因已不在于疯人是来自那个非理性的世界，带有非理性的烙印，而在于他自愿地越出资产阶级秩序的雷池，置身于其神圣的伦理界限之外。”[67]

到了十八世纪末时，人们从政治和经济两个角度对禁闭提出了批判，但批判没有解除禁闭，而是用新的疯人院的形式将禁闭进一步制度化。在疯人院里，医生借用科学的面具使自己成为最重要的角色，他对病人具有家长加法官绝对的权威。“他的出现和他的言语具有消除精神错乱的力量，能够一下子揭示过失和恢复道德秩序。”因此，疯人院实际是“象征资产阶级社会及其价值观的庞大结构的一个缩影，即以家长权威为中心的家庭与子女的关系，以直接司法为中心的越轨与惩罚的关系，以社会和道德秩序为中心的疯癫与无序的关系”[68]。疯人院不但没有解放疯人，反而使他们永远处于一种屈辱和对象的地位。随着作为一种医疗机构的疯人院的出现，非理性的存在也不再表现出来，它们只能在现代艺术中出现。“从此，通过疯癫的中介，在艺术作品的范围内，世界在西方历史上第一次成为有罪者。现在，它受到艺术作品的指控，被迫按照艺术作品的语言来规范自己，在艺术作品的压力下承担起认罪和补救的工作，承担起从非理性恢复理性、再把理性交还给非理性的任务。”[69]

对疯癫的研究是福柯所谓“考古学研究”的开端，考古学研究一方面要对事物的来龙去脉进行研究，就像这里福柯研究西方对待疯癫不同态度和措施的演变；另一方面是要研究制约着事物演变的深层原因，如像福柯在《疯癫与非理智——古典时期的疯癫史》中指出的社会历史原因和无处不在的权力结构。《临床医学的诞生》是福柯考古学研究的又一个例子。这部著作通过探讨医学从古典时期到现代的历史演变，揭示临床医学的诞生不是什么进步，而是“一种关于疾病的句法重组，在这种重组中，可见的和不可见的开始遵循一种新的范型”[70]。在十八世纪末以前，医学是分类医学的天下。而到了法国大革命后，症状医学或临床医学出现了。这是医学范式的转变，“不仅疾病的名称、系统分类发生变化，而且应用于病人身体的基本感知符码，观察的对象领域，医生目光扫视的表面和深度，这种目光的整个定向系统也都发生了变化”[71]。但这不完全是医学家努力的结果，国家对医学的监督控制也起了相当的作用。最后，临床医学的诞生还伴随着死亡观念的改变。“第一个有关个人的科学话语不得不通过这种死亡阶段。西方人能够在自己的眼中把自己当作一个科学对象，用自己的语言把握自己，通过自己和借助自己使自己获得一种话语存在，只是在由消灭自己而造成的开放空间中才实现：……通过把死亡整合进科学思想才实现了作为关于个人的科学的医学。”[72]

所有这些变化，从表面看似乎是出于人的作为，实际上却是由于事物内在秩序的变迁。秩序的释放需要一个中间地带，“这一‘中间’地带可以被设定为最基本的区域：它先于词、知觉和姿态，于是，这三者被或多或少精确地，或多或少幸运地表达了它……；它比那些设法赋予这些表述以明确形式、详尽应用或哲学基础的理论更为坚固、更为古老、更不可疑并且总是更为‘真实’”[73]。这个“中间地带”福柯又把它称为“秩序经验”和“秩序存在方式”，它决定了我们的认识和科学，观念和知识。考古学研究就着力要揭示这个知识与文化的深层秩序。如果说《疯癫与非理智——古典时期的疯癫史》还未直接致力于此，那么《词与物》则一开始就以此为自己的目标。

《词与物》研究的是西方思想从文艺复兴到十九世纪末这段时间的变迁，但它不同于一般的思想史。它的研究对象不是一般的思想观念，而是“文化的基本代码”“知识的实证无意识”，或“知识型”。在福柯看来，这段时间的西方思想也经历了三个阶段，决定这三个阶段西方思想的是他称为三种“知识型”的东西，“知识型”就是前面讲的决定思想和科学的深层秩序和构成规则。它是我们的知识、理论、制度和实践的可能性条件。

文艺复兴时期知识型的法则是相似性。福柯说：“直到十六世纪末，相似性（la ressemblance）在西方文化知识中一直起着创建者的作用。正是相似性才主要引导着文本的注解与阐释；正是相似性才组织着符号的运作，使人类知晓许多可见和不可见的事物，并引导着表象事物的艺术。”[74]相似性主要有4种，这就是适合、仿效、类推和交感。适合是指空间相连的相似性；仿效是指形象的相仿；类推是类比关系的相似性；交感则无所不在，“交感自由自在地在宇宙深处发挥作用”[75]。

相似性需要符号来辨认相似的东西，“相似性的世界只能是有符号的世界”[76]。文艺复兴时期的符号系统是三元的，这就是能指、所指和“关联”。

然而，到了十七世纪，三元的符号关系变成了二元，这是因为知识型发生了断裂，表象知识型取代了相似性知识型。这时，“相似性与符号解除了它们先前的协定；相似性已靠不住了，变成了幻想或妄想；物仍然牢固地处于自己的嘲笑人的同一性中：物除了成为自己所是的一切以外，不再成为其他任何东西；词独自漫游，却没有内容，没有相似性可以填满它们的空白；词不再是物的标记；……语言的符号除了所表象的微不足道的虚构以外，不再具有任何价值。书写与物不再彼此相似”[77]。现在，重要的不是相似，而是同一性和差异。符号不再是世界的形式，而是对其他符号的表象。这时出现了三种相应的知识话语，这就是普通语法、自然史和财产分析。“对于古典经验来说，自然史体系和货币或贸易理论具有与语言本身相同的可能性条件。这意味着两件事：首先，对古典经验来说，自然中的秩序和财富领域的秩序拥有与由词体现出来的表象的秩序相同的存在方式；其次，词构成了享有充分特权的系统。”[78]

现代知识型起自十八世纪末十九世纪初。这时，功能概念取代了分类概念，历史代替了秩序原则，时间概念成了一切话语的核心。普通语法、自然史和财富分析让位给历史语言学、生物学和经济学。时间意味着限制，“现代人——这个人在其肉体的、能劳动和会说话的存在中是可确定的——只有作为限定性之构型才是可能的。现代文化能思考人，因为它是从自身出发来思考有限。……文艺复兴‘人本主义’和古典‘理性主义’都能恰当地在世界秩序中给予人一个特许位置，但它们都不能思考人”[79]。人是现代性的产物。

现代性产生的这个人由三种二元性组成，首先是先验和经验的二元性，即人既是知识的先验条件，又本身受劳动、生命和语言的支配，经验和先验在现代人那里难以协调。其次是我思和非思的二元性，即他者，无意识与我思如影随形。最后是起源的退却和返回的二元性，即起源既最接近我们，又最远离我们。这三种二元性使人一开始就处于一个暧昧的地位——既是知识主体又是知识对象。它却成了现代思想的出发点。“人类学作为人之分析确实在现代思想中起着一种构建作用，因为在很大程度上我们仍未摆脱它。”[80]因此，现代性批判必须表现为对人类中心主义的批判。在这方面，福柯与海德格尔的思路是完全一致的。

福柯认为，我们现在正在经历又一次新的知识型的裂变，这次裂变是由尼采开始的，尼采发现上帝与人彼此相属，因此，宣布上帝之死就是宣布人之死。这里需要指出的是，福柯在这里讨论的人不是生物学或生理学意义上的人，而是作为现代性思想基石和出发点的人类中心主义意义上的那个特定的人的概念。福柯是这样来解释他的引起轩然大波的“人之死”的含义的：“这个主题可以揭示人的概念如何在知识中发生作用。问题不在于确定人已死亡，而在于弄懂人的概念以什么方式，根据什么原则形成和发生作用。这与我所阐述的作者的概念是一回事。”[81]

福柯宣布“人之死”的根据是出现了人种学、精神分析学和结构语言学这样面对无意识和他者的“反科学”，无意识结构现在取代了既是知识主体又是知识对象的人，存在首先是语言的存在，语言问题似乎从各个方面包围了人的形象，[82]人消解在语言的构建中。新的知识型必然是以“人之死”为自己的起点和特点。

其实，考古学的方法就是针对传统主体至上的知识观和方法论的，在那种知识观和方法论里，主体支配话语，而不是相反。而考古学方法则认为，不是主体决定话语的意义，而是“话语构成”（即非主体的知识和科学的先天的可能性条件）提供了一大批个人可以占据的“主体位置”。话语构成还不是语言的秩序或表象的秩序，而是支配信仰、实践和词与物的结构原则。[83]话语的优先性构成了福柯反主体主义思想的方法论基础。

福柯1970年进入法兰西学院不但是他个人学术生涯的一个里程碑，而且也是他思想发展的一个标志。他在法兰西学院的就职演讲《话语的秩序》意味着他从考古学的研究转向了谱系学的研究。所谓谱系学的研究，就是要将权力理论与话语分析结合起来，以权力来解释话语的产生。但是，现在权力对于福柯来说并不是一种纯粹否定性的力量，而是一种肯定性的力量。“权力既被定义为一种客体化的力量，也被定义为一种主体化力量。也就是说，权力不再被理解为通过作用于身体上面的物质后果，以一种单向的方式来运作。相反，它被描述成一种‘对抗性的斗争’，这种‘对抗性斗争’发生于‘自由的个人’之间。这容许福柯以比‘支配的无穷作用’更为复杂的方式来解释社会规则的体系。”[84]

福柯认为：“在任何社会中，话语的生产都是被一些程序所控制、筛选、组织、分配的，它们的作用是转移其权力和危险，应付偶然事件，避开其臃肿麻烦的物质性。”[85]话语控制的手段首先是排除，即规定一些言语禁忌；以理性的名义将一些话语打成非理性话语或疯癫话语加以排斥；以真理的名义（即所谓求真意志）将一些话语区分为谬误。其次是在话语内部指定种种规则，如注疏方法、作者观念和学科规定等。再一个就是对话语主体的种种限定。针对上述三种话语控制手段，福柯提出了三种破解办法：“质疑我们的求真意志；恢复话语的事件特征；废除能指的权威。”[86]

在他的著名论文《尼采，谱系学，历史》中，福柯不但正式提出了他的谱系学方法，即不是追求事物最纯粹的可能性以及它们仔细保护的同一性，而是要在事物的历史开端发现它们与其他事物的纠缠，发现它们的不一致性；而且也颠覆了传统形而上学基本支柱之一——目的论历史观。他认为，历史没有内在目的，历史就是不同权力集团之间的不断斗争，“人类并不是从战斗到战斗的逐渐进步，直到达到了普遍性互惠，那时，法律的规则最终取代了战争；实际上人类将其每一次暴力都安置在一种规则体系之内，这样就是从一种统治进行到另一种统治”[87]。因此，不能简单地将权力理解为一种支配关系，权力是人的生存方式，而不仅仅是压制手段，任何人都无法垄断权力；每个人都在被支配的同时，又在实施着权力，“权力通过一种类似网络的组织被使用和被实行。并且，个人不仅在权力的脉络之间流转，而且他们永远处于这样一种状况，既体验到权力的支配同时又实行着权力”[88]。

如果是这样的话，权力就不仅仅是与政治支配相关的东西，而是我们存在的一个基本事实。但福柯更关注的仍然是权力的社会运作及所产生的压迫。《规训与惩罚》通过对现代监狱制度的考察，揭示了现代人如何被权力全面控制。在福柯看来，从公开施刑的封建惩罚制度到现代刑罚体系和监狱制度的转变不是由于观念的转变，不是由于启蒙理性，而是由于现代社会理性化的需要。改革刑罚体系的目标不是基于更公正的原则来建立一种新的惩罚权力，而是建立一种新的权力经济，这种新的权力经济在经济和政治两方面都是分布更好的、效率更高的以及代价更低的。[89]新的刑罚制度体现了一种新的权力体制，它的目的是要控制和生产“听话的身体”。因为：

> 身体也直接卷入某种政治领域；权力关系直接控制它；干预它，给它打上标记，训练它，折磨它，强迫它完成某些任务、表现某些仪式和发出某些信号。这种对身体的政治干预，按照一种复杂的交互关系，与对身体的经济用途紧密相关；身体基本上

> 是作为一种生产力而受到权力和支配关系的干预；然而，另一方面，只有在它被某种征服体制所控制时，它才可能形成一种劳动力（在这种体制中，需求也是一种被精心培养、计算和使用的工具）；只有在身体既具有生产能力又被驯服时，它才能变成一种有用的力量。[90]

但是，权力并不是哪一个集团为了保持对其他集团的优势而施加的单一的权力，如暴力统治，而是渗透到社会生活每个角落的“微观权力”，[91]它构成了一定的生活方式——现代性生活方式的基本条件，因此，监狱的那种规训技术同样可以用于学校、工厂、军队和医院等设施。实际上监狱并不是这种技术的渊薮，它早已存在于修道院、军队和工厂中。但只是到了十八世纪，它才成为一种一般的权力技术。它渗透到社会生活的方方面面，从空间的分配到活动的控制；从训练的安排到人员的组织。所以监狱类似于工厂、学校、军队、医院，它们又都类似于监狱，一点都不必惊讶。

此外，“无论是有罪还是无罪的判决，都不再仅仅是一项针对罪行的判决，一项实施惩罚的法律决定。它包含了对是否正常的评定和对正常化前景的技术性预测”[92]。现代社会对人的压制往往并不是通过暴力强制手段，而是通过宣布什么是正常状态，以及与此相关的价值标准来约束与管制人，“这套标准和价值则借助于一种公然标榜仁爱和科学的知识网络而发挥作用。正是这种作为规范化力量而非压制力量的约束性权力观念构成了福柯这种论断的基础，即权力是一种肯定性的现象”[93]。权力制造知识，知识巩固权力，“权力和知识是直接相互连带的；不相应地建构一种知识领域就不可能有权力关系，不同时预设和建构权力关系就不会有任何知识”[94]。福柯写监狱史不是因为对过去感兴趣，而是对现代的历史感兴趣，对揭露现代社会压制性的权力和机制感兴趣。

随着权力观念的深化，福柯将对权力在现代社会的压制性的考察延伸向性话语领域，原计划写 4 卷，实际只完成 3 卷的《性经验史》就是福柯在这方面探索的结晶。在《性经验史》一开始，福柯首先驳斥一种压抑假说，就是一直到十七世纪初性在西方社会还不是需要遮遮掩掩的事，十七世纪中叶后情况才有所不同，性开始受到压抑，到维多利亚时代达到了顶点。即使在今天，虽然在性解放方面有所进步，但仍没有根本的改变，即使是弗洛伊德的研究也过于谨慎。然而，福柯认为，事实正与此相反。虽然从十七世纪开始，已经开始在语言层面上清除有关性的文字，这却引起了反效应，"……性话语在权力运作的范围内不断增殖：权力机构煽动人们去谈性，谈得越多越好，权力当局还坚持要听到人们谈性，并且让性现身说法，详尽无遗地清晰表达出来"[95]。

性话语在现代西方社会的繁衍固然与天主教会的忏悔这一话语仪式和权力技术有关，但更与现代社会的政治经济问题有关，具体而言，与人口问题有关。"通过人口，政治经济学逐渐形成了一整套对性的观察结果，并且出现了在生物学和经济学范围内分析性行为及其规定和影响。此外，还出现了旨在将夫妻的性行为转化为一种和谐的政治、经济行为的有计划运动。它们完全超越了传统的手段——道德和宗教训诫与财政措施。十九世纪和二十世纪的各种种族主义在此也找到了它们的立足点。具体说来，国家对于公民们的性生活及其使用方式了如指掌，而每位公民也能够把握对性生活的享用，性成为国家和个人之间的一个问题，一个公共的问题。围绕它形成了一整套各种话语、各种知识、各种分析和各种命令的网络。"[96]

这样，公开谈论性势必要产生规范性的结果，这就是性成了科学和医学研究的对象，产生了所谓"性科学"。在科学的名义下，人们不仅在医学上，而且也在道德上甚至法律上区分“正常”和“不正常”的性。性由私人的事情变成了公开的事情。性的医学化使权力直接进入身体和私人生活的领域。现代社会并不想限制性，而是想方设法扩展它的各种形态，因为性的扩张就是权力的扩张。“性经验通过权力的扩张而得到增殖；而在权力提升的过程中，每一种具体的性经验在表面上都显示出这种权力干涉。这种连锁关系，特别是从十九世纪开始，一直被无数的经济利益所保证和传递。这些经济利益在医学、精神病学、娼妓业、色情文学的帮助下，已经同时与快感的这一分解的增殖和控制这一增殖的权力连为一体了。快感和权力并非互相抵制和对抗，而是互相追寻、互相交叉、互相启发。它们根据煽动和激励的复杂机制相互联系在一起。”[97]因此，现代社会的种种性变态不是性压抑使然，而是权力控制性的结果。

权力对性的控制也就是对生命的控制，福柯用“生命权力”这个概念来指权力对生命的控制。福柯指出：“这一生命权力无疑是资本主义发展的一个必不可少的要素。如果不把肉体有控制地纳入生产机器之中，如果不对经济过程中的人口现象进行调整，那么资本主义的发展就得不到保证。”[98]首先，生命权力的产生意味着生命的特殊性问题被提了出来，生命进入了权力—知识领域。其次，规范作用的重要性日益增加，权力不再仅仅以杀人来运作，而是更多地表现为调整和矫正的机制，司法结构越来越被整合进一系列的调节机构中。司法在衰退。最后，生命成了政治斗争的目标，尽管政治斗争都带有权利的要求。[99]

在福柯眼里，性经验并不是一种权力试图控制的天然对象或有待科学知识揭示的客观领域，相反，它是历史发展的产物，“它并非一种深藏不露的，难以捉摸的现实，而是一个巨大的表层网络，其中，肉体的刺激、快感的强化、话语的煽动、知识的形成、控制与抵抗的加强，根据一些知识和权力的宏大战略而相互联结在一起”[100]。如果是这样的话，那么摆脱权力的控制就在于一种新的身体和快感的可能性，而这种可能性应该是与新的生活方式息息相关的。

在《性经验史》第2卷的导言中，福柯这样写道："如果哲学不是思想自我批判的工作，那么当今的哲学……又是什么呢？如果它不是不再确定已知，也不是着手了解怎样和直到何时另一种思考才是可能的，那么它又是什么呢？"[101] 福柯自己的确在思想的自我批判与超越上为我们做出了榜样。今天，当福柯锋芒毕露的思想以及一切真正的思想正在成为平庸的学术工业的牺牲品的时候，也许我们首先也最应该记得的是他的这几句话。

德里达

与以上三位法国思想家相比，德里达可以说是一个毋庸置疑的哲学家。然而，当1992年春剑桥大学准备授予他荣誉博士学位时，却引起了一场轩然大波。来自大约10个国家的19名学者联名给英国的《时报》写信，表示反对授予他荣誉学位，理由是他的学术地位是建立在对理性的价值、真理和学术成就进行半通不通的攻击的基础上，他的作品的影响范围完全在哲学之外的领域。这些人说："在那些在世界范围居领先地位的哲学系科中工作的哲学家眼里，德里达先生的工作并不符合清晰的和严谨的、已被接受的标准。"[102] 这就是说，在这些人眼里，德里达根本不是一个哲学家，尽管此前他已在欧美和英国的三个大学拿到过荣誉学位。虽然最后剑桥大学还是通过投票授予了德里达荣誉博士学位，但在某些学院哲学家眼里，恐怕至今还不会承认德里达是一个哲学家。这是因为德里达的哲学无论在思想上还是在风格上，与传统哲学，尤其是学院哲学相距甚远（尽管他的哲学也免不了学院哲学的改造）；另一方面也的确是文学批判和文化研究的人更喜欢谈论他的解构哲学，尽管他们不一定完全理解他的思想。不管怎么说，一个非常不好懂的哲学家居然在哲学领域之外被广泛接受，这本身就是一个奇迹。

德里达（Jacques Derrida，1930—2004）1930 年 7 月 15 日出生在阿尔及利亚埃尔比哈一个法国犹太人的家庭。根据他自己的回忆，他很早就接触文学和哲学，在中学里就读了纪德、尼采、卢梭和瓦莱里。在中学的最后两年，他开始读柏格森和萨特。在听了加缪的一次广播讲话后他进入大学预科班，那里有哲学课。1949 年德里达去巴黎，就读于高等师范学院文科预备班。1952 年考入巴黎高等师范学院，伊波利特是他的哲学老师之一。1956 年德里达从高师毕业，次年通过教师资格会考。1960—1964 年在索邦大学当助教，之后到他的母校高等师范学院当了 20 年的助理讲师。用他自己的话来说，他在这个享有盛名的机构中被边缘化，大学拒他于门外，原因是他的学术思想和风格无法为大学接纳和承认。后来总算被法国高等社会科学院选中担任研究主任。从上个世纪六十年代起担任美国多所大学的客座教授。在大学，他又不被承认，这使他成为游移于学院和非学院之间的边缘人。今天，德里达当然已经是名满天下的人物了，但他仍觉得自己是处于学院和非学院两种规范之间，既不放弃此又不放弃彼。

德里达的著作很多，主要有：《书写与差异》《论文字学》《声音与现象》《哲学的边缘》《立场》《绘画中的真实》《丧钟》《明信片》《论精神——海德格尔与问题》《马刺——尼采的风格》《马克思的幽灵》《宗教》《从法律到哲学》《永别了，利维纳斯》《好客》《给出死亡》《友谊政治学》《触觉——论让-吕克·南希》等。

德里达被人目为解构哲学的代表人物，可以说他的名字是和解构连在一起的。解构现在不但是一个学术界的常用语，而且正在进入日常语言。可是，“解构”远不是这个词字面上看上去那么容易理解（这也是为什么那么多人喜欢谈解构），至少德里达的解构概念，是并不太好捉摸的。

一般人往往会根据“解构”的字面意思，也根据各种关于解构的时髦言谈，以为解构就是批判、破坏、否定；解构是一种虚无主义或相对主义的思想方法；解构不择手段、不遗余力地将固有的一切价值和思想推翻。实际上这是对解构想当然的误解。

德里达一直坚持解构不是否定的，解构也不是一般意义或康德意义上的批判。解构也不是一种方法，不能还原为人文科学或自然科学的方法论，或者一种可以被专业人员接受的技术程序。它不是由一个主体产生和掌握的行动，也不是对文本或一种制度的操作。“解构，是那种来临并发生的东西，不是大学里限定了的东西，它并不总是需要一个行动者。”[103]那么它是什么？德里达的回答是它什么也不是。因为一旦说它是什么，就等于先天设定了存在论的预设，而这正是解构力图要消解的逻各斯中心主义的做法。

德里达心目中的解构首先是超出哲学的思考，或者说是“哲学的某种非哲学思想”[104]在德里达看来，“可以有一种思考理性、思考人、思考哲学的思想，它不能还原为其所思者，即不能还原为理性、哲学、人本身，因此它也不是检举、批判或拒绝”[105]。这就是说，解构不但要摆脱形而上学的非此即彼的思维方式，还要根本超越原来的话语系统，用另一套话语系统来思考问题。在解构的话语中，被解构的东西并不完全无效，而是变得流动起来，变得亦此亦彼，不好固定。解构自己更是这样，它没有终极目的，它是无限定、无止境的，它也不是相对主义，它只是在每一个不同的上下文脉络中移动或转型[106]，它是为形而上学思维方式所看不到的一种姿态。

解构不但不是对传统的摧毁，反而是对传统的追溯。它要问传统是从哪里来的，权威和公认的习俗是从哪里来的。“所以，没有无记忆的解构，这一点具有普世有效性。”[107]解构不但不是否定，而且还是肯定，是通过转变来肯定。对于德里达来说，解构始终是一种伦理和政治姿态，它要叛逆霸权并质疑权威，解构一直是对非正当的教条、权威和霸权的对抗。所以“它是一种肯定，一种投入，也是一种承诺”[108]。不幸的是，德里达的效颦者往往忘了解构的伦理与政治含义，既不肯定，也不承诺，将解构操作成一种无聊的文字游戏和学术垃圾。我们只有从思想本身的需要而不是从学术时尚出发，才能把握解构的真正力量。

德里达的解构哲学要反抗的是“存在的霸权”，也就是所谓的“逻各斯中心主义”。“逻各斯中心主义”一词本是德国哲学家克拉格斯（Ludwig Klages，1872—1956）的发明，德里达用来指西方形而上学的传统，指“作为存在论的哲学”。在他看来，所有西方哲学都不免是逻各斯中心主义，就连海德格尔也不例外。逻各斯中心主义的根本问题是基础主义，即认为有一种固定的意义秩序，思想、真理、理性、逻辑或词作为基础都是自身存在的，而且始终存在，或者说始终在场的，所以西方形而上学传统又叫在场形而上学。对于这种形而上学来说，只有存在、在场才是根本重要的，非存在和缺席是没有意义的。对于在场形而上学来说，这个世界秩序井然，泾渭分明，钉是钉，铆是铆，没有半点含糊不定之处。基础不但是基础，也是中心和原则，它们是简单的、优先的、不变的、正常的、纯粹的、标准的、自明的；与它们相对的则是复杂的、派生的、蜕变的、偶然的，等等。本质/现象，灵魂/身体，直观/表达，文字/隐喻，主体/客体，理性/感性，肯定/否定，先验/经验，自然/文化，这些传统形而上学中常见的对立无不有主从和先后之分。对立双方的这种等级区别不但是不可消除的，而且是必要的。何者为主为先，哲学家或许有不同看法，但为主者一般总是首先、直接或当下在场。现在状态和现在时刻是世界的基础。

然而，古希腊哲学家芝诺“飞矢不动”的命题却表明，“那些被视为在场和既定的东西，都只有在从未在场的差异和关系的基础上，才获得了自己的同一性”[109]。这不但说明可能差异和缺席（不在场）才是真正重要的东西，而且说明世界可能并不是像在场形而上学所想象的那样一板一眼，确定不移。胡塞尔的现象学其实已经揭示了这一点，虽然胡塞尔本人正是想通过他的现象学重新奠定世界的基础。胡塞尔的构造现象学认为，对象和事态的意义并不是作为透明既定的东西一下子为我们所洞见，而需要我们辨认和区分。要辨认和区分它们必须在现象中有相对的持久性，而不能转瞬即逝。但是这种持久性本身需要一个它们得以呈现的视域结构。这个视域结构包含我们关于对象的“背景信念”，由这背景信念预设的对象视域中的可能性或我们对这事物的种种预期必须与之相符，不相符的则被从视域中排斥，我们实际上是这样来辨认和区分事物的。例如，当我看到一棵树时，我会预期如果我绕到树的另一面，我会看到树的背面，如果我往树的上部看，我会看到树冠和树叶，没有背面、没有树冠和树叶的东西显然与我的预期不符，会被我从这个对象的视域中排除出去了。我们知觉对象时，总有个特定的视角，我们相信或预期，当我们改变视角时，原先看不到的事物的那些方面会逐渐显露出来。没有脱离视域或前后关系的事物，无论它们是物理世界、科学世界还是文化世界的事物，都是视域使事物关联在一起。

视域当然不会是固定的，而是不断变化的。意义是从不断变化的视域及其内容的交织中形成的，胡塞尔把意义的这种创造性形成叫做“构造”。现象和我们对现象的意识模式都以不断变化的视域为前提。胡塞尔的这个视域理论其实就意味着不存在事物的常态，因为事物或现象只能在不断变化的视域中向我们显现，为我们把握。但胡塞尔自己并不这样想，他认为人类意识活生生的现在（*lebendige Gegenwart*）就是意义的最终所在和基础，视域归根结底是意识的特征，而不是意识非意识的先决条件。而在接受了结构主义洗礼的德里达看来，如果意义在于符号的结构系统而不在于个别主体的意向的话，胡塞尔的主体主义立场是不能接受的。

德里达在给胡塞尔的《几何学的起源》写的长篇导言中，从对胡塞尔的先验现象学批判入手，开始了他自己对一些重要的哲学问题的探讨。《几何学的起源》是胡塞尔去世前不久写的一部作品，它要探讨的是像几何学构成物这样的理想对象的可传达性问题。在这部著作中，胡塞尔认为，像几何学的构成物这样的理想对象虽然追根溯源总有一个个人最先构成它们，但它们本身是普遍的、不受任何视角和时空存在的偶然性的局限，因而是完美无缺的，可以作为任何对象的范型。正因为它们的这种理想性，它们可以被任何有理性的人接受，可以成为一切意识主体的对象。现在的问题是，由个人主观意识想出来或构成的几何构成物怎么会是主体间性的？即怎么会被全人类接受？对全人类有效？

胡塞尔的答案是，言语把这种理想的东西带进了公共领域，使得后来的人可以和最初的发现者共享他的发现。言语（书写）使得人类的发现可以代代相传，并且可以对原初的发现不断改善和添加。科学和文明就是通过这种方式发展的。但是，通过书写传承发现并非一无所失，最初发现者发现，导致发现的意识状态和意识活动是无法通过书写保留下来的。胡塞尔认为，虽然这是进步的必要代价，但当代西方文明的危机也因此而起，我们因此失去了我们的根，不知道我们从哪儿来，不知道我们的科学和文化传统怎样和为什么开始。[110]

德里达肯定胡塞尔敏锐地意识到了语言，尤其是书写的重要性，语言不是被动接受已经构成的真理的物质载体，它还对真理进行疏理和系统化，将理想对象构成为确定的、可重复的对象，因此，无论在原则上还是在事实上它都是真理的必要条件。如果语言是真理的必要条件，那么胡塞尔视为真理起源的意向性的地位就必然就是次要的。德里达也不同意胡塞尔认为的，一定有某个人在某个时间首先发现了几何学。如果人们没有理想对象的观念的话，即使他们碰巧在经验世界碰到一个纯粹的几何构成物，他们还是不能懂得几何学的理想性。没有对科学及其终极目的的意识，第一个几何学家决不会理解这种构成物的意义。而任何意识到这点的人都是像第一个几何学家那样原创和真正地开始。所以几何学的意向起源可以在任何时候，可以是任何文化。德里达这种先验哲学式论证的目的，实际上是要消解个人意向性对于真理的重要性。

胡塞尔将个人意向作为真理的起源，还因为他认为第一个几何学家在构造一个理想构成物时，充分意识到的那个理念的完满性会随着书写而失去。也就是说，后来人虽然也能理解理想对象的意义，即它的理想性和客观性，但不会像第一个几何学家理解得那么充分。然而，在德里达看来，情况正相反。无论在事实上还是在原则上，我们对理想对象的理想性和客观性的理解都不可能在任何一个个人活着的现在完成。给予当前意义的那个理想是被无限耽搁或拖延的，也就是说，它总是不在场的。因此，我们在任何时候都不可能有对理想对象意义通透圆满的理解。我们的确具有先天观念，但那是形式的空洞观念。它们意义的内容永远只能部分填上，不可能绝对实现。绝对只是一个界限，是意义可能性的一个条件。是任何在场的人，包括所谓第一个几何学家都不可能把握的。德里达后来的分延（*différance*）概念实萌芽于此。

德里达上述对胡塞尔的批评，很明显也是对在场形而上学或逻各斯中心主义的批评。在揭露在场形而上学和逻各斯中心主义方面，德里达不是首位，海德格尔才是先驱。但是，与在场形而上学和逻各斯中心主义密切有关的"语音中心主义"，确是德里达的发明。语音中心主义的思想，德里达也是通过对胡塞尔哲学的批判得到的。

1967年，德里达发表了他最喜欢的《声音与现象》一书。这部书集中讨论胡塞尔的符号理论。胡塞尔在《逻辑研究》的第一研究"表述和含义"中，将符号进一步分为"表达"（Ausdruck）和"指号"（Anzeichen）。前者描述的是当场对意识呈现的意义；后者则指示只能间接呈现的意义。也就是说，指号指示的意义完全或部分不在场。表达的意义是与生俱来的、内在的；而指号的意义却是后来附加的。换句话说，表达是一个血肉丰满的意义有机体；而指号只是一个空壳子，需要人们后来往里面填意义。在胡塞尔看来，所有的发声的言语都是表达，一说出来就能起到传递意义的作用。说话者要表达的意义当下对听话者呈现。当然，我们也可以用书写来传达意义，但会失去语音表达所具有的当下性和直接性。我写的东西我不在场时也能存在，但原初的当下性变成了没有生命的符号和文字。因此，只有言语才反映了意识生命的当下性。这就是为什么人们会把思维描述为一种自说自话的形式。只是为了避免意义完全丧失，我们才用指号（书写）来记录意义，就像我们为了提醒自己或别人，而在某些地方做上记号一样。这样，自然语音要先于书写。文字只是纯粹的载体，而语音本身就有意义。

德里达把这种想法称之为语音中心主义。语音中心主义的实质其实是主体主义。语音为什么先于文字？因为它最直接表达说话人的意向。文字当然也可以传达作者的意向，但对于大部分不知道作者意向的人来说，他们几乎不可能把握以人称代词“我”为主语的陈述的真正意义。但是，在德里达看来，像“我活着”这样的陈述和数学命题一样，说话者和书写者不在场也照样可以正常起作用。命题的意义并不是由个人的直观来完成的。无论在言语还是在书写中，语言都有它自己的生命。如果命题或陈述的意义在于个人的意向或直观，那么世上只有私人语言了。因此，“直观的不在场——即直观主体的不在场——不仅仅是被话语容忍的，只要人们在它**自身中**考察它，它就是一般意义的结构所要求的。它完全是被要求的：主体的整体不在场和一个被表述的对象——作家的死亡或（和）他能够描述的对象的消失——并不阻碍‘意谓’的行文。相反，这种可能性使得‘意谓’本身诞生，使人们听见它并使人们去读它”[111]。

在德里达看来，胡塞尔语音中心主义不仅与他的主体主义立场有关，而且也有一个“完整在场的动机”[112]。但胡塞尔心目中那个纯粹在场的自我同一的意识本身就是不可能的。胡塞尔自己在《内在时间意识的现象学》中已经指出了孤立的、原子式的意识瞬间是不可能的，意识过程始终是正在进行、彼此相连的一条流。在这条流中自我意识的每一个现在都既是对过去的继承又是对未来的预期。现在既是过去的保持又是向未来的延伸。在自我意识的每一刻都既有过去也有未来。然而，胡塞尔却没有看到，这样一来，自我意识的自我同一其实是不可能的。同一和现在的意识始终需要他者和非现在的意识。也就是说，“……一种纯粹的差异要分裂自我在场。人们认为可以从自我影响中驱逐出去的一切可能性正是扎根于这种纯粹的差异之中：空间、外在、世界、形体等。一旦人们承认自我影响是自我在场的条件，那任何纯粹先验的还原都是不可能了”[113]。

德里达这里说的“自我影响”是指在保持和延伸中的自我分延过程。它不是主体的产物，而是产生主体，“这种分延运动不是突然在先验主体面前出现。前者产生后者。自我影响不是一种经验形态——标志一个可能已经是其自身的在者的经验形态。它产生作为与自我的差异中的对自我的关系的同一个，作为非词一的同一个。”[114]这就是说，差异是同一性的先验条件，只有在这个条件下，先验主体才得以产生，它不是自生，而是派生的。作为在场形而上学和同一哲学基础的那个自我同一的主体性，就这样被消解了。同时被消解的还有那个作为这种主体性前提的直接的或完满的现在概念。

我们可以看到，德里达解构哲学的关键是他将差异作为一切事物的基本条件，在这个基本条件下，同一性、基础、主体、本质这些传统形而上学的基本概念，统统被消解了。德里达的分延概念实际是他解构哲学的核心概念。德里达承认这个概念是受了索绪尔的启发。索绪尔认为在语言中只有差异，不存在绝对项。语言中各种要素的意义不在其自身，而在它与其他要素的差异。例如，在英语中词首音 tin 和词首音

kin 之间的差异就决定了词的意义的不同。[114] 德里达由此看到，是差异而不是同一才是第一位的。这种优先性在于世界上万事万物都处在不停的流变中，如古希腊哲人赫拉克利特早就看到的那样。因此，要真正把握差异，必须将时间因素或事件性作为它的基本成分。分延这个概念就是在这个考虑下发明的。法语中本没有 différance（分延）这个词，只有 différence（区分），现在德里达把 différence 的词尾由 e 换成 a，这个新组的词就有了“区分和延迟”两重意思，即“一是在意指条件下已经形成的被动区分；二是能够产生差异的区别行为和延迟行为”[116]。一切概念都从不是它的东西中得到其同一性，但同时也产生区分；概念完美实现一直被延迟，它永远不能是绝对的自己，因为它始终为分延所制约。

分延本身当然不是概念，它“是一种结构或活动，如果我们站在在场和缺席相互对立的基础上，是无法理解它的”[117]。分延不是存在者，在此意义上它不存在。它也不支配任何东西。相反，它要从整体上动摇存在者的统治，动摇在场的支配地位。分延的思想是海德格尔存在论区分的一个结果，分延其实很像海德格尔讲的存在，但德里达却认为它要比存在论区分或存在的真理“更古老”[118]。

德里达分延思想的实质是将传统逻各斯中心主义的基本等级秩序颠倒过来：差异先于同一，缺席先于在场，多样先于单一，有限先于无限，流动先于确定，书写先于声音，特殊先于普遍，等等。有了这个颠覆性的分延，德里达的解构活动就游刃有余、无往而不利了。而对于德里达的阅读者或研究者来说，只要抓住这个概念，理解了这个概念，那么无论他的表述如何花哨和怪诞，都不是那么不可理解的了。然而，如果真如海德格尔说的，形而上学的命题倒转过来还是形而上学的命题[119]，那么，德里达的解构哲学会不会也是一种新的形而上学呢？答案可以是肯定的，也可以是否定的。关键在于我们是否记得解构哲学是哲学的某种非哲学思想。

注释

[1]〔法〕迪迪埃·埃里蓬:《今昔纵横谈——克劳德·列维-斯特劳斯传》，袁文强译，北京大学出版社，1997年，第139页。

[2] Cf. Lévi-Strauss, *Tristes Tropiques*, New York, 1974, p.61.

[3]〔法〕列维-斯特劳斯:《结构人类学》，第1卷，谢维扬、俞宣孟译，上海译文出版社，1995年，第35-36页，译文有改动。

[4] 同上，第36页。

[5] 同上，第25页。

[6] 同上，第300页。

[7] 同上，第28页。

[8]〔法〕列维-斯特劳斯:《野性的思维》，李幼蒸译，商务印书馆，1987年，第281页。

[9]〔英〕埃德蒙·利奇:《列维-斯特劳斯》，王庆仁译，三联书店，1985年，第22-25页。

[10]〔法〕列维-斯特劳斯:《结构人类学》，第1卷，谢维扬、俞宣孟译，上海译文出版社，1995年，第67页。

[11] 同上，第104页。

[12]〔法〕列维-斯特劳斯:《野性的思维》，李幼蒸译，商务印书馆，1987年，第307页。

[13] 同上，第119页。

[14] Lévi-Strauss, *Totemism*, Boston, p.38.

[15]〔英〕特伦斯·霍克斯:《结构主义和符号学》，瞿铁鹏译，上海译文出版社，1987年，第51页。

[16]〔法〕列维-斯特劳斯:《结构人类学》，第1卷，谢维扬、俞宣孟译，上海译文出版社，1995年，第281页。

[17] Cf. Fredirick Copleston, S.J., *A History of Philosophy*, vol. Ⅸ, p.416.

[18]〔法〕列维-斯特劳斯:《结构人类学》，第2卷，谢维扬、俞宣孟译，上海译文出版社，1995年，第40页。

[19]〔法〕列维-斯特劳斯:《结构人类学》(第2卷)，俞宣孟等译，上海译文出版社，1999年，第41页。

[20] 同上，第41-42页。

[21] 同上，第45-46页。

[22] 同上，第48页。

[23] 同上，第2卷，第377页。

[24] 同上，第2卷，第347页。

[25] 同上，第346页。

[26] 同上，第378页。

[27] 同上，第396页。

[28]〔英〕约翰·斯特罗克编:《结构主义以来》，渠东等译，辽宁教育出版社，1998年，第45页。

[29]〔法〕路易-让·卡尔韦:《结构与符号》，车槿山译，北京大学出版社，1997年，第122页。

[30] 同上，第123页。

[31]〔法〕巴尔特:《写作的零度》，李幼蒸译，《后现代主义的突破——外国后现代主义理论》，编者：王潮，敦煌文艺出版社，1996年，第197页。

[32] 同上，第204页。

[33] 参看同上书，第227页。

[34]〔英〕特伦斯·霍克斯:《结构主义和符号学》，瞿铁鹏译，上海译文出版社，1987年，第

109 页。
［35］〔法〕巴尔特:《写作的零度》，李幼蒸译，《后现代主义的突破——外国后现代主义理论》，编者：王潮，敦煌文艺出版社，1996 年，第 244 页。
［36］〔法〕巴尔特:《神话——大众文化诠释》(即《神话学》，现在的这个中译本书名不是太好，因为巴尔特在书中并不仅仅处理大众文化，他同样也讨论一般的文化。事实上，他正是要揭示一般现代文化的神话性质，而非仅仅限于大众文化)，许蔷蔷、许绮玲译，上海人民出版社，1999 年，第 202 页。
［37］同上，第 189 页。
［38］同上，第 203 页。
［39］能指和所指是瑞士语言学家索绪尔发明的两个概念。在符号学中，能指是符号的物质方面；而所指是符号的思维方面或思想内容。
［40］〔法〕参看巴尔特:《神话——大众文化诠释》，许蔷蔷、许绮玲译，上海人民出版社，1999 年，第 175 页。
［41］同上，第 216—217 页。
［42］〔美〕乔纳森·卡勒:《巴尔特》，孙乃修译，中国社会科学出版社，1992 年，第 45 页。
［43］转引自〔英〕约翰·斯特罗克编:《结构主义以来》，渠东等译，辽宁教育出版社，1998 年，第 75 页。
［44］Roland Barthes，*On Racine*，New York，1964，p.172.
［45］〔法〕巴尔特:《神话——大众文化诠释》，许蔷蔷、许绮玲译，上海人民出版社，1999 年，第 183 页。
［46］*A Barthes Reader*，ed. by Susan Sontag，New York，1982，p.471.
［47］〔法〕巴尔特:《流行体系——符号学与服饰符号》(即《时装系统》)，敖军译，上海人民出版社，2000 年，第 3 页。
［48］参看同上书，第 4 页。
［49］转引自〔英〕特伦斯·霍克斯:《结构主义和符号学》，瞿铁鹏译，上海译文出版社，1987 年，第 114-115 页。
［50］转引自〔英〕约翰·斯特罗克:《结构主义以来》，渠东等译，辽宁教育出版社，1998 年，第 63 页。
［51］Roland Barthes，*The Pleasure of the Text*，New York，1975，p.14.
［52］Roland Barthes，“From Work to Text”，*in Textual Strategies*，ed. by Josué V.Harari，Ithaca，1979，p.81.
［53］〔英〕特伦斯·霍克斯:《结构主义和符号学》，瞿铁鹏译，上海译文出版社，1987 年，第 123-124 页。
［54］〔美〕伊·库兹韦尔:《结构主义时代》，尹大贻译，上海译文出版社，1988 年，第 178 页。
［55］Roland Barthes，*The Pleasure of the Text*，p.62.
［56］参看〔美〕乔纳森·卡勒:《巴尔特》，孙乃修译，中国社会科学出版社，1992 年，第 124 页。
［57］Roland Barthes，*Roland Barthes by Roland Barthes*，p.71.
［58］转引自〔法〕迪迪埃·埃里蓬:《权力与反抗——米歇尔·福柯传》，谢强、马月译，北京大学出版社，1997 年，第 370 页。
［59］转引自〔法〕迪迪埃·埃里蓬:《权力与反抗——米歇尔·福柯传》，谢强、马月译，北京大学出版社，1997 年，第 20 页。
［60］同上，第 21 页。
［61］同上，第 36 页。
［62］同上，第 4 页。
［63］Foucault，*Mental Illness and Psychology*，New York，1976，p.75.

[64]〔法〕福柯:《疯癫与文明》(即《疯癫史》),刘北成、杨远婴译,三联书店,1999 年,第 32 页。
[65] 同上,第 36 页。
[66]〔英〕阿兰·谢里登:《求真意志》,尚志英、许林译,上海人民出版社,1997 年,第 31–32 页。
[67]〔法〕福柯:《疯癫与文明》(即《疯癫史》),刘北成、杨远婴译,三联书店,1999 年,第 53 页。
[68] 同上,第 253 页。
[69] 同上,第 269 页。
[70] Foucault, *The Birth of the Clinic: An Archaeology of the Human Sciences*, London, 1973, p.195.
[71] Ibid., p.54.
[72] Ibid., p.197.
[73]〔法〕福柯:《词与物》,莫伟民译,上海三联书店,2001 年,第 9 页。
[74] 同上,第 23 页。
[75] 同上,第 32 页。
[76] 同上,第 36 页。
[77] 同上,第 63–64 页。
[78] 同上,第 270 页,译文有改动。
[79] 同上,第 414 页。
[80] 同上,第 444 页。
[81] 转引自〔法〕迪迪埃·埃里蓬:《权力与反抗》,第 230–231 页。
[82]〔法〕福柯:《词与物》,莫伟民译,上海三联书店,2001 年,第 500 页。
[83] 参看〔英〕路易丝·麦克尼:《福柯》,贾湜译,黑龙江人民出版社,1999 年,第 68–69 页。
[84] 同上,第 90 页。
[85] Foucault, *The Archaeology of Knowledge*, London, 1972, p.216.
[86] Ibid., p.229.
[87] Foucault, "Nietzsche, Genealogy, History", in *Foucault Reader*, ed. P.Rabinnow, Harmondsworth, 1984, p.85.
[88] Foucault, *Power/Knowledge: Selected Interviews and Other Writings*, 1972—1977, ed. C.Gordon, Brighton, 1980, p.98.
[89] 参看〔英〕路易丝·麦克尼:《福柯》,贾湜译,黑龙江人民出版社,1999 年,第 98 页。
[90]〔法〕福柯:《规训与惩罚》,刘北成、杨远婴译,三联书店,1999 年,第 27 页,译文有改动。
[91] 参看〔英〕阿兰·谢里登:《求真意志》,尚志英、许林译,上海人民出版社,1997 年,第 182 页。
[92]〔法〕福柯:《规训与惩罚》,刘北成、杨远婴译,三联书店,1999 年,第 22 页。
[93]〔英〕路易丝·麦克尼:《福柯》,贾湜译,黑龙江人民出版社,1999 年,第 101 页。
[94]〔法〕福柯:《规训与惩罚》,刘北成、杨远婴译,三联书店,1999 年,第 29 页。
[95]〔法〕福柯:《性经验史》,佘碧平译,上海人民出版社,2000 年,第 13 页,译文有改动。
[96] 同上,第 19–20 页,译文有改动。
[97] 同上,第 37 页。
[98] 同上,第 101–102 页。
[99] 同上,第 105 页。
[100] 同上,77 页。
[101] 同上,第 124 页。

[102] 〔法〕雅克 · 德里达:《一种疯狂守护着思想——德里达访谈录》，何佩群译，上海人民出版社，1997 年，第 232 页。

[103] 〔法〕雅克 · 德里达:《书写与差异》，张宁译，三联书店，2001 年，第 15 页。

[104] 同上，第 12 页。

[105] 同上。

[106] 同上，第 14 页。

[107] 同上，第 15 页。

[108] 同上，第 16 页。

[109] 〔美〕乔纳森 · 卡勒:“雅克 · 德里达”，《结构主义以来》，渠东等译，辽宁教育出版社，1998 年，第 193 页。

[110] Cf. Timothy Mooney,“Deconstruction and Derrida”, *Routledge History of Philosophy*, vol. Ⅷ, p.452.

[111] 〔法〕雅克 · 德里达:《声音与现象》，杜小真译，商务印书馆，2001 年，第 117-118 页。

[112] 同上，第 123 页。

[113] 同上，第 105 页。

[114] 同上。

[115] 参看〔英〕特伦斯 · 霍克斯:《结构主义和符号学》，瞿铁鹏译，上海译文出版社，1987 年，第 14 页。

[116] 〔美〕乔纳森 · 卡勒:“雅克 · 德里达”，《结构主义以来》，渠东等译，辽宁教育出版社，1998 年，第 195 页。

[117] Derrida, *Positions*, Chicago, 1982, p.27.

[118] Cf. Derrida, *Margins of Philosophy*, Chicago, 1982, pp.21-22.

[119] Vgl. Heidegger, *Wegmarken*, Frankfurt am Main, 1978, s.325.

结束语

康德说过，哲学是不能教的，意思是说，哲学不是像数学、物理学这样的是又一门学科，不能将它作为客观的知识来讲授和学习。但康德自己也在大学里教哲学。当然他教哲学与教地理学是不一样的（康德不是哲学教授而是地理学教授），前者对于他来说，就是和学生一起进入哲学问题本身；而后者却是客观知识的传授。写作此书的目的也是要引领学生走进哲学问题本身，使他们和那些大师一起思考，而不是给他们再增添一些需要硬着头皮记住的客观知识。因此，此书结束的地方，是哲学真正的开始处。哲学是思想者的事业，哲学只对他们开放，对于他们来说，哲学永远没有结束。

参考书目

一　中文部

〔德〕黑格尔:《法哲学原理》，范扬 张企泰 译，商务印书馆，1982年。

〔德〕黑格尔:《精神现象学》，贺麟 王玖兴 译，商务印书馆，1979年。

〔英〕霍布斯鲍姆:《资本的年代》，张晓华 等译，江苏人民出版社，1999年。

〔德〕斯宾格勒:《西方的没落》，齐世荣 译，商务印书馆，1995年。

〔英〕W.T. 斯退士:《黑格尔哲学》，鲍训吾 译，河北人民出版社，1986年。

赵敦华:《现代西方哲学新编》，北京大学出版社，2001年。

〔英〕罗素:《西方哲学史》，何兆武 李约瑟 马元德 译，商务印书馆，1976年。

〔英〕罗素:《我的哲学的发展》，温锡增 译，商务印书馆，1982年。

〔德〕叔本华:《作为意志和表象的世界》，石冲白 译，商务印书馆，1982年。

〔英〕特里·伊格尔顿:《美学意识形态》，王杰等 译，广西师范大学，1997年。

〔美〕L.J. 宾克莱:《理想的冲突》，马元德 等译，商务印书馆，1983年。

〔德〕弗伦策尔:《尼采传》，张载扬 译，商务印书馆，1988年。

〔德〕尼采:《悲剧的诞生》，周国平 译，三联书店，1986年。

〔德〕尼采:《道德的谱系》，谢地坤 译，漓江出版社，2000年。

〔德〕尼采:《权力意志》，张念东 凌素心 译，商务印书馆，1993年。

〔德〕雅斯贝尔斯:《尼采其人其说》，鲁路 译，社会科学文献出版社，2001年。

〔法〕吉尔·德勒兹:《尼采与哲学》，周颖 刘玉宇 译，社会科学文献出版社,2001年。

〔美〕约瑟夫·祁雅理:《二十世纪法国思潮》，吴永泉 等译，上海译文出版社,1987年。

〔法〕柏格森:《时间与自由意志》，吴士余 译，商务印书馆，1997 年。
〔德〕费迪南·费尔曼:《生命哲学》，李健鸣 译，华夏出版社，2001 年。
尚新建:《重新发现直觉主义》，北京大学出版社，2000 年。
尚新建:《美国世俗化的宗教和威廉·詹姆斯的彻底经验主义》，2002 年。
〔美〕M.K. 穆尼茨:《当代分析哲学》，吴牟人 等译，复旦大学出版社，1986 年。
〔美〕M. 怀特:《分析的时代》，杜任之 主译，商务印书馆，1981 年。
〔英〕洛克:《人类理解论》，关文运 译，商务印书馆，1983 年。
〔美〕威廉·詹姆斯:《彻底的经验主义》，庞景仁 译，上海人民出版社，1986 年。
〔美〕威廉·詹姆士:《实用主义》，陈羽纶 孙瑞禾 译，商务印书馆，1979 年。
〔美〕简·杜威:《杜威传》，单中慧 译，安徽教育出版社，1991 年。
〔美〕列奥·施特劳斯,〔美〕约瑟夫·克罗西波主编:《政治哲学史》，李天然 等译，河北人民出版社，1993 年。
〔美〕彼得 A. 弗朗奇 等编:《分析哲学基础》，周继明 等译，上海译文出版社，1994 年。
〔德〕弗雷格:《弗雷格哲学论著选辑》，王路 译，商务印书馆，1994 年。
〔英〕艾耶尔:《贝特兰·罗素》，尹大贻 译，上海译文出版社，1982 年。
〔英〕艾耶尔:《二十世纪哲学》，李步楼等 译，上海译文出版社，1987 年。
〔英〕麦基 编:《思想家》，周穗明 翁寒松 译，三联书店，1987 年。
〔德〕施太格缪勒:《当代哲学主流》(上卷)，王炳文等 译，商务印书馆，1986 年。
〔美〕巴特利:《维特根斯坦传》，杜丽燕 译，东方出版中心，2000 年。
〔美〕诺尔曼·马尔康姆:《回忆维特根斯坦》，李步楼、贺绍甲 译，商务印书馆，1984 年。
〔英〕吉尔伯特·赖尔:《心的概念》，刘建荣 译，上海译文出版社，1988 年。
〔澳〕约翰·巴斯摩尔:《哲学百年 新近哲学家》，洪汉鼎等 译，商务印书馆,1996 年。
〔美〕奎因:《从逻辑的观点看》，江天骥等 译，上海译文出版社，1987 年。
〔美〕赫伯特·施皮格伯格:《现象学运动》，王炳文、张金言 译，商务印书馆，1995 年。
〔德〕胡塞尔:《欧洲科学的危机和先验现象学》，王炳文 译，商务印书馆，2001 年。
〔德〕胡塞尔:《纯粹现象学通论》，李幼蒸 译，商务印书馆，1995 年。
〔德〕胡塞尔:《现象学的观念》，倪梁康 译，上海译文出版社，1986 年。
〔德〕胡塞尔:《笛卡尔式的沉思》，张廷国 译，中国城市出版社，2001 年。
〔德〕吕迪格尔·萨弗兰斯基:《海德格尔传》，靳希平 译，商务印书馆，1999 年。
〔新西兰〕朱利安·扬:《海德格尔 哲学 纳粹主义》，陆丁、周濂 译，辽宁教育出版社，2002 年。
〔德〕海德格尔:《存在与时间》，陈嘉映 译，三联书店，2000 年。
《外国哲学资料》，第 5 辑，商务印书馆，1980 年。
〔法〕萨特:《萨特研究》，中国社会科学出版社，1981 年。

〔法〕西蒙娜·德·波伏瓦:《萨特传》，黄忠晶 译，百花洲文艺出版社，1996 年。
〔法〕萨特:《存在主义是一种人道主义》，周煦良 汤永宽 译，上海译文出版社，1988 年。
〔法〕萨特:《辩证理性批判》，林骧华 译，安徽文艺出版社，1998 年。
〔法〕梅洛–庞蒂:《知觉现象学》，姜志辉 译，商务印书馆，2001 年。
〔法〕梅洛–庞蒂:《哲学赞词》，杨大春 译，商务印书馆，2000 年。
〔德〕伽达默尔:《真理与方法》，洪汉鼎 译，上海译文出版社，1992 年。
〔德〕H. 贡尼 R. 林古特:《霍克海默传》，任立 译，商务印书馆，1999 年。
〔美〕伊·库兹韦尔:《结构主义时代》，尹大贻 译，上海译文出版社，1988 年。
〔德〕霍克海默:《批判理论》，李小兵 译，重庆出版社，1993 年。
〔美〕马丁·杰:《法兰克福学派史》，单世联 译，广东人民出版社，1996 年。
〔美〕马丁·杰:《法兰克福学派的宗师——阿道尔诺》，胡湘 译，湖南人民出版社，1988 年。
〔德〕阿多诺:《美学理论》，王柯平 译，四川人民出版社，1998 年。
〔德〕哈贝马斯:《公共领域的结构转型》，曹卫东等 译，学林出版社，1999 年。
〔法〕迪迪埃·埃里蓬:《今昔纵横谈——克劳德·列维–斯特劳斯传》，袁文强 译，北京大学出版社，1997 年。
〔法〕迪迪埃·埃里蓬:《权力与反抗——米歇尔·福柯传》，谢强 马月 译，北京大学出版社，1997 年。
〔英〕埃德蒙·利奇:《列维–斯特劳斯传》，王庆仁 译，三联书店，1985 年。
〔法〕列维–斯特劳斯:《结构人类学》，谢维扬、俞宣孟 译，上海译文出版社，1995 年。第 2 卷，1999 年。
〔法〕列维–斯特劳斯:《野性的思维》，李幼蒸 译，商务印书馆，1987 年。
〔英〕特伦斯·霍克斯:《结构主义和符号学》，瞿铁鹏 译，上海译文出版社，1987 年。
〔英〕约翰·斯特罗克编:《结构主义以来》，渠东等 译，辽宁教育出版社，1998 年。
〔法〕路易–让·卡尔维:《结构与符号》，车槿山 译，北京大学出版社，1997 年。
〔法〕巴尔特:《写作的零度》，李幼蒸 译，《后现代主义的突破——外国后现代主义理论》，编者：王潮，敦煌文艺出版社，1996 年。
〔法〕罗兰·巴特《流行体系——符号学与服饰符码》，敖军 译，上海人民出版社，2000 年。
〔法〕巴尔特:《神话——大众文化诠释》，许蔷蔷、许绮玲 译，上海人民出版社，1999 年。
〔美〕乔纳森·卡勒:《巴尔特》，孙乃修 译，工人出版社，1991 年。
〔法〕福柯:《疯癫与文明》，刘北成、杨远婴 译，三联书店，1999 年。
〔法〕福柯:《规训与惩罚》，刘北成、杨远婴 译，三联书店，1999 年。
〔法〕福柯:《性经验史》，佘碧平 译，上海人民出版社，2000 年。
〔法〕福柯:《词与物》，莫伟民 译，上海三联书店，2001 年。

〔英〕阿兰·谢里登:《求真意志》，尚志英 许林 译，上海人民出版社，1997 年。
〔英〕路易丝·麦克尼:《福柯》，贾湜 译，黑龙江人民出版社，1999 年。
〔法〕雅克·德里达:《一种疯狂守护着思想——德里达访谈录》，何佩群 译，上海人民出版社，1997 年。
〔法〕雅克·德里达:《书写与差异》，张宁 译，三联书店，2001 年。
〔法〕雅克·德里达:《声音与现象》，杜小真 译，商务印书馆，2001 年。

二　西文部

Adorno, *Negative Dialektik*, Fankfurt am Main, 1975.
Prisms, London, 1967.
Minima Moralia, London, 1974.
Introduction to the Sociology of Music, New York, 1976.
"The Actuality of Philosophy", *Telos* 31 (Sring 1977).
"On the Social Situation of Music", *Telos* 35 (Soring 1978).
"Freudian Theory and the Patterns of Facist Propaganda", in *The Essential Frankfurt School Reader*, New York, 1977.
Karl-Otto Apel, *Transformation der Philosophie*, Bd.1, Frankfurt am Main, 1976.
Austin, *How to do Things with Words*, Cambridge, Mass., 1978.
Roland Barthes, *On Racine*, New York, 1964.
A Barthes Reader, New York, 1982.
"From Work to Text", in *Textual Strategies*, ed. Josué V.Harari, Ithaca, 1979.
Bergson, *The Two Sources of Morality and Religion*, New York, 1935.
Matter and Memory, London & New York, 1929.
Creative Evolution, London, 1913.
Otto F.Bollnow, *Die Lebensphilosophie*, Berlin, 1958.
Dilthey, Stuttgart, 1955.
Rüdiger Bubner, *Essays in Hermeneutics and Critical Theory*, New York, 1988.
Rudolf Camap, *Philosophy and Logic Syntax*, London, 1935.
E.Cassirer, *Problem of Knowledge*, New Heaven, 1950.
Willson Coates and Haydn White, *The Ordeal of Liberal Humanism : A Intellectual History of Western Europe*, Englewood Cliffs, New Jersey, 1975.
Edward Conze, *Der Buddhismus*, Suttgart, 1971.
Frederich S.Copelston, *A History of Philosophy*, vol.7-8, New York, 1974.
Gilles Deleuze, *Bergsonism*, New York, 1991.

Gilles Deleuze, *Bergsonism*, New York, 1991.
Derrida, *Positions*, Chicago, 1982.
Margins of Philosophy, Chicago, 1982.
John Dewey, *Quest for Certainty*, New York, 1960.
The Middle Works of John Dewey, 1899–1924, vol.9, 10, 12, Carbondale, 1982, 1985.
The Later Works of John Dewey, 1925–1953, vol.2, 14, 17, Carbondale 1981–1990.
Experience, Nature, and Freedom : Representative Selections, ed. Richard Bernstein, New York, 1960.
Characters and Events, New York, 1929.
"The Development of American Pragmatism", in *Philosophy and Civilization*, New York, 1968.
Dilthey, *Gesammelte Schriften* Stuttgart & Göttingen, 1956.
Der Aufbau der geschichtlichen Welt in den Geistswissenschafte, Frankfurt am Main, 1970.
Das Eriebnis und Dichtung, Göttingen, 1965.
Briefwechsel zwischen Wilhelm Dilthey und dem Grafen Paul Yorck von Wartenburg, 1877–1897, hg. von Sigrid von den Schulenburg, Halle, 1923.
Der junge Dilthey : Ein Lebensbild in Briefen und Tagebüchern, 1852–1870, hg. von Clara Misch, Stuttgart, 1960.
Grundiss der allgemeinen Geschichte der Philosophy, Frankfurt am Main, 1949.
M.Dummet, *The Interpretation of Frege's Philosophy*, Cambridge, Mass., 1981.
Michael Ermarth, *Wilhelm Dilthey : The Critique of Historical Reason*, Chicago & London, 1978.
Michael Foucault, *The Birth of the Clinic : An Archaeology of the Human Sciences*, London, 1973.
The Archaeology of Knowledge, London, 1972.
Foucault Reader, ed. P.Rabinnow, Harmondsworth, 1984.
Power/Knowledge : Selected Interviews and Other Writings 1972–77, ed. C.Gordon, Brighton, 1980.
Hans-Georg Gadamer, *Kleine Schriften*, Bd.3, Tübingen, 1972.
"Reflection on My Philosophical Journey", in *The Philosophy of Hans Georg Gadamer*, ed. Lewis Edwin Hahn, Chicago & La Salle, 1997.
"Reply to My Critics", in *Hermeneutic Tradition : From Ast to Ricoeur*, ed. G.L.Ormiston & A.D.Schrift, Albany, 1990.
Cesammelte Werk, Bd.2, 8, Tübingen, 1986, 1993.

Habermas, *Zur Logik der Sozialwissenschaften*, Frankfurt am Main, 1970.
Vorstudien und Ergänzungen zur Theorie des Kommunikative Handelns, Frankfurt am Main, 1984.
Theorie des Kommunikativen Handelns, Frankfurt am Main, 1988.
Commnication and the Evolution of the Society, Boston, 1979.
Moral Consciousness and Communicative Action, Cambridge, 1990.
"Moral und Sittlichkeit", in *Merkus* 39, 12 (Dec. 1985).
Theorie und Praxis, Frankfurt am Main, 1982.
Technik und Wissenschaft als "Ideologie", Frankfurt am Main, 1969.
Martin Heidegger, *Gesamtausgabe* Bd. 48, Frankfurt am Main, 1986.
Nietzsche, Bd.1, Pfulligen, 1978.
Wegmarken, Frankfurt am Main, 1978.
Holzweg, Frankfurt am Main, 1980.
Vorträge und Aufsätze, Pfullingen, 1978.
"Nur noch ein Gott kann uns retten", in *Der Spiegel*, No 23, 1977.
Nietzsche, San Francisco, 1987.
Horkheimer, *Zum Begriff der Vernunft*, Frankfurt am Main, 1952.
Eclipse of Reason, New York, 1974.
Kritische Theorie, Frankfurt am Main, 1968.
Die Sehnsucht nach dem ganz Anderen, Hamburg, 1970.
Horkheimer & Adorno, *Dialektik der Aufklärung*, Frankfurt am Main, 1969.
Husserl, *Logische Untersuchungen*, Tübingen, 1980.
Erste Philosophie, Bd.1, *Husserlina* Ⅷ, Den Haag, 1956.
W.James, *Pragmatism and the Meaning of Truth*, Cambridge, Mass., 1975.
The Letters of William James, 2vols.Boston, 1920.
Horace Kallen, "Freedom and Educatin", in *The Philosophy of the Common Man: Essays in Honor of John Dewey to Celebrate His Eightieth Birthday*, New York, 1940.
Walter Kaufmann, *Nietzsche*, Princeton, 1978.
Kierkegaard, *The Concept of Dread*, Princeton, 1957.
Fear and Trembling, London, 1939.
Concluding Unscientific Postscript, Princeton, 1944.
Karl Löwith, *From Hegel to Nietzsche*, New York, 1964.
H.Lübbe, *Bewußtsein in Geschichten. Studien zur Phänomenologie der Subjektivität*, Freiburg, 1972.
Herbert Marcuse, *Reason and Revolution*, Boston, 1960.
Thomas McCarthy, *The Critical Theory of Jürgen Habermas*, Cambridge, Mass., 1977.

B.McGuinness (ed), *Ludwig Wittgenstein：Sein Leben in Bildern und Texen*, Frankfurt am Main, 1983.
Ludwig Wittgenstein and Vienna Circle, New York, 1979.
Merleau-Ponty, *The Structure of Behavior*, Boston, 1963.
The Primacy of Perception and Other Essays on Phenomenological Psychology, the Philosophy of Art and Politics, Evanston, 1964.
Signs, Evanston, 1964.
The Prose of the World, Evanston, 1973.
The Visible and Invisible, Evanston, 1968.
The Adventure of Dialectic, London, 1974.
William Outwaite, *Habermas：A Critical Introduction*, Cambridge, 1994.
Richard E.Palmer, *Hermeneutics*, Evanston, 1969.
C.S.Peirce, *Collected Papers of Charles S.Peirce*, Cambridge, Mass., 1931–1958.
P.B.Perry, *The Thought and Character of William James*, Cambridge, 1948.
Otto Pöggeler, *Der Denkweg Martin Heidegger*, Pfullingen, 1983.
W.V.O.Quine, *The Ways of Paradox and Other Essays*, New York, 1979.
Theories and Things, Cambridge, Mass., 1981.
Ontological Relativity and Other Essays, New York, 1969.
Paul Ricoeur, *The Rule of Metaphor*, London, 1978.
Hermeneutics and the Human Sciences, Cambridge, 1981.
Arnold Ruge, *Sämtliche Werke*, Mannheim, 1847.
Bertrand Russell, *Logic and Knowledge*, London, 1956.
Introduction to Mathematical Philosophy, Edinburg, 1930.
My Philosophical Development, London, 1959.
Analysis of Mind, London, 1921.
Mysticism and Logic and Other Essays, London, 1917.
Principles of Social Reconstruction, London, 1916.
What I Believe, London & New York, 1925.
Power：A New Social Analysis, London & New York, 1938.
Religion and Science, London, 1935.
Human Society in Ethics and Politics, London, 1954.
Autobiography, London, 1967–69.
"The Elements of Ethics", in Wilfrid Sellars & John Hosper, eds.*Readings in Ethical Theory*, New York, 1952.
Jean-Paul Sartre, *Being and Nothingness*, New York, 1956.
Outline of a Theory of the Emotion, New York, 1948.

Situations, London, 1965.
Philosophische Essays 1931—1939, Reinbek, 1982.
Evelyn Gröbl-Steinback, "Jürgen Habermas : Theorie des Kommunikativen Handelns (1981)", in *Hauptwerke der Philosophic 20 Jahrhundert*, Stuttgart, 1992.
Leo Strauss, *The Rebirth of Classical Political Rationalism*, Chicago & London, 1989.
Lévi-Strauss, *Tristes Tropiques*, New York, 1974.
Totemism, Boston, 1965.
P.F.Strawson, "A Problem About Truth—A Reply to Mr.Wamock," in George Pitcher, ed. *Truth*, Englewood Cliffs, New Jersey, 1964.
"Analysis, Science and Metaphysics", in Richard Rorty, ed. *The Linguistic Turn*, Chicago, 1967.
Herbert Schnödelbach, *Philosophie in Deutschl and 1833—1933*, Frankfurt am Main, 1983.
Roland N.Stromberg, *An Intellectual History of Modern Europe*, Englewood Cliffs, New Jersey, 1975.
Elisabeth Ströker, *Husserl's Transcendental Phenomenology*, Stanford, 1993.
J.O.Urmson, "Austin's Philosophy", in *Symposium on J.L.Austin*, ed. K.T.Fann, Trowbridge & Esher, 1978.
Bernhard Waldenfels, *Phänomenologie in Frakreich*, Frankfurt am Main, 1987.
Wittgenstein, *Werkgabe in 8 Bände*, Frankfurt am Main, 1984.
Lectures and Conversations on Aesthetics, *Psychology and Religious Belief.* Oxford, 1983.
The Blue and Brown Books, Oxford, 1964.
Wittgenstein's Lectures, *Cambridge 1932—1935*, New Jersey, 1979.
Notebooks 1914—1916, Oxford, 1961.
"Lecture on Ethics", *Philosophical Review* 74 (Jan. 1965).
Kurt Wuchtel, *Bausteine zu einer Geschichte der Philosophie des* 20 *Jahrhundert*, Stuttgart, Wien, 1995.
Metzler Philosophischen Lexikon, Stuttgart, 1995.
Rouledge History of Philosophy, vol.7, 8, London, 1994.
The Encyclopedia of Philosophy, vol.1-8, New York, 1971.